3

Curso de DIREITO PROCESSUAL CIVIL

Marcus Vinicius Rios Gonçalves

3

Curso de DIREITO PROCESSUAL CIVIL

EXECUÇÃO, PROCESSOS NOS TRIBUNAIS E MEIOS DE IMPUGNAÇÃO DAS DECISÕES

14ª edição

2021

saraiva jur

ISBN 978-85-536-0762-4 obra completa

DADOS INTERNACIONAIS DE CATALOGAÇÃO NA PUBLICAÇÃO (CIP)
ANGÉLICA ILACQUA CRB-8/7057

Gonçalves, Marcus Vinicius Rios
Curso de direito processual civil: execução, processos nos tribunais e meios de impugnação das decisões – v. 3 / Marcus Vinicius Rios Gonçalves. – 14. ed. – São Paulo: Saraiva Educação, 2021.
408 p.

Bibliografia
ISBN 978-65-5559-382-2 (impresso)

1. Direito processo civil – Brasil. 2. Processo civil – Brasil. I. Título.

20-0738 CDD 344.6
CDU 347.9(81)(094)

Índice para catálogo sistemático:

1. Brasil : Leis : Processo civil

saraiva EDUCAÇÃO | saraiva jur

Av. Paulista, 901, 3º andar
Bela Vista – São Paulo – SP – CEP: 01311-100

SAC | sac.sets@somoseducacao.com.br

Diretoria executiva	Flávia Alves Bravin
Diretoria editorial	Renata Pascual Müller
Gerência de projetos e produção editorial	Fernando Penteado
Planejamento	Josiane de Araujo Rodrigues
Novos projetos	Sérgio Lopes de Carvalho Dalila Costa de Oliveira
Edição	Clarissa Boraschi Maria (coord.) Marisa Amaro dos Reis
Produção editorial	Daniele Debora de Souza (coord.) Daniela Nogueira Secondo
Arte e digital	Mônica Landi (coord.) Camilla Felix Cianelli Chaves Claudirene de Moura Santos Silva Deborah Mattos Guilherme H. M. Salvador Tiago Dela Rosa
Projetos e serviços editoriais	Daniela Maria Chaves Carvalho Kelli Priscila Pinto Laura Paraíso Buldrini Filogônio Marília Cordeiro Nicoly Wasconcelos Razuk
Projeto gráfico	Mônica Landi
Diagramação	Edson Colobone
Revisão	Carolina Massanhi
Capa	Tiago Dela Rosa
Produção gráfica	Marli Rampim Sergio Luiz Pereira Lopes
Impressão e acabamento	Vox Gráfica

Data de fechamento da edição: 25-11-2020

Dúvidas? Acesse www.editorasaraiva.com.br/direito

CL 606877 CAE 751002

Índice

Livro X

DOS PROCESSOS NOS TRIBUNAIS E DOS MEIOS DE IMPUGNAÇÃO DAS DECISÕES JUDICIAIS

Capítulo II – DA ORDEM DOS PROCESSOS E DOS PROCESSOS DE COMPETÊNCIA ORIGINÁRIA DOS TRIBUNAIS 256

Capítulo IV – DOS RECURSOS EM ESPÉCIE ... 333

NOTA DO AUTOR

Esta nova edição do *Curso de Direito Processual Civil* é a quarta que vem à luz após a entrada em vigor do novo CPC, em 18 de março de 2016.

Decorridos mais de quatro anos, a ideia foi promover uma atualização da jurisprudência citada, e apresentar as decisões mais recentes dos Tribunais, em especial dos Superiores. Além das súmulas mais recentes, editadas a partir da segunda metade de 2019, esta nova edição procurou indicar os novos precedentes, em especial os vinculantes, notadamente os emitidos em julgamentos repetitivos. Ou ainda aqueles que, por não serem vinculantes, parecem de especial relevância para a aplicação e compreensão das normas mais polêmicas do novo CPC, como, por exemplo, recente decisão do C. Superior Tribunal de Justiça a respeito dos Incidentes de Resolução de Demandas Repetitivas, em que se adere à teoria da causa-piloto em detrimento da causa-modelo.

Em síntese, procurou-se, nesta edição, incorporar a experiência proveniente do período decorrido desde que o novo CPC entrou em vigor. A aplicação prática de uma nova lei, sobretudo de um novo Código de Processo Civil, é riquíssima fonte de subsídios, pois permite verificar em concreto os benefícios que ela traz e as dificuldades que acarreta. O tempo que transcorreu desde a edição anterior também foi útil para afastar alguma obscuridade que havia surgido nos primeiros momentos de interpretação da nova legislação, tão vasta e minuciosa. Algumas questões continuam controvertidas; outras, aos poucos, vão sendo solucionadas pela doutrina e pela jurisprudência.

O *Curso* continua dividido em três volumes. Mas foi necessário alterar o conteúdo de cada um deles para adaptá-los à nova disposição do CPC de 2015.

O primeiro volume – Teoria Geral e Processo de Conhecimento –, contém o exame dos temas tratados na Parte Geral do Código. São abordados os princípios e os institutos fundamentais, o tema das partes e seus procuradores, dos sujeitos do processo e os relativos aos atos processuais, acrescentando-se um extenso capítulo sobre a tutela provisória.

Importante alteração de conteúdo foi feita com a unificação, em volume único, do Processo de Conhecimento e Procedimentos Especiais temas agora integrantes do volume dois, que se inicia com estudo da fase processual postulatória e da ordinatória.

Ainda no segundo volume conclui-se o exame do procedimento comum, com a fase instrutória e a decisória, e são abordados os procedimentos especiais de jurisdição contenciosa e voluntária.

Por fim, o terceiro volume é dedicado à execução civil, que abrange tanto o processo de execução por título extrajudicial quanto o cumprimento de sentença, e aos processos nos tribunais e meios de impugnação das decisões judiciais.

As significativas alterações estruturais e de conteúdo não modificaram, porém, a filosofia desta obra de fazer uso de linguagem acessível e singela, que permita ao estudante e ao leitor, sem perda de conteúdo, alcançar o máximo de compreensão sobre a ciência do Processo Civil.

Espera-se que a nova edição alcance esse objetivo e que seja recebida com a mesma benevolência que os leitores dedicaram às edições anteriores e para a qual manifesto perene gratidão. Ela terá alcançado sua finalidade se, de alguma forma, despertar o interesse do leitor para os mecanismos do Processo Civil ou facilitar o seu acesso à nova legislação.

Livro IX
DA EXECUÇÃO

Capítulo I
DA EXECUÇÃO EM GERAL

1. INTRODUÇÃO

O CPC dedica o Livro II da Parte Especial ao processo de execução. O Livro I havia sido dedicado ao processo de conhecimento e ao cumprimento de sentença. A edição das Leis n. 11.232, de 22 de dezembro de 2005, e 11.382, de 6 de dezembro de 2006, modificou em grande parte o panorama da execução em nosso ordenamento jurídico. O Código de Processo Civil brasileiro de 1973, em sua redação originária, dava tratamento unificado à execução, estivesse ela fundada em título judicial ou extrajudicial. Em ambos os casos, havia sempre a formação de um processo de execução autônomo, em que o executado precisava ser citado. Ambas as espécies de execução seguiam o mesmo procedimento, com poucas diferenças, e eram tratadas no Livro II, do CPC de 1973, inteiramente dedicado ao processo de execução.

Não havia diferenças substanciais entre o processo e o procedimento da execução por título extrajudicial e judicial. Com a Lei n. 11.232/2005, houve relevante alteração da sistemática originária: deixou de existir um processo de execução fundada em título executivo judicial (exceto nos casos de sentença arbitral, estrangeira ou penal condenatória). A execução passou a ser apenas uma fase de um todo único que se compõe ainda da fase cognitiva precedente. Não há mais processo de execução de título judicial, mas fase de cumprimento de sentença.

Antigamente, antes da edição da mencionada lei, da propositura da demanda até a satisfação do credor, era possível detectar até três processos diferentes: o condenatório, o de liquidação (quando necessário) e o de execução. Cada qual constituía um processo autônomo, embora nos mesmos autos. Era necessário que o devedor fosse citado três vezes, uma em cada processo.

Com a mudança de sistemática, como a execução de título judicial perdeu autonomia e deixou de ser tratada como processo autônomo, a lei processual passou a cuidar dela não mais no livro dedicado ao processo de execução, mas em título próprio, no mesmo livro que trata do processo de conhecimento, do qual o cumprimento de sentença passou a fazer parte, como fase subsequente.

Com isso, desapareceu a unidade sistemática entre a execução por título judicial e extrajudicial. Só esta implica novo processo; aquela agora é fase de cumprimento de sentença. Não deixou de ser execução, mas não é mais processo de execução. E o CPC de 2015 manteve a sistemática instituída pela Lei n. 11.232/2005, tratando a execução por título judicial como fase subsequente do processo de conhecimento, necessária quando não há cumprimento voluntário da obrigação reconhecida na sentença.

Essa sistemática obriga a uma opção: continuar tratando da execução de título judicial juntamente com a de título extrajudicial, ou passar a tratá-la no processo de conhecimento como fase de cumprimento de sentença? Preferiu-se a primeira solução, pois continua existindo uma execução de título judicial, com um procedimento próprio. Só que ela não é mais processo autônomo, mas fase.

Ainda assim, o tipo de ato que nela se pratica e o seu procedimento fazem com que ela guarde muito mais proximidade com o processo de execução de título extrajudicial do que com o processo de conhecimento.

Enquanto neste o que se objetiva é o reconhecimento, a declaração de um direito, nas execuções o que se busca é a sua satisfação.

No processo de conhecimento, a atividade é essencialmente intelectiva: o juiz ouve os argumentos do autor e do réu, colhe as provas, pondera as informações trazidas e emite um comando, declarando se o autor tem ou não o direito postulado e se faz jus à tutela jurisdicional. Já no de execução, a atividade do juiz é desenvolvida para tornar efetivo o direito do exequente, que o executado resiste em satisfazer *sponte propria*. A atividade já não é intelectiva, mas de alteração da realidade material, na busca da satisfação do direito, que não foi voluntariamente observado.

No processo de conhecimento e na execução (seja ela processo ou mera fase) há um conflito de interesses, que deve ser solucionado pelo Judiciário (daí a natureza jurisdicional de ambos). Mas o tipo de conflito é distinto: no primeiro, recai sobre a existência do direito alegado pelo autor em face do réu. Na execução, o conflito é de inadimplemento. O direito do autor está reconhecido, mas o réu recusa-se a satisfazê-lo espontaneamente, sendo necessária a intervenção do Judiciário para torná-lo efetivo.

No processo de conhecimento, o juiz cria a norma do caso concreto por aplicação da lei geral e abstrata ao caso específico que lhe é submetido. Da sentença poderá emergir um comando, que deve ser cumprido pelo réu. Se ele, voluntariamente, satisfizer a determinação, isto é, se adimplir a obrigação que lhe foi carreada, não haverá a necessidade de execução. Mas, se permanecer inadimplente, será preciso iniciá-la, e então o Judiciário tomará providências concretas para a efetivação do direito.

Se houver o inadimplemento, o devedor estará sujeito à sanção executiva, um conjunto de providências determinadas pelo juiz para que se alcance a satisfação do direito do credor, ainda que contra a vontade do devedor. Deve o juiz determinar medidas para que se alcance o resultado prático mais próximo daquele que seria alcançado se o devedor cumprisse voluntariamente a sua obrigação.

Para desencadear a sanção executiva é preciso que o direito do credor esteja dotado de determinado grau de certeza, que lhe pode ser assegurado por um prévio processo de conhecimento, ou por um documento ao qual a lei atribua a qualidade de título executivo.

O CPC de 2015 manteve, como já mencionado, a sistemática introduzida pela Lei n. 11.232/2005. O Código está estruturado em Parte Geral e Parte Especial. O primeiro livro da Parte Especial trata do processo de conhecimento e do cumprimento de sentença; o segundo, do processo de execução. Mantém-se a distinção entre execução fundada em título judicial, chamada cumprimento de sentença, que consiste apenas em uma fase subsequente ao processo de conhecimento, nas hipóteses em que houver reconhecimento da obrigação mas não o seu cumprimento voluntário; e execução fundada em título extrajudicial, que implica a formação de um processo autônomo, com citação do devedor, regulamentada no Livro II da Parte Especial.

O cumprimento de sentença arbitral, penal condenatória ou estrangeira, conquanto fundado em título judicial, continuará implicando a constituição de um novo processo, porque não há nenhum outro processo judicial civil anterior. Mas, feita a citação do executado, o procedimento subsequente será o do cumprimento de sentença. Ter-se-á, é verdade, um novo processo, no qual o executado será citado. Mas, a partir daí, aplicar-se-ão não as regras do Livro II da Parte Especial do CPC, mas as do Livro I, relativas ao cumprimento de sentença.

2. AS TÉCNICAS DE EXECUÇÃO

Existem duas maneiras pelas quais se pode aperfeiçoar a execução: com a instauração de um processo próprio e citação do executado; ou de forma imediata, sem novo processo, em sequência natural do processo de conhecimento. Só há falar em execução imediata de título executivo judicial (à exceção das sentenças arbitrais, estrangeiras e penais condenatórias), pois o extrajudicial exige sempre a formação de um processo.

O Código de Processo Civil, em princípio, valia-se quase sempre da execução autônoma. Só excepcionalmente é que ela se fazia diretamente, sem a citação do devedor, nas chamadas ações executivas *lato sensu*, cujos exemplos mais conhecidos eram as possessórias e as de despejo. Nelas, quando transitava em julgado a sentença, não era preciso dar início a um processo de execução, com citação para entrega da coisa. Bastava a expedição de mandado de reintegração, manutenção de posse, ou despejo, para que a sentença fosse cumprida.

Mas a técnica da execução imediata estendeu-se, de maneira geral, para as execuções por título judicial, com a Lei n. 11.232/2005. Com isso, a execução tradicional, com a instauração de um processo autônomo, ficou restrita à execução por título extrajudicial (com a ressalva das execuções de sentença arbitral, estrangeira e penal condenatória que, conquanto títulos judiciais, não prescindem de processo autônomo, embora, a partir da citação, sigam as regras do cumprimento de sentença).

Como a execução do título judicial constitui agora apenas uma fase subsequente à cognitiva, formar-se-á um processo sincrético: não haverá dois processos distintos e sucessivos – o de conhecimento e o de execução, mas duas fases – a cognitiva e a executiva – de um processo único.

Sincrético porque conterá ambas em seu bojo, no qual se desenvolverão atividades cognitivas e satisfativas. A execução não se fará mais em processo autônomo, mas na mesma relação processual.

Tanto na execução tradicional quanto na imediata, a sanção executiva pode fazer uso de dois instrumentos: a sub-rogação e a coerção.

Pelo primeiro, o Estado-juiz substitui-se ao devedor, no cumprimento da obrigação. O Estado, sem nenhuma participação do devedor, satisfaz o direito, no seu lugar. Por exemplo: se ele não paga, o Estado toma os seus bens, e os vende em hasta pública, pagando com o produto o credor. Se ele não entrega voluntariamente a coisa, determina que um oficial de justiça a tome, e a entregue ao credor.

A sub-rogação só alcançará o mesmo resultado que o adimplemento espontâneo da obrigação se não tiver caráter personalíssimo. Do contrário, ela é impossível. Se a obrigação constante do título é pintar um muro, caso o devedor não a cumpra, é possível que outrem o faça, a mando do Estado. Mas, se for de pintar um quadro, ou escrever um livro, ou de participar de um concerto – obrigações que são contraídas em função da pessoa do devedor –, a técnica da sub-rogação não será eficaz.

O segundo instrumento utilizado na execução é a coerção, única forma eficaz para tentar obter a execução específica das obrigações de fazer de cunho personalíssimo. O Estado não substituirá o devedor no cumprimento da obrigação, mas imporá multas ou fará uso de outros instrumentos, cuja finalidade será exercer pressão sobre a vontade dele, para que a cumpra.

Em uma mesma execução, ambos os instrumentos poderão ser utilizados, de acordo com as circunstâncias, para que se obtenha o resultado almejado. Os meios de sub-rogação, porém, só poderão ser usados se a obrigação contida no título não for personalíssima; já os de coerção podem ser usados para obter a satisfação de qualquer tipo de obrigação, personalíssima ou não.

3. ESPÉCIES DE EXECUÇÃO

3.1. Execução imediata e específica. Diferenças. As técnicas usadas pela específica

No item anterior, viu-se que a execução pode ser imediata, quando não se faz por processo autônomo, mas em continuidade ao processo de conhecimento.

Com ela não se confunde a específica. Aquela se caracteriza pela não instauração de processo autônomo; esta, pela satisfação da obrigação – de fazer, não fazer ou entregar coisa – tal como estatuída no título executivo.

Quando uma obrigação não é cumprida, o credor pode optar entre o seu exato adimplemento, como se ela tivesse sido realizada pelo devedor, ou a sua conversão em perdas e danos, buscando receber o equivalente em dinheiro.

A execução específica consiste na efetiva realização daquilo que é objeto do título: no *facere*, no *non facere* ou na restituição da coisa.

É possível, tanto na execução imediata quanto na tradicional, postular a execução específica das obrigações de fazer, não fazer ou de entrega de coisa. As por quantia não podem ser consideradas específicas, nome que ficou reservado às que têm por objeto aquelas obrigações.

Nas execuções por quantia, a técnica executiva predominante é a da sub-rogação. Recusando-se o devedor a pagar, o Estado-juiz toma-lhe à força os bens, por meio da penhora, determina a sua avaliação e os adjudica ao credor ou interessados; ou ainda os aliena judicialmente, pagando o credor com o produto da venda. O Estado substitui-se ao devedor: como este não pagou, o Estado o faz no seu lugar, depois de tomar à força os seus bens e expropriá-los. Excepcionalmente, nas execuções por quantia, pode-se usar também da técnica da coerção, caso o devedor, por exemplo, oculte ou sonegue bens, ou dificulte de qualquer forma a execução, sendo necessário usar dos meios previstos em lei para pressioná-lo a cumprir as determinações judiciais (art. 139, IV, do CPC).

Nas execuções específicas das obrigações de fazer, não fazer ou de entrega, as duas técnicas, a da sub-rogação e a da coerção, são amplamente utilizadas. Se a obrigação é infungível, e só pode ser cumprida pelo devedor, a coerção será o único meio eficaz para compeli-lo.

Se fungível, poderá ser usada a sub-rogação (a prestação poderá ser cumprida por terceiro, no lugar do devedor, cujos bens farão frente às despesas) ou a coerção, impondo-se multa ao devedor renitente. Nas obrigações de entrega de coisa também poderão ser utilizadas as duas técnicas. Se o executado não entrega o bem, o juiz poderá determinar que o Estado o faça em seu lugar, após a apreensão; ou pode impor multa – ou outros meios de coerção – para obrigar o devedor a satisfazer a obrigação.

No art. 536, § 1º, do CPC, ficam evidenciados os dois instrumentos: "Para atender ao disposto no *caput*, o juiz poderá determinar, entre outras medidas, a imposição de multa, a busca e apreensão, a remoção de pessoas e coisas, o desfazimento de obras e o impedimento de atividade nociva, podendo, caso necessário, requisitar o auxílio de força policial".

O dispositivo menciona a forma mais comum de coerção: a multa; e as formas mais utilizadas de sub-rogação: a busca e a apreensão, o desfazimento de obras e o impedimento de atividade nociva.

Tanto a execução por título extrajudicial como a por título judicial podem ser específicas, desde que tenham por objeto as obrigações já aludidas.

3.2. Execução por título judicial e extrajudicial

Título judicial é, em regra, aquele que se forma em processo de conhecimento anterior (em regra, porque há títulos não precedidos de processo de conhecimento, como a sentença arbitral); o extrajudicial é um documento, produzido fora de procedimento jurisdicional, ao qual a lei atribui eficácia executiva.

A execução por título extrajudicial pressupõe processo autônomo, com a citação do devedor, para o cumprimento de obrigação de fazer, não fazer, entregar coisa, ou pagar determinada quantia; a por título judicial é, em regra, imediata e prescinde de processo autônomo, desenvolvendo-se como fase de cumprimento de sentença. Excepcionalmente, será feita de forma tradicional, quando fundada em sentença arbitral, estrangeira ou penal condenatória, mas, ainda assim, ultrapassada a fase de citação, seguir-se-á o procedimento do cumprimento de sentença. Haverá um novo processo, o executado será citado, mas, a partir daí, deverão ser observadas as regras do cumprimento de sentença, e não as do processo de execução por título extrajudicial.

3.3. Cumprimento de sentença definitivo e provisório

Essa é uma classificação que só diz respeito ao cumprimento de sentença, pois a execução de título extrajudicial é sempre definitiva. O cumprimento de sentença será provisório quando fundado em decisão judicial não transitada em julgado (decisão interlocutória de mérito, nos casos de julgamento antecipado parcial do mérito; sentença ou acórdão sobre os quais ainda pende recurso não provido de efeito suspensivo, conforme art. 520 do CPC), ou para a efetivação de tutela provisória, nos termos do art. 297, parágrafo único. É provisório o cumprimento de decisão não transitada em julgado porque o título executivo judicial ainda não se formou, em caráter irreversível. Provido o recurso pendente, o título se desconstitui, e as partes são restituídas ao *status quo ante*.

O cumprimento de sentença já transitada em julgado será definitivo, ainda que haja recurso contra impugnação julgada improcedente, tenha ou não sido recebida com efeito suspensivo.

A execução de título extrajudicial é sempre definitiva, nos termos da Súmula 317 do Superior Tribunal de Justiça: "É definitiva a execução de título extrajudicial, ainda que pendente apelação contra sentença que julgue improcedentes os embargos".

É preciso reconhecer que, nos casos mencionados, haverá um risco para o executado. É que, sendo definitiva a execução, todos os atos do procedimento poderão ser realizados sem caução, incluindo o levantamento de dinheiro e a alienação de bens. Mas, provida a apelação nos embargos ou o agravo de instrumento na impugnação, a execução poderá ser extinta. Como alguns atos se terão tornado irreversíveis, não se conseguirá voltar ao *status quo ante*. Imagine-se uma execução por título extrajudicial, na qual os embargos são julgados improcedentes; o embargante apela. Enquanto tramita o recurso, a execução prossegue como definitiva, com alienação, em hasta pública, dos bens. Se eles forem vendidos, e posteriormente o recurso for provido, com extinção da execução, terá surgido uma situação irreversível, pois os bens alienados não poderão retornar ao patrimônio do devedor, porque arrematados por terceiro de boa-fé. A situação será resolvida em perdas e danos, podendo o executado cobrar do exequente pelos danos que tenha sofrido. Aplica-se o art. 776, que obriga o exequente a indenizar pelos danos que causar, caso a sentença venha a ser reformada. A responsabilidade é objetiva e prescinde da prova de culpa do credor.

O cumprimento definitivo da decisão realiza-se nos autos principais. O provisório, em autos suplementares, nos termos do art. 522 do CPC, e tem início por petição dirigida ao juiz competente, acompanhada dos documentos indicados no art. 522, parágrafo único, que, no entanto, não serão necessários se o processo for eletrônico. Não há como proceder ao cumprimento provisório de sentença nos mesmos autos, porque estes foram remetidos à Superior Instância para o processamento do recurso, desprovido de efeito suspensivo.

Não há diferenças substanciais entre o procedimento do cumprimento de sentença definitivo e o do provisório, senão aquelas decorrentes da possibilidade de reversão neste.

O provisório observará as regras gerais de procedimento de execução de título judicial (cumprimento de sentença) dos arts. 513 e s. do CPC. O devedor será intimado para pagar o débito no prazo de 15 dias, sob pena de multa de 10%. Controvertia-se sobre a incidência de multa, no CPC de 1973, mas o atual é expresso (art. 520, § 2º). A questão será examinada no capítulo dedicado à multa e sua incidência (Livro IX, Capítulo IV, item 12.1.2).

As peculiaridades são enumeradas nos incisos I, II, III e IV do art. 520 do CPC. Aquele que o promove está ciente da possibilidade de reversão dos resultados. Por isso, assume a responsabilidade – que é objetiva – pelos danos que o executado venha a sofrer, caso o recurso seja provido. Mas também no definitivo há ressarcimento, na forma do art. 776.

A execução dos prejuízos será feita, após regular liquidação, nos mesmos autos, nos termos do art. 520, II, do CPC.

Se a sentença objeto do cumprimento provisório for modificada ou anulada apenas em parte, somente nesta ficará sem efeito a execução (art. 520, III).

Para evitar que os danos se tornem irreversíveis, estabelece o art. 520, IV, que "o levantamento de depósito em dinheiro e a prática de atos que importem transferência de posse ou alienação de propriedade ou de outro direito real, ou dos quais possa resultar grave dano ao executado, dependem de caução suficiente e idônea, arbitrada de plano pelo juiz e prestada nos próprios autos".

Não há óbice para que a execução avance e sejam praticados atos processuais de levantamento de dinheiro ou de expropriação de bens, desde que prestada caução, para preservar o devedor de eventuais prejuízos.

A caução só se fará necessária para a prática dos atos mencionados no dispositivo: levantamento de dinheiro, transferência de posse ou alienação de propriedade ou de outro direito real, ou dos quais possa resultar grave dano ao executado. Não será exigida para os outros atos da execução, como o arresto ou a penhora de bens. Por isso, o juiz não a determinará *ab initio*, mas quando chegar a fase em que tais atos sejam praticados. Nesse sentido: "Na execução provisória, enquanto o executado não sofreu ameaça de perda de posse ou domínio dos bens penhorados, não se torna exigível a caução" (*RSTJ*, *71*:188).

A caução poderá ser dispensada nos créditos de natureza alimentar, seja qual for a sua origem e o seu valor.

Antes da Lei n. 11.232/2005, o dispositivo do CPC de 1973 que tratava do assunto trazia dúvida a respeito da extensão do conceito de "crédito de natureza alimentar", que pode ser empregado em sentido estrito ou em sentido amplo. No primeiro, inclui apenas aqueles provenientes do direito de família, isto é, que decorrem de parentesco, casamento ou união estável. Somente eles ensejam a decretação da prisão civil, em caso de inadimplemento; em sentido amplo, incluem as pensões decorrentes de atos ilícitos, como, por exemplo, aquelas que o causador de um acidente tem de pagar à vítima que ficou incapacitada para o trabalho.

A lei atual não deixa mais dúvidas, pois dispensa a caução nos créditos de natureza alimentar, seja qual for a sua origem, isto é, seja decorrente de direito de família ou de ato ilícito.

Quando os alimentos forem de direito de família, se houver modificação do julgado, o prejuízo do devedor será irreversível, porque eles são irrepetíveis. Mas o legislador prefere correr esse risco a deixar sem sustento aquele que se encontra em estado de necessidade e, por isso, não pode prestar a caução.

A caução também será dispensada quando o credor demonstrar necessidade; e quando estiver pendente apenas o agravo do art. 1.042, contra decisão de presidente ou de vice-presidente do tribunal recorrido que inadmitir recurso extraordinário ou especial.

Por fim, haverá dispensa de caução quando a sentença a ser provisoriamente cumprida estiver em consonância com súmula da jurisprudência do Supremo Tribunal Federal ou do Superior Tribunal de Justiça ou em conformidade com acórdão proferido no julgamento de casos repetitivos.

Mas, mesmo nos casos mencionados, não haverá dispensa se dela puder resultar manifesto risco de grave dano de difícil ou incerta reparação para o executado.

A caução deve ser arbitrada de plano pelo juiz, e prestada nos próprios autos. Controverte-se se é necessário requerimento do devedor para que o juiz a fixe. Parece-nos, diante dos termos peremptórios da lei, que o juiz deverá determiná-la de ofício sempre que verificadas as circunstâncias que a exigem. O juiz condicionará o levantamento de dinheiro ou a alienação do bem a que o credor preste caução. O credor a ofertará e sobre ela o juiz ouvirá o devedor, decidindo em seguida.

4. PRINCÍPIOS GERAIS DA EXECUÇÃO

O processo de execução é regido por princípios que lhe são peculiares. São eles:

a) Princípio da autonomia do processo de execução: desde a edição da Lei n. 11.232/2005, apenas a execução por título extrajudicial implica a formação de um processo autônomo. E a de título judicial, quando este for sentença arbitral, estrangeira ou penal condenatória. Nos demais, haverá mera fase de cumprimento de sentença, e a execução formará um conjunto unitário com o processo antecedente, denominado processo sincrético. Nem por isso ela perdeu autonomia, porquanto a fase executiva não se confunde com a cognitiva. A autonomia persiste, se não com um processo novo, ao menos com o desencadeamento de uma nova fase processual.

b) Princípio da patrimonialidade: o art. 789 do CPC estabelece que o devedor responde, "com todos os seus bens presentes e futuros para o cumprimento de suas obrigações, salvo as restrições estabelecidas em lei". Com os bens, não com a sua pessoa.

Vai longe o tempo em que a coerção podia recair sobre a pessoa do devedor: captura, aprisionamento, prisão ou tortura eram formas de compeli-lo a cumprir as obrigações. Não se admite mais a coerção física, e a pessoa do devedor é intangível, à exceção do alimentante. Não constituem violação ao princípio da patrimonialidade as medidas de pressão psicológica (por exemplo, multas diárias), para cumprimento da obrigação, pois elas também repercutirão sobre a esfera patrimonial e não pessoal do indivíduo.

c) Princípio do exato adimplemento: o objetivo da execução é atribuir ao credor a mesma vantagem ou utilidade que ele lograria se a prestação tivesse sido voluntariamente cumprida pelo devedor. O legislador brasileiro tem feito esforços para munir o juiz de poderes para alcançar esse objetivo. Por ocasião da entrada em vigor do Código de Processo Civil, menores eram esses poderes, mas reformas supervenientes os ampliaram. Os arts. 497, *caput*, e 498, *caput*, do CPC, privilegiam a tutela específica e determinam providências para assegurar resultado prático equivalente ao que seria obtido com o adimplemento.

Quando fracassarem as medidas de coerção para execução específica, ou quando o credor o preferir, fica autorizada a conversão em perdas e danos. Por exemplo, quando o juiz condena em obrigação de fazer ou não fazer, o réu deve cumpri-la especificamente, observando o que foi determinado. Se não o fizer, o credor poderá requerer a aplicação de meios de sub-rogação, quando possível, ou de coerção, para pressionar o devedor. Essas medidas estão enumeradas nos arts. 139, IV, e 536, § 1º, do CPC. Se a obrigação for fungível, pode determinar que terceiro a cumpra à custa do devedor, ou pode impor meios de coerção para que ele próprio o faça; se infungível, o juiz só disporá dos meios de coerção.

Se todos eles forem ineficazes, e o cumprimento da tutela específica inviabilizar-se, o juiz, antes da conversão em perdas e danos, deve determinar eventual providência que assegure um resultado semelhante àquele que decorreria do adimplemento. Se o juiz determinar que o réu substitua peça do veículo do autor, e ele se recusa, alegando que não é mais fabricada, o juiz poderá determinar a substituição do próprio veículo, assegurando com isso um resultado prático equivalente.

A conversão em perdas e danos deve ser excepcional: quando o credor a preferir (e mesmo assim com algumas ressalvas), ou quando for impossível a tutela específica, ou equivalente.

O art. 498 do CPC determina a execução específica também das obrigações de entrega de coisa, na qual o juiz terá os mesmos poderes que nas de fazer ou não fazer.

O princípio do exato adimplemento proíbe que a execução se estenda além daquilo que seja suficiente para o cumprimento da obrigação. Estabelece o art. 831 do CPC que serão penhorados tantos bens quantos bastem para o pagamento do principal, dos juros, das custas e dos honorários advocatícios. O juiz indeferirá a ampliação da penhora quando verificar que os bens constritos são suficientes para a garantia do débito e suspenderá a alienação judicial quando verificar que os bens alienados já são suficientes.

As custas e despesas do processo de execução, como as relacionadas às publicações de editais, ou as decorrentes da avaliação dos bens, devem ser carreadas ao devedor e somar-se-ão ao débito principal.

d) Princípio da disponibilidade do processo pelo credor: no processo de conhecimento, o autor só pode desistir livremente da ação antes da resposta do réu; depois, só com o seu consentimento. Na execução e no cumprimento de sentença, a desistência pode ser feita a qualquer tempo, desde que ela não seja embargada ou impugnada. Afinal, a execução faz-se no interesse do credor, cabendo a ele avaliar se tal interesse persiste ou não. No processo de conhecimento, após a resposta, é possível que o réu tenha interesse no prosseguimento para obter uma sentença de procedência que se revista de coisa julgada material; na execução, como não há sentença de mérito, tal possibilidade não existe. O objetivo é a satisfação do credor, cabendo-lhe decidir quando prosseguir em sua busca, quando não. Estabelece o art. 775 do CPC: "O exequente tem o direito de desistir de toda a execução ou de apenas alguma medida executiva". Nesse sentido: "O credor pode desistir do processo de execução em qualquer caso, independentemente da concordância do executado. O parágrafo único introduzido pela Lei n. 8.953/94 (atual parágrafo único do art. 775) apenas dispõe sobre os efeitos da desistência em relação à ação de embargos, mas manteve íntegro o princípio de que a execução existe para a satisfação do direito do credor" (*RSTJ*, *87*:299).

A lei ressalva a hipótese de haver embargos à execução ou impugnação, caso em que: "a) serão extintos a impugnação e os embargos que versarem apenas sobre questões processuais, pagando o exequente as custas processuais e os honorários advocatícios; b) nos demais casos, a extinção dependerá da concordância do impugnante ou do embargante" (CPC, art. 775, parágrafo único).

A necessidade de consentimento do devedor, quando os embargos ou a impugnação versarem questão de fundo, é justificada, porque ele pode ter interesse em obter uma sentença de mérito desconstituindo ou declarando a invalidade do título, com força de coisa julgada, o que impedirá o credor de voltar a juízo, para insistir na sua execução.

A desistência do credor pode abranger toda a execução, ou alguma medida executiva, como, por exemplo, a penhora sobre determinado bem.

e) Princípio da utilidade: a execução só se justifica se trouxer alguma vantagem para o exequente. O processo é um instrumento que objetiva alcançar um fim determinado; na execução, a satisfação total ou parcial do exequente. Não se pode admitir que ela prossiga quando apenas trará prejuízos ao executado, sem reverter em proveito para o exequente. Por exemplo, se constatado que o valor do bem penhorado será inteiramente consumido para o pagamento apenas das custas e despesas da própria execução. É o que estabelece expressamente o art. 836 do CPC: "Não se levará a efeito a penhora quando ficar evidente que o produto da execução dos bens encontrados será totalmente absorvido pelo pagamento das custas da execução".

f) Princípio da menor onerosidade: o art. 805 do CPC estabelece que "quando por vários meios o exequente puder promover a execução, o juiz mandará que se faça pelo modo menos gravoso para o executado". Essa regra tem sido mal compreendida, e são frequentes as vezes em que o executado a invoca, para eximir-se. Para entendê-la adequadamente, é preciso conjugá-la com outras, como a do exato adimplemento, e a da patrimonialidade da execução. Não se pode perder de vista que o objetivo da execução é a satisfação do exequente: se houver vários meios equivalentes para alcançá-la, deve o juiz preferir a que cause menos ônus para o executado. Mas, para tanto, é preciso que os vários modos sejam equivalentes, no que concerne ao resultado almejado pelo exequente.

O executado não pode, por exemplo, requerer a substituição da penhora de dinheiro, ou do faturamento de sua empresa, por outros, de mais difícil liquidação, aduzindo que essa forma é menos onerosa. Pode ser menos onerosa para ele, mas é mais gravosa para o exequente, e a execução se estabelece para a satisfação deste. A substituição só deverá ser deferida se não o prejudicar, assegurando-lhe um meio equivalente de satisfação de seus interesses. O art. 805, parágrafo único, determina que "ao executado que alegar ser a medida executiva mais gravosa incumbe indicar outros meios eficazes e menos onerosos, sob pena de manutenção dos atos executivos já determinados". Em contrapartida, a execução não pode ser usada pelo exequente para impor ao executado desnecessários incômodos, humilhações ou ofensas. Deve o juiz conduzir o processo em busca da satisfação do exequente, mas sem ônus desnecessários ao executado.

g) Princípio do contraditório: muito se discutiu sobre sua aplicação na execução, porque o executado não tem oportunidade de contestar o pedido inicial. Isso levou parte da doutrina, de início, a responder pela negativa, sob o argumento de que o juiz não ouve as ponderações de ambas as partes, mas se limita a determinar as providências necessárias para o cumprimento daquilo que consta do título executivo.

Eventual defesa do executado ficava restrita aos embargos, que têm a natureza de processo de conhecimento, e não havia, na execução, atos dirigidos à formação do convencimento do juiz.

Efetivamente, na execução, não existe a sentença de mérito. O juiz não vai ouvir as partes para formar a sua convicção e declarar quem está com a razão, o autor ou o réu. Nela, parte-se do pressuposto de que se sabe quem tem razão: aquele que está munido de título executivo, documento que lhe assegura a certeza e a exigibilidade do seu direito.

Mas não assiste razão àqueles que negam o contraditório na execução. É evidente que ele é menos amplo que no processo de conhecimento, mas isso não indica que não existe.

O executado poderá, por advogado, acompanhar a execução, devendo ser ouvido sobre os incidentes que ocorram. Por exemplo, se é apresentada uma conta de liquidação, ele deve ser ouvido. Se surge um pedido do exequente para substituir o bem penhorado por outro de mais fácil liquidação, também. Em suma, mesmo no processo de execução, o juiz tem de proferir decisões e, para fazê-lo, precisa ouvir o réu. São precisas as palavras de Cândido Rangel Dinamarco: "É preciso lembrar também que, embora o mérito não se julgue no processo executivo, deixar absolutamente de julgar o juiz da execução não deixa. Nem só de mérito existem sentenças; nem só sentenças profere o juiz. Pois seria inconcebível um juiz 'robot', sem participação inteligente e sem poder decisório algum. O juiz é seguidamente chamado a proferir juízos de valor no processo de execução, seja acerca dos pressupostos processuais, condições da ação ou dos pressupostos específicos dos diversos atos levados ou a levar a efeito"[1].

Com a admissão generalizada, pela doutrina e jurisprudência, de exceções e objeções de pré-executividade nas execuções, não se pode mais sustentar a inexistência do contraditório. Nelas – que não têm natureza de ação autônoma, mas de meros incidentes – o juiz é chamado a proferir decisões. Também nas impugnações, previstas como mecanismo de defesa do executado nos cumprimentos de sentença (art. 525 do CPC), não há, em regra, nova ação, mas apenas um incidente processual, no qual os atos praticados terão natureza cognitiva, o que se coaduna com a natureza sincrética do processo. Nesses incidentes, haverá inequívoca manifestação do contraditório, no bojo da execução.

A nossa Constituição Federal consagrou, como garantia expressa dos procedimentos jurisdicionais e administrativos, o contraditório (art. 5º, LV), sem qualquer ressalva, o que inclui a execução, conquanto nela a garantia não tenha a mesma amplitude que no processo de conhecimento, diante da natureza dos atos que são praticados.

---

1. Cândido Rangel Dinamarco, *Execução civil*, p. 170.

5. ATOS EXECUTIVOS

Diferem, na sua essência, os atos executivos dos cognitivos. Nestes, o juiz imporá uma regra de conduta, que regerá o caso concreto. O ato cognitivo não altera a realidade sensível, mas afasta uma incerteza que recai sobre os direitos discutidos. Essa é a sua função principal: revestir de certeza um direito não reconhecido pelo adversário. O juiz, por meio dos atos cognitivos, dirá quem tem razão, declarará qual o direito aplicável aos litigantes e imporá uma regra de conduta. Mas é possível que ela não seja cumprida espontaneamente.

Se isso ocorrer, haverá nova intervenção do Judiciário, para garantir a satisfação do credor. A Constituição Federal não lhe atribui apenas o poder-dever de dizer o direito, mas o de torná-lo efetivo, de realizá-lo em concreto.

Se uma decisão judicial não é cumprida, a lei mune o juiz de aparato suficiente para fazê-la satisfeita. Para isso, é preciso uma alteração da realidade fática. A atividade judicial será desenvolvida não mais visando a declarar quem tem razão, nem emitir mais um comando, mas determinar as providências práticas para que ele seja cumprido. Na lição de Araken de Assis: "Então, sob uma nova perspectiva, o ato executivo implica alterações no mundo exterior, ou físico, com o fito de o adequar ao projeto do devenir substancial. Afirma, corretamente, o arguto Francesco Carnelutti que o processo de conhecimento transforma o fato em direito, e o processo executivo demuda o direito em fato. Essas modificações fáticas, por sua vez, requerem a invasão da esfera jurídica do executado e o emprego, na medida das necessidades, da coerção estatal"[2].

Se o juiz o reconheceu, na fase cognitiva, a obrigação à entrega de coisa, ou se há título extrajudicial obrigando o executado a entregá-la e ele não o cumpre, será determinada a busca e apreensão do bem, ou a imissão do autor na posse, conforme ela seja móvel ou imóvel. Se a obrigação foi de pagamento de determinada quantia, o juiz determinará a penhora e avaliação do bem, com a subsequente alienação judicial para pagamento do credor.

2. Araken de Assis, *Manual do processo de execução*, v. 1, p. 22.

Os atos executivos são sempre determinados pelo juiz (art. 782). Mas o seu cumprimento é atribuído aos seus auxiliares, os oficiais de justiça. Quando se verificar que há resistência ao cumprimento da ordem judicial, que não pode ser vencida pelos auxiliares da justiça, o juiz requisitará a força pública, valendo-se das prerrogativas que lhe asseguram os arts. 782, § 2º, e 846, § 2º, do CPC.

6. EXECUÇÃO E INSTITUTOS FUNDAMENTAIS DO PROCESSO CIVIL

No volume 1 desta obra, tratou-se dos quatro institutos fundamentais do processo civil, isto é, daqueles que constituem o arcabouço da ciência processual.

O estudo científico da execução só pode ser feito à luz desses institutos. Essa preocupação já foi manifestada por Cândido Dinamarco, que, em obra pioneira, escreveu sobre a execução civil, tomando por enfoque os institutos fundamentais. Nas premissas de sua obra, ele assevera: "A teoria da execução forçada jamais será satisfatoriamente desenvolvida se não assentar nas sólidas colunas dos princípios e dos institutos fundamentais do direito processual civil, já descobertos e elaborados com riqueza e muita criatividade em relação ao processo de conhecimento. Para chegar-se ao conhecimento verdadeiramente científico da execução é indispensável a consciência do apoio do sistema nas garantias estabelecidas a nível constitucional, associada à visão estrutural da ordem processual distribuída entre seus institutos fundamentais (jurisdição, ação, defesa e processo)"[3].

6.1. Execução e jurisdição

A jurisdição é uma das funções do Estado que substitui as partes para solucionar os conflitos de interesse na busca da pacificação social. É inegável o caráter jurisdicional da execução, porque nela também o Estado exerce função substitutiva.

3. Cândido Rangel Dinamarco, *Execução*, cit., p. 21.

O conflito executivo deriva de uma crise de inadimplemento, quando aquele que tem uma obrigação não a cumpre espontaneamente. É necessário invocar o Estado para que ele, substituindo-se ao executado, satisfaça o direito do exequente, na busca da pacificação social. O exequente não tem como fazer valer o seu direito com o emprego de força, ou pelo exercício arbitrário das próprias razões. Verificado o descumprimento da obrigação constante de título executivo, ele deve recorrer ao Judiciário, que tomará as medidas necessárias, buscando obter o resultado que seja o mais próximo possível daquele que decorreria do adimplemento.

6.1.1. A competência no processo de execução

O Código de Processo Civil trata da competência para a execução em dois artigos fundamentais: no 516, quando fundada em título executivo judicial (cumprimento de sentença), e no 781, quando em título extrajudicial.

A competência pode ser absoluta ou relativa, dependendo da hipótese. Valem para a execução as mesmas regras sobre uma e outra. Quando absoluta, o juiz pode controlá-la de ofício, determinando a remessa dos autos ao juízo competente; quando relativa, depende de manifestação do executado. A competência absoluta, também na execução, não está sujeita a modificação, diferentemente do que ocorre com a relativa.

6.1.1.1. Competência no cumprimento de sentença

Vem disciplinada no art. 516 do CPC e é, em regra, absoluta. O cumprimento da sentença efetuar-se-á nos tribunais, nas causas de sua competência originária (inciso I); no juízo que decidiu a causa, no primeiro grau de jurisdição (inciso II); e no juízo civil competente, nas execuções de sentença penal condenatória, sentença arbitral ou sentença estrangeira (inciso III). Na última hipótese, a competência será relativa, por uma razão evidente: o título executivo judicial não foi precedido de um processo de conhecimento cível.

Poder-se-ia, pois, estabelecer como regra, em relação aos títulos executivos judiciais, que a competência absoluta para a execução é do juízo onde ele se formou. Se, no entanto, esse juízo for estrangeiro, criminal ou arbitral, a execução processar-se-á em vara cível, sendo, no caso, relativa a competência.

A regra de que a execução deve ser proposta onde o título formou-se é de natureza funcional: o juízo mais adequado e aparelhado para fazer cumprir uma sentença é aquele no qual ela foi proferida.

Mas o art. 516, parágrafo único, traz uma importante flexibilização da regra relacionada à competência para o cumprimento de sentença, nas hipóteses dos incisos II e III: a possibilidade de o credor optar entre quatro foros concorrentes, à sua escolha: do juízo onde foi proferida a sentença; do local onde se encontram os bens sujeitos à execução; do atual domicílio do executado e do juízo do local onde deva ser executada a obrigação de fazer ou de não fazer. A competência continua sendo absoluta, mas há várias opções para o exequente. Isso significa que ele poderá formular o requerimento de execução em qualquer dos foros concorrentes. Mas, se propuser em outro diferente dos mencionados, o juiz determinará a remessa do requerimento, de ofício, ao juízo que proferiu a sentença. Não há possibilidade de eleição do foro, mas tão somente de opção, pelo exequente, entre os foros concorrentes estabelecidos em lei.

Caso ele opte por requerer a execução em outro juízo que não aquele onde foi proferida a sentença, os autos do processo deverão ser solicitados ao juízo de origem. O requerimento não será apresentado no juízo de origem, mas naquele no qual se deseja que a execução se processe. O juiz receberá o requerimento de execução, desacompanhado dos autos do processo, que estão no juízo de origem. Verificando que estão presentes os requisitos para que o cumprimento de sentença se processe, seja porque os bens do executado estão ali situados, seja porque o executado está atualmente ali domiciliado, seja ainda porque é ali o local de cumprimento de obrigação de fazer, será solicitada a remessa dos autos.

Para tanto, é preciso que o juiz conclua que é competente, conforme o art. 516, parágrafo único, do CPC. Solicitada a remessa, a execução correrá nos próprios autos, sem constituir novo processo. Ao final, os autos serão arquivados no juízo onde correu a execução, e não restituídos ao de origem.

O objetivo da lei ao criar os foros concorrentes foi facilitar o processamento do cumprimento de sentença, permitindo que ele se processe onde seja mais fácil localizar a pessoa do executado, ou seus bens, ou cumprir a obrigação de fazer ou não fazer, evitando, com isso, a multiplicidade de cartas precatórias.

Feita a solicitação ao juízo de origem, este só pode recusar a remessa dos autos se verificar que não estão preenchidos os requisitos do art. 516, parágrafo único, do CPC, caso em que deve suscitar conflito positivo de competência.

Nas execuções de alimentos, além dos foros concorrentes estabelecidos no art. 516, parágrafo único, haverá a possibilidade de o exequente optar por mais um: o de seu próprio domicílio. A jurisprudência, atenta à situação do alimentando, já vinha permitindo que ele optasse por requerer a execução no seu domicílio atual, ou seja, mesmo que a ação de alimentos tivesse corrido em determinado juízo, o qual proferiu sentença transitada em julgado, o alimentando poderia ajuizar a execução no local onde tem domicílio atual. O CPC atual transformou essa orientação em lei (art. 528, § 9º).

Se o processo é de competência originária da primeira instância, a execução será proposta em primeiro grau, ainda que tenha havido recurso e ele tenha sido provido.

A competência para o cumprimento de sentença arbitral será do foro em que se realizou a arbitragem. Se no local houver vários juízos, a execução será distribuída para um deles.

Quando o título executivo judicial for sentença penal condenatória transitada em julgado, a execução será proposta perante o juízo cível competente. Em regra, no foro do domicílio do autor ou do local do delito, por força do que dispõe o art. 53, V, do CPC.

Nas hipóteses da sentença arbitral e penal condenatória, a competência não é funcional e absoluta, mas relativa.

A sentença estrangeira, homologada pelo Superior Tribunal de Justiça, será executada perante a Justiça Federal de primeira instância, na forma do art. 109, X, da CF. Para apurar a seção judiciária competente, dever-se-ão observar as regras gerais de competência da Constituição Federal e do Código de Processo Civil.

6.1.1.2. Competência na execução de título extrajudicial

A competência para a execução de título extrajudicial é relativa e deve ser apurada de acordo com as regras gerais de competência estabelecidas no art. 781 do CPC.

Em princípio, não havendo foro de eleição, a competência será do foro do domicílio do executado ou o da situação dos bens. Caso o executado tenha mais de um domicílio, poderá ser demandado em qualquer deles. E se não tiver domicílio certo ou conhecido, no do lugar em que for encontrado ou no domicílio do exequente. Se houver mais de um executado, a execução poderá ser proposta no foro de domicílio de qualquer deles, à escolha do exequente.

Essas regras aplicam-se também à execução hipotecária. A competência não é a do foro de situação do imóvel dado em garantia, porque a execução não tem natureza real, mas pessoal. O que se executa é uma dívida, e o imóvel é apenas uma garantia. A execução será proposta também no foro do domicílio do executado ou de situação dos bens sujeitos à execução, a critério do exequente.

Para a execução fiscal, devem ser observadas as regras específicas do art. 46, § 5º, do CPC, que estabelece a competência do foro do domicílio do réu; caso ele não o tenha, no de sua residência ou do local em que for encontrado. Se houver vários devedores, a execução fiscal poderá ser proposta no domicílio de qualquer um deles.

O inciso V do art. 781 do CPC estabelece que a execução poderá ser proposta no foro do lugar em que se praticou o ato ou ocorreu o fato que deu origem ao título, embora nele não mais resida o executado. Trata-se de hipótese de foro concorrente.

6.2. A ação de execução

Questão de relevância é saber se a execução constitui ou não uma ação. A resposta é afirmativa, mas parece fundamental distinguir entre aquelas fundadas em título judicial e extrajudicial. No primeiro caso, a execução não constituirá uma nova ação, mas o prolongamento desta e do processo já ajuizados. A ação ajuizada pelo credor prolongar-se-á até a satisfação do seu direito, e o processo que se formará será desdobrado em duas fases: a cognitiva e a executiva. Já na execução por título extrajudicial (e também nas fundadas em sentença penal condenatória, estrangeira ou arbitral), haverá uma nova ação.

No volume 1, quando se tratou dos institutos fundamentais do processo civil, afirmou-se que a palavra "ação" pode ser empregada com dois significados diferentes: como direito de acesso incondicionado à Justiça e como direito à obtenção de uma resposta de mérito, caso em que o seu exercício depende do preenchimento das condições: legitimidade *ad causam* e interesse de agir.

Na execução, o autor busca um provimento jurisdicional que atenda aos seus anseios. Não se pede mais que o juiz, por meio de sentença, julgue se o pedido do autor é procedente ou improcedente. Não há, portanto, sentença de mérito, isto é, sentença que julga o pedido.

Mas também na execução o autor formula um pedido: o de que sejam tomadas as providências necessárias para a satisfação do seu direito. Na fundada em título judicial, que haja o cumprimento da sentença; na fundada em título extrajudicial, a satisfação do direito consubstanciado no título. Há, portanto, um mérito na execução: a satisfação do credor. E, desde que preenchidas as condições, o juiz dará uma resposta a esse pedido, determinando as providências solicitadas. Dará, pois, uma resposta de mérito, que não virá sob a forma de sentença, mas pela prática de atos materiais concretos tendentes à satisfação do direito. A expressão "resposta de mérito" é mais abrangente do que sentença de mérito. Na execução, embora não exista sentença julgando o pedido, há uma resposta ao pedido formulado, desde que preenchidas as condições. E o que caracteriza uma ação não é o direito à sentença de mérito, mas a uma resposta de mérito, que pode vir sob a forma de sentença, nos processos de conhecimento, ou sob a prática de atos satisfativos, na execução.

No processo de conhecimento, a existência da ação não pressupõe a existência do direito, tanto assim que terá havido o exercício do direito de ação, ainda que a sentença venha a ser de improcedência. Daí o caráter abstrato da ação: ela existe, mesmo que o direito não exista. Na execução, a tomada de providências satisfativas exige que o autor esteja munido de um título executivo que assegure ao seu direito o requisito de certeza. Isso poderia trazer a impressão de que a resposta de mérito, que caracteriza a ação executiva, não prescindiria da existência do direito, que se pressupõe certo pelo título executivo, o que daria à execução a natureza de ação concreta.

Mas essa conclusão não é acertada. O grau de abstração da ação executiva é menor do que o da ação de conhecimento: para desencadear a primeira, o grau de certeza da existência do direito deve ser muito maior do que da segunda, que prescinde por completo dessa existência. Mas, ainda assim, não se pode dizer que a execução é concreta, porque ela pode existir mesmo que não haja o direito. O grau de certeza trazido pelo título executivo não é absoluto, podendo-se, no curso da execução, demonstrar a inexistência do direito. Na lição de Dinamarco, "A ação executiva é abstrata, quase tanto quanto a de conhecimento, pois para a sua configuração é indiferente a existência ou inexistência do direito subjetivo material do exequente. Quem admite que o título executivo tem a função de provar a existência do direito substancial deveria ser levado a afirmar o caráter concreto da ação executiva, pois não se faz execução sem que haja título e, portanto, dependeria esta da comprovada existência do direito. Mas nem o mais idôneo dos títulos executivos, que é a sentença condenatória civil, seria capaz de fazer essa prova, isto é, de demonstrar que o direito material existe no momento do início da execução: ele pode muito bem ter sido extinto ou modificado após a formação do título executivo, seja por adimplemento, novação, compensação, transação, prescrição (CPC, art. 741, VI)"[4] (atual art. 525, § 1º, VII).

6.2.1. Condições da ação executiva

6.2.1.1. Interesse de agir

É formado pelo binômio necessidade e adequação. Para que o credor de uma obrigação possa valer-se da execução, é preciso que ela seja indispensável para satisfazer seus interesses. Não haverá, portanto, interesse se o devedor satisfizer espontaneamente a obrigação: é preciso que haja o inadimplemento. Daí resultam fundamentais as regras de direito material, a respeito do termo de cumprimento das obrigações.

4. Cândido Rangel Dinamarco, *Execução*, cit., p. 360.

Para aquelas que têm data certa de vencimento, o devedor estará inadimplente automaticamente, tanto que seja ultrapassada a data indicada, sem que ele tenha cumprido a sua obrigação (*dies interpellat pro homine*). Nesses casos, diz-se que a mora é *ex re*. Quando a obrigação não tem termo certo de vencimento, é preciso constituir o devedor em mora, notificando-o para que a cumpra.

Além disso, é preciso que a execução seja a via processual adequada para a consecução dos objetivos almejados. E ela só será se o credor estiver munido de título executivo, pois não há execução sem título. O que a torna a via adequada é essa circunstância.

A possibilidade jurídica deixou de ser considerada condição autônoma da ação. Mas a impossibilidade jurídica do pedido tornará o exequente carecedor da execução executiva, por falta de interesse de agir.

Também na execução é preciso que a pretensão do autor não contrarie o ordenamento jurídico. Não é possível, por exemplo, que se ajuíze execução por quantia, postulando penhora e expropriação de bens, tendo por executada a Fazenda Pública; ou que se ajuíze ação que tenha por objeto obrigação de fazer ilícita, como matar alguém ou comercializar substância entorpecente. Nesses casos, a execução deverá ser extinta por falta de interesse de agir.

6.2.1.2. Legitimidade *ad causam*

Tal como no processo de conhecimento, só pode ir a juízo solicitar o provimento jurisdicional aquele que tenha legitimidade. O art. 778 do CPC estabelece quais são os legitimados para promover a execução; e o art. 779 enumera aqueles em face de quem ela deve ser ajuizada. Em capítulo próprio, tratar-se-á das partes na execução.

6.3. Processo executivo

Foram de grande relevância as alterações trazidas pela Lei n. 11.232/2005, em relação ao cumprimento de sentença. Até a sua entrada em vigor, o processo de execução era sempre autônomo, em relação ao de conhecimento. Nele, formava-se uma nova relação processual, diferente da anterior, o que exigia nova citação.

A lei alterou essa situação, criando um processo sincrético, em que o cumprimento de sentença perdeu a sua autonomia. O que antes constituía os processos autônomos de conhecimento e de execução passou a compor fases distintas de um único e mesmo processo sincrético, que se inicia com a petição inicial na fase de conhecimento e finda-se com a satisfação do credor. Isso obrigou o legislador a modificar até mesmo o conceito de sentença, que, antes, qualificada por sua aptidão de pôr fim ao processo, passa agora a ser definida pela sua aptidão de pôr fim ao processo ou à fase de conhecimento.

A autonomia fica restrita aos processos de execução por título extrajudicial. E, excepcionalmente, por título judicial, nos casos de sentença penal condenatória, arbitral ou estrangeira, em que não há prévia fase cognitiva no juízo cível.

Nos processos autônomos de execução, o procedimento variará conforme o tipo de execução que tenha sido aforado: são diferentes aqueles que tenham por objeto obrigações de fazer, entrega de coisa, ou quantia certa. Tal como o processo de conhecimento, o de execução começa por uma petição inicial.

O juiz a examinará, para verificar se está em termos. Se não estiver, e o vício for passível de correção, concederá ao exequente 15 dias para emendá-la. Se o defeito por incorrigível, indeferirá a petição inicial.

Se ela estiver em termos, o juiz determinará que o executado seja citado. Trata-se de ato fundamental do processo de execução, cuja autonomia o exige.

Já no cumprimento de sentença, tornando-se exequível o título, não será necessária nova citação, mas apenas a intimação do executado para cumprir a obrigação imposta. O procedimento do cumprimento de sentença também variará conforme o tipo de obrigação a que o executado foi condenado.

7. AS PARTES NA EXECUÇÃO

7.1. Legitimidade ordinária e extraordinária

Em regra, são legitimados para a execução aqueles que figuram no título como credor e devedor. É o que se depreende dos arts. 778, *caput*, e 779, I, do CPC.

Trata-se de legitimidade ordinária, porque o credor e o devedor são os titulares da relação jurídica cuja satisfação se busca.

Mas são também legitimados ordinários aqueles que, embora não figurem no título executivo, podem promover a execução, porque são titulares das obrigações que se busca realizar por meio dela. Por isso, a lei lhes atribui legitimidade. Cândido Dinamarco denomina essa legitimidade "ordinária independente", para distingui-la da legitimidade ordinária direta, do credor e devedor.

São legitimados ordinários independentes os sucessores, a título *inter vivos* ou *mortis causa*, do credor ou do devedor, o sub-rogado, o fiador do débito, constante do título, o lesado individual, nas ações civis públicas para a defesa de interesses individuais homogêneos, e a vítima de crime, que queira executar civilmente a sentença penal condenatória transitada em julgado, proferida contra o ofensor. Nesses casos, a execução é promovida por aquele que se diz o titular da obrigação, ou em face daquele a quem incumbe o seu cumprimento, embora nenhum deles figure no título.

Por fim, há os casos de legitimidade extraordinária, em que a lei atribui a alguém para que vá a juízo, em nome próprio, buscar a satisfação de direito que é alheio.

O exemplo mais importante é dado pelas ações civis públicas, em que se autoriza o Ministério Público e demais entidades legitimadas a promover, em nome próprio, a execução das condenações, cujo beneficiário é o lesado. Nesse caso, a legitimidade extraordinária não é exclusiva, nem afasta a possibilidade de a execução ser promovida pela própria vítima, em benefício próprio, caso em que haverá legitimidade ordinária.

7.2. Dos legitimados para a execução

7.2.1. O credor e o devedor

São, desde que constem do título, os legitimados primários, como já se ressaltou. Há duas condições indispensáveis, para que se trate de legitimidade primária: a pertinência subjetiva com a relação jurídica obrigacional subjacente e a figuração no título.

7.2.2. Os sucessores

Os arts. 778, § 1º, II e III, e 779, II e III, do CPC, atribuem legitimidade ativa e passiva às pessoas que não participaram da formação do título executivo, mas tornaram-se sucessoras do credor, por ato *inter vivos* ou *mortis causa*. Se a sucessão se der por morte, a legitimidade passará ao espólio, enquanto não ultimado o inventário com a partilha de bens, ou aos herdeiros do credor, após a efetivação da partilha. O espólio será representado inicialmente pelo administrador provisório, e, depois de aberto o inventário, pelo inventariante nomeado pelo juiz, exceto se for dativo, caso em que a representação será feita por todos os herdeiros. Quando o espólio ou herdeiros figurarem no polo passivo, deve-se cuidar para que a execução não ultrapasse as forças da herança. Se o falecimento ocorrer quando o processo já estiver em curso, a sucessão processual far-se-á na forma do art. 110 do CPC, ou, se necessário, por habilitação, conforme estabelecido nos arts. 687 e s. desse mesmo Código.

Quando a sucessão do credor se der por ato *inter vivos*, o polo ativo passará a ser ocupado pelo cessionário. Não há necessidade do consentimento do devedor para que a cessão se aperfeiçoe. O art. 286 do Código Civil estabelece: "O credor pode ceder o seu crédito, se a isso não se opuser a natureza da obrigação, a lei, ou a convenção com o devedor; a cláusula proibitiva da cessão não poderá ser oposta ao cessionário de boa-fé, se não constar do instrumento da obrigação".

Mesmo que iniciada a execução e citado o devedor, não será necessária a sua concordância para que haja a alteração do polo ativo. Inaplicável, nesse caso, o art. 109, § 1º, do CPC. Nesse sentido: "Tendo-se dado a cessão de direito, na conformidade do disposto no art. 567, II, do CPC (atual art. 778, § 1º, II), pode o cessionário promover a execução forçada, sem aplicação do disposto no art. 42, § 1º do mesmo Código (atual art. 109, § 1º)" (STF, Pleno, RE 97.461-0-RJ, rel. Min. Aldir Passarinho). A questão ficou pacificada com a edição de precedente vinculante pelo C. Superior Tribunal de Justiça (REsp repetitivo n. 1.091.443-SP, rel. Min. Maria Thereza de Assis Moura), no qual ficou decidido: "RECURSO ESPECIAL REPRESENTATIVO DE CONTROVÉRSIA. ART. 543-C DO CPC. PROCESSO CIVIL. CESSÃO DE CRÉDITO.

EXECUÇÃO. PRECATÓRIO. SUCESSÃO PELO CESSIONÁRIO. INEXISTÊNCIA DE OPOSIÇÃO DO CEDENTE. ANUÊNCIA DO DEVEDOR. DESNECESSIDADE. APLICAÇÃO DO DISPOSTO NO ART. 567, II, DO CPC. EMENDA CONSTITUCIONAL N. 62/2009".

Diferente é a situação quando ocorrer cessão de débito. O art. 779, III, do CPC, considera legitimado passivo o "novo devedor, que assumiu, com o consentimento do credor, a obrigação resultante do título executivo". A assunção de débito não prescinde da anuência do credor. O patrimônio do devedor responde pelo pagamento da dívida. Toda vez que se muda o devedor, altera-se a garantia da dívida. Cumpre, pois, ao credor anuir, porque a cessão pode privá-lo da garantia de recebimento de seu crédito quando, por exemplo, houver a transferência para pessoa de minguados recursos. O art. 299 do CC é expresso: "É facultado a terceiro assumir a obrigação do devedor, com o consentimento expresso do credor, ficando exonerado o devedor primitivo, salvo se aquele, ao tempo da assunção, era insolvente e o credor o ignorava".

Tendo havido a anuência do credor, na assunção do débito, desnecessário que ele seja ouvido, na execução, a respeito da alteração do polo passivo. Ao anuir com a assunção do débito pelo cessionário, está evidente que o credor está concordando com que o devedor originário seja substituído no polo passivo.

Quando exequente ou executado for pessoa jurídica que venha a desaparecer, será preciso verificar se o patrimônio foi transferido a outra pessoa, ou se houve apenas a dissolução. No primeiro caso, a nova pessoa jurídica assumirá o ativo e o passivo da anterior, passando a responder pela dívida da antiga; no segundo, a responsabilidade será dos sócios da empresa que desapareceu deixando dívidas.

7.2.3. O sub-rogado

O art. 778, § 1º, IV, do CPC, atribui legitimidade ativa ao "sub-rogado, nos casos de sub-rogação legal ou convencional". Por sub-rogado entende-se aquele que satisfaz obrigação alheia, e, com isso, assume a posição jurídica do antigo credor.

Os arts. 346 e 347 do CC enumeram as hipóteses de sub-rogação convencional e legal. Haverá sub-rogação legal do credor que paga dívida do devedor comum; do adquirente do imóvel hipotecado que paga o credor hipotecário, bem como do terceiro que efetiva o pagamento para não ser privado de direito sobre imóvel; do terceiro interessado que paga a dívida pela qual era ou podia ser obrigado, no todo ou em parte. E haverá sub-rogação convencional quando o credor recebe o pagamento de terceiro e expressamente lhe transfere todos os seus direitos, ou quando terceira pessoa empresta ao devedor a quantia precisa para solver a dívida, sob a condição expressa de ficar o mutuante sub-rogado nos direitos do credor satisfeito.

A sub-rogação presta-se apenas para conceder legitimidade ativa àquele que paga; não há sub-rogação no polo passivo da execução.

A legitimidade é ordinária, porque, com a sub-rogação, o novo credor assume a qualidade jurídica do anterior.

7.2.4. Fiador sub-rogado

Um caso importante de sub-rogação é o que decorre da fiança. O fiador é terceiro interessado, que pode ser obrigado, no todo ou em parte, pelo pagamento da dívida.

Caso a execução seja contra ele aforada, e este efetue o pagamento voluntário ou forçado, sub-rogar-se-á no direito do credor, e poderá prosseguir, nos mesmos autos, contra o afiançado. É o que resulta do art. 794, § 2º, do CPC: "O fiador, que pagar a dívida, poderá executar o afiançado nos autos do mesmo processo".

Para que ocorra a sub-rogação em benefício do fiador, é preciso que ele tenha feito o pagamento da dívida.

7.2.5. Fiador no polo passivo

Nem sempre a execução poderá ser dirigida contra o fiador exclusivamente. Pela fiança, de acordo com o art. 818 do Código Civil, "uma pessoa garante satisfazer ao credor uma obrigação assumida pelo devedor, caso este não a cumpra". Alguém estranho à obrigação originária garante, com o seu patrimônio, o pagamento da dívida, caso não a solva o devedor.

A fiança pode ser de três tipos: convencional, legal ou judicial. A primeira é a que decorre de acordo de vontades; a segunda, de disposição expressa de lei, em casos específicos, como os mencionados nos arts. 1.400 e 1.745, parágrafo único, do CC; e a terceira, a determinada pelo juiz, de ofício ou a requerimento das partes, funcionando como caução, como as hipóteses dos arts. 520, III, ou 559, do CPC. O fiador judicial comparece nos autos do processo apenas para prestar a garantia de que pagará a dívida, caso o devedor não o faça. A fiança é prestada como garantia de uma dívida que já está *sub judice*. Ele não participa do processo, nem figura como parte, limitando-se a outorgar a garantia. Ao prestar a fiança, ele se torna responsável pelo seu pagamento, passando a ser legitimado ordinário para responder à execução.

Se houver, em um processo, fiança judicial, o fiador é legitimado passivo ordinário para a execução, podendo ser demandado diretamente, ainda que não tenha figurado como parte no processo de conhecimento.

A situação é diferente em relação à fiança convencional, quando é preciso verificar se a execução tem por base título executivo judicial ou extrajudicial.

Só é possível ajuizar execução por título extrajudicial em face do fiador e do devedor, conjuntamente, se o fiador constar do título executivo extrajudicial. É o que ocorre, por exemplo, com os contratos de locação, com a fiança. Eles são títulos executivos extrajudiciais, de sorte que o credor pode ajuizar a demanda em face do inquilino e do fiador, em cumulação subjetiva passiva. Mesmo que o fiador tenha o benefício de ordem, a execução poderá ser aforada contra os dois, podendo ele exigir a penhora prévia de bens do devedor, livres e desembargados, suficientes para fazer frente ao débito. Poderá ajuizá-la também apenas em face do fiador, desde que tenha havido renúncia ao benefício de ordem, e ele tenha assumido a condição de devedor solidário. Mas não será possível ajuizar a demanda exclusivamente contra o fiador que tenha o benefício. Se isso ocorrer, o juiz extinguirá a execução, por falta de interesse, porque seria indispensável que primeiro se atingissem os bens do devedor, para só então chegar aos do fiador.

Para que haja execução por título judicial em face do fiador é preciso que ele tenha sido condenado na fase cognitiva, na qual tenha figurado como parte.

É possível ajuizar ação de conhecimento apenas contra o devedor principal, caso em que só ele será condenado e executado; contra ele e o fiador, em litisconsórcio, caso em que, se procedentes os pedidos, a execução poderá ser dirigida contra ambos; e só contra o fiador, ainda que este tenha o benefício de ordem. Se quiser exercê-lo, deve promover o chamamento ao processo do devedor principal, para que integre o polo passivo, na condição de corréu. O chamamento é indispensável para que, na fase de execução, o fiador possa valer-se do benefício de ordem. Se ele não o fizer, estará renunciando tacitamente ao benefício, pois, em caso de procedência, será o único condenado, e a execução será dirigida exclusivamente em face dele. Se fizer o chamamento, ele e o devedor serão condenados, e, sendo a execução dirigida contra os dois, o fiador poderá valer-se do benefício de ordem, exigindo que a penhora recaia preferencialmente sobre bens do devedor suficientes para a garantia do crédito.

São comuns ações com pedido de despejo cumulado com cobrança ajuizadas pelo locador apenas em face do devedor principal e com pedido para que se cientifiquem os fiadores. Estes não integram o polo passivo, sendo cientificados apenas para que possam requerer eventual purgação da mora. O juiz condenará apenas o devedor principal, e a execução terá de ser dirigida apenas contra ele, e não contra o fiador (Súmula 268 do STJ). O credor poderá promover contra o fiador execução por título extrajudicial, e incluir no débito o valor da sucumbência imposta ao devedor principal, na ação de despejo, desde que nela os fiadores tenham sido cientificados.

7.2.6. Ofendido

O ofendido é legitimado ordinário para executar eventual indenização a que faça jus. Se tiver sido o autor da ação, figurará no título executivo judicial, e sua legitimidade será ordinária direta. Mas há hipóteses em que ele poderá promover a execução como legitimado ordinário independente, não figurando no título executivo.

Um exemplo é a execução fundada em sentença penal condenatória transitada em julgado. Ela não contém condenação do ofensor ao pagamento de indenização em favor do ofendido, mas vale como título executivo judicial, sendo necessário que se passe por prévia liquidação, na qual se apurará o *quantum debeatur*.

Há também a possibilidade de o ofendido promover a execução de sentença proferida em ação coletiva, promovida pelos legitimados mencionados na Lei da Ação Civil Pública (Ministério Público, associações etc.). Ele não figura no título, pois não foi o autor da demanda. Mas, com a procedência, pode promover a liquidação e execução individual de seus danos, sempre na condição de legitimado ordinário.

7.2.7. O responsável titular do bem vinculado por garantia real ao pagamento do débito

Aquele que deu o bem em garantia real de uma dívida torna-se responsável, até o limite do valor do bem, pelo pagamento dela, ainda que não seja o devedor. A garantia real pode ser oferecida em razão de dívida própria ou de terceiro. Se for dada em garantia de dívida de terceiro, o titular do bem torna-se responsável pelo pagamento, respeitado o seu valor.

7.2.8. Responsável tributário

De acordo com o art. 779, VI, do CPC, é sujeito passivo da execução o responsável tributário, assim definido em lei. Esse dispositivo está em consonância com o art. 4º, V, da Lei n. 6.830/80 (Lei de Execução Fiscal). O responsável tributário é a pessoa ligada ao fato gerador e que responde pelo pagamento do tributo, caso o devedor não o pague. Compete às leis tributárias a indicação de quem tenha essa qualidade.

A execução pode ser dirigida contra o responsável tributário ainda que seu nome não conste na certidão de dívida ativa (STJ, *RT*, *721*:290).

7.2.9. Avalista

O aval é instituto próprio do direito cambial. O avalista é aquele que presta a garantia de efetuar o pagamento do título de crédito, caso o devedor principal não o faça.

Característica fundamental do aval é sua autonomia, em relação à obrigação do avalizado. Por isso, ainda que esta tenha um vício que gere sua nulidade, aquele não será comprometido.

O aval resulta da assinatura do outorgante no anverso do título, acompanhada de expressão que identifique o ato praticado.

Se o avalista pagar a dívida, sub-rogar-se-á no crédito, e poderá, nos mesmos autos, voltar-se contra o devedor principal, para reaver o que pagou, em situação análoga à do fiador. Mas, ao contrário deste, não tem o benefício de ordem.

A execução poderá ser ajuizada em face do obrigado principal, do avalista, ou de ambos em litisconsórcio passivo. Embora se trate de instituto cambial, entende-se que "O avalista do título de crédito vinculado a contrato de mútuo também responde pelas obrigações pactuadas, quando no contrato figurar como devedor solidário" (Súmula 26 do STJ).

7.2.10. Advogado

A Lei n. 8.906/94 trouxe uma importante inovação sobre a titularidade da verba referente a honorários advocatícios. Antes dessa lei, predominava o entendimento de que tal verba pertencia à parte, cabendo a esta promover-lhe a execução e levantar o dinheiro correspondente, pagando depois o advogado. O art. 23 da lei não deixa mais nenhuma dúvida sobre o assunto: "Os honorários incluídos na condenação, por arbitramento ou sucumbência, pertencem ao advogado, tendo este direito autônomo para executar a sentença nesta parte, podendo requerer que o precatório, quando necessário, seja expedido em seu favor". Quando houver sentença condenatória, a execução do principal será feita em nome do credor; mas a dos honorários advocatícios poderá ser feita pelo advogado beneficiário dessa verba, que pode persegui-la, ainda que tenha sido desconstituído pela parte, antes de iniciada a execução. Essa legitimidade do advogado é ordinária, porque os honorários advocatícios pertencem a ele. Mas ela não afasta a legitimidade extraordinária que terá a parte vencedora para promover a execução, em seu nome, também da verba honorária.

Há, portanto, dupla legitimidade para executar os honorários advocatícios incluídos na condenação: a do próprio advogado titular do direito, legitimado ordinário para executá-los; e da parte vencedora, que poderá executar o principal acrescido dos honorários advocatícios. A parte que o fizer será legitimada ordinária quanto ao principal, e extraordinária quanto aos honorários advocatícios. Nesse sentido: "Os honorários do advogado, embora pertençam ao advogado e constituam direito autônomo para a sua execução, podem ser incluídos na execução promovida pela parte que venceu a ação de indenização especialmente quando o profissional da ação de conhecimento é o mesmo que patrocina a execução" (STJ, 4ª Turma, REsp 163.893-RS, rel. Min. Ruy Rosado).

7.2.11. Empregador

O empregador responde objetivamente pelos danos causados por seu empregado, nos termos da lei civil. A responsabilidade é solidária. Por isso, caso este cause danos a terceiros, no exercício de suas atividades, a ação indenizatória pode ser ajuizada em face só do patrão, só do empregado, ou de ambos, em litisconsórcio passivo.

Se a ação indenizatória tiver sido aforada exclusivamente em face do empregado, somente ele poderá ser executado, em caso de procedência, não o patrão, pois não há título executivo em face deste. Apesar de ele responder objetivamente pelos danos causados pelo empregado, é indispensável, para que possa ser executado, que tenha figurado na fase cognitiva. Afinal, ele poderia demonstrar, por exemplo, que o dano não ocorreu enquanto o empregado estava no desempenho de suas atividades.

O mesmo ocorre com as sentenças penais condenatórias transitadas em julgado. Se o réu condenado era o empregado, a liquidação e execução dos danos serão dirigidas contra ele, não contra o patrão, porque este não participou do processo criminal, nem teve qualquer possibilidade de exercer o contraditório.

Se o empregado foi condenado na esfera criminal, ainda assim será preciso, se quiser executar o patrão, ajuizar em face dele uma ação indenizatória, da qual o empregador pode defender-se, inclusive, negando a culpa do seu funcionário, já que não participou do processo penal em que ela foi reconhecida. Pode também alegar, por exemplo, que o autor do crime já não era mais seu empregado, ou que, no momento dos fatos, não estava no exercício de suas atividades laborativas.

7.2.12. Ministério Público

Estabelece o art. 778, § 1º, I, do CPC, que o Ministério Público pode promover execução nos casos previstos em lei.

Sua legitimidade é extraordinária, porque ele não ajuíza execução em defesa de um interesse próprio, mas de interesse alheio, cuja defesa a lei lhe atribui.

O Ministério Público é legitimado para promover ação de indenização em favor de vítima de crime que não tenha condições econômicas para fazê-lo. É a ação civil *ex delicto*. Proferida a sentença condenatória, o Ministério Público poderá promover a execução, na condição de legitimado extraordinário. A legitimidade para a execução, nesse caso, passou a ser, em regra, da Defensoria Pública, mas onde ela ainda não tiver sido criada, continua sendo do Ministério Público.

Ele também é legitimado para o cumprimento de sentenças proferidas em ações civis públicas e ações populares. Nelas, a lei atribui ao *Parquet* a defesa dos interesses difusos, coletivos e individuais homogêneos. A legitimidade para essa defesa é extraordinária, porque o interesse coletivo não pertence a ele, mas a todo um grupo, classe ou categoria de pessoas. A lei dá ao Ministério Público legitimidade concorrente para promover a ação em defesa desses interesses e, posteriormente, executar a condenação.

Nos interesses difusos e coletivos, o cumprimento de sentença é feito pelo Ministério Público em favor de um fundo para reparação dos interesses lesados, instituído na conformidade do que dispõe a Lei da Ação Civil Pública.

Mesmo que ele não tenha sido o autor da ação civil pública, caber-lhe-á promover o cumprimento de sentença se a entidade que propôs a ação e obteve a sentença condenatória não o fizer no prazo de sessenta dias.

O Ministério Público terá legitimidade para promover o cumprimento das sentenças condenatórias nas ações para defesa de interesses coletivos e difusos por ele próprio ajuizadas, e nas aforadas por outros legitimados, desde que estes tenham permanecido inertes pelo prazo de sessenta dias. Antes disso, a legitimidade para a execução é exclusiva do ente que propôs a ação civil pública.

Nos interesses individuais homogêneos, o cumprimento pode ser promovido pelo próprio lesado, caso em que haverá legitimidade ordinária, ou pelos entes legitimados, entre os quais o Ministério Público, que o fará como legitimado extraordinário (art. 98 do Código do

Consumidor). A liquidação dos danos dos ofendidos há de ser sempre individual, pois cabe a cada qual demonstrar que efetivamente os sofreu e qual a sua extensão. Porém, promovidas as liquidações individuais, o art. 98 autoriza a que se promova a execução coletiva, "abrangendo as vítimas cujas indenizações já tiverem sido fixadas em sentença de liquidação, sem prejuízo do ajuizamento de outras execuções".

O art. 100 do Código do Consumidor estabelece prazo para que apareçam lesados em número compatível com a gravidade dos danos. O prazo é de um ano, a contar da publicação do edital, para que acorram os interessados. Após, verificando o Ministério Público que o número de habilitados é insuficiente, poderá promover a execução coletiva dos danos em favor do fundo de que trata a lei.

Nas ações populares, caberá ao Ministério Público promover a execução "caso decorridos sessenta dias da publicação da sentença condenatória de segunda instância, sem que o autor ou terceiro promova a respectiva execução" (art. 16 da Lei n. 4.717/65). Há uma imperfeição na lei ao mencionar apenas sentença de segunda instância: a mesma regra será aplicada quando se tratar de sentença de primeiro grau, contra a qual não tenha sido interposto recurso. O Ministério Público deverá promover a execução no prazo de trinta dias, sob pena de incorrer em falta grave. E o fará como legitimado extraordinário concorrente.

O Ministério Público será legitimado extraordinário para promover execução por título extrajudicial fundada nos termos de ajustamento de conduta por ele firmados com o causador do dano.

O *Parquet* também pode atuar no processo como fiscal da ordem jurídica, nos casos estabelecidos no art. 178 do CPC. Se houver interesse de incapazes, ou interesse público, na execução, ele intervirá como *custos legis*.

7.3. Pluralidade de partes na execução (litisconsórcio)

Na execução é possível a formação de litisconsórcio ativo, passivo e misto, seja o título judicial, seja extrajudicial.

Se na fase de conhecimento havia litisconsórcio em um dos polos, poderá haver também na executiva. E é possível que, no título extrajudicial, duas ou mais pessoas assumam a condição de credoras ou de devedoras, caso em que haverá litisconsórcio no processo de execução.

Quando se tratar de execução por quantia contra devedor solvente, o litisconsórcio será sempre facultativo, porque as somas em dinheiro são sempre divisíveis, podendo ser exigidas apenas por algum dos credores, em face de apenas algum dos devedores.

Já se a obrigação for de entrega de coisa ou de fazer ou não fazer, o litisconsórcio poderá ser facultativo ou necessário, conforme o tipo de coisa ou de *facere* que for objeto da execução. Por exemplo, se se tratar de obrigação de fazer indivisível, que só possa ser cumprida conjuntamente pelos devedores, o litisconsórcio será necessário, sendo imprescindível a inclusão de todos no polo passivo. Ou de entrega de coisa indivisível, que esteja em poder de duas ou mais pessoas. Mas tais situações são excepcionais, sendo regra, na execução, o litisconsórcio facultativo.

7.4. Intervenção de terceiros

Consiste na possibilidade de terceiro ser admitido em processo alheio. São cinco as espécies previstas na Parte Geral do CPC: a assistência, a denunciação da lide, o chamamento ao processo, o incidente de desconsideração da personalidade jurídica e o *amicus curiae*.

A denunciação da lide e o chamamento ao processo não são compatíveis com a execução, pois são formas de intervenção que se relacionam à formação de título executivo, no qual figurará também o terceiro. Com elas, o que se pede é que o terceiro seja condenado, seja na via de regresso, seja como codevedor. Mas a execução não se presta à formação de título executivo, já que o seu ajuizamento o pressupõe.

O art. 134 do CPC autoriza o incidente de desconsideração da personalidade jurídica em todas as fases do processo de conhecimento, no cumprimento de sentença e na execução por título extrajudicial. O art. 119, parágrafo único, permite a assistência em qualquer procedimento. E, embora o dispositivo não o diga expressamente, também em qualquer tipo de processo, já que não há incompatibilidade entre a assistência e a execução. Por exemplo, seria de admitir-se a intervenção, como assistente, do devedor principal em execução promovida exclusivamente contra o fiador, já que, havendo satisfação do débito, este terá direito de regresso contra aquele. Por fim, desde que preenchidos os requisitos para a sua intervenção, não há nenhuma limitação a que o *amicus curiae* seja admitido na execução.

Admitem-se, na execução, formas específicas de intervenção de terceiros, que não se confundem com as tradicionais, já mencionadas. Lembra Araken de Assis que "O processo executivo conhece formas próprias de intervenção de terceiros. Efetivadas penhoras sucessivas (art. 613 do CPC [atual art. 797, parágrafo único]) sobre coisa que é objeto de garantia hipotecária ou pignoratícia, cria-se, de um lado, o concurso de preferências e litisconsórcio entre os credores penhorantes na fase de pagamento (arts. 711 e 717 do CPC [atuais arts. 908 e 868]), porém, por outro lado, os titulares daqueles direitos reais (hipoteca ou penhor) são provocados a intervir (arts. 615, II, e 698, do CPC [atuais arts. 799, I e II, e 899, V]). Convém lembrar, ainda, o chamamento generalizado aos credores do insolvente (art. 761, II, do CPC [dispositivo do CPC de 1973 que continua em vigor, por força do art. 1.052 do CPC atual])"[5].

8. DOS REQUISITOS NECESSÁRIOS PARA A EXECUÇÃO

São dois os requisitos para que haja interesse de executar: o inadimplemento do devedor e a existência de título executivo, sem os quais haverá carência de ação.

8.1. Do inadimplemento do devedor

Enquanto não houver inadimplemento, faltará ao credor interesse para promover a execução. O CPC, art. 786, caracteriza como inadimplente o devedor que não satisfaça obrigação líquida, certa e exigível consubstanciada em título executivo.

Cumpre ao direito material estabelecer as regras sobre inadimplemento. O Código Civil brasileiro trata do assunto nos arts. 389 e s. Nas obrigações com termo certo de vencimento, o devedor incorrerá em mora, desde que não satisfaça a obrigação na data estabelecida, sem a necessidade de outras providências da parte do credor. Aplica-se o princípio do *dies interpellat pro homine*. Naquelas sem termo certo de vencimento, é preciso

5. Araken de Assis, *Manual*, cit., v. 1, p. 148.

que o devedor seja notificado, para que então se constitua em mora (mora *ex persona*). Nas obrigações de não fazer, o devedor é inadimplente desde o dia em que executou o ato de que se deve abster (CC, art. 391).

O adimplemento da obrigação pelo devedor deve ser feito no tempo, lugar e forma em que a lei ou a convenção estabelecer.

De acordo com o art. 788 do CPC, "o credor não poderá iniciar a execução, ou nela prosseguir, se o devedor cumprir a obrigação; mas poderá recusar o recebimento da prestação, se ela não corresponder ao direito ou à obrigação – estabelecidos no título executivo, caso em que poderá requerer a execução forçada, ressalvado ao devedor o direito de embargá-la".

Na execução, o juiz determinará as providências necessárias para assegurar ao credor a obtenção de um resultado prático o mais próximo possível daquele que seria alcançado se o devedor tivesse cumprido espontaneamente a sua obrigação.

Há casos em que o cumprimento específico da obrigação é inviável. Se nem a obtenção de resultado prático equivalente for possível, a obrigação resolver-se-á em perdas e danos.

Os civilistas fazem distinção entre mora e inadimplemento absoluto. Carlos Roberto Gonçalves ensina: "Diz-se que há mora quando a obrigação não foi cumprida no tempo, lugar e forma convencionados ou estabelecidos pela lei, mas ainda poderá sê-lo, com proveito para o credor. Ainda interessa a este receber a prestação, acrescida dos juros, atualização dos valores monetários, cláusula penal etc. (CC, arts. 394 e 395). Se, no entanto, a prestação, por causa do retardamento, ou do imperfeito cumprimento, tornar-se 'inútil ao credor', a hipótese será de inadimplemento absoluto, e este poderá 'enjeitá-la', bem como 'exigir a satisfação das perdas e danos' (CC, art. 395, parágrafo único). Embora os dois institutos sejam espécies do gênero inadimplemento, ou inexecução das obrigações, diferem no ponto referente à existência ou não, ainda, da utilidade ou proveito ao credor. Havendo, a hipótese será de mora; não havendo, será de inadimplemento absoluto"[6].

---

6. Carlos Roberto Gonçalves, *Direito civil brasileiro*: teoria geral das obrigações, p. 357.

O inadimplemento a que se refere o Código de Processo Civil, como requisito indispensável para a execução, não é necessariamente o absoluto. A simples mora já é bastante para justificar o seu ajuizamento.

8.1.1. Momento, lugar e prova do inadimplemento

Embora o inadimplemento seja condição indispensável para a execução, as normas que o regulam são de direito material.

Quanto ao momento em que ocorre, cumpre considerar, como já dito, se a obrigação é ou não a termo, isto é, se tem ou não data certa para o cumprimento. Em caso afirmativo, nenhuma providência se exige do credor, bastando que o devedor não a satisfaça na data indicada (mora *ex re*). Há casos excepcionais, porém, em que, apesar de a obrigação ter termo certo de vencimento, a notificação é indispensável. São casos em que ela é condição material para que a obrigação se torne exigível, como nos contratos de compromisso de compra e venda, em que o adquirente sempre precisa ser notificado para incorrer em mora, ainda que haja data certa para o vencimento das prestações.

Se a obrigação não tiver data certa de vencimento, é preciso constituir o devedor em mora. É o que estabelece o art. 397, parágrafo único, do CC: "Não havendo termo, a mora se constitui mediante interpelação judicial ou extrajudicial".

Grande controvérsia provoca o saber se a mora já deve existir no momento do ajuizamento da execução, ou se é possível que a citação constitua o devedor em mora. Parece-nos que, diante do que dispõe o art. 240 do CPC, a segunda alternativa é a correta. Nesse sentido, a lição de Dinamarco: "Ordinariamente o objetivo da interpelação fica realizado, e a falta desta suprida, mediante a citação do obrigado em processo judicial contencioso, porque a lei agrega à citação o efeito jurídico-substancial de constituir o devedor em mora (CPC, art. 219 [atual art. 240]) e porque ela é portadora do mesmo conteúdo que as interpelações têm. O convite a litigar, presente no ato de demandar em juízo e levado ao demandado pela via da citação é plenamente capaz de transmitir-lhe a intenção de receber, quando o credor não a houver manifestado mediante a interpelação"[7].

---

7. Cândido Rangel Dinamarco, *Instituições de direito processual civil*, v. 4, p. 180.

Mas a citação só suprirá a interpelação quando a lei não exigir que seja prévia. É o que ensina Carlos Roberto Gonçalves: "Embora o art. 219 do Código de Processo Civil [atual art. 240] disponha que a citação válida constitui em mora o devedor, é necessária a interpelação quando a lei exigir que seja prévia, como nos casos citados"[8]. O Dec.-Lei n. 58/37, a Lei n. 6.766/69 e o Dec.-Lei n. 745/69, que tratam do compromisso de compra e venda de imóvel, loteado ou não, exigem prévia interpelação. O "prévia" deve ser compreendido como anterior ao ajuizamento da execução.

O momento em que tem início a mora é fundamental para a incidência dos encargos dela decorrentes, como os juros de mora. Quando a obrigação é a termo, eles serão devidos desde o vencimento; quando não, desde a interpelação judicial ou extrajudicial. Na falta destas, desde a citação.

Nas obrigações por ato ilícito, o devedor está em mora desde o fato, conforme o art. 398 do CC: "Nas obrigações provenientes de ato ilícito, considera-se o devedor em mora, desde que o praticou". Ele deverá suportar todas as consequências do ilícito desde então, o que explica a Súmula 54 do STJ: "Os juros moratórios fluem a partir do evento danoso, em caso de responsabilidade extracontratual".

Além de respeitar os requisitos de tempo, as obrigações devem ser cumpridas no lugar estabelecido na convenção ou em lei. Estabelece o art. 327 do CC: "Efetuar-se-á o pagamento no domicílio do devedor, salvo se as partes convencionarem diversamente, ou se o contrário resultar da lei, da natureza da obrigação ou das circunstâncias".

As obrigações que devem ser cumpridas no domicílio do devedor são chamadas quesíveis (*querables*), e no domicílio do credor, portáveis (*portables*). O local de pagamento é fundamental para definir de quem é a obrigação de buscá-lo. Nas obrigações quesíveis, cumpre ao credor fazê-lo no domicílio do devedor. Enquanto não o fizer, o devedor não incorrerá em mora. Se a obrigação é portável, cumpre ao devedor procurar o credor para fazer o pagamento. Se não o fizer no momento oportuno, já estará em mora.

---

8. Carlos Roberto Gonçalves, *Direito civil*, cit., p. 363.

Não cabe ao credor fazer a prova do inadimplemento, mas ao devedor a do adimplemento da obrigação, na forma da lei civil (art. 319 do CC). O pagamento é comprovado pela quitação ou devolução do título correspondente à obrigação.

8.1.2. Obrigação líquida

O inadimplemento pressupõe obrigação líquida, sem a qual o pagamento é inviável. A contida em título executivo extrajudicial terá de ser necessariamente líquida, já que não há liquidação senão de sentença. Esta pode ser líquida ou ilíquida. Sendo ilíquida, só adquire força executiva depois de prévia liquidação. Só então se poderá falar em inadimplemento. A respeito, o art. 783 do CPC estabelece: "A execução para cobrança de crédito fundar-se-á sempre em título de obrigação certa, líquida e exigível".

8.1.3. Obrigação condicional e a termo

A lei material distingue termo de condição. O primeiro é o evento futuro e certo, e o segundo, o futuro e incerto. As obrigações a termo são aquelas cuja exigibilidade está subordinada ao evento futuro e certo. Em regra, a um dia determinado de vencimento. Basta aguardar o dia, e o inadimplemento do devedor, para que a obrigação se torne exigível.

As condicionais são aquelas cuja exigibilidade está condicionada a evento futuro e incerto.

O art. 514 do CPC trata especificamente das obrigações sujeitas a termo ou condição: "Quando o juiz decidir relação jurídica sujeita a condição ou termo, o cumprimento da sentença dependerá de demonstração de que se realizou a condição ou de que ocorreu o termo". Sem isso, a obrigação ainda não será exigível.

8.1.4. Obrigações bilaterais

Existem relações jurídicas que impõem obrigações para ambos os contratantes. São os contratos bilaterais, em que a prestação de uma das partes está fundada na contraprestação da outra.

Quando as prestações são de cumprimento simultâneo, nenhum dos contratantes pode ir a juízo para exigir a do outro, sem primeiramente ter cumprido a sua. É o que dispõe o art. 476 do CC: "Nos contratos bilaterais, nenhum dos contratantes, antes de cumprida a sua obrigação, pode exigir o implemento da do outro". Se um dos contratantes o fizer, o outro se defenderá, alegando que não cumpriu, porque o autor também não o fez. A essa defesa dá-se o nome de "exceção de contrato não cumprido".

A lei processual observa essa regra, ao dispor, no art. 787, que, "Se o devedor não for obrigado a satisfazer a prestação senão mediante a execução da contraprestação do credor, este deverá provar que a adimpliu ao requerer a execução, sob pena de extinção do processo". E acrescenta o parágrafo único: "O executado poderá eximir-se da obrigação, depositando em juízo a prestação ou a coisa, caso em que o juiz não permitirá que o credor a receba, sem cumprir a contraprestação que lhe tocar".

Trata-se da exceção de contrato não cumprido na execução: se o contrato impõe obrigações recíprocas, é condição de exigibilidade que o credor da obrigação demonstre que cumpriu a sua parte.

O art. 798, I, *d*, impõe ao exequente a prova de que adimpliu a contraprestação ou que lhe assegura o cumprimento.

Se o cumprimento da obrigação do credor não puder ser comprovado de plano, e documentalmente, o título perderá a sua força executiva. Já decidiu o Superior Tribunal de Justiça que "o contrato bilateral pode servir de título executivo de obrigação de pagar quantia certa, desde que definida a liquidez e certeza da prestação do devedor, comprovando o credor o cumprimento integral da sua obrigação" (*RSTJ*, *85*:278). Para isso, é preciso que a contraprestação do credor possa ser demonstrada, *prima facie*, por meio de documentos. Nesse sentido: "Não constitui título executivo o documento em que se consigna obrigação cuja existência está condicionada a fatos dependentes de prova. É o que ocorre quando consista em contrato em que o surgimento da obrigação de uma das partes vincule-se a determinada prestação da outra. Necessidade, para instaurar-se o processo de execução, que o exequente apresente título do qual, por si só, deflua a obrigação de pagar. Impossibilidade de a matéria ser remetida para a apuração em eventuais embargos, que estes se destinam a desconstituir o título anteriormente apresentado e não a propiciar sua formação" (*RSTJ*, *47*:287).

8.2. Título executivo

8.2.1. Introdução

É por lei considerado requisito indispensável para qualquer execução, junto com o inadimplemento do devedor. Muito se discute, em especial na doutrina estrangeira, a respeito da sua natureza jurídica. Não cabe, nos limites desta obra, um estudo aprofundado das numerosas teorias a respeito, cumprindo apenas dar uma noção geral de algumas delas. As principais podem ser agrupadas em três categorias: as que consideram o título como um documento, que constitui prova do débito; as que o consideram como ato capaz de desencadear a sanção executiva; e as que o conceituam como ato e documento.

A primeira tem como principal defensor Carnelutti. Para ele, o título é o documento que serve de prova da existência do crédito. O título seria uma espécie de prova legal, o único meio de demonstrar a existência do crédito hábil para desencadear a execução. Outros meios de prova seriam insuficientes. O título seria uma espécie de bilhete de ingresso para a execução. Sua função seria eminentemente probatória.

O grande baluarte da segunda teoria, que vê no título executivo um ato, foi Enrico Tulio Liebman. Para ele, o título é "ato constitutivo da concreta vontade sancionatória do Estado"[9].

O título executivo é a fonte da execução. Desde que surge, ganha vida própria, que independe da existência do crédito. Ele passa a ser o ato-chave que permite o desencadeamento da sanção estatal, sendo requisito ao mesmo tempo necessário e suficiente para a execução, que prescinde da prova da efetiva existência do crédito. Sérgio Shimura, ao tratar da teoria do título como ato, menciona: "O título também traz em seu bojo a 'sanção' – esse era o seu conceito-chave. Na execução, o juiz não tem de examinar provas, nem formar sua convicção, mas sim, unicamente, deferir o pedido que se apresente arrimado em título competente. No título, e somente nele, encontra-se a indicação do resultado a que deve tender a execução e, portanto, sua legitimidade, seu objeto e seus limites. A existência ou inexistência atual do crédito não pode influir

9. Enrico Tulio Liebman, *Il titolo esecutivo riguardo ai terzi*, p. 368.

no desenvolvimento da execução, que recebe do título a regra de sua disciplina formal, desvinculada de qualquer dependência das relações de direito material"[10].

Entre nós, Cândido Dinamarco atribui ao título a natureza de ato hábil para desencadear a execução: "Título executivo é um ato ou fato jurídico indicado em lei como portador do efeito de tornar adequada a tutela executiva em relação ao preciso direito a que se refere"[11].

Parece-nos que nenhuma dessas duas teorias, isoladamente, consegue explicar, de forma suficiente, a natureza do título executivo, que é constituída por dois aspectos.

É preciso conciliá-las, qualificando o título como um instituto bifronte: ao mesmo tempo, ato e documento. Por um lado, para desencadear a execução, e dar aplicação à sanção executiva, não é preciso a prova atual da existência do crédito; mas, ao mesmo tempo, só se deve ir em busca da satisfação de um crédito que seja efetivamente existente.

Satta, mencionado por Shimura, esclarece: "O título nasce de uma necessidade prática, qual seja a de criar uma norma de conduta, cuja instituição importa substituir uma atitude, ou comportamento, de pessoa de direito privado ou público, a ela emprestando uma valoração absoluta capaz de impedir qualquer resistência do devedor ao direito do credor de executar o crédito. Por esse motivo, o título executivo e o crédito formam uma unidade, que pode ser enfocada de dois aspectos. Se o título servisse, exclusivamente, de prova legal da existência do crédito, o direito à promoção da execução deixaria de ser um direito abstrato para ser um direito concreto a uma tutela jurisdicional favorável, pois somente poderia propor a execução quem já estivesse na condição de provar sua titularidade de crédito, o que aberraria à índole da ação de execução com arrimo em título extrajudicial. Ainda segundo Satta, também não se poderia dizer que o título, sendo um ato jurídico, indicador da existência do direito substancial, seja a única e exclusiva fonte da execução. Continente é, precisamente, o documento no qual o ato jurídico se insere. O título, como todo

10. Sérgio Seiji Shimura, *Título executivo*, p. 92.

11. Cândido Rangel Dinamarco, *Instituições*, cit., p. 191.

instrumento formal, apresenta-se sob dois aspectos: o conteúdo e o continente. Conteúdo é o ato jurídico do qual resulta o poder de dispor da sanção. Continente é, precisamente, o documento no qual o ato jurídico se insere"[12].

A concepção da dupla natureza do título executivo é a que predomina na doutrina brasileira, sendo acolhida por Costa Silva, Sérgio Shimura, Humberto Theodoro Júnior e Araken de Assis. Este último, citando Gian Antonio Micheli, aduz: "reservar a qualificação de título executivo somente ao ato jurídico ou ao documento é igualmente equivocado, porque ambos constituem uma incindível unidade"[13].

8.2.2. Taxatividade e tipicidade do título executivo

Sendo o título requisito indispensável para o aparelhamento da execução – ao mesmo tempo necessário e suficiente para o desencadeamento da sanção executiva –, somente a lei pode criá-lo. Não há título que não esteja previsto em lei: o rol legal é *numerus clausus*. Não basta a mera convenção entre as partes. A sanção executiva, possibilidade de o Estado invadir a esfera patrimonial do indivíduo e retirar à força bens do seu patrimônio para entregá-los ao credor, ou vendê-los e, com o produto, fazer o pagamento, só é atribuída, pela lei, a determinados títulos. Além dos previstos no Código de Processo Civil, há aqueles criados por leis especiais.

Além de taxativos, é preciso que os títulos executivos sejam típicos. A lei não se limita a enumerá-los, mas fornece modelos, padrões, tipos, que devem ser respeitados por aqueles que queiram criá-los. Para que possa ser qualificado como nota promissória, ou cheque, é preciso que o título obedeça ao modelo, ao padrão imposto por lei. Por isso, todas as notas promissórias ou cheques têm uma gama de requisitos comuns, que os identificam. Aquele que quiser criá-los deve respeitar esses requisitos identificadores.

---

12. Sérgio Seiji Shimura, *Título executivo*, cit., p. 109.

13. Araken de Assis, *Manual*, cit., p. 48.

8.2.3. Eficácia do título executivo

O título executivo é condição indispensável da execução. É com a sua formação que se cria a possibilidade de promovê-la. O título não se confunde com a obrigação subjacente. É possível que a obrigação exista sem que o credor possa valer-se da execução. Somente quando a obrigação se consubstancia no título é que surge para o credor a possibilidade da execução. Se o credor quiser atribuir força executiva ao seu crédito, será preciso primeiro constituir o título, na fase cognitiva, na qual se busca uma sentença condenatória que tenha essa eficácia.

Em contrapartida, o título existe sem estar condicionado à efetiva existência do crédito. Como ensina Sérgio Shimura, "Em atenção à característica do título como 'documento', o mesmo tem eficácia formal independente da legitimidade substancial da causa da obrigação. O crédito é o motivo indireto e remoto da execução. O fundamento direto, a base imediata e autônoma da execução é o título executivo, exclusivamente. Por outras palavras, a execução decorrente de título, judicial ou extrajudicial, não fica condicionada nem à existência nem à prova do crédito. Daí afirmar-se sua autonomia em relação ao liame de natureza material. Em regra, só por meio de embargos à execução o devedor pode obstruir a eficácia do título executivo. Enquanto não julgados os embargos, o título conserva a sua forma e força no plano processual"[14].

Ao deferir o processamento da execução, o juiz se limitará a verificar se há título executivo, judicial ou extrajudicial, formalmente em ordem. Não lhe cabe, nesse momento, averiguar a existência do crédito, matéria que deverá ser objeto de apreciação nos embargos ou impugnação.

A eficácia do título prescinde da existência do crédito, daí sua abstração. Mas ela não é de tal ordem que impeça qualquer indagação sobre a existência do crédito. Não se faz tal exame de início, para desencadear a sanção executiva. Mas o devedor pode retirar do título a sua eficácia executiva, demonstrando oportunamente a inexistência do crédito. Deve fazê-lo por meio dos mecanismos de defesa adequados.

---

14. Sérgio Seiji Shimura, *Título executivo*, cit., p. 113.

Neles, o devedor terá oportunidade de demonstrar que, apesar do título, não existe o crédito, caso em que o juiz extinguirá a execução.

Os atos de constrição inicial independem da prova da existência do crédito, pois estão fundados exclusivamente na eficácia abstrata do título.

Cândido Dinamarco aponta duas demonstrações da eficácia executiva do título: a inexistência de suspensividade, pelo ajuizamento da ação rescisória (o que mostra que, enquanto efetivamente não houver a rescisão do título, ele continua produzindo efeitos), e o art. 784, § 1º: "A propositura de qualquer ação relativa ao débito constante do título executivo não inibe o credor de promover-lhe a execução", o que mostra que a eficácia prevalece ainda quando penda a ação na qual se discute a existência ou não do crédito[15].

8.2.4. Pluralidade de títulos

Não há execução sem título. Mas não há óbice a que uma mesma execução esteja fundada em dois ou mais deles. É preciso distinguir: é possível a execução para a cobrança de dois ou mais créditos diferentes, representados por dois ou mais títulos diferentes, desde que relacionados entre si. Por exemplo: para adquirir um bem, o comprador emitiu numerosos cheques, cada um deles representativo de uma parcela diferente. Não tendo havido o pagamento de nenhum deles, o credor poderá promover a execução conjunta de todos. Haverá verdadeira cumulação de execuções, autorizada pelo art. 780 do CPC: "O exequente pode cumular várias execuções, ainda que fundadas em títulos diferentes, quando o executado for o mesmo e desde que para todas elas seja competente o mesmo juízo e idêntico o procedimento". Por essa razão, não será possível a cumulação de execução por título extrajudicial e de cumprimento de sentença, dada a diversidade de procedimentos adotados.

Mas há também a possibilidade de um único crédito estar representado por dois ou mais títulos executivos. É comum, por exemplo, que o mutuário, ao firmar confissão de dívida assinada por duas testemunhas, perante a instituição financeira que lhe empresta determinada

---

15. Cândido Rangel Dinamarco, *Instituições*, cit., p. 199.

quantia, emita ainda uma nota promissória, referente ao mesmo valor. Nada obsta que o credor, ao promover a execução do valor único, apresente os dois títulos, como duas causas de pedir, referentes à mesma obrigação. O Superior Tribunal de Justiça afastou qualquer dúvida a respeito, com a edição da Súmula 27: "Pode a execução fundar-se em mais de um título executivo extrajudicial relativo ao mesmo negócio". Eventual ineficácia ou invalidade de um dos títulos não obstará ao prosseguimento da execução, fundada no outro.

Mas "não pode o credor, de forma concomitante, ajuizar duas execuções distintas (uma contra a devedora principal, aparelhada com o instrumento de contrato, e outra, com base em promissória dada em garantia, contra os avalistas) buscando haver um mesmo crédito. Conduta que afronta o art. 620 do CPC [atual art. 805]), e o princípio que veda a utilização simultânea de duas vias processuais que visem a tutelas idênticas ou equivalentes em seus efeitos ('*electa una via non datur regressus ad alteram*'). Admissível, em casos tais, a propositura de uma única execução contra avalizada e avalistas, instrumentalizada com ambos os títulos – instrumento contratual e promissória (enunciado n. 27 da Súmula do STJ) –, o que se viabiliza mesmo quando não figurem os referidos como garantes solidários no contrato, ou quando o valor exigido com base neste seja superior ao reclamado com base na cambial" (*RSTJ*, *79*:229).

8.2.5. Apresentação do título executivo (original e cópia)

Como o título é condição indispensável da ação executiva (*nulla executio sine titulo*), deve ser apresentado com a petição inicial, sob pena de ser indeferida. Sendo um documento escrito, discute-se sobre a necessidade de ser juntado no original, ou apresentado em cópia.

De regra, as cópias fazem a mesma prova que o original (art. 425, III, do CPC). Mas, nas execuções, há uma questão de segurança jurídica que obriga à juntada no original, salvo em determinadas circunstâncias. É que o título executivo goza de abstração, sendo suficiente para desencadear, *ab initio*, a sanção executiva, independentemente da existência do crédito. Entre os numerosos documentos a que a lei processual atribui eficácia executiva estão os títulos de crédito, que, por sua natureza, gozam de autonomia, cartularidade e circulam livremente.

Admitidas cópias, ainda que autenticadas, o credor poderia multiplicar os títulos executivos. Poderia, por exemplo, instruir numerosas execuções, cada uma com uma cópia. O mesmo valeria, por exemplo, para um contrato de locação. Se fosse possível ajuizar a execução dos alugueres com cópia do contrato em um juízo, seria possível ajuizar outra, com o original, em outro juízo, gerando duplicidade ou até multiplicidade de execuções.

Mas há casos em que será inviável a juntada do original, por razões alheias à vontade do credor, inexistindo perigo na juntada da cópia autenticada. Esta pode ser utilizada, por exemplo, quando o original estiver instruindo outro processo, o que deverá ser comprovado pelo exequente por certidão juntada com a inicial. Por exemplo: uma pessoa recebe o pagamento por meio de cheque, e o título é furtado. Apreendido em mãos de quem o furtou, o documento irá instruir o inquérito policial, mas o credor não poderá ficar impedido de executar o débito.

Admite-se, também, a utilização de cópia de título executivo judicial nos autos suplementares, para cumprimento provisório de sentença, quando os autos principais foram remetidos à instância superior, em razão de recurso, recebido apenas no efeito devolutivo.

De todo aplicável a regra geral formulada por Cândido Dinamarco: "para a execução se exige a exibição do documento original do título executivo, salvo nos casos em que a utilização da cópia não ofereça perigo ao executado"[16].

8.2.6. Requisitos do título executivo

O art. 783 do CPC estabelece que o título deverá ser de obrigação líquida, certa e exigível.

O art. 803, I, do mesmo Código, comina de nulidade a execução, sempre que ele não preencher esse requisito. Não se trata, propriamente, de nulidade, mas de verdadeira carência de execução, que ensejará a sua extinção, sem a satisfação do credor. A ausência dos requisitos constitui matéria de ordem pública, que pode ser conhecida a qualquer

---

16. Cândido Rangel Dinamarco, *Instituições*, cit., p. 206.

tempo, dispensando até mesmo a interposição de embargos de devedor ou impugnação, pois pode ser conhecida pelo juízo de ofício. Nesse sentido: "Não se revestindo o título executivo de liquidez, certeza e exigibilidade, condições basilares exigidas no processo de execução, constitui-se em nulidade, como vício fundamental, podendo a parte argui-la, independentemente de embargos do devedor, assim como pode e cumpre ao juiz declarar, de ofício, a inexistência desses pressupostos formais contemplados na lei processual civil" (*RSTJ*, *40*:447).

Esses requisitos estão diretamente ligados à indicação da obrigação a ser cumprida. Sem eles, o devedor não saberá, com exatidão, o que cumprir, e o credor não terá como optar, entre as várias espécies de execução. Embora o título seja abstrato, o que significa que pode desencadear a sanção executiva, ainda que inexista a obrigação nele consignada, os requisitos da certeza, liquidez e exigibilidade dizem respeito não ao título propriamente, mas à obrigação que ele indica. Eles devem decorrer diretamente do próprio título, de sorte que, por sua simples leitura, seja possível precisar, com exatidão, os contornos da obrigação a ser cumprida.

Cumpre examinar cada um dos requisitos separadamente.

8.2.6.1. Certeza

A certeza a que se refere a lei processual, como requisito da obrigação contida no título, não é a certeza em concreto, mas em abstrato. Não é preciso que a obrigação nele contida efetivamente exista, e não possa ser contestada. Como já foi mencionado, o título é abstrato, e sua eficácia prescinde da existência, em concreto, da obrigação. Mas é preciso que ela exista em abstrato, isto é, que o título corresponda a uma obrigação, indicando-lhe a existência. Para tanto, é preciso que ele seja formalmente perfeito e que a obrigação esteja perfeitamente identificada, com a indicação da sua natureza, espécie, e dos sujeitos ativo e passivo.

Isso é indispensável para identificar quais os legitimados ativo e passivo e o tipo de execução a ser ajuizada.

Não é preciso que o conteúdo da obrigação esteja desde logo identificado, bastando que seja identificável, como ocorre com as obrigações alternativas, ou de entrega de coisa incerta, tratadas nos arts. 811 e s. do CPC.

8.2.6.2. Liquidez

Enquanto a certeza diz respeito ao *an debeatur*, a liquidez refere-se ao *quantum debeatur*, isto é, à quantidade de bens que são objeto da obrigação a ser cumprida pelo devedor.

O título executivo extrajudicial haverá de ser sempre líquido, a quantidade de bens deverá ser apurável pela simples verificação de seu conteúdo. Já o título judicial poderá ser ilíquido, em princípio, caso em que, para iniciar a execução, far-se-á uma liquidação prévia. É o que estabelece o art. 509 do CPC: "Quando a sentença condenar ao pagamento de quantia ilíquida, proceder-se-á à sua liquidação, a requerimento do credor ou do devedor".

É líquida a obrigação contida no título quando, de sua leitura, ou pela simples realização de cálculos aritméticos, possa apurar-se a quantidade de bens devidos. A obrigação líquida contém em si todos os elementos necessários para a apuração da quantia devida. São comuns os casos em que a execução está fundada em título executivo extrajudicial, pago parcialmente pelo devedor, em que o credor procura a satisfação do restante. Como a apuração do saldo depende de meros cálculos aritméticos, a obrigação do título não terá perdido a liquidez. Nesse sentido: "Não perde a liquidez a dívida cuja definição depende de cálculos aritméticos, para excluir parcelas pagas ou incluir verbas acessórias, previstas na lei ou no contrato" (STJ, 4ª Turma, REsp 29.661-8).

Também não perde a liquidez a obrigação sujeita a acréscimos decorrentes de encargos contratuais, correção monetária e juros, que possam ser apurados por cálculos aritméticos.

Mas é ilíquida a obrigação se o *quantum* depender da comprovação de fatos externos a ela. Por exemplo, não será possível executar uma confissão de dívida, em que o devedor se compromete a pagar ao credor 10% do faturamento da empresa que possui, porque a verificação do débito, nesse caso, depende de fator externo, que depende de prova.

A liquidez refere-se exclusivamente às obrigações fungíveis, isto é, àquelas que devem ser determinadas pelo gênero e quantidade, e não às relacionadas a coisas infungíveis, que, por sua natureza, são únicas.

8.2.6.3. Exigibilidade

É preciso que a obrigação tenha-se tornado exigível, sem o que não terá o credor interesse em promover a execução. Nas obrigações a termo ou condição, a exigibilidade depende da verificação de um e outro.

8.2.7. Títulos executivos judiciais e extrajudiciais

O Código de Processo Civil distingue aqueles títulos produzidos em juízo daqueles que não o são. No art. 515 são enumerados os judiciais, e no 784, os extrajudiciais.

A distinção é relevante, para a verificação do procedimento a ser observado: se o título for judicial, haverá apenas uma fase de cumprimento de sentença, e não um processo autônomo de execução. O procedimento será o estabelecido nos arts. 513 e s.; quando o título for extrajudicial, a execução formará um novo processo, e o procedimento será o estabelecido no Livro II da Parte Especial.

8.2.8. Títulos executivos judiciais

São os enumerados no art. 515 do CPC, e caracterizam-se por serem produzidos em juízo. O rol não esgota todas as hipóteses de título executivo judicial, havendo outros exemplos que serão oportunamente tratados. Mas todos os títulos executivos são sempre criados por lei (taxatividade).

Cumpre examiná-los individualmente.

8.2.8.1. Decisões proferidas no processo civil que reconheçam a exigibilidade de obrigação de pagar quantia, de fazer, de não fazer ou de entregar coisa

Os títulos executivos judiciais por excelência são a decisão interlocutória de mérito, a sentença e o acórdão que reconheçam a exigibilidade de uma obrigação. O CPC de 1973, em sua redação originária, considerava título a sentença civil condenatória. Estabelecia, portanto, uma restrição quanto à natureza da ação ajuizada, uma vez que exigia que houvesse condenação, o que só era possível nas ações e processos de natureza condenatória. Mas, desde a edição da Lei n. 11.232/2005 (portanto, já antes da entrada em vigor do CPC de 2015), a redação originária acima aludida foi substituída por outra, que causou perplexidade. A nova redação não falava mais em sentença condenatória, mas em sentença que reconheça a existência de obrigação de fazer, não fazer, entregar coisa ou pagar quantia. O CPC de 2015 manteve essa redação, apenas substituindo "sentença" por "decisão" e "existência" por "exigibilidade". Não se fala mais em condenação, o que trouxe, desde logo, controvérsia a respeito da possibilidade de outras decisões, que não condenatórias, poderem ser executadas, desde que reconhecendo a exigibilidade de obrigação. Um exemplo: devedor contra quem foi emitida uma duplicata, protestada, ajuíza ação postulando a declaração de inexigibilidade da obrigação de pagar. A ação proposta é meramente declaratória, e tem por fim declarar a inexigibilidade do débito. Colhidas as provas necessárias, o juiz conclui que a dívida existe, e que a pretensão declaratória é improcedente. Ao proferir a sentença, o juiz, concluindo pela improcedência da pretensão declaratória de inexigibilidade do débito, estará reconhecendo a sua exigibilidade. A sentença é meramente declaratória, mas reconheceu a exigibilidade da dívida. Poderia o réu promover a execução do débito, cuja inexigibilidade era objeto da pretensão formulada, e que acabou julgada improcedente? A questão é de grande relevância, porque a nova redação do dispositivo legal parecia atribuir força executiva às decisões não mais em decorrência da natureza da ação ou da decisão proferida, mas em decorrência do seu conteúdo. De acordo com a nova redação, o mais importante não seria que a sentença ou decisão fosse condenatória, mas que reconhecesse a existência da dívida, para ser considerada título executivo. A controvérsia prolongou-se, dividindo doutrina e jurisprudência. Mas finalmente o Superior Tribunal de Justiça pronunciou-se a respeito, em recurso especial ao qual foi atribuída eficácia de recurso repetitivo (tema 0889, Recurso Especial n. 1.324.152-SP, rel. Min. Luis Felipe Salomão). Consta da ementa do V. Acórdão proferido no julgamento: "PROCESSO CIVIL. RECURSO ESPECIAL REPRESENTATIVO DA CONTROVÉRSIA. ART. 543-C DO CPC. EXEQUIBILIDADE DE SENTENÇAS NÃO CONDENATÓRIAS. ARTIGO 475-N, I, DO CPC. 1. Para fins do art. 543-C do CPC, firma-se a seguinte tese: 'A sentença, qualquer que seja sua natureza, de procedência ou improcedência do pedido, constitui título executivo judicial, desde que estabeleça obrigação de pagar quantia, de fazer, não fazer ou entregar coisa, admitida sua prévia liquidação e execução nos próprios autos'".

E do corpo do V. Acórdão pode-se ler: "Com efeito, a decisão de cunho condenatório sempre foi considerada o título executivo judicial por excelência, à evidência da norma inserta no revogado art. 584, I, do CPC: Art. 584. São títulos executivos judiciais: (Revogado pela Lei n. 11.232, de 2005) I – a **sentença condenatória** proferida no processo civil.

A grande carga de executividade dessa espécie de decisão decorre do fato de que seu comando consubstancia efetiva manifestação judicial acerca da existência e validade da relação jurídica controvertida e da exigibilidade da pretensão que dela deriva, revestindo-a com o grau de certeza exigido pela lei quanto à obrigação inadimplida, em virtude da identificação de todos os elementos dessa relação jurídica. Às decisões de natureza declaratória, contudo, antes da vigência da Lei n. 11.232/2005, era negada a eficácia executiva, ainda que secundária, ao argumento de que elas se limitavam à declaração de certeza acerca da existência ou da inexistência de relação jurídica (art. 4º do CPC) – o que constituiria o cerne da pretensão exercitada –, não se estendendo ao reconhecimento da existência de prestação a cargo do vencido. Diante disso, para fins de aferição da exequibilidade do provimento judicial, a utilização do critério da **natureza da decisão** não parece ser o melhor caminho, porquanto enseja polêmicas intermináveis e inócuas, que não oferecem contribuição no campo prático. Na verdade, o exame do **conteúdo** da decisão mostra-se método mais adequado à discriminação das sentenças passíveis de serem consideradas como título executivo, bastando, para tanto, que ela contenha 'a identificação integral de uma norma jurídica concreta, com prestação exigível de dar, fazer, não fazer ou pagar quantia'[17]. Nesse ponto, é relevante salientar que os referidos dispositivos legais não atribuem eficácia executiva a todas as sentenças declaratórias

17. Teori Albino Zavascki, *Processo de execução*, p. 309.

indiscriminadamente, mas apenas àquelas que, reconhecendo a existência da obrigação, contenham, em seu bojo, os pressupostos de certeza e exigibilidade (art. 586 do CPC), sendo certo que, na ausência de liquidez, é admitida a prévia liquidação, tal qual ocorre com o provimento condenatório".

Diante dos termos do V. Acórdão, conclui-se que o Superior Tribunal de Justiça reconheceu a exequibilidade de toda e qualquer decisão em que haja o reconhecimento da exigibilidade de obrigação, independentemente da natureza da ação ou da decisão proferida. Não é indispensável que ela seja condenatória, bastando que da leitura de seu conteúdo resulte o reconhecimento da exigibilidade da obrigação. A expressão "decisão" abrange as decisões interlocutórias de mérito, proferidas na forma do art. 356 do CPC, bem como as sentenças e os acórdãos. Com a autorização para que o juiz promova o julgamento antecipado parcial do mérito, surge a possibilidade de que o reconhecimento da obrigação venha em decisão interlocutória ou sentença. Imagine-se que o autor formulou dois pedidos contra o réu, e que um deles tornou-se incontroverso, ou esteja em condições de julgamento, enquanto o outro não está. O juiz julgará antecipadamente o primeiro, já condenando o réu, e determinará o prosseguimento do processo em relação ao segundo. A decisão interlocutória de reconhecimento da obrigação será título executivo judicial.

Não é requisito da execução que a decisão condenatória tenha transitado em julgado, bastando que eventual recurso não seja dotado de efeito suspensivo, caso em que a execução será provisória.

Se houver reconhecimento de obrigação de fazer ou não fazer, ou de entrega de coisa, a decisão cumpre-se na forma dos arts. 536 e 538. Mas, se a obrigação imposta é de pagamento de determinada quantia, cumpre-se na forma dos arts. 523 e s.

A decisão condenatória poderá ser líquida ou ilíquida. No primeiro caso, a execução poderá ser feita desde logo, sem qualquer procedimento prévio; no segundo, dependerá de prévia liquidação.

Caso a obrigação imposta na decisão seja alternativa, observar-se-á o disposto no art. 800 do CPC: "Nas obrigações alternativas, quando a escolha couber ao devedor, esse será citado para exercer a opção e realizar a prestação dentro de dez dias, se outro prazo não lhe foi determinado em lei ou em contrato. § 1º Devolver-se-á ao credor a opção, se o devedor não a exercer no prazo determinado. § 2º A escolha será indicada na petição inicial da execução quando couber ao credor exercê-la".

Se a obrigação estiver sujeita a condição ou termo, deverá ser observado o art. 514, devendo-se aguardar a verificação de uma e outro.

A decisão de reconhecimento da obrigação pode ser proferida em jurisdição contenciosa, ou mesmo em jurisdição voluntária.

8.2.8.2. Decisão homologatória de autocomposição judicial

O inciso II do art. 515 do CPC atribui eficácia executiva à decisão homologatória de autocomposição judicial. Ela será título executivo, ainda que verse sobre matéria não posta em juízo e envolva terceiros que não participam do processo.

Ao homologá-la, o juiz não profere nenhuma condenação, não aprecia o pedido inicial, limitando-se a examinar os aspectos formais do negócio celebrado entre os particulares. Por isso, a decisão homologatória só é considerada de mérito por força de lei, para atrair sobre si a autoridade da coisa julgada material.

A lei processual menciona a autocomposição, que pode incluir a transação e a conciliação. A primeira provém da iniciativa das partes e pode ocorrer fora do processo, sendo trazida à homologação. A segunda é sempre feita por iniciativa do juiz ou de seus auxiliares, como mediadores e conciliadores.

A decisão homologatória só terá eficácia executiva quando houver alguma obrigação a ser cumprida pelos transatores. A ela equipara-se a que homologa o reconhecimento jurídico do pedido (art. 487, III, *a*, do CPC), nos casos em que o réu reconhece, em favor do autor, a existência de determinada obrigação.

A autocomposição não deixará de ser homologada se, depois da celebrada, houver arrependimento de uma das partes. Trata-se de negócio jurídico bilateral. Depois de celebrado, não pode haver desistência ou resilição. O juiz só não homologará caso verifique algum vício formal, ou possa concluir, desde logo, que a vontade dos envolvidos não foi emitida livremente. Embora o acordo obrigue, desde o momento em que é celebrado com as formalidades legais, a homologação é indispensável, para revesti-lo da eficácia de título executivo judicial. Sem ela, poderá haver apenas título extrajudicial, se presente alguma das hipóteses do art. 784 do CPC.

8.2.8.3 Decisão homologatória de autocomposição extrajudicial de qualquer natureza

O acordo, celebrado extrajudicialmente, pode ser levado à homologação em juízo, independentemente da existência de processo pendente. Se qualquer dos interessados quiser obter um título judicial, bastará levar o acordo a juízo, pedindo ao juiz a homologação. Dentre os procedimentos de jurisdição voluntária, foi prevista a homologação de autocomposição extrajudicial, de qualquer natureza ou valor (art. 725, VIII, do CPC). O procedimento a ser observado é o dos arts. 719 e s., valendo a decisão ou a sentença homologatória como título executivo judicial.

Mesmo antes do atual CPC, já se admitia a possibilidade de os interessados ingressarem em juízo postulando unicamente a homologação de um acordo extrajudicial por eles celebrado. Tais pedidos encontravam amparo no art. 57 da Lei n. 9.099/95: "o acordo extrajudicial, de qualquer natureza ou valor, poderá ser homologado, independentemente de termo, valendo a sentença como título executivo judicial".

O acordo não precisa estar assinado por duas testemunhas, bastando que esteja formalmente em ordem.

8.2.8.4. Formal e certidão de partilha

O art. 515, IV, refere-se à partilha de bens, transmitidos *mortis causa*. Promovido o inventário ou o arrolamento, será, ao final, definida a forma pela qual se partilharão os bens. O juiz homologa a partilha e, quando houver o trânsito em julgado da decisão, extrai-se o formal ou a certidão de partilha, espécies de carta de sentença que indicarão os bens que couberam a cada herdeiro, podendo ser objeto de registro no Cartório de Registro de Imóveis.

A regra é a expedição do formal de partilha. Mas, como estabelece o art. 655, parágrafo único, do CPC: "O formal de partilha poderá ser substituído por certidão de pagamento do quinhão hereditário quando esse não exceder cinco vezes o salário mínimo, caso em que transcreverá nela a sentença de partilha transitada em julgado".

A lei limita a eficácia executiva do formal e da certidão de partilha ao inventariante, aos herdeiros e aos sucessores, a título universal ou singular. Eventual terceiro, credor do falecido, que tenha tido o seu crédito reconhecido no inventário, deverá valer-se de prévio processo de conhecimento, antes de executá-lo.

A execução do formal ou da certidão de partilha será promovida nos próprios autos do inventário.

A Lei n. 11.441, de 4 de janeiro de 2007, autoriza a escritura pública como faculdade dos interessados a ser usada quando preenchidos os requisitos, em substituição ao inventário judicial. Mas eles podem preferir o inventário judicial, para dar maior segurança às pretensões. Para que seja lavrada a escritura, é preciso que todas as partes interessadas estejam assistidas por advogados, os quais podem ser comuns ou pessoais de cada um, e assinem o ato notarial. Afora esses casos, o inventário será obrigatório.

8.2.8.5. Crédito de auxiliar da Justiça aprovado por decisão judicial

São títulos executivos judiciais os créditos dos auxiliares da Justiça aprovados por decisão judicial. São auxiliares, entre outros, os serventuários da Justiça, o perito, o intérprete ou o tradutor.

O CPC atual corrigiu o equívoco do anterior, que considerava tais créditos títulos extrajudiciais, o que não se justificava, pois a sua eficácia dependia de aprovação por decisão judicial.

8.2.8.6. Sentença penal condenatória transitada em julgado

Ao contrário da sentença cível, a criminal só constitui título executivo judicial depois de transitada em julgado. Pelo princípio da presunção de inocência, ela não pode produzir efeitos, enquanto não se tornar definitiva. Não há cumprimento provisório de sentença penal, porque "ninguém poderá ser considerado culpado até o trânsito em julgado da sentença penal condenatória" (art. 5º, LVII, da CF).

Os crimes, em geral, geram obrigações em várias esferas, inclusive na cível, como a de indenizar os prejuízos deles decorrentes, ou de restituir coisas, ou ainda de fazer ou não fazer.

Quando houver condenação criminal definitiva, será possível à vítima executar diretamente, no cível, os prejuízos sofridos. Não há mais como discutir a culpa do agente. O dano da vítima não precisará ser cobrado por processo de conhecimento, pois, com a condenação criminal, já ficou reconhecido o *an debeatur*. As provas necessárias para a procedência da ação penal são mais robustas que na área cível, na qual até a culpa levíssima obriga a indenizar. Se elas foram suficientes para a condenação criminal, com muito mais razão o seriam no cível. A vítima terá de promover uma prévia liquidação dos danos, em regra pelo procedimento comum, pois haverá necessidade da prova de fatos novos, relacionados ao próprio dano, ou sua extensão.

A vítima de um crime terá duas opções: ajuizar a ação com pedido reparatório, desde logo, na esfera cível, ou aguardar o resultado da ação criminal, que, se favorável, formará título executivo judicial. Se houver ações simultâneas, na esfera criminal e cível, o juiz desta poderá suspender o processo, aguardando o resultado daquela (art. 315 do CPC). Essa suspensão é facultativa, cabendo ao juiz decidi-la no caso concreto. Nesse sentido: "A suspensão do processo, na hipótese de que trata o art. 110 do CPC [atual art. 315], é facultativa, estando entregue ao prudente exame do juiz, em cada caso, que deve ter em linha de conta a possibilidade de decisões contraditórias" (*RSTJ*, *71*:343).

Muitos problemas surgem da coexistência de ação penal e de ação civil, relacionadas ao mesmo fato. Imagine-se, por exemplo, que alguém esteja sendo processado criminalmente por estelionato, acusado de dar um desfalque na empresa em que trabalha. O fato é daqueles que repercutem na esfera penal – uma vez que a conduta do agente é qualificada como fato típico pelo Código Penal – e na esfera cível, porquanto do ato perpetrado resultaram danos para a vítima.

Na ação penal figurarão como partes o Ministério Público e o agente; na civil, a empresa vítima e o acusado. Não é comum que os juízes cíveis suspendam o andamento da ação civil, enquanto tramita a criminal, seja porque a lei apenas faculta que tal ocorra, seja porque a responsabilidade civil independe da criminal, sendo comum que, embora absolvido no processo penal, o agente seja condenado na esfera cível, em que as provas não precisam ser tão robustas.

Durante algum tempo coexistirão as duas ações. É possível que a penal seja julgada primeiramente e transite em julgado. Em princípio, não haveria mais interesse para o prosseguimento da ação civil, uma vez que a sentença penal condenatória transitada em julgado é, por si, título executivo. A vítima já terá obtido o que pretendia no processo de conhecimento. Tratar-se-á de carência superveniente da ação civil, caso em que o juiz deverá condenar o réu a pagar a verba de sucumbência, pois, se é certo que o processo foi extinto sem resolução de mérito, a culpa não pode ser atribuída ao autor, mas ao fato de o réu ter sido condenado, na esfera criminal, depois de ajuizada a ação civil. Os honorários advocatícios são regidos pelo princípio da causalidade, devendo ser imputados àquele que deu causa à demanda. O causador foi o réu, tanto que sua culpa foi reconhecida, em caráter definitivo, na esfera criminal.

Mas nem sempre será caso de extinguir o processo de conhecimento, quando sobrevier a sentença penal condenatória definitiva. Embora já se tenha o *an debeatur*, ainda será preciso apurar o *quantum debeatur*. Pode ocorrer que a questão do *quantum* já estivesse sendo discutida no processo de conhecimento, tendo sido determinadas as provas necessárias para a sua apuração. Não seria razoável que se perdesse o que foi realizado, devendo prosseguir o processo de conhecimento apenas para a apuração do *quantum*. O juiz não decidirá mais sobre a culpa do réu, já reconhecida na esfera criminal, mas sobre o valor da indenização, poupando-se assim a fase de liquidação.

Sempre que sobrevier a sentença penal condenatória definitiva, e houver ação de reparação de danos ainda em curso, o juiz a extinguirá, ou determinará o seu prosseguimento apenas para a apuração do *quantum debeatur*.

Pode ainda ocorrer que a sentença civil seja proferida, e transite em julgado, antes da sentença penal. Se a primeira for de procedência, e a segunda de improcedência, em princípio não haverá conflito (salvo, por exemplo, se a absolvição criminal for por inexistência do fato). As sentenças que reconhecem a existência de legítima defesa, estado de necessidade ou exercício regular de um direito também produzem coisa julgada na esfera cível, o que não afasta eventual direito à indenização, quando a vítima tiver sido um terceiro, que não o agressor ou o causador da situação de perigo. Mas haverá manifesta colisão se a sentença civil for de improcedência e o réu for condenado na esfera criminal.

Cumpre examinar se a sentença penal condenatória transitada em julgado poderá ser executada na esfera cível, apesar da sentença de improcedência, transitada em julgado. A matéria é controvertida. Humberto Theodoro Júnior e Sálvio de Figueiredo Teixeira entendem que a sentença penal, por si só, é bastante para ensejar a execução, ainda que exista sentença civil em contrário[18-19]. Mas não nos parece ser essa a melhor solução, por duas razões: a) a coisa julgada ter-se-á formado primeiro na esfera cível, e a sentença penal não poderá contrariá-la, no que pertine à obrigação de indenizar, não reconhecida por sentença anterior; b) a sentença civil julgou especificamente a questão da indenização. A execução civil da sentença penal condenatória encontrará óbice na autoridade da coisa julgada material, que reveste a sentença civil de improcedência. Enquanto esta não for rescindida, aquela não poderá embasar a execução cível. Nesse sentido, a opinião de Sérgio Shimura[20].

A sentença penal só pode ser executada contra aquele que foi condenado, jamais contra terceiros. A lei reconhece a responsabilidade civil por ato de terceiro, como do patrão por ato de empregado, ou dos pais por ato dos filhos menores. Mas, para execução de terceiro que não o condenado no processo, é preciso prévio processo de conhecimento, que forme o título em relação a ele. Como ensina Nelson Nery Junior, "A sentença penal condenatória não é título executivo contra aquele que não participou do processo criminal. Assim sendo, o preponente de quem se pode cobrar indenização civil, com base em fato criminal apurado por sentença criminal lançada contra preposto seu, não pode sofrer execução direta em decorrência desse mesmo título, que se formou sem a sua participação. Em suma: o credor pode executar, no cível, a sentença

18. Humberto Theodoro Júnior, *Processo de execução*, p. 100.
19. Sálvio de Figueiredo Teixeira, *Código de Processo Civil anotado*, p. 404.
20. Sérgio Seiji Shimura, *Título executivo*, cit., p. 218.

penal condenatória apenas contra o autor do delito; se quiser obter do patrão (CC, 1521, III), por exemplo, a indenização decorrente do delito praticado por empregado, terá de ajuizar ação de conhecimento para que se forme título executivo contra o patrão"[21].

No polo ativo da execução, deverá figurar o ofendido. Se ele tiver morrido, os herdeiros ou sucessores. Quando a vítima for pobre, a liquidação e a execução poderão ser promovidas pela Defensoria Pública e, quando ela não tiver sido criada, pelo Ministério Público (art. 68 do CPP). Quando o título for sentença penal condenatória, a liquidação e execução serão feitas em processo autônomo, com a citação do devedor.

8.2.8.7. Sentença arbitral

O art. 515, VII, do CPC, considera título executivo judicial a sentença arbitral. Trata-se da única hipótese de título judicial não criado por um juiz. O art. 31 da Lei de Arbitragem (Lei n. 9.307, de 23-9-1996) estabelece: "A sentença arbitral produz, entre as partes e seus sucessores, os mesmos efeitos da sentença proferida pelos órgãos do Poder Judiciário e, sendo condenatória, constitui título executivo".

Não há mais necessidade de homologação dessa sentença pelo Poder Judiciário, o que trouxe muita discussão a respeito da constitucionalidade da arbitragem no Brasil. Tal questão pacificou-se, diante da decisão do Plenário do Supremo Tribunal Federal, que a considerou constitucional.

A sentença arbitral é tratada nos arts. 23 e s. da Lei n. 9.307/96. A execução far-se-á por processo autônomo, com citação do devedor.

8.2.8.8. Sentença estrangeira homologada pelo Superior Tribunal de Justiça

A Emenda Constitucional n. 45/2004 modificou o dispositivo constitucional que atribuía ao Supremo Tribunal Federal a homologação de sentença estrangeira, transferindo-a ao Superior Tribunal de Justiça.

A sentença estrangeira, enquanto tal, não tem nenhuma eficácia em nosso país. Mas, a partir do momento em que homologada pelo

---

21. Nelson e Rosa Nery, *Código de Processo Civil comentado*, nota 5a ao art. 584.

Superior Tribunal de Justiça, passa a valer como se aqui tivesse sido proferida. As regras de jurisdição internacional estão nos arts. 21 a 23 do CPC. Só terá cabimento a execução da sentença estrangeira se ela reconhecer obrigação ou for homologatória de autocomposição ou de reconhecimento jurídico do pedido, do qual decorram obrigações para os litigantes. A execução será feita em processo autônomo, com citação do devedor.

8.2.8.9. Decisão interlocutória estrangeira, após a concessão do *exequatur* à carta rogatória pelo Superior Tribunal de Justiça

Também a decisão interlocutória estrangeira, em que haja reconhecimento de obrigação, valerá como título executivo judicial, desde que seja homologada, ou desde que lhe seja concedido o *exequatur* pelo Superior Tribunal de Justiça, observado o disposto nos arts. 960 e s. do CPC.

8.2.8.10. Outros títulos executivos judiciais

Embora o art. 515 do CPC não os mencione, há pelo menos dois outros títulos executivos judiciais: a decisão que concede tutela provisória antecipada, reconhecendo obrigação, e a decisão inicial na ação monitória, quando não opostos os embargos.

O art. 294, parágrafo único, do CPC, autoriza a concessão de tutelas que antecipam, total ou parcialmente, os efeitos da sentença. Com isso, permite que o favorecido obtenha os mesmos benefícios que adviriam com a sua prolação.

Se o pedido formulado pelo autor era de reconhecimento de obrigação, a concessão da tutela provisória antecipada permitirá a ele, desde logo, promover as medidas necessárias para fazer cumprir o que foi determinado. O cumprimento da medida será sempre provisório, e deverá ser feito em apenso aos autos principais, para que não tumultue o andamento do processo. Será provisório porque a tutela antecipada é deferida sempre em cognição não exauriente, devendo mais tarde ser substituída pela sentença.

A decisão inicial proferida na ação monitória também poderá adquirir força de título executivo judicial, conforme a atitude que venha a tomar o devedor. São três as atitudes possíveis: pagar a dívida, entregar a coisa ou cumprir a obrigação de fazer ou não fazer; apresentar embargos ou silenciar. No primeiro caso, a obrigação extinguir-se-á, nada havendo a executar; no segundo, a monitória correrá pelo procedimento comum, sendo, ao final, proferida uma sentença que, se condenatória, terá força de título executivo judicial, caso em que a decisão inicial não terá eficácia executiva. Mas há a hipótese de o devedor silenciar, caso em que a decisão inicial adquirirá, de pleno direito, força executiva.

Essa decisão, em que o juiz recebe a ação monitória e defere a expedição do mandado inicial, há de ser sempre fundamentada, devendo o juiz indicar o preenchimento dos requisitos para as medidas determinadas. Se não houver embargos, ela adquirirá força executiva.

8.2.9. Títulos executivos extrajudiciais

É extenso o rol de títulos extrajudiciais, previstos na lei brasileira. Há os enumerados no art. 784 do CPC e outros previstos em lei especial. Como não é precedido de fase cognitiva, o grau de certeza que dele deflui é menor do que o do título judicial.

Títulos extrajudiciais são aqueles que, pela forma com que são constituídos e pelas garantias de que se revestem, gozam, segundo o legislador, de um grau de certeza tal que justifica se prescinda de um prévio processo de conhecimento. O grau de certeza por eles trazido justifica o risco de promover desde logo a execução, com os benefícios que decorrem da desnecessidade de um prévio, e muitas vezes longo, processo de conhecimento.

Mas o legislador, ciente do menor grau de certeza que deles deflui, autoriza a apresentação de embargos em que o devedor possa apresentar qualquer defesa que possa ter (CPC, art. 917, VI).

8.2.9.1. Letra de câmbio, nota promissória, duplicata, cheque, debêntures

O inciso I do art. 784 trata basicamente de títulos de crédito, aos quais a lei atribui força executiva.

Trata-se dos chamados títulos cambiais ou cambiariformes, havendo os que são causais, isto é, exigíveis, desde que acompanhados de comprovação da relação jurídica subjacente, como a duplicata, e os não causais, que guardam autonomia sobre qualquer relação subjacente, como os cheques e a nota promissória.

A duplicata, regida pela Lei n. 5.474/68, só é título executivo se aceita, ou, se não aceita, vier acompanhada do instrumento de protesto, do comprovante de entrega de mercadoria ou da prestação de serviço, e se o sacado não houver recusado o aceite, na forma como lhe é facultado na Lei de Duplicatas, arts. 7º, 8º e 15, II, *c*.

A duplicata é um título sacado pelo próprio credor, sem a participação do devedor. Daí a necessidade de ficar demonstrada a relação jurídica subjacente, seja com o aceite do devedor, seja com a comprovação do negócio.

Quando não aceita, o instrumento de protesto é indispensável para a caracterização do título executivo. O protesto pode decorrer de falta de aceite, de pagamento ou de devolução.

Há vezes em que a duplicata, enviada ao devedor para aceite, fica retida por ele. Nesse caso, faz-se o protesto por indicação do credor, e a execução poderá ser feita sem a juntada do título.

A letra de câmbio e a nota promissória são reguladas pelo Decreto n. 2.044, de 31 de dezembro de 1908, e pela Lei Uniforme de Genebra, firmada em junho de 1930. Na verdade, vigora no Brasil a Lei Uniforme, mas como ela foi ratificada com reservas, alguns dos seus dispositivos não se aplicam entre nós. Naquilo que a Lei Uniforme for omissa, ou a respeito do qual houve alguma reserva, aplica-se o Decreto n. 2.044/1908.

A letra de câmbio é uma ordem de pagamento dirigida a determinada pessoa para que faça um pagamento a outra. Nela há três envolvidos. O que emite a ordem de pagamento, denominado sacador, o que a recebe, o sacado, e aquele a quem o pagamento deve ser feito, chamado beneficiário.

A nota promissória é o título emitido pelo devedor, em que ele se compromete a pagar a determinada pessoa a soma constante do título. Não é título causal, e, por isso, independente da prova de qualquer negócio jurídico subjacente.

Os requisitos, tanto para a nota promissória quanto para a letra de câmbio, são aqueles estabelecidos na Lei Uniforme e no Decreto n. 2.044/1908.

Com muita frequência, a nota promissória tem sua emissão vinculada a determinado contrato, em especial bancário. Ela é emitida como mais uma garantia do pagamento.

Isso não lhe retira sua força executiva, podendo a execução fundar-se em dois ou mais títulos de crédito (Súmula 27 do STJ).

Controverte-se sobre a possibilidade de executar o avalista da promissória, pelos encargos e verbas acessórias, que figuram no contrato, mas não no título de crédito. Será preciso verificar se o avalista firmou apenas a promissória, ou se assumiu, no contrato, a responsabilidade solidária pelo pagamento do débito e dos encargos. Se o fez, poderá ser executado também pelos encargos (Súmula 26 do STJ).

8.2.9.2. Escritura pública ou outro documento público assinado pelo devedor

Por escritura ou documento público entende-se o lavrado por um tabelião ou funcionário público, no exercício das suas funções. Não é preciso que venha assinado por duas testemunhas. A escritura pública é aquela lavrada por um escrivão ou tabelião, que reduz a escrito as declarações de vontade do devedor. Não é necessária a assinatura do devedor, bastando que o tabelião, que goza de fé pública, certifique que a declaração de vontade foi emitida. No documento público, considerado como tal aquele emitido por órgão público, no qual o devedor reconhece sua obrigação perante terceiros, é indispensável a assinatura.

Para que se caracterize como título executivo, é preciso que contenha uma obrigação imposta àquele que o assina, seja ela de pagamento de determinada quantia, de entrega de coisa, de fazer ou de abster-se.

8.2.9.3. Documento particular firmado pelo devedor e duas testemunhas

Toda e qualquer declaração, na qual o devedor reconheça a existência de uma obrigação, terá força executiva, se vier subscrita por duas testemunhas.

A obrigação pode ser de qualquer natureza, não apenas de pagar, mas de entregar coisa, de fazer ou de abster-se.

Não há qualquer exigência de forma do documento particular. Basta que fique evidenciada a intenção do devedor de reconhecer a obrigação, e que ele e as testemunhas assinem.

Exigem-se as testemunhas para que possam, em juízo, comprovar que o devedor manifestou a sua vontade, de forma livre e espontânea.

Por isso, é preciso que sobre elas não recaiam as vedações dos parágrafos do art. 447 do CPC. De nada adianta colher a assinatura de alguém que não possa testemunhar, por incapacidade, suspeição ou impedimento.

Não terá força executiva o documento desse tipo, em que o cumprimento da obrigação estiver condicionado ao adimplemento da parte contrária, a ser objeto de prova, como nos contratos bilaterais, em que qualquer das partes pode valer-se da *exceptio non adimpleti contractus*. Só poderá haver execução fundada em contrato bilateral se o cumprimento da obrigação imposta ao exequente puder ser comprovado de plano, por documentos.

Tem sido admitida como título a carta de fiança subscrita por duas testemunhas. Controverte-se sobre os contratos de prestação de serviços educacionais, havendo decisões do Superior Tribunal de Justiça que lhe atribuem executividade. Parece-nos que eles não a têm, porque o contrato é firmado e subscrito por duas testemunhas antes que o serviço tenha sido prestado, e pode haver controvérsia se ele foi, se foi adequadamente, bem como sobre o tempo pelo qual se estendeu. Isso torna duvidoso o *quantum debeatur*, o que afasta a executividade. Nesse sentido a Súmula 40 do extinto Primeiro Tribunal de Alçada Civil de São Paulo: "O contrato de prestação de serviços educacionais, mesmo quando subscrito por duas testemunhas instrumentárias, não é título executivo extrajudicial".

Foi controvertida a executividade dos contratos de abertura de crédito bancário. O correntista assina o contrato de adesão, subscrito por duas testemunhas. Por longo tempo reconheceu-se a eficácia executiva, como se verifica pela Súmula 11 do extinto Primeiro Tribunal de Alçada de São Paulo. Porém, o Superior Tribunal de Justiça firmou entendimento contrário, e com razão, porque falta a liquidez necessária. O correntista e as testemunhas firmam o contrato, mas não os extratos bancários, que apontam o saldo devedor. Estes são de emissão unilateral da instituição financeira, o que afasta a certeza que se exige dos títulos. A Súmula 233 do STJ não deixa dúvidas: "O contrato de abertura de crédito, ainda que não acompanhado de extrato de conta-corrente, não é título executivo". Faculta-se ao banco o ajuizamento de ação monitória, sem prejuízo das ações de procedimento comum.

Tem sido frequente que as testemunhas instrumentárias subscrevam o documento depois que ele foi firmado pelo devedor, sem que estivessem presentes no ato de assinatura, o que as impede de atestar que foi subscrito pelo devedor voluntariamente. Apesar disso, o Superior Tribunal de Justiça tem-se pronunciado pela validade, como se verifica dos acórdãos citados por Theotonio Negrão: "Exigindo a lei processual, tanto quanto a lei substantiva, apenas que o documento seja 'subscrito' pelas testemunhas, não são reclamadas suas presenças ao ato" (*RSTJ*, 7:433). Ou, "A lei não exige que a assinatura das testemunhas seja contemporânea à do devedor" (STJ, 3ª Turma, REsp 8.849-DF).

Nem mesmo se exige que as testemunhas estejam identificadas, se o devedor não apontar eventual falsidade da declaração ou do documento (STJ, 4ª Turma, REsp 137.824-SP).

Parece-nos, porém, que a se permitir que as testemunhas possam assinar depois o termo de confissão, melhor seria dispensá-las. A função das testemunhas é, em caso de dúvida sobre as circunstâncias em que o instrumento foi assinado, prestar depoimento. Elas revestem o título do requisito da certeza. Para isso, é preciso que tenham assistido à assinatura, não se podendo admitir que o tenham feito *a posteriori*.

Mais recentemente, têm sido proferidas decisões pelo Superior Tribunal de Justiça que têm assegurado eficácia executiva a contrato eletrônico, com assinatura digital, ainda que sem a assinatura de duas testemunhas. É o que ficou decidido no REsp n. 1.495.920, de 15 de maio de 2018: "*RECURSO ESPECIAL. CIVIL E PROCESSUAL CIVIL. EXECUÇÃO DE TÍTULO EXTRAJUDICIAL. EXECUTIVIDADE DE CONTRATO ELETRÔNICO DE MÚTUO ASSINADO DIGITALMENTE (CRIPTOGRAFIA ASSIMÉTRICA) EM CONFORMIDADE COM A*

INFRAESTRUTURA DE CHAVES PÚBLICAS BRASILEIRA. TAXATIVIDADE DOS TÍTULOS EXECUTIVOS. POSSIBILIDADE, EM FACE DAS PECULIARIDADES DA CONSTITUIÇÃO DO CRÉDITO, DE SER EXCEPCIONADO O DISPOSTO NO ART. 585, INCISO II, DO CPC/73 (ART. 784, INCISO III, DO CPC/2015). QUANDO A EXISTÊNCIA E A HIGIDEZ DO NEGÓCIO PUDEREM SER VERIFICADAS DE OUTRAS FORMAS, QUE NÃO MEDIANTE TESTEMUNHAS, RECONHECENDO-SE EXECUTIVIDADE AO CONTRATO ELETRÔNICO. PRECEDENTES".

8.2.9.4. Instrumento de transação referendado pelo Ministério Público, pela Defensoria Pública, pela Advocacia Pública, pelos advogados dos transatores ou por conciliador ou mediador credenciado pelo Tribunal

Trata-se da transação extrajudicial, não homologada pelo juiz, porque a que o foi constitui título executivo judicial.

Não basta que a transação tenha a assinatura das partes. É preciso que tenha sido referendada, isto é, aprovada pelo Ministério Público, ou pela Defensoria Pública, pela Advocacia Pública, pelos advogados das partes, pelo conciliador ou pelo mediador, o que assegura a idoneidade do documento. A aprovação é comprovada com a assinatura do representante dos entes ou dos advogados das partes ou do conciliador ou do mediador. Com isso, assegura-se que a transação foi celebrada espontaneamente e que as partes tinham conhecimento do conteúdo e estavam de acordo com ele.

A hipótese da transação firmada pelos advogados de ambas as partes não tem grande utilidade, porque, mesmo que os subscritores não sejam advogados, mas meras testemunhas, o documento adquirirá força executiva. Mas, se o advogado for constituído por ambos os transatores, a sua assinatura, apesar de única, será bastante para garantir força executiva ao instrumento de transação.

8.2.9.5. Contratos garantidos por hipoteca, penhor, anticrese ou outro direito real de garantia e aquele garantido por caução

Os direitos reais de garantia são tratados pelo Código Civil. Pressupõem uma obrigação principal, cujo cumprimento é por eles garantido.

Daí sua natureza acessória. A garantia é real, porque recai sobre determinado bem, que fica afetado ao pagamento da dívida. Em caso de excussão do bem dado em hipoteca, penhor, anticrese ou outro direito real de garantia, o credor titular da garantia será preferencialmente pago.

O que se executa não é propriamente a garantia, mas o débito em dinheiro por ela assegurado. É título executivo o documento que contém obrigação de o devedor pagar dívida líquida, quando garantida por hipoteca, penhor, anticrese ou outro direito real de garantia. Haverá título executivo se a garantia real constar do mesmo instrumento em que ficou consignada a dívida, ou de documento distinto.

A execução de débito garantido por hipoteca é chamada hipotecária, e por penhor, pignoratícia. Para que a hipoteca seja oponível *erga omnes*, e capaz de atribuir ao título força executiva, é preciso que tenha sido inscrita no Cartório de Registro de Imóveis.

Estabelece o art. 835, § 3º, do CPC, que "na execução de crédito com garantia real, a penhora recairá sobre a coisa dada em garantia, e, se a coisa pertencer a terceiro garantidor, este também será intimado da penhora".

O credor com garantia real tem preferência de receber o produto da excussão do bem, e por essa razão a penhora deve recair sobre ele. Mas se for insuficiente para garantir o juízo, a penhora estender-se-á a outros: o valor do crédito não se confunde com o do bem. Se este for vendido por valor superior àquele, o saldo deverá ser restituído ao devedor; se por valor inferior, a penhora estender-se-á a outros bens, que bastem para a satisfação do débito.

Não há empecilho para que os bens dados em garantia real sejam penhorados em execução aforada por outro credor, porque a garantia não os torna inalienáveis ou impenhoráveis. Mas será preciso intimar o credor hipotecário ou pignoratício, para que possa exercer o direito de preferência.

O art. 804 do CPC estabelece que a alienação do bem gravado será ineficaz em relação ao credor, quando ele não for intimado. E o art. 674, § 2º, IV, desse mesmo Código, atribui a ação de embargos de terceiro ao credor com garantia real que queira obstar a expropriação judicial do objeto da garantia, quando não tiver sido intimado.

A garantia real não impede que o bem vá à alienação judicial, na execução movida por terceiro. O credor com garantia real é intimado para exercer o direito de preferência. Não pode, invocando a garantia, tentar impedir que o bem seja excutido, a não ser que não tenha sido intimado. Feita a intimação, não pode obstar a expropriação, cabendo-lhe apenas receber preferencialmente o produto da excussão.

Decidiu o Supremo Tribunal Federal: "(...) os embargos de terceiro, quando fundados na falta de intimação da arrematação ao credor hipotecário, têm o efeito apenas de obstar a praça designada. Efetivada, entretanto, a intimação, o credor hipotecário não poderá impedir que se faça a arrematação, salvo se tiver alegado nos embargos e comprovado que o devedor possui outros bens sobre os quais poderá incidir a penhora" (*RT*, *593*:277).

Intimado o credor com garantia real, cumpre-lhe requerer a preferência no pagamento. Aquilo que sobejar a dívida poderá ser pago ao credor que ajuizou a execução. Se, intimado, não comparecer ao processo para reclamar a prioridade no pagamento, o credor preferencial a perderá.

Também o contrato garantido por caução é título extrajudicial. A caução, que visa a assegurar o pagamento de uma dívida, pode ser de duas espécies: real e fidejussória.

Quando for real, haverá a afetação de um bem para que, em futura execução, o produto da sua excussão reverta prioritariamente em favor do credor beneficiário. Insere-se na categoria dos direitos reais de garantia, tal como a hipoteca, o penhor e a anticrese, aplicando-se a todos a mesma disciplina.

A caução fidejussória é a fiança, contrato acessório, que só existe como garantia da obrigação de outrem. Depende sempre da existência de um contrato principal, e permite a execução quando ele não foi cumprido.

A fiança é disciplinada pela legislação civil, e pode ser de três espécies: convencional, legal e judicial. Por ela, um terceiro, que não o devedor, compromete-se perante o credor a responder com o seu patrimônio pelo pagamento da dívida.

Caso a obrigação principal não seja paga, o fiador poderá ser executado se figurar no título executivo extrajudicial. É preciso verificar, no entanto, se tem o benefício de ordem, ou se a ele renunciou. Caso tenha feito, será possível o ajuizamento da execução diretamente contra ele, sem a necessidade de que o devedor integre o polo passivo. Mas, se não renunciou, só poderá ser demandado o fiador se o devedor também integrar o polo passivo, pois só assim aquele poderá valer-se do benefício, exigindo a penhora preferencial de bens do devedor. Se a execução for ajuizada diretamente contra o fiador com benefício de ordem, sem a inclusão do devedor no polo passivo, o juiz a extinguirá, por falta de interesse. Para que a fiança seja título executivo extrajudicial é preciso que a obrigação principal esteja também consubstanciada em título, no qual figure também o fiador. Se a obrigação principal não pode ser executada, a do fiador também não. Do contrário, o fiador estaria respondendo de forma mais gravosa que o próprio devedor. Nesse sentido: "A fiança nem sempre pode ser tida por título executivo. Quando o credor não dispõe de pretensão executória contra o devedor afiançado (triplicatas não aceitas e não protestadas e cheque prescrito), o fiador, à evidência, não pode ser executado" (STJ, *RT*, *659*:195). Se não houver título executivo extrajudicial, o credor deverá valer-se do processo de conhecimento e obter título judicial. Mas, para executar o fiador, será preciso incluí-lo no polo passivo. Não será possível executá-lo com fundamento na sentença, se ele não figurou na fase cognitiva. A Súmula 268 do STJ, embora restrita à locação, aplica-se aos outros contratos de fiança: "O fiador que não integrou a relação processual na ação de despejo não responde pela execução do julgado". Estabelece o art. 794, *caput*, do CPC, que "o fiador, quando executado, tem o direito de exigir que primeiro sejam executados os bens do devedor situados na mesma comarca, livres e desembargados, indicando-os pormenorizadamente à penhora". Isso se o fiador não tiver renunciado ao benefício de ordem. A fiança, por ser contrato benéfico, não admite interpretação extensiva. Por isso, entende-se que não possa prorrogar-se sem o consentimento expresso do fiador.

8.2.9.6. Seguros de vida em caso de morte

O contrato de seguro é aquele pelo qual uma das partes, o segurador, se obriga, mediante o recebimento de um "prêmio", a garantir o outro contratante de riscos predeterminados. É regido pelo Código Civil. Nem todo contrato de seguro é título executivo extrajudicial, mas apenas os de vida. Quis o legislador facilitar aos beneficiários o recebimento da indenização.

Os contratos de seguros de acidentes pessoais não constituem títulos executivos, porque não gozam de liquidez: o valor da indenização depende de prova da lesão, de sua permanência e do grau de incapacidade que provocou.

8.2.9.7. Foro e laudêmio

O CC, art. 2.038, proibiu a constituição de enfiteuses e subenfiteuses. Mas aquelas constituídas antes da entrada em vigor do novo diploma persistem, regidas pelo Código Civil de 1916, até que sejam extintas.

O foro e o laudêmio estão associados à enfiteuse. Foro é a renda anual que o enfiteuta deve pagar ao proprietário do imóvel. Laudêmio, que vem previsto no art. 686 do CC de 1916, é o valor devido pelo alienante ao senhorio direto, sempre que se realizar a transferência do domínio útil, por venda ou dação em pagamento. Tem o valor de 2,5% sobre o preço da alienação, se outro não tiver sido fixado no título de aforamento.

8.2.9.8. Aluguel e encargos acessórios

O contrato escrito de locação é título executivo extrajudicial. A locação pode ser celebrada por escrito ou verbalmente, mas só o contrato escrito tem força executiva.

Não é preciso que venha subscrito por duas testemunhas. É irrelevante o tempo de duração, e que seja comercial ou residencial. A execução abrangerá os alugueres em atraso, mais correção monetária, juros de mora, e a multa moratória, estabelecida no contrato, para o atraso no pagamento de alguma das prestações.

Controverte-se sobre a possibilidade de executar diretamente a multa compensatória. É comum nos contratos de locação as partes estabelecerem que, em caso de descumprimento de cláusula contratual que inviabilize o prosseguimento da locação, o responsável pagará uma multa, como compensação pelo término prematuro do contrato. O valor dessa multa costuma ser fixado em certo número de prestações de aluguel (por exemplo: em caso de rescisão prematura, a parte responsável pagará multa de três alugueres).

Parece-nos que essa multa deve ser objeto de processo de conhecimento, porque a cláusula penal compensatória pode ser modificada pelo juiz, levando em conta o cumprimento parcial do contrato, nos termos do art. 413 do CC. Entende-se, por isso, que ela não tem suficiente liquidez para ser objeto de execução imediata. Nesse sentido, *RT*, *760*:300 e STJ, 6ª Turma, REsp 302.486-RJ. Atualmente, no entanto, vem predominando o entendimento contrário, que autoriza a execução direta da multa por infração contratual (STJ, 5ª Turma, REsp 229.777-SP; STJ, 5ª Turma, REsp 944.352, rel. Min. Arnaldo Esteves Lima).

Havendo contrato escrito de locação garantido por fiança, é possível aforar a execução também contra o fiador (e até mesmo só contra ele, desde que tenha renunciado ao benefício de ordem). Do fiador, além do principal, com correção monetária, juros e multa, será possível cobrar a verba de sucumbência imposta contra o locatário, em ação de despejo contra ele ajuizada, desde que o fiador tenha sido intimado nesta ação.

É possível que a ação de despejo por falta de pagamento cumulada com cobrança seja dirigida contra o inquilino e contra o fiador. Ambos deverão ser citados e, no caso de procedência, poder-se-á promover execução por título judicial contra ambos, nos mesmos autos.

Mas é possível que a ação de despejo cumulada com cobrança seja dirigida só contra o locatário. Nesse caso, não será possível executar, nos mesmos autos, a sentença contra o fiador, porque não foi parte (Súmula 268 do STJ).

Mas será possível executá-lo em outro processo, com fundamento no contrato escrito de locação e de fiança. Tratar-se-á de execução por título extrajudicial. Se, na ação de despejo, o fiador foi intimado (não citado, porque não era parte), não haverá título judicial contra ele, mas o valor da verba de sucumbência imposta ao locatário poderá ser incluído na execução do fiador, por título extrajudicial.

Nesse sentido: "Podem ser executados pelos ônus da sucumbência, decorrentes de ação de despejo, os fiadores que foram judicialmente cientificados desta" (STJ, 4ª Turma, REsp 8.005-SP, rel. Min. Sálvio de Figueiredo).

O inciso VIII do art. 784 menciona também os encargos acessórios como taxas e despesas de condomínio. A hipótese está associada ao contrato de locação. Trata-se da possibilidade de o locador que pagou integralmente as taxas e despesas condominiais reavê-las do locatário.

Feito o pagamento das despesas condominiais pelo locador, ele poderá, em execução, reaver do inquilino as despesas ordinárias. É comum que, em execução de alugueres, o locador inclua despesas condominiais não quitadas pelo locatário. Para que possa fazê-lo, é preciso que tenha efetuado o pagamento delas ao condomínio, sub-rogando-se nos seus direitos. Esse o sentido do inciso VIII do art. 784: não se trata de execução direta das despesas de condomínio, mas de execução promovida pelo locador para reaver do inquilino o que gastou para pagá-las.

Outras taxas, pagas pelo proprietário, mas devidas pelo inquilino, também poderão ser incluídas na execução, como as referentes ao IPTU, água, luz, e outras, relacionadas à locação.

8.2.9.9. Certidão de dívida ativa

Estabelece o inciso IX do art. 784 que constitui título executivo extrajudicial "a certidão de dívida ativa da Fazenda Pública da União, dos Estados, do Distrito Federal, dos Territórios e dos Municípios, correspondente aos créditos inscritos na forma da lei".

A execução neles baseada será a fiscal, regida pela Lei n. 6.830/80.

8.2.9.10. Crédito referente às contribuições ordinárias ou extraordinárias de condomínio edilício

Trata-se de importante novidade trazida pelo CPC, já que o anterior não permitia a cobrança de despesas condominiais pela via executiva, exigindo processo de conhecimento, ainda que de procedimento sumário. A nova lei considera título executivo o crédito decorrente das despesas condominiais, tanto ordinárias quanto extraordinárias. Mas, para que se viabilize a execução, é indispensável que a despesa tenha sido prevista na convenção ou que tenha sido aprovada em assembleia geral, o que deve ser comprovado documentalmente. A inicial da execução deve vir instruída com tais documentos. Se eles não existirem, a cobrança das despesas condominiais deverá ser feita em processo de conhecimento.

Não há óbice à execução das prestações vencidas e das vincendas, a partir do momento em que se forem vencendo. O art. 323 do CPC poderá ser aplicado, já que as regras do processo de conhecimento aplicam-se supletivamente ao processo de execução (art. 318, parágrafo único). Não há incompatibilidade dessa regra com o processo de execução, já que o próprio legislador previu outra hipótese semelhante no art. 911, o qual, na execução por título extrajudicial de alimentos, autoriza a inclusão das prestações vincendas. Nesse sentido, o Enunciado 86 da I Jornada de Direito Processual Civil da Justiça Federal, que assim estabelece: "As prestações vincendas até o efetivo cumprimento da obrigação incluem-se na execução de título executivo extrajudicial (arts. 323 e 318, parágrafo único, do CPC)".

8.2.9.11. A certidão expedida por serventia notarial ou de registro relativa a valores de emolumentos e demais despesas havidas por atos por ela praticados

Também essa hipótese não estava prevista no CPC anterior. Os Tabelionatos Oficiais de Registros Públicos poderão emitir certidão, que goza de presunção de fé pública, para cobrança dos emolumentos ou despesas relativas aos atos praticados. Tais certidões têm força de título executivo extrajudicial e permitem o ajuizamento do processo de execução.

8.2.9.12. Outros títulos previstos em lei especial

Não há título executivo não previsto em lei. Além daqueles enumerados no Código de Processo Civil, há os criados por lei especial. Dentre outros, podem ser citados: as cédulas hipotecárias, de crédito industrial e rural, de crédito comercial, os prêmios de seguro e as decisões do Tribunal de Contas da União, de que resulte imputação de débito ou multa (art. 71, IX, § 3º, da CF).

Merecem especial destaque os honorários de advogado, que serão tratados em item à parte.

8.2.9.13. Honorários advocatícios

Estabelece o art. 24 da Lei n. 8.906/94 que o contrato escrito que estipular honorários advocatícios é título executivo extrajudicial. Não se pode confundi-los com aqueles nos quais o sucumbente é condenado no processo.

Os honorários da sucumbência são fixados por sentença e podem ser executados nos mesmos autos, constituindo título executivo judicial. Sua execução pode ser promovida pelo próprio advogado beneficiário. Com frequência, o advogado que acompanhou a parte vencedora no curso do processo é destituído, após exaustivo esforço, do qual resultou o sucesso de seu cliente. Assiste-lhe o direito de, em nome próprio, postular, nos autos em que prolatada a sentença, a execução dos seus honorários. Não tendo havido a destituição, o advogado pode preferir que a execução seja feita em nome da parte. Nesse sentido: "Os honorários do advogado, embora pertencentes ao advogado e constituam direito autônomo para a sua execução, podem ser incluídos na execução promovida pela parte que venceu a ação de indenização, especialmente quando o profissional da ação de conhecimento é o mesmo que patrocina a execução" (STJ, 4ª Turma, REsp 163.893-RS).

Mas, além dos honorários fixados na sentença, podem ser executados aqueles objeto de contrato escrito. Não é necessário que venha assinado por duas testemunhas, nem que tenha qualquer outra formalidade, mas é preciso que seja líquido, que consigne todos os elementos necessários para a apuração do *quantum debeatur*.

Não poderão ser executados diretamente aqueles honorários cujo valor não foi fixado, e dependam de arbitramento, ou cujo valor não pode ser apurado por simples cálculo aritmético. É o que ocorre, por exemplo, com os honorários cotalícios, cujo valor corresponde a uma porcentagem sobre os benefícios patrimoniais que o resultado trouxer para o vencedor. Como não podem ser apurados de plano, pelo simples exame do contrato, faz-se necessário ajuizar o processo de conhecimento para a cobrança. O procedimento será o comum.

Para a execução do contrato, é preciso que o advogado o faça acompanhar das provas de que o serviço foi efetivamente prestado e das peças e manifestações em que atuou em favor do executado no processo para o qual foi contratado.

8.2.10. A possibilidade de opção pelo processo de conhecimento da parte munida de título executivo extrajudicial

O art. 785 traz importante regra processual, que afasta a dúvida que havia durante a vigência do CPC anterior. Discutia-se sobre a possibilidade de o credor, munido de título extrajudicial, optar pelo ajuizamento do processo de conhecimento, para obter título judicial. Para parte da doutrina, não haveria interesse de agir, pois o credor já estava munido de título. Mas o Superior Tribunal de Justiça já vinha autorizando essa opção do credor, sobretudo porque, no cumprimento de sentença, os limites da defesa do executado, na impugnação, são muito menores do que aqueles nos embargos, opostos na execução por título extrajudicial. Esse é o entendimento que acabou por prevalecer: o credor, ainda que munido de título extrajudicial, pode preferir valer-se do processo de conhecimento, para obter o título judicial, não se podendo mais falar, nestes casos, na inexistência de interesse de agir. O interesse do credor consistirá na obtenção de um título que lhe dará acesso ao cumprimento de sentença, e não mais à execução por título extrajudicial.

9. RESPONSABILIDADE PATRIMONIAL

A responsabilidade patrimonial implica a sujeição de um bem ou do patrimônio de determinada pessoa ao cumprimento de uma obrigação. Permite postular, por via judicial, que seja invadida a esfera patrimonial do responsável, para obter, em seu patrimônio, bens que sejam bastantes para fazer frente à satisfação do credor.

A regra geral é de que o devedor é quem tem a responsabilidade patrimonial: ao assumir uma obrigação, está ciente de que, em caso de inadimplemento, o seu patrimônio ficará comprometido, podendo o Estado, para fazer valer a sub-rogação, invadi-lo e, à força, retirar os bens que bastem para a satisfação do credor. Mas não se confunde a responsabilidade patrimonial com o débito, como será examinado em capítulo à parte.

9.1. Obrigação e responsabilidade

O devedor que contraiu uma obrigação pode adimpli-la na forma convencionada, caso em que ela se extinguirá (este é o fim natural das obrigações que, por natureza, são transitórias) ou pode tornar-se inadimplente.

Inviável a justiça de mão própria, o credor terá de recorrer ao Judiciário, se quiser a satisfação de seu direito. O patrimônio do devedor responderá por ela.

É preciso distinguir entre o débito e a responsabilidade. Caso a obrigação seja satisfeita espontaneamente, embora tenha existido o débito, não houve responsabilidade, que pressupõe a necessidade de invasão do patrimônio do que responde pela dívida, em execução forçada. Como ensina Carlos Roberto Gonçalves: "(...) a relação jurídica obrigacional resulta da vontade humana ou da vontade do Estado, por intermédio da lei, e deve ser cumprida espontânea e voluntariamente. Quando tal fato não acontece, surge a responsabilidade. Esta, portanto, não chega a despontar quando se dá o que normalmente acontece: o cumprimento da prestação. Cumprida, a obrigação extingue-se. Não cumprida, nasce a responsabilidade, que tem como garantia o patrimônio geral do devedor"[22].

Em regra, só o devedor inadimplente tem a responsabilidade pelo pagamento, isto é, responde com o seu patrimônio pela satisfação do credor. O débito e a responsabilidade andam quase sempre juntos. Mas há casos em que haverá um sem a outra, e outros em que a responsabilidade estende-se para além do próprio devedor.

As dívidas de jogo, por exemplo. O débito existe, tanto que, se o devedor quitá-lo espontaneamente, não poderá postular a repetição. Mas não é juridicamente possível que, em caso de inadimplemento, o credor ajuíze ação em face do devedor, para obrigá-lo a responder com o seu patrimônio.

Outro exemplo é o dos débitos prescritos.

Em contrapartida, há pessoas que, sem serem devedoras, assumem a responsabilidade pelo pagamento. Por exemplo, os sócios respondem pelas dívidas contraídas pela sociedade quando a pessoa jurídica for utilizada de forma fraudulenta, ou de má-fé, no intuito de prejudicar os credores. O juiz, verificando a fraude, desconsidera a personalidade jurídica, e estende a responsabilidade aos sócios. Outro exemplo é o do fiador que, por força do contrato de fiança, assume a

22. Carlos Roberto Gonçalves, *Direito civil*, cit., p. 35.

responsabilidade pelo pagamento do débito e responde com o seu patrimônio pelo adimplemento.

A distinção entre débito e responsabilidade foi observada, pela primeira vez, na Alemanha, onde Brinz discriminou os dois momentos distintos: o do débito (*Schuld*), que consiste na obrigação de realizar a prestação, e o da responsabilidade (*Haftung*), pela qual se permite ao credor atacar o patrimônio do devedor (ou de terceiro a quem essa responsabilidade seja estendida), para, com isso, obter a satisfação da obrigação que não foi voluntariamente cumprida.

Enquanto não houve inadimplemento, a responsabilidade encontra-se em estado latente ou potencial, tornando-se efetiva quando o devedor deixar de honrar a obrigação.

A responsabilidade patrimonial não se restringe à execução por quantia, mas a todas as espécies de execução.

9.2. Bens sujeitos à execução

O art. 789 contém a regra básica da responsabilidade patrimonial: "O devedor responde com todos os seus bens presentes e futuros para o cumprimento de suas obrigações, salvo as restrições estabelecidas em lei".

Esse dispositivo imputa a responsabilidade prioritária ao próprio devedor. Em momento oportuno se verá que em determinados casos essa responsabilidade pode estender-se a outras pessoas, mas o responsável primário é o devedor.

A lei sujeita todos os seus bens, presentes ou futuros, à execução. Ao referir-se a "presentes e futuros", a lei quer dizer os bens que já existiam quando foi contraída a obrigação e os que vierem a ser adquiridos posteriormente.

A execução abrange bens que não existiam ainda no patrimônio do devedor, quando a obrigação foi contraída. São os chamados bens futuros. Inclui também os que já existiam e continuaram existindo na fase de execução. E os que existiam quando contraído o débito, e foram alienados, desde que seja reconhecido judicialmente que a alienação é ineficaz perante o credor, como, por exemplo, quando for reconhecida a fraude contra credores (em ação pauliana) ou a fraude à execução (nos próprios autos).

Não há óbice à penhora de frações ideais de bens, nem à penhora de bens dados em hipoteca, com a ressalva de que, em caso de arrematação, o produto deverá ser destinado, preferencialmente, ao pagamento do credor hipotecário, e não do autor da execução. É preciso, por isso, que ele seja intimado, na forma do art. 799, I, do CPC.

Podem também ser penhoradas as cotas pertencentes a sócios de responsabilidade limitada por dívida particular de algum dos sócios. Durante muito tempo, a jurisprudência vacilou a respeito, pois a sociedade por cotas de responsabilidade limitada é de pessoas, e não de capital. Mas acabou por prevalecer o entendimento de que as cotas são penhoráveis. Nesse sentido: "É possível a penhora de cotas de sociedade limitada, porquanto prevalece o princípio de ordem pública segundo o qual o devedor responde por suas dívidas com todos os seus bens presentes e futuros, não sendo, por isso mesmo, de se acolher a oponibilidade da '*affectio societatis*'. É que, ainda que o estatuto social proíba ou restrinja a entrada de sócios estranhos ao ajuste originário, é de se facultar à sociedade (pessoa jurídica) remir a execução ou o bem, ou, ainda, assegurar a ela e aos demais sócios o direito de preferência na aquisição a tanto por tanto" (STJ, 6ª Turma, REsp 201.181-SP, rel. Min. Fernando Gonçalves).

O procedimento da penhora das quotas ou das ações de sociedades personificadas é estabelecido no CPC, art. 861.

9.3. Bens não sujeitos à execução

Somente os bens de conteúdo econômico podem ser penhorados. Aqueles que não o têm, ou que não são suscetíveis de apropriação, não estão sujeitos à execução.

Não são passíveis de execução os bens impenhoráveis, e o Código de Processo Civil enumera quais são no art. 833: I – os bens inalienáveis e os declarados, por ato voluntário, não sujeitos à execução; II – os móveis, os pertences e as utilidades domésticas que guarnecem a residência do executado, salvo os de elevado valor ou que ultrapassem as necessidades comuns correspondentes a médio padrão de vida; III – os vestuários, bem como os pertences de uso pessoal do executado, salvo se de elevado valor; IV – os vencimentos, os subsídios, os salários, as remunerações, os proventos de aposentadoria, as pensões, os pecúlios e os montepios, bem como as quantias recebidas por liberalidade de terceiro e destinadas ao sustento do devedor e de sua família, os ganhos de trabalhador autônomo e os honorários de profissional liberal, ressalvado o § 2º; V – os livros, as máquinas, as ferramentas, os utensílios, os instrumentos ou outros bens móveis necessários ou úteis ao exercício da profissão do executado; VI – o seguro de vida; VII – os materiais necessários para obras em andamento, salvo se estas forem penhoradas; VIII – a pequena propriedade rural, assim definida em lei, desde que trabalhada pela família; IX – os recursos públicos recebidos por instituições privadas para aplicação compulsória em educação, saúde ou assistência social; X – a quantia depositada em caderneta de poupança, até o limite de 40 salários mínimos; XI – os recursos públicos do fundo partidário recebidos por partido político, nos termos da lei.

Em relação às cadernetas de poupança (inciso X), tem prevalecido o entendimento de que, havendo várias, o limite a ser considerado é o que resulta da soma de todas elas. Se a soma ultrapassar 40 salários mínimos, essa quantia será considerada impenhorável, mas não a que excedê-la. Também tem prevalecido, no Superior Tribunal de Justiça, o entendimento de que se deve dar a esse último inciso interpretação extensiva, reconhecendo-se a impenhorabilidade dos depósitos até 40 salários mínimos, estejam eles em conta-poupança, conta-corrente, fundos de investimento. Nesse sentido: "Reveste-se, todavia, de impenhorabilidade, a quantia de até 40 salários mínimos poupada, seja ela mantida em papel-moeda, conta-corrente ou aplicada em caderneta de poupança propriamente dita, CDB, RDB ou em fundo de investimentos, desde que a única reserva monetária em nome do recorrente, e ressalvado eventual abuso, má-fé ou fraude, a ser verificado caso a caso, de acordo com as circunstâncias do caso concreto (inciso X)" (REsp 1.230.060, rel. Min. Maria Isabel Galotti, de 13-8-2014). No mesmo sentido, o REsp 1.742.814-RS, de 28-6-2018, rel. Min. Sérgio Kukina.

A impenhorabilidade de um bem não é oponível à execução de dívida relativa ao próprio bem, inclusive aquela contraída para a sua aquisição. Não se pode, por exemplo, invocar a impenhorabilidade de um imóvel que sirva de residência de família na execução de débitos condominiais relativos ao próprio imóvel. Além disso, a impenhorabilidade estabelecida nos incisos IV e X não prevalece sobre débitos alimentícios de qualquer origem (sejam os que decorrem do direito de família, sejam os provenientes de ato ilícito) nem sobre importâncias excedentes a 50 salários mínimos mensais (art. 833, § 2º).

A redação do dispositivo (art. 833, § 2º) é confusa. Ele trata de duas hipóteses em que a impenhorabilidade não pode ser invocada: uma delas decorrente da natureza da dívida e a outra, do montante dos bens. Não será oponível a impenhorabilidade dos vencimentos e dos ganhos do devedor, seja qual for o seu valor, nem a das cadernetas de poupança até 40 salários mínimos, se a dívida for de natureza alimentar, qualquer que seja sua origem. E também não será oponível a impenhorabilidade dos ganhos naquilo que ultrapassar 50 salários mínimos mensais, por qualquer dívida, não apenas as de natureza alimentar, já que essas permitem a penhora até mesmo de ganhos inferiores a 50 salários mínimos. Se o credor recebe, mensalmente, valores que ultrapassam 50 salários mínimos, o excedente poderá ser penhorado, ainda que não se trate de dívida de alimentos. Tal como redigido o parágrafo, tem-se a impressão de que somente as dívidas alimentícias permitiriam a penhora do que exceder 50 salários mínimos. Mas não pode ser assim, já que esse tipo de dívida permite a penhora de vencimentos de qualquer valor, mesmo abaixo desse montante.

A *ratio* da nova regra é que os 50 salários mínimos são suficientes para que o devedor mantenha o seu sustento e tenha uma vida digna. De observar-se, porém, que o limite estabelecido é bastante elevado, e serão raros os casos em que o devedor tenha ganhos de tal monta.

Não pode ser penhorado o bem dado em usufruto, senão por dívidas que tenha o usufrutuário para com o nu proprietário, pois o direito de usufruto é intransferível e inalienável. É possível a penhora do exercício do usufruto, isto é, do direito que tem o usufrutuário de retirar da coisa os frutos que ela produz. O juiz nomeará um administrador do bem, e os frutos produzidos e colhidos servirão para pagar o credor até que se extinga a dívida. Com isso, o exercício do usufruto tornará ao usufrutuário. Não há óbice à penhora da nua propriedade. Porém, sendo ela arrematada, o adquirente deverá respeitar o usufruto, que grava a coisa.

Quando o devedor não for ainda proprietário do imóvel, mas compromissário comprador, a penhora não poderá recair diretamente sobre o bem, mas sobre os direitos que o devedor tem sobre ele.

O rol de bens impenhoráveis ficou muito ampliado com a Lei n. 8.009/90, que trata do bem de família. Ela tornou impenhorável o imóvel residencial próprio do casal, ou da entidade familiar, que não poderá responder por qualquer tipo de dívida, civil, comercial, fiscal, previdenciária ou de outra natureza, contraída pelos cônjuges ou pelos pais ou filhos que sejam seus proprietários e nele residam, salvo nas hipóteses previstas em lei.

O § 1º do art. 1º da lei estabelece que "a impenhorabilidade compreende o imóvel sobre o qual se assentam a construção, as plantações, as benfeitorias de qualquer natureza e todos os equipamentos, inclusive os de uso profissional, ou móveis que guarnecem a casa, desde que quitados".

A impenhorabilidade decorre de lei, e independe de qualquer providência do devedor, bastando que sejam cumpridos os requisitos. Não se confunde o bem de família legal com o convencional, em que os cônjuges ou entidade familiar, por escritura pública ou testamento, destinam parte de seu patrimônio para a sua constituição, na forma dos arts. 1.711 e s. do CC.

O bem de família legal é aquele que serve de residência para o casal ou entidade familiar. Mas tem o Superior Tribunal de Justiça reconhecido a impenhorabilidade do imóvel, ainda que o devedor o habite sozinho. Nesse sentido, a Súmula 364 do STJ: "O conceito de impenhorabilidade do bem de família abrange também o imóvel pertencente a pessoas solteiras, separadas e viúvas".

Se o imóvel não for do devedor, mas estiver a ele locado, aplica-se o art. 2º, parágrafo único, da Lei n. 8.009/90: "No caso de imóvel locado, a impenhorabilidade aplica-se aos bens móveis quitados que guarneçam a residência e que sejam de propriedade do locatário, observado o disposto neste artigo". Além dos móveis do locatário, será também impenhorável o próprio imóvel, por dívida do locador, quando se trate de único imóvel residencial, do qual ele aufira renda que sirva para sua subsistência ou para moradia de sua família. É o que estabelece a Súmula 486 do Superior Tribunal de Justiça. Portanto, se o imóvel está locado, serão impenhoráveis os móveis que guarnecem a residência, por dívidas do locatário; e será ainda impenhorável o próprio imóvel, por dívida do locador, se a renda obtida com a locação servir à sua subsistência ou à moradia de sua família.

Ainda que o casal resida em vários imóveis, só um deles será considerado impenhorável, o de menor valor.

A impenhorabilidade, conquanto louvável como forma de proteção à família ou entidade familiar, não pode estender-se além daqueles bens que sejam indispensáveis à moradia com dignidade. A Lei n. 8.009/90 afasta a dos veículos de transporte, obras de arte e adornos suntuosos. Nessa categoria devem ser incluídos todos os bens não indispensáveis à moradia com dignidade. São impenhoráveis as camas, as mesas de refeições, sofás, fogão e refrigerador. Não são a linha telefônica, os aparelhos de ar-condicionado, aparelhos de som, de fax, videocassete. Há grande divergência jurisprudencial sobre os aparelhos de televisão, mas parece-nos que são penhoráveis, pois não indispensáveis. A impenhorabilidade do bem de família não pode erigir-se em óbice para a efetividade do processo e deve ser restringida àquilo de que o devedor não possa ser privado, sob pena de perder a dignidade.

A Lei n. 8.009/90 enumera débitos que, por sua natureza, permitem a penhora até mesmo do bem de família. Embora ela se estenda a todo tipo de execução, civil, previdenciária, trabalhista ou de outra natureza, não abrange aqueles mencionados nos incisos do art. 3º. Entre eles destacam-se os créditos trabalhistas, os decorrentes de sentença penal condenatória, os impostos, predial ou territorial, taxas e contribuições devidas em função do imóvel familiar, o que inclui as despesas condominiais. Se lhe fosse dado invocar a impenhorabilidade do imóvel nessas hipóteses, o devedor acabaria por eximir-se do pagamento, em detrimento da coletividade de condôminos. Também não é impenhorável o bem de família dado em hipoteca, porque, se deu em garantia, o devedor renunciou ao benefício. Nem o é o imóvel residencial, quando a execução estiver fundada em fiança dada em contrato de locação. Se o fiador tiver um único imóvel residencial, não poderá invocar a impenhorabilidade para eximir-se da responsabilidade pelo pagamento. Nesse sentido, a Súmula 549 do STJ: “É válida a penhora de bem de família pertencente a fiador de contrato de locação". Mas a restrição refere-se apenas ao fiador, não ao locatário. Este pode invocar o benefício, na execução dos aluguères.

O bem de família deixará de ser impenhorável se o devedor, na execução, oferecê-lo à penhora. Com isso, renunciou ao benefício, devendo suportar as consequências de seu ato.

O art. 834 do CPC estabelece hipóteses de bens que são subsidiariamente penhoráveis, isto é, que só podem ser constritos na falta de outros. São eles: "os frutos e os rendimentos dos bens inalienáveis".

9.4. Alegação de impenhorabilidade

A impenhorabilidade é matéria de ordem pública: verificando o juiz que a constrição atingiu bem sobre o qual não poderia ter recaído, deve determinar de ofício o seu cancelamento. Se não o fizer, pode ser requerido por simples petição, nos autos da execução, em qualquer fase do procedimento, mesmo depois dos embargos ou da impugnação. Por ser de ordem pública, não está sujeita à preclusão.

O devedor pode valer-se das objeções de pré-executividade para alegá-la ou fazê-lo nos próprios embargos ou impugnação. Ou, por simples petição, a qualquer tempo.

9.5. Responsabilidade patrimonial de terceiros

O art. 790 do CPC enumera hipóteses de responsabilidade patrimonial de terceiros, a quem ela se estende. Em alguns casos, ela é subsidiária e só deve prevalecer se a responsabilização do devedor for insuficiente para a satisfação do credor. Em todas elas, haverá uma dissociação entre débito e responsabilidade. Os terceiros não são os devedores, mas respondem, com o seu patrimônio, pelo cumprimento da obrigação.

9.5.1. Bens do sucessor a título singular (art. 790, I)

Estão sujeitos à execução os bens do sucessor singular, tratando-se de sentença proferida em ação fundada em direito real ou obrigação reipersecutória. O sucessor é aquele que adquiriu o bem do devedor, quando ele já era litigioso. Nos termos do art. 109, *caput*, do CPC, a alienação de coisa litigiosa não altera a legitimidade das partes. O § 3º estabelece que a sentença proferida entre as partes originárias estende os seus efeitos ao adquirente ou cessionário. A alienação de coisa litigiosa é ineficaz perante o credor, que poderá buscá-la em mãos do adquirente. O art. 790, I, mantém correspondência com o art. 792, I, que considera em fraude à execução a alienação ou oneração de bens quando sobre eles pender ação fundada em direito real ou com pretensão reipersecutória. A alienação de coisa litigiosa, em ação fundada em direito real ou com pretensão reipersecutória, constitui fraude à execução, mais uma razão para que seja considerada ineficaz perante o credor.

9.5.2. Bens dos sócios

Não se confunde a personalidade das pessoas jurídicas com a dos sócios que a compõem. Mas, em determinadas circunstâncias, o patrimônio destes responderá pela satisfação das dívidas daquelas. Em regra, pelas dívidas da sociedade é o patrimônio dela que responde. Enquanto a empresa for solvente, os bens particulares dos sócios não poderão ser atingidos, e, mesmo em caso de insolvência, a responsabilidade do sócio, quando existir, é subsidiária, isto é, depende de se terem esgotado os bens da pessoa jurídica. Os bens dos sócios serão atingidos, mas, dependendo do tipo de sociedade, de forma limitada ou ilimitada. Há tipos de sociedade em que, pelas dívidas das empresas, responderão todos os bens dos sócios, de forma ilimitada, e outros, em que a responsabilidade subsidiária deve ser exercida até certo limite, além do qual o credor não poderá ir.

Nas sociedades em nome coletivo, a responsabilidade subsidiária dos sócios é ilimitada; nas por cotas de responsabilidade limitada e nas anônimas, todos os sócios respondem até certo limite. Há tipos mistos, em que parte dos sócios tem responsabilidade limitada, parte ilimitada. Pertencem a esse grupo as sociedades em comandita simples, nas quais os sócios comanditados têm responsabilidade ilimitada, e os comanditários, limitada; as sociedades de capital e indústria, em que a responsabilidade do sócio capitalista é ilimitada e o de indústria, limitada; e as sociedades em comandita por ações, nas quais os sócios e gerentes têm responsabilidade integral, e os demais acionistas, limitada.

Qual seja o limite da responsabilidade subsidiária – quando tal limite houver –, é questão que variará conforme o tipo de sociedade. Para exemplificar, se a sociedade é limitada, o sócio responde pelas obrigações sociais até o limite do capital não integralizado no capital social da sociedade, independentemente de qual tenha sido o sócio que não tenha integralizado sua parte. Já nas sociedades por ações, o sócio responde apenas por aquilo que ele subscreveu e não integralizou.

9.5.2.1. Desconsideração da personalidade jurídica

No capítulo anterior, tratou-se da responsabilidade do sócio pelas dívidas da sociedade. Viu-se que ela é sempre subsidiária e, com frequência, limitada.

Em virtude da separação entre o patrimônio da empresa e o dos sócios, com alguma frequência as pessoas jurídicas têm sido usadas de forma fraudulenta, para prejudicar credores. A finalidade delas é desvirtuada: os sócios valem-se da autonomia da empresa para obter lucros ou vantagens pessoais, como se fossem para ela.

Imagine-se, por exemplo, que os sócios solicitem empréstimo bancário a pessoa jurídica e firmem o contrato de mútuo em nome dela. Obtido o capital, o dinheiro não é utilizado para desenvolver e ampliar as atividades da empresa, mas para adquirir bens pessoais para os sócios. Seria inaceitável que, vencida a dívida, o banco propusesse execução contra a empresa e não pudesse atingir os bens pessoais dos sócios, sob o fundamento da independência de patrimônios.

No intuito de evitar esse tipo de fraude, a doutrina criou a teoria da desconsideração da personalidade jurídica (*disregard of legal entity*), baseada em evolução jurisprudencial ocorrida especialmente nos Estados Unidos da América e na Inglaterra.

Feita, pelo credor, a prova de que a empresa foi utilizada de forma fraudulenta, o juiz desconsiderará a pessoa jurídica e estenderá a responsabilidade patrimonial aos sócios, permitindo que a penhora recaia sobre os seus bens pessoais, observado o procedimento dos arts. 133 e s. do CPC. Não há extinção da empresa ou dissolução. Ela continuará existindo e sendo a devedora. Mas os bens dos sócios passam a responder pelo pagamento da dívida. O juiz apenas afasta a separação que há entre os bens da empresa e os dos sócios. No Brasil, a doutrina da *disregard* começou a ser aplicada mesmo quando não havia previsão legal. Usava-se, por analogia, o art. 135 do CTN, que permite a responsabilização pessoal de diretores, gerentes ou representantes de pessoas jurídicas de direito privado por créditos correspondentes a obrigações tributárias resultantes de atos praticados com excesso de poderes ou infração da lei, contrato social ou estatutos. O primeiro a propugnar a sua adoção foi Rubens Requião, na década de 60. O diploma que tratou, em primeiro lugar, da desconsideração de maneira específica foi o Código do Consumidor. Ao fazê-lo, tornou dispensável a prova do elemento subjetivo, que se exigia como requisito da *disregard*.

Em princípio, a teoria da desconsideração sempre exigiu a prova da má-fé e do intuito de prejudicar credores. Era preciso comprová-los, o que nem sempre era fácil. O Código do Consumidor adotou a linha objetivista, propugnada por Fábio Konder Comparato, ao estabelecer no art. 28 que "O juiz poderá desconsiderar a personalidade jurídica da sociedade quando, em detrimento do consumidor, houver abuso de direito, excesso de poder, infração da lei, fato ou ato ilícito ou violação dos estatutos ou contrato social. A desconsideração também será efetivada quando houver falência, estado de insolvência, encerramento ou inatividade da pessoa jurídica provocados por má administração".

Não se exige a prova de má-fé: basta que se verifique a prática de determinados atos que demonstrem a confusão patrimonial. O Código Civil tratou da desconsideração no art. 50, acolhendo igualmente a teoria objetiva: "Em caso de abuso da personalidade jurídica, caracterizado pelo desvio de finalidade, ou pela confusão patrimonial, pode o juiz, a requerimento da parte, ou do Ministério Público quando lhe couber intervir no processo, desconsiderá-la para que os efeitos de certas e determinadas relações de obrigações sejam estendidos aos bens particulares dos administradores ou sócios da pessoa jurídica beneficiados direta ou indiretamente pelo abuso".

A desconsideração pode ser requerida a pedido da parte ou do Ministério Público e é cabível em todas as fases do processo, seja de conhecimento, seja de cumprimento de sentença, seja em processo de execução.

Admite-se que o sócio responda por débitos da empresa. Mas é admissível igualmente o inverso: que por dívida pessoal do sócio responda a pessoa jurídica. Imagine-se, por exemplo, que o sócio, devedor de grandes quantias, queira adquirir um bem. Temendo que os credores o tomem, ele o adquire em nome da empresa. Comprovada a fraude, o juiz declarará a desconstituição e determinará a penhora do bem.

Para que seja declarada a desconsideração da personalidade jurídica, deve ser instaurado o incidente, cujo procedimento vem estabelecido nos arts. 133 e s. Nos termos do art. 674, se o bem do responsável for atingido, por força de desconsideração, sem que tenha feito parte do incidente, ele poderá valer-se de embargos de terceiro.

9.5.3. Bens do devedor em poder de terceiro

Estabelece o art. 790, III, do CPC, que ficam sujeitos à execução os bens do devedor, ainda que em poder de terceiros. Não se trata de responsabilidade do terceiro, mas do próprio devedor, já que o bem lhe pertence.

Todos os bens do devedor – ressalvadas as exceções legais – respondem pelo pagamento de suas dívidas, sendo irrelevante com quem estejam.

9.5.4. Bens do cônjuge ou companheiro

Quando a dívida é contraída por ambos os cônjuges ou companheiros, a responsabilidade patrimonial será dos dois. Ambos serão devedores, e o patrimônio de um e outro responderá pela dívida.

Há casos em que a dívida é contraída só por um. Cumpre verificar se, para satisfação do débito, só é possível atingir os bens do devedor ou também os do cônjuge ou companheiro.

A responsabilidade de um cônjuge ou companheiro pelo pagamento de dívida contraída pelo outro dependerá de esta ter revertido em proveito do casal ou da família. Se sim, o credor poderá sujeitar o patrimônio de ambos, ainda que a dívida seja de apenas um deles. Se não, só aquele que a contraiu responderá, não se podendo atingir os bens do outro.

Presume-se, até prova em contrário, que a dívida contraída por um beneficia o outro, ou a família. Por isso, em princípio, pelas dívidas de um dos cônjuges ou companheiros o outro responde, salvo se demonstrar que ela não reverteu em seu proveito. O ônus da prova é do que pretende livrar sua meação, já que a presunção é do benefício comum. Ela era invertida nas dívidas decorrentes de aval, que se presumiam dadas em benefício próprio, e não do casal ou da família, salvo quando em favor da empresa do próprio avalista. Atualmente, o aval, tal como a fiança, exige outorga uxória, e haverá sempre o consentimento de ambos os cônjuges, que serão igualmente responsáveis.

Se a penhora recair sobre a meação, ou sobre os bens particulares do cônjuge que não contraiu a dívida, caberá a este, por meio de embargos de terceiro, postular a sua liberação, com o ônus de comprovar que a dívida não o beneficiou.

9.5.5. *Alienados ou gravados com ônus real em fraude à execução*

É a hipótese do art. 790, V, do CPC. O adquirente do bem em fraude à execução não responde pela dívida, mas o bem que lhe foi transmitido está sujeito à constrição, porque a alienação é ineficaz perante o credor, que pode requerer a penhora sobre ele como se a alienação não tivesse ocorrido. Só o bem adquirido em fraude à execução responde pelo pagamento da dívida. Outros bens do adquirente não. Não é o patrimônio dele, mas o objeto da fraude, que poderá ser atingido.

O tema da fraude à execução é de grande importância e deve ser examinado em capítulo próprio.

9.5.5.1. Fraude à execução

São duas as formas comuns de fraude que o devedor pode perpetrar para tentar furtar-se ao cumprimento de suas obrigações: a contra credores e à execução. Mas são grandes as distinções entre elas: a primeira é de direito material e constitui uma das modalidades de defeito dos negócios jurídicos. Vem tratada no Código Civil a partir do art. 158. A segunda – instituto de direito processual – é ato atentatório à dignidade da justiça. Somente nesta há ofensa ao Poder Judiciário, porque existe processo em curso.

Ambas têm em comum o fato de o devedor desfazer-se de um bem, ou de parte de seu patrimônio, em detrimento do credor. Mas na fraude contra credores ainda não existe ação em curso ajuizada por ele. Por isso, ela vicia o negócio jurídico, mas não atenta contra a dignidade da justiça, como na fraude à execução. Ela fere a regra de que o patrimônio do devedor responde por suas dívidas perante o credor.

Haverá fraude contra credores quando houver qualquer ato capaz de diminuir ou onerar o patrimônio do devedor, desfalcando-o ou eliminando a garantia do pagamento das dívidas, praticado por devedor insolvente ou que, por ele, reduza-se à insolvência.

O patrimônio do devedor é a garantia de que, em caso de inadimplemento, haverá como fazê-lo responder pela dívida. Mas, se depois de contraída, ele se desfaz de seu patrimônio, a garantia fica desfalcada, em detrimento do credor. Aquele que tem dívidas não pode mais dispor de seu patrimônio de maneira tal que prejudique os interesses dos credores. Se o fizer já insolvente, ou quando se reduzir à insolvência, haverá um defeito no negócio perpetrado, cabendo ao credor prejudicado tomar as providências necessárias para afastá-lo.

São dois os elementos que caracterizam a fraude contra credores: um objetivo (o *eventus damni*) e um subjetivo (o *consilium fraudis*).

O primeiro é o prejuízo ao credor, que decorre da insolvência do devedor. Se continua tendo em seu patrimônio bens suficientes para fazer frente ao débito, inexistirá prejuízo, e a fraude não estará caracterizada. Mas, se já era, ou se tornou insolvente, o prejuízo é manifesto.

Há ainda necessidade de prova da má-fé do adquirente. O legislador teve de optar entre a proteção ao credor e ao terceiro de boa-fé. Preferiu proteger o interesse deste, exigindo a prova, pelo credor, de que estava ciente da insolvência do devedor, quando dele adquiriu o bem. Se o terceiro estava de boa-fé, se não há elementos que permitam concluir o contrário, não se reconhecerá a ineficácia do negócio.

O art. 159 do CC presume a má-fé do adquirente "quando a insolvência [do alienante] for notória, ou houver motivo para ser conhecida do outro contratante".

A fraude à execução pressupõe processo pendente, conforme o art. 792 do CPC: "A alienação ou a oneração de bem é considerada em fraude à execução: I – quando sobre o bem pender ação fundada em direito real ou com pretensão reipersecutória, desde que a pendência do processo tenha sido averbada no respectivo registro público, se houver; II – quando tiver sido averbada, no registro do bem, a pendência do processo de execução, na forma do art. 828; III – quando tiver sido averbado, no registro do bem, hipoteca judiciária ou outro ato de constrição judicial originário do processo onde foi arguida a fraude; IV – quando, ao tempo da alienação ou oneração, tramitava contra o devedor ação capaz de reduzi-lo à insolvência; V – nos demais casos expressos em lei".

9.5.5.2. Requisitos da fraude à execução

O primeiro é que exista processo pendente. A lei não especifica o tipo de processo, que pode ser de qualquer natureza (conhecimento ou execução), desde que preenchidos os demais requisitos dos incisos do art. 792 do CPC.

Muito se discutiu sobre o instante em que se considera pendente o processo, para reconhecimento da fraude à execução. De acordo com o art. 312 do CPC, considera-se proposta a ação desde que a petição inicial seja protocolada. Sempre nos pareceu, diante dos termos da lei, que a alienação de bens, depois de ajuizada a demanda, seria fraudulenta. O Código de Processo Civil não exige a citação do réu, para considerar proposta a ação, e é justamente entre a distribuição e a citação que há grande risco de o devedor desfazer-se de seus bens, tomando conhecimento por vias oficiosas da existência do processo. A jurisprudência orientou-se em sentido diverso, para exigir que o devedor já tenha sido citado. Se a execução for de título judicial (cumprimento de sentença), haverá fraude à execução, desde que a alienação do bem tenha ocorrido após a citação na fase de conhecimento.

O art. 828 do CPC permite ao exequente obter certidão comprobatória da admissão da execução pelo juiz, com identificação das partes e do valor da causa, para fins de averbação no registro de imóveis, de veículos ou de outros bens sujeitos a penhora, arresto ou indisponibilidade.

A finalidade dessa averbação é tornar pública a existência da execução, para que eventuais adquirentes dos bens do devedor não possam beneficiar-se de alegação de boa-fé. A alienação ou oneração feita após a averbação será considerada em fraude à execução, ineficaz perante o credor, e o adquirente terá responsabilidade patrimonial. Cumpre ao cartório a emissão da certidão, desde que haja requerimento do credor. A expedição deverá ser feita de imediato, assim que admitida a execução.

Esse mecanismo permite ao credor antecipar, para a fase de admissão da execução, o termo inicial, a partir do qual a alienação ou oneração, capaz de tornar o devedor insolvente, pode ser considerada em fraude à execução. Será utilizada nas execuções fundadas em título extrajudicial, já que nas fundadas em título judicial haverá fraude à execução, desde que haja alienação de bens depois da citação do réu na fase cognitiva.

A medida exigirá do credor uma pesquisa prévia a respeito dos bens do devedor, para que possa saber onde efetuar as averbações. Evidente que a medida só é proveitosa em relação àqueles bens que são objeto de registro, dentre os quais se destacam os imóveis e os veículos. Em relação aos veículos, existe a possibilidade de que, conquanto ainda figurem no departamento de trânsito em nome do devedor, já tenham sido alienados antes da admissão da execução, já que a transferência de propriedade se aperfeiçoa com a simples tradição. Nesse caso, o adquirente terá o ônus de comprovar a tradição anterior para conseguir afastar a acusação de fraude à execução. Para tanto, deverá valer-se de embargos de terceiro, nos quais terá de demonstrar a anterioridade da tradição.

O credor que fizer a averbação deve comunicá-la ao juízo, no prazo de dez dias. A lei não impõe qualquer sanção ao descumprimento dessa regra, e a averbação não poderá ser considerada ineficaz apenas porque não comunicada.

Como a finalidade do novo mecanismo é preservar o patrimônio do devedor em proveito do credor, se depois das averbações forem penhorados bens suficientes para a garantia do débito, o exequente providenciará o cancelamento daquelas referentes aos bens que não sejam objeto da penhora, no prazo de dez dias. Se não o fizer, o juiz o determinará de ofício ou a requerimento de qualquer interessado. Preocupou-se o legislador com a possibilidade de averbações manifestamente abusivas. Afinal, a emissão da certidão pelo distribuidor é feita antes que o juiz se tenha manifestado sobre a admissibilidade da petição inicial, e pode haver casos de abusos, em que o credor ajuíze execução manifestamente descabida ou promova averbações sobre bens de valor manifestamente superior ao devido, tudo em detrimento do devedor. Quando isso ocorrer, o credor terá de indenizar os prejuízos causados, conforme for apurado em incidente que correrá em autos apartados, observado o art. 81, § 3º, do CPC, que estabelece ser o valor da indenização desde logo fixado pelo juiz ou liquidado por arbitramento ou pelo procedimento comum. Não haverá necessidade do ajuizamento de ação de reparação de danos, bastando o mero incidente, em apartado.

São dois os requisitos objetivos para a fraude à execução: a alienação de bem com processo pendente e o prejuízo que decorre da insolvência da alienante.

Mas eles não se verificam simultaneamente: a fraude à execução só pode ser reconhecida na fase de execução. Para tanto, é preciso que o devedor esteja insolvente, pois, do contrário, não resultará prejuízo ao credor. Mas, constatado, na fase de execução, o estado de insolvência, o juiz declarará a ineficácia dos atos de alienação, não só os ocorridos na fase de execução, mas os anteriores, até a citação na fase de conhecimento.

Imagine-se, por exemplo, que o réu, na fase cognitiva, aliena bem a um terceiro. Ainda que ele se torne insolvente, o juiz não poderá declarar de imediato a fraude à execução, já que não é esse o momento para que se examine a insolvência, nem é possível saber se o autor sairá vitorioso no seu pleito: seria prematuro o reconhecimento da fraude. Só na fase de execução o juiz poderá constatar a insolvência, pois, antes de ela ser iniciada, o devedor pode obter um aumento de seu patrimônio (por exemplo, com o recebimento de herança, ou realizando bons negócios ou investimentos). Embora no momento da alienação o devedor se tenha tornado insolvente, não será reconhecida a fraude à execução se ele deixar essa condição na fase executiva.

Ao revés, é possível que o devedor aliene bem, mantendo patrimônio suficiente para fazer frente à dívida com o credor, e mesmo assim o juiz declare a fraude. É que, conquanto não tivesse ficado insolvente com a alienação, se isso ocorrer até a fase de execução, será reconhecida a fraude. Não é preciso que o devedor se tenha tornado insolvente pela alienação. Basta que, na fase de execução, ele esteja insolvente e que, após a citação no processo de conhecimento, tenha alienado bens.

Daí o risco que sofrem os que adquirem bens de pessoas contra as quais correm demandas capazes de reduzi-las à insolvência: é possível que o alienante comprove que, no ato da venda, não se tornara insolvente, porque tinha outros bens; mas não terá como provar que manterá esse estado de solvência até que se inicie a execução. Se até lá ele reduzir-se ao estado de insolvência, será reconhecida a fraude à execução.

O art. 792 do CPC, embora tenha cinco incisos, estabelece apenas duas hipóteses de fraude à execução que devem ser examinadas separadamente. São as dos incisos I e IV. Os demais não trazem novas hipóteses de fraude à execução, mas apenas indicações sobre a partir de quando a alienação é considerada fraudulenta.

A primeira hipótese, do inciso I, é a da alienação ou da oneração de bem sobre o qual penda ação fundada em direito real ou com pretensão reipersecutória, desde que a pendência do processo tenha sido averbada no respectivo registro público, se houver. Eventual execução far-se-á não propriamente sobre o patrimônio geral do devedor, mas sobre o próprio bem. O direito real grava a coisa e a segue com quem esteja. Nesse tipo de fraude à execução, há verdadeira alienação de coisa litigiosa. Pende um litígio sobre determinado bem, e o devedor, depois de citado, o aliena. De acordo com o art. 109 do CPC, a ação continuará correndo entre as partes originárias, mas a sentença dada estenderá os seus efeitos ao adquirente ou cessionário (art. 109, § 3º, do CPC). O terceiro adquirente não poderá opor ao autor da ação a sua condição, porque, tendo comprado coisa litigiosa em fraude à execução, ficará sujeito aos efeitos da sentença, no que se refere ao bem adquirido. Para a parte contrária a alienação é ineficaz. A ação reipersecutória é aquela de natureza obrigacional, cujo desfecho repercute sobre a propriedade ou a posse de um bem. Imagine-se, por exemplo, um contrato pelo qual uma pessoa venda a outra um determinado bem, para pagamento em prestações. Caso não haja pagamento, o vendedor pode postular a resolução do contrato, com a reposição das partes ao *status quo ante*, isto é, com a restituição do imóvel ao vendedor. A ação tem natureza obrigacional, mas é reipersecutória, porque repercute sobre a propriedade ou a posse do bem.

Havendo ação real ou com pretensão reipersecutória, a alienação do bem sobre o qual recai o litígio será em fraude à execução, mas desde que tenha havido a averbação da pendência do processo no registro de imóveis. A razão da exigência é a proteção do terceiro que porventura venha a adquirir do executado o bem. Sem a averbação, a existência da ação real ou reipersecutória não será pública, e o adquirente haverá de ser considerado de boa-fé, salvo prova em contrário. Somente com a averbação, presumir-se-á a má-fé, que constitui exigência para caracterização da fraude à execução.

A alienação de coisa litigiosa é, portanto, uma das formas de fraude à execução.

A outra hipótese é a da alienação de bens, quando ao tempo da alienação ou oneração tramitava contra o devedor demanda capaz de reduzi-lo à insolvência.

Aqui não há litígio sobre um bem determinado, mas uma ação de natureza patrimonial, que, em caso de procedência do pedido, possa ensejar execução por quantia contra o devedor. Se, citado na fase de conhecimento, o devedor alienar bens, e, na execução, constatar-se que está insolvente, o juiz declarará a ineficácia da alienação, permitindo que a execução recaia sobre o bem alienado.

Haverá presunção de insolvência quando o devedor não indicar bens à penhora, e quando o oficial de justiça não lograr encontrá-los em poder dele. Não será necessário que o credor demonstre a insolvência do devedor, cabendo a este demonstrar sua solvência.

Além dos requisitos objetivos, há ainda um requisito subjetivo, indispensável para caracterizar a fraude à execução: a má-fé do adquirente. Muito se discutiu se ela seria presumida, ao menos em relação ao primeiro adquirente, a quem caberia exigir do alienante que apresentasse certidão negativa do distribuidor, antes da aquisição do bem. Com a edição da Súmula 375 do STJ, fica evidenciado que a má-fé, no caso dos bens sujeitos a registro, não é presumida: "O reconhecimento da fraude de execução depende do registro da penhora do bem alienado, ou da prova de má-fé do terceiro adquirente".

A súmula partia da constatação de que as certidões negativas do distribuidor nem sempre eram suficientes para assegurar ao adquirente tranquilidade no momento da compra, porque elas quase sempre se referiam ao foro do domicílio do alienante. Mas havia sempre a possibilidade de ações em curso em outros foros (basta lembrar, p. ex., que as ações por acidente de trânsito podem correr no foro do domicílio do autor ou do local do fato). Era, portanto, impossível ao adquirente ter absoluta certeza de que não havia, contra o alienante, nenhuma demanda capaz de reduzi-lo à insolvência.

Nesse contexto, a súmula do STJ vem tranquilizar os adquirentes, ao determinar que, em se tratando de bens registráveis, a sua má-fé não é presumida, mas precisa ser comprovada. Mais uma vez, preferiu-se prestigiar a boa-fé do terceiro, em detrimento das garantias do credor.

Mas a este cabem providências que, se tomadas, podem gerar a presunção de má-fé dos adquirentes: a própria súmula menciona uma dessas providências, a averbação da penhora. Outra providência é a já mencionada averbação da admissão da execução (art. 828 do CPC). Se o processo ainda estiver na fase cognitiva, será possível registrar a citação nas ações que versam sobre direito real imobiliário. Nas outras ações, as pessoais, capazes de reduzir o devedor à insolvência, o credor poderá valer-se, por exemplo, do protesto contra a alienação de bens, que pode ser registrado no Cartório de Registro de Imóveis, conforme foi decidido nos embargos de divergência no REsp 440.837-RS, de 16 de agosto de 2006.

Tais providências farão presumir a má-fé do terceiro adquirente e de outros adquirentes sucessivos, diante da eficácia *erga omnes* do registro. Sem elas, o credor terá o ônus de provar a má-fé, o que nem sempre será fácil.

Mas, e se o bem não for daqueles sujeitos a registro, como acontece com a maior parte dos bens móveis? Como pode o exequente proteger-se da alienação, pelo devedor, de bens que não podem ser registrados? O art. 792, § 2º, estabelece que, em se tratando de bens não sujeitos a registro, o ônus da prova de boa-fé será do terceiro adquirente, a quem caberá demonstrar que adotou as cautelas necessárias para a aquisição, mediante a exibição das certidões pertinentes, obtidas no domicílio do vendedor e no local em que se encontram. Se o terceiro adquirente não fizer a comprovação de que tomou tais cautelas, presumir-se-á que adquiriu o bem de má-fé, e o juiz declarará a fraude à execução.

Os incisos II e III do art. 792 não trazem novas hipóteses de fraude à execução. Apenas indicam que a alienação ou a oneração de bens configurará fraude à execução quando tiver sido averbado, no registro do bem, a pendência do processo de execução, na forma do art. 828, ou quando tiver sido averbado no registro do bem a hipoteca judiciária ou outro ato de constrição judicial originário do processo onde foi arguida a fraude. Mas, para que haja fraude, é preciso que, ou tenha havido alienação de coisa litigiosa, objeto de ação real ou reipersecutória, ou alienação de bens quando tramitava contra o devedor ação capaz de reduzi-lo à insolvência.

O inciso V do art. 792 do CPC permite que a lei crie outros casos de fraude à execução.

9.5.5.3. Ineficácia da alienação

Nem a fraude contra credores, nem a fraude à execução provocarão a invalidade do negócio jurídico, mas tão somente a ineficácia.

É conhecida a doutrina de que a primeira ensejaria a anulabilidade da alienação, ao passo que a segunda, a sua nulidade. Mas não há como acolhê-la entre nós. Não se distinguem os dois tipos de fraude quanto às consequências sobre o negócio jurídico, mas quanto aos requisitos e à forma pela qual são reconhecidas. Ambas, porém, provocam a ineficácia do negócio em face do credor.

Para outros, que não este, a alienação é válida e eficaz. Só o credor pode perseguir o bem transferido, ainda em mãos do adquirente, quando reconhecida a fraude.

Um exemplo poderá ajudar a compreender a ineficácia: imagine-se que *A* ajuíze demanda em face de *B* para cobrança de R$ 5.000,00. O pedido é julgado procedente e o réu condenado ao pagamento dessa quantia. Iniciada a execução, verifica-se que, depois de citado, o réu havia vendido a *C* um bem de seu patrimônio no valor de R$ 10.000,00, tornando-se insolvente. Reconhecida a fraude à execução, o juiz não declarará nulo nem anulável o negócio. O bem continuará pertencendo ao terceiro, mas o credor poderá obter a sua constrição, para garantia do débito. Feita a penhora e a alienação judicial do bem, o credor será pago, e o saldo devolvido ao terceiro adquirente. Diferente seria a situação em caso de nulidade, quando o juiz teria de desfazer o negócio entre o devedor e o terceiro adquirente, retornando a propriedade do bem àquele.

Na fraude contra credores, o juiz também declara a ineficácia do negócio, mas em ação própria (pauliana). A procedência desta não resultará no desfazimento do negócio, mas permitirá ao credor que, na fase de execução, exija a constrição do bem transferido ao terceiro.

9.5.5.4. Reconhecimento das fraudes

A fraude contra credores não pode ser reconhecida *incidenter tantum*, nem mesmo em embargos de terceiro, como evidencia a Súmula 195 do STJ. É preciso a ação pauliana, que não tem cunho desconstitutivo, porque não desfará a alienação, mas apenas declarará sua ineficácia. Na ação pauliana, figurará no polo passivo apenas o terceiro adquirente, sendo desnecessária a presença do devedor, porque sua esfera jurídica não será atingida. Ele já alienou o bem, e a decisão de o credor obter sua constrição só prejudicará o adquirente, não o devedor. A ação pauliana será julgada improcedente, se o adquirente demonstrar que o alienante não se tornou insolvente, e que mantém em seu patrimônio bens suficientes para fazer frente às suas obrigações.

São numerosas as decisões judiciais que impõem a formação de um litisconsórcio necessário entre o adquirente e o devedor, o que só se justificaria se a procedência da pauliana implicasse o desfazimento do negócio, retornando-se ao *status quo ante*, o que não ocorre.

É requisito da fraude contra credores que, no momento da alienação, a dívida já exista. Do contrário, terá sido contraída quando o patrimônio do devedor já estava desfalcado, não podendo o credor reclamar de qualquer prejuízo. Não é preciso que esteja vencida, no momento da alienação. No entanto, o ajuizamento da ação pauliana só poderá ocorrer depois do vencimento, porque só então é que se poderá verificar o estado de insolvência do devedor.

São dois momentos distintos: para que haja a fraude, basta que a dívida tenha sido contraída; mas, para a pauliana, é preciso que esteja vencida.

Em caso de procedência da pauliana, o juiz declarará a ineficácia da alienação em face do credor. Perante terceiros, ela continua eficaz. Pode ocorrer que, apesar da procedência da pauliana, não seja necessário que a constrição recaia sobre o bem alienado, desde que se verifique que o alienante, que era insolvente, amealhou, após o julgamento da pauliana, bens suficientes, e que agora tem condições de responder pelo débito.

Para o reconhecimento da fraude à execução, não há necessidade de nova ação. Basta que se verifique, na execução, que o devedor está insolvente e que alienou de má-fé bens após a citação na fase de conhecimento. Isso é feito na própria execução, por decisão interlocutória. Não há possibilidade do reconhecimento da fraude à execução enquanto esta ainda não iniciou, porque a insolvência só poderá ser examinada nessa fase. Constatada a insolvência, o juiz determinará a ineficácia das alienações ocorridas após a citação, na fase de conhecimento. Se várias alienações tiverem ocorrido, o juiz não precisará determinar a ineficácia de todas, se apenas a das últimas for suficiente para garantir os direitos do credor. Suponha-se, por exemplo, que o devedor, depois de citado, na fase de conhecimento, tenha alienado, sucessivamente, três imóveis de seu patrimônio. O juiz verificará se a ineficácia da última alienação é suficiente para que o credor seja satisfeito; em caso afirmativo, não reconhecerá a ineficácia das anteriores. Mas, em caso negativo, determinará a ineficácia da alienação imediatamente anterior, e assim por diante. A declaração de ineficácia depende da constatação da má-fé do adquirente, nos termos da Súmula 375 do STJ. A má-fé não se presume, salvo se houver averbação da penhora, ou da certidão expedida na forma do art. 828 do CPC, ou ainda da hipoteca judiciária.

9.5.5.5. Intimação do adquirente antes da declaração de fraude à execução

Reconhecida a fraude à execução, o terceiro adquirente não se tornará parte, mas o bem por ele adquirido responderá pela dívida. Diante da necessidade de observar o princípio do contraditório, determina o art. 792, § 4º, que, antes de declará-la, o juiz mande intimá-lo. Como ele não é parte, caso queira defender-se, deverá opor embargos de terceiro, nos quais buscará demonstrar que a alienação não foi fraudulenta. Os embargos de terceiro, nesse caso, deverão ser opostos no prazo de 15 dias, a contar da intimação. O Enunciado 54 da ENFAM dispõe que "a ausência de oposição de embargos de terceiro no prazo de

15 (quinze) dias prevista no art. 792, § 4º, do CPC/2015, implica preclusão para fins do art. 675, *caput*, do mesmo código". Não nos parece, porém, que esse prazo seja preclusivo, devendo prevalecer o prazo geral para oposição de embargos de terceiro, previsto no art. 675 do CPC.

9.5.6. Bens cuja alienação ou gravação com ônus real tenha sido anulada em razão do reconhecimento, em ação autônoma, de fraude contra credores

Ficam também sujeitos à execução, nos termos do art. 790, VI, os bens cuja alienação ou oneração tenha sido anulada em ação pauliana. Foi infeliz a redação do dispositivo, ao mencionar a anulação da alienação, quando o correto seria a ineficácia. Sobre a ação pauliana e suas consequências, ver itens 9.5.5.3 e 9.5.5.4, *supra*.

Capítulo II
LIQUIDAÇÃO DE SENTENÇA

1. INTRODUÇÃO

Um dos requisitos fundamentais da execução é que esteja fundada em título líquido. Não há como iniciá-la, se não se conhece com precisão o *quantum debeatur*.

Título líquido é aquele que indica a quantidade de bens ou valores que constituem a obrigação. Será líquido quando indicar a quantidade, seja expressamente, seja permitindo apurá-la por simples cálculo aritmético.

A execução pode estar fundada em título executivo judicial ou extrajudicial. Os títulos extrajudiciais têm de ser sempre líquidos. Perde a executividade o título extrajudicial que não for dotado de liquidez, quando não permita quantificar o objeto da obrigação diretamente, ou por simples cálculos aritméticos. Não existe liquidação de título extrajudicial.

Admite o nosso ordenamento que o juiz, em determinadas circunstâncias, profira sentença ilíquida. Para que ela adquira força executiva, terá de passar por prévia liquidação, na qual se apurará o *quantum debeatur*.

Trata-se de fase intermediária entre a de conhecimento e a de execução, que se destina à apuração do *quantum* quando o título judicial for ilíquido.

Só podem ser objeto de liquidação as sentenças que reconheçam obrigação, isto é, aquelas que podem ser executadas. Mas qualquer título executivo judicial pode ser objeto de liquidação, seja ele sentença civil, penal ou de homologação de transação.

2. DAS DIVERSAS ESPÉCIES DE LIQUIDAÇÃO

O CPC de 1973, em sua redação original, indicava três espécies de liquidação: por cálculo do contador, por arbitramento e por artigos.

Havia grave equívoco da lei, ao considerar o cálculo do contador como forma de liquidação. Quando o *quantum* pode ser apurado dessa forma, o título já é líquido.

A Lei n. 8.898/94 modificou parcialmente o panorama da liquidação no Brasil, ao extinguir, como forma autônoma, a por cálculo do contador.

O CPC atual prevê duas formas de liquidação: por arbitramento e pelo procedimento comum. O Código do Consumidor prevê uma terceira: para a apuração do *quantum* devido às vítimas, quando proferida a sentença genérica, de condenação nas ações civis públicas para a defesa de interesses individuais homogêneos. São, portanto, três as formas possíveis de liquidação, previstas no ordenamento jurídico. Duas delas são tratadas no CPC, e a terceira, no Código do Consumidor.

3. FASE DE LIQUIDAÇÃO

Desde a edição da Lei n. 11.232/2005, que introduziu entre nós o processo sincrético, a liquidação deixou de ser considerada um processo autônomo e se tornou uma fase do processo único, antecedida pela fase de reconhecimento da obrigação e sucedida pela de cumprimento de sentença. Não existe mais processo autônomo de liquidação, salvo se o título executivo for sentença penal, arbitral ou estrangeira. Somente nesses casos é que será necessária a citação do devedor. Nos demais, a parte contrária será intimada do requerimento de liquidação, na pessoa de seu advogado.

As duas formas de liquidação previstas no Código – por arbitramento e de procedimento comum – podem ser requeridas pelo credor ou pelo devedor. Este tem legitimidade porque é seu direito conhecer o montante exato do débito, para poder requerer o pagamento, liberando-se da obrigação.

Essa possibilidade não existe na liquidação das sentenças genéricas, proferidas nas ações civis públicas para a defesa de interesses individuais homogêneos, porque nelas é indispensável que o credor comprove que tem essa qualidade, isto é, que demonstre que está entre as vítimas do dano que foi objeto da ação civil pública.

A liquidação tem natureza cognitiva. Não se trata de execução, porque não se presta à tomada de medidas concretas, de alteração da realidade fática, buscando a satisfação do credor. A sua função é solucionar uma incerteza em relação ao *quantum*, uma dúvida sobre o montante do débito.

Grande controvérsia divide a doutrina a respeito da natureza da decisão proferida na fase de liquidação. Essa questão persiste, apesar de a liquidação não ser julgada por sentença, mas por decisão interlocutória, tendo perdido a sua condição de processo autônomo. Parte da doutrina entende que se trata de provimento declaratório, porque o juiz nada mais faz senão integrar a sentença, dizendo qual é o *quantum debeatur*. O título executivo já existe, restando apenas que o juiz declare o montante para que se possa dar início à execução. É o que entende, entre outros, Cândido Dinamarco: "O julgamento de mérito proferido no processo de liquidação tem a natureza de uma sentença meramente declaratória, destinando-se a debelar uma crise de certeza, que no caso consiste na ignorância do valor pelo qual o réu fora condenado. O objeto dessa declaração consiste no valor da obrigação a ser cumprida, sem cujo conhecimento não seria possível executar; com essa natureza e essa finalidade, a sentença liquidatória é como uma última peça que se encaixa na sentença condenatória genérica, integrando o que lhe faltava para obter a eficácia executiva. A declaração do '*quantum debeatur*', nela contida, é a mesma que está presente nas condenações ordinárias (as quais se pronunciam não só acerca da existência do direito, como também de seu valor). Daí a comum assertiva de que a sentença de liquidação tem uma função integrativa; ela é integrativa do título executivo"[1].

Há os que entendem que a decisão tem natureza constitutiva, e não declaratória, porque só depois de proferida é que a sentença da fase cognitiva, até então ilíquida, torna-se título executivo judicial. Nesse sentido, a lição de Nelson e Rosa Nery: "A liquidação é ação de conhecimento, de natureza constitutivo-integrativa, pois visa a completar o título executivo (judicial ou extrajudicial) com o atributo da liquidez, isto é, com o '*quantum debeatur*'. Esta qualidade explica a possibilidade de haver liquidação zero, pois a se entender declaratória a sentença de liquidação, não poderia ter resultado zero ou negativo para o '*quantum*' da condenação"[2].

Parece-nos que a razão está com os primeiros. A decisão de liquidação nada constitui: só a sentença de reconhecimento da obrigação é que constitui o título executivo judicial. Em determinadas circunstâncias, não é possível ao juiz dizer, desde logo, qual o montante da obrigação. A liquidação não constitui o débito, mas declara qual o valor daquele que foi reconhecido pela sentença.

Sendo decisão interlocutória o ato que aprecia a liquidação, contra ela poderá ser interposto recurso de agravo de instrumento.

4. INTIMAÇÃO PARA A LIQUIDAÇÃO

Como a liquidação não constitui processo autônomo, mas uma fase do processo sincrético, que não se confunde com a fase de conhecimento que a antecede, nem com a de execução que a sucede, é preciso que se faça a intimação da parte contrária. É o que determinam os arts. 510 e 511 do CPC. Se a parte contrária é revel, não há necessidade de intimação, por força do disposto no art. 346 do CPC.

---

1. Cândido Rangel Dinamarco, *Instituições*, cit., p. 625.
2. Nelson e Rosa Nery, *Código*, cit., nota 1 ao art. 603.

Como a liquidação é normalmente precedida de fase de conhecimento, o réu já terá constituído advogado. A intimação deve ser feita pela imprensa, com a publicação no *Diário Oficial*.

Caso a liquidação seja de sentença penal condenatória, estrangeira ou arbitral, como não há fase cognitiva precedente no juízo cível, formar-se-á um novo processo, e a citação da parte contrária será indispensável.

5. A LIQUIDAÇÃO PROVISÓRIA

Estabelece o art. 512 do CPC: "A liquidação poderá ser realizada na pendência de recurso, processando-se em autos apartados no juízo de origem, cumprindo ao liquidante instruir o pedido com cópias das peças processuais pertinentes".

O dispositivo autoriza a liquidação, ainda que o recurso pendente tenha sido recebido com efeito suspensivo. Nessa circunstância, jamais se poderá dar início à execução provisória, mas já se autoriza a liquidação provisória.

Enquanto se aguarda o resultado do recurso, o interessado, verificando que a sentença é ilíquida, pode ganhar tempo, promovendo a liquidação. Como os autos estarão na instância superior, ela será feita em autos suplementares, com cópia das peças necessárias, e pelo procedimento comum ou por arbitramento, conforme as circunstâncias. Mas se o recurso for provido, ficará sem efeito. Daí a necessidade de o requerente considerar bem os prós e contras da liquidação provisória: se de um lado ganha tempo, de outro assume o risco de perder todo o trabalho e ter gastos inúteis, se o recurso vier a ser provido.

Caso a liquidação chegue ao final, e venha a ser decidida pelo juiz, não se poderá passar à execução, se ainda pender recurso com efeito suspensivo. Somente quando não houver mais recurso com essa eficácia é que se poderá dar início à execução, que será provisória se houver recurso pendente, sem efeito suspensivo.

6. VEDAÇÃO DE SENTENÇA ILÍQUIDA

Somente os títulos judiciais podem ser ilíquidos. Mesmo assim, há casos em que o legislador os veda expressamente. Dispõe o art. 491 do

CPC: "Na ação relativa à obrigação de pagar quantia, ainda que formulado pedido genérico, a decisão definirá desde logo a extensão da obrigação, o índice de correção monetária, a taxa de juros, o termo inicial de ambos e a periodicidade da capitalização dos juros, se for o caso, salvo quando: I – não for possível determinar, de modo definitivo, o montante devido; II – a apuração do valor devido depender da produção de prova de realização demorada ou excessivamente dispendiosa, assim reconhecida na sentença". Mesmo nos casos em que se admite pedido genérico (art. 324, § 1º, do CPC), a sentença deve ser líquida. Só se admitirá que não o seja nas hipóteses dos incisos I e II do art. 491, quando então será necessária a liquidação.

Nos termos da Súmula 318 do STJ, "Formulado pedido certo e determinado, somente o autor tem interesse recursal em arguir o vício da sentença ilíquida".

7. SENTENÇA PARTE LÍQUIDA, PARTE ILÍQUIDA

É possível que uma sentença seja parte líquida, parte ilíquida. Isso é comum quando há cumulação de pedidos na inicial. Para que o credor ganhe tempo, a lei autoriza que ele promova a execução do que já é líquido e a liquidação do que ainda não é, simultaneamente (CPC, art. 509, § 1º).

Para que não haja tumulto processual, manda a lei que a liquidação se faça em autos apartados. Seria mesmo muito complicado que, nos mesmos autos, fossem processadas a liquidação e a execução, daí a determinação legal.

8. CÁLCULO DO CONTADOR

Não há mais a liquidação por cálculo do contador. Quando existia, os autos eram remetidos ao contador, que apurava o *quantum debeatur*. Sobre os cálculos as partes tinham oportunidade de manifestar-se e podiam apresentar impugnação. Ao final, superadas as questões suscitadas, o juiz homologava o cálculo.

No entanto, desde a edição da Lei n. 8.894/94, deixou de existir a liquidação por cálculo do contador. Quando se verificar que o *quantum* depende de simples cálculo aritmético, não haverá mais a fase de liquidação, devendo o credor dar início à execução, na forma do art. 524, instruindo o pedido com demonstrativo discriminado e atualizado do cálculo, indicando de forma especificada os itens da cobrança, e os acréscimos de correção monetária, juros e outros fixados na condenação.

Como compete ao credor apresentar os cálculos, surge a preocupação de que ele possa apresentar valores indevidos, promovendo a execução por valores superiores aos reais.

Mas não há razão para essa preocupação, por vários motivos. O juiz pode, verificando que há erros no cálculo, determinar, de ofício, a correção. Se houver quantias cobradas a maior, não há título executivo que as sustente, o que constitui matéria de ordem pública a ser conhecida de ofício e a qualquer tempo.

Há mecanismos de defesa no cumprimento de sentença, como a objeção de pré-executividade e a impugnação que dispensam prévia penhora, permitindo que o devedor se defenda, sem ter que sofrer constrição de seus bens. Quando tiver dúvida, o juiz poderá valer-se de contabilista do juízo, que terá o prazo máximo de 30 dias para efetuar a verificação dos cálculos, exceto se outro prazo lhe for determinado. Não se trata do retorno da liquidação por cálculo do contador, pois o juízo não irá, ao final, decidir se os cálculos do credor estão corretos ou incorretos.

Essa possibilidade não deve ser utilizada para reintroduzir a liquidação por cálculo do contador, em boa hora banida de nosso ordenamento jurídico. O juiz só deve utilizá-la quando, em um exame, desconfiar que os cálculos excedem o valor devido.

Apresentados os cálculos pelo contador, o juiz não deverá jamais homologá-los por decisão interlocutória, limitando-se a, ouvido o credor, determinar o prosseguimento da execução.

Quando o valor apontado no demonstrativo do débito apresentado pelo credor aparentemente exceder os limites da condenação, a execução se iniciará pelo valor por ele apresentado; mas a penhora far-se-á pelo valor que o juiz entender adequado. Isso ocorrerá mesmo que não haja impugnação do devedor aos cálculos apresentados, bastando que o juiz entenda que eles aparentemente ultrapassam o devido.

A cobrança a maior pode ser constatada de ofício pelo juiz, pois, se o valor constante da memória discriminada ultrapassar o devido, parte do montante executado não estará fundada em título executivo, faltando ao credor interesse para cobrá-lo. Isso é matéria de ordem pública, e pode ser conhecida de ofício, e, a qualquer tempo, pelo órgão julgador.

Os §§ 3º a 5º do art. 524 tratam da hipótese de os cálculos a serem apresentados pelo credor, no início da execução, dependerem de dados existentes em mãos do devedor ou de terceiros, caso em que o juiz, a requerimento dele, poderá requisitá-los, concedendo prazo de até 30 dias para apresentação. Se a diligência for descumprida pelo devedor, o juiz considerará corretos os cálculos do credor; se descumprida por terceiro, poderá ficar caracterizado crime de desobediência.

9. LIQUIDAÇÃO POR ARBITRAMENTO

É a que se faz para apurar o valor de um bem ou serviço. Nenhum fato novo precisa ser verificado, bastando a avaliação. Por exemplo: em ação com pedidos de reintegração de posse e reparação de danos, o réu é condenado a pagar, pelo tempo de ocupação indevida, quantia correspondente ao valor de aluguel do imóvel. Para que o credor possa promover a execução, é preciso quantificar qual o aluguel pelo período de ocupação. O juiz intimará as partes para, no prazo que fixar, apresentarem pareceres ou documentos elucidativos, a respeito do valor do bem ou serviço e, se possível, decidirá de plano. Se isso não for possível, nomeará um perito, que o calculará, o que permitirá apurar o *quantum debeatur*, observando-se o procedimento da prova pericial.

Nenhuma questão nova se põe, a não ser a referente ao valor do bem ou do serviço. Mas não bastam cálculos aritméticos para apurar o valor, sendo necessários conhecimentos técnicos.

O art. 509, I, do CPC, estabelece que se fará a liquidação por arbitramento quando determinado pela sentença, ou convencionado pelas partes, ou exigido pela natureza do objeto da liquidação. Esse dispositivo deve ser tomado com reservas: ainda que a sentença determine o arbitramento, a liquidação será pelo procedimento comum, quando houver a necessidade de provar fato novo. O equívoco do juiz na sentença, ao determinar uma forma pela outra, não se torna imutável. A forma de liquidação deve ser condizente com aquilo que precisa ser apurado.

O arbitramento se fará com a apresentação dos pareceres e dos documentos e, se necessário, com a nomeação de um perito. A prova oral é inadmissível. Se nomeado perito, ambas as partes poderão formular quesitos e indicar assistentes técnicos, seguindo-se as regras do Código de Processo Civil sobre a prova pericial.

Ao nomear perito, o juiz fixará prazo para o laudo. Após a entrega, correrá o prazo de 15 dias para as partes se manifestarem e apresentarem os pareceres de seus assistentes técnicos. Depois disso, o juiz proferirá a decisão.

Controverte-se sobre a fixação de honorários advocatícios na liquidação por arbitramento, prevalecendo o entendimento de que eles não são devidos: "Na liquidação por arbitramento, a controvérsia que se pode instaurar diz respeito apenas à quantidade da condenação, mas não à sua qualidade, não cabendo honorários advocatícios ou a alteração dos arbitrados na sentença de mérito" (*RSTJ*, *142*:387).

10. LIQUIDAÇÃO PELO PROCEDIMENTO COMUM

É aquela em que há necessidade de alegação e comprovação de um fato novo, ligado ao *quantum debeatur*. Tudo aquilo que se referir ao *an debeatur* tem de ser comprovado na fase de conhecimento anterior e decidido na sentença. Estabelece o art. 509, II, do CPC, que será feita a liquidação pelo procedimento comum, quando houver necessidade de alegar e provar fato novo.

Por fato novo entende-se não necessariamente aquele que tenha ocorrido depois da sentença, mas o que não foi objeto de decisão na sentença e esteja relacionado ao *quantum*.

Imagine-se, por exemplo, que alguém foi vítima de danos decorrentes de erro médico. Nos termos do art. 324, § 1º, II, do CPC, será possível ao autor formular pedido genérico, quando não for possível precisar, de modo definitivo, as consequências do ato ilícito. Poderá ele postular que o réu arque com todas as despesas de seu tratamento, e indenize a vítima de todos os prejuízos.

Ao acolher o pedido, o juiz condenará o réu a ressarcir, mas será necessário apurar, em liquidação, quais os danos e despesas de tratamento. São fatos novos os diversos itens que compõem o rol de despesas e prejuízos e que não foram apurados na fase condenatória.

Para a apuração do *quantum*, não basta um cálculo do contador, nem uma avaliação, porque não existe apenas a quantificação de um valor ou serviço.

As sentenças penais condenatórias, títulos executivos judiciais, exigirão sempre prévia liquidação, em regra pelo procedimento comum, porque não se discute no processo criminal o valor do dano da vítima.

Na petição inicial, o autor enumerará os fatos novos. O juiz, ao prolatar a decisão, deverá ater-se a eles, que constituem a própria causa de pedir da liquidação. Se não fizer, sua sentença será *extra* ou *ultra petita*, pois a parte contrária defende-se dos fatos alegados.

O procedimento da liquidação é o comum mesmo que a fase anterior, em que reconhecida a obrigação, tenha corrido pelo procedimento especial.

O requerido será intimado, na pessoa de seu advogado ou sociedade de advogados, para apresentar contestação, no prazo de 15 dias, sob pena de revelia. Todos os meios de prova são admitidos na liquidação pelo procedimento comum, dada a necessidade de comprovação dos fatos novos. Se necessário, o juiz determinará a prova técnica e colherá prova oral, em audiência.

Ao final, prolatará decisão interlocutória, verificando se foram ou não provados os fatos novos. Em caso afirmativo, declarará líquida a obrigação, indicando o *quantum debeatur*. Contra a decisão, que deverá respeitar o título executivo que se está liquidando, caberá agravo de instrumento. Se não houver recurso, ela se tornará preclusa, não podendo mais ser alterada.

Há casos de danos que se manifestam ou se agravam ao longo do tempo. Pode ocorrer, por exemplo, que o credor promova a liquidação pelo procedimento comum, elencando os danos que sofreu em decorrência de um acidente. O juiz profere decisão, declarando líquida a obrigação, considerando os danos mencionados. Depois da preclusão, é possível que danos supervenientes, que não se haviam manifestado anteriormente, apareçam. O credor poderá promover uma nova liquidação de procedimento comum sobre esses danos, os quais, pela situação, não poderiam ter sido objeto da liquidação anterior. A nova liquidação terá causa de pedir diferente da anterior, inexistindo preclusão.

11. DECISÃO FINAL

A fase de liquidação encerra-se com uma decisão interlocutória, que tem a peculiaridade de prestar-se tão somente à indicação do *quantum debeatur*.

A pretensão é a declaração do valor devido. Se não for possível apurar o *quantum debeatur*, porque as provas foram insuficientes, ou porque o autor não lhe deu a atenção necessária, o juiz extinguirá a liquidação, sem decidir sobre o *quantum*. Isso não impedirá o interessado de ajuizar outras liquidações, já que só a decisão que declara o *quantum* torna-se indiscutível pela preclusão. Enquanto o juiz não declarar líquida a obrigação, novas liquidações podem ser aforadas.

Com essa situação não se confunde aquela em que o juiz decide a liquidação, concluindo que o montante da condenação é zero.

Embora se controverta, parece-nos que tal possibilidade existe. Será muito remota se a liquidação for de sentença civil, porque, tendo sido esta de procedência, entendeu-se existir o *an debeatur*. E se existe o *an*, difícil concluir que o valor seja zero. Não parece haver divergência, senão terminológica, entre inexistir dano ou existir dano, mas de valor zero. Se a liquidação concluísse pelo valor zero, estaria colidindo contra a sentença civil, que, ao condenar, concluiu pela existência do dano. Mas o resultado zero pode ocorrer quando a liquidação for de sentença penal condenatória, porque nesta o juiz não concluiu pela existência de danos economicamente mensuráveis à vítima. Será possível concluir que a vítima acabou por não ter nenhum prejuízo.

12. LIQUIDAÇÃO DA SENTENÇA GENÉRICA EM AÇÃO CIVIL PÚBLICA PARA A TUTELA DE INTERESSES INDIVIDUAIS HOMOGÊNEOS

O Código do Consumidor criou uma terceira forma de liquidação que difere daquelas tratadas no Código de Processo Civil.

Entre os interesses tutelados pela Lei n. 8.078/90 estão os individuais homogêneos. Determinados entes, aos quais a lei atribuiu legitimidade extraordinária, podem ir a juízo na defesa de interesses que tenham origem comum. Imagine-se que determinada fabricante de automóveis coloque à venda no mercado de consumo veículos com defeito no freio, provocando numerosos acidentes com vítimas por todo o país. Os interesses delas, de se verem ressarcidas, ensejam ação coletiva, proposta pelos legitimados do Código de Defesa do Consumidor e da Lei da Ação Civil Pública. Embora a vítima possa propor a sua ação individual, a lei autoriza aos legitimados o ajuizamento de ação coletiva.

A sentença nela proferida será genérica, pois se limitará a fixar a responsabilidade do réu pelos danos causados, sem indicar quais foram e nem mesmo dizer quais as vítimas. Na ação coletiva, o autor não as indica na inicial, nem quais os danos de cada uma.

Ao proferir sentença, o juiz se limitará a condenar o réu a ressarcir os prejuízos que tiver causado, conforme ficar apurado em liquidação.

Nas sentenças proferidas em ações individuais, sabe-se desde logo quem é a vítima. Haverá liquidação pelo procedimento comum, quando ela não estabelecer quais os danos e isso depender da prova de fatos novos. Mas na sentença genérica do Código de Defesa do Consumidor, a sentença não diz nem mesmo quem são as vítimas. Ao promover a liquidação, cada uma delas deverá, antes de demonstrar o *quantum*, comprovar a sua qualidade de vítima e o enquadramento na situação tipo que ensejou o ajuizamento da ação civil pública.

No exemplo dos carros defeituosos, o juiz condenará o fabricante a indenizar todas as vítimas de acidentes decorrentes do defeito. Ao promover a liquidação, não bastará a elas comprovarem os danos que sofreram. É preciso que demonstrem que foram vítimas do defeito no veículo. Sem isso a liquidação será julgada improcedente. Por essa razão, parece-nos que essa liquidação há de ser considerada processo autônomo, e não mera fase, sendo necessária a citação da parte contrária. É preciso que o juiz profira sentença reconhecendo a qualidade da vítima e os danos que sofreu. Se não provada a condição de vítima, será proferida sentença de improcedência. As liquidações tradicionais, por arbitramento e pelo procedimento comum, não podem ser improcedentes, pois ou se apurava o *quantum*, ou a liquidação era julgada extinta. Mas a liquidação dos danos ligados a interesses individuais homogêneos do Código de Defesa do Consumidor pode ser julgada improcedente, porque não se presta apenas a apurar o valor dos danos, mas a permitir que a vítima comprove a sua qualidade. Ao contrário das demais, essa liquidação tem natureza constitutiva, não meramente declaratória. Somente por seu intermédio o título estará plenamente constituído.

Há vários tipos de sentença na fase condenatória: aquela que já diz qual é o *quantum debeatur*; a que não diz, mas permite apurá-lo por simples cálculo aritmético; a que depende da liquidação por arbitramento; a que exige prova de fato novo, referente ao *quantum*, e a que exige prova de fato novo, referente não só ao *quantum*, mas à própria qualidade da vítima. As duas primeiras são líquidas. As demais são ilíquidas, porém em grau crescente de iliquidez.

Como a liquidação de sentença em ação dada para proteção de interesses individuais homogêneos depende de que a vítima comprove a sua qualidade, haverá de ser sempre individual.

13. LIQUIDAÇÕES NO CURSO DA FASE DE EXECUÇÃO

Nos capítulos anteriores, tratou-se da fase de liquidação, que não integra nem a fase condenatória, que em regra lhe antecede, nem a de execução, que lhe sucede.

Mas é possível que, já iniciada a fase de execução, surja a necessidade de promover uma liquidação incidente, no curso da execução. Por exemplo: às vezes, não é possível a execução específica da obrigação infungível. Se o devedor recusa-se a cumpri-la, e já se esgotaram as medidas de coerção, sem êxito, nada mais restará senão a conversão em perdas e danos. O mesmo ocorrerá nas execuções que tenham por objeto a entrega de coisa, quando ela se perdeu ou deteriorou-se.

Como a execução já está instaurada, far-se-á uma liquidação incidente, na qual se apurem as perdas e danos. Haverá a conversão de execução de obrigação de fazer ou não fazer, ou de entrega de coisa, em execução por quantia.

O juiz determinará as provas necessárias para a apuração do *quantum debeatur*, que será fixado por decisão interlocutória sujeita a agravo de instrumento. Em seguida, a execução prosseguirá, agora na forma do art. 523 do CPC.

Capítulo III
EXECUÇÃO ESPECÍFICA E IMEDIATA

1. DAS DIVERSAS ESPÉCIES DE EXECUÇÃO

O Código de Processo Civil trata especificamente da execução para entrega de coisa certa e incerta, das obrigações de fazer e não fazer, por quantia certa contra devedor solvente, contra a Fazenda Pública, e de prestação alimentícia. Ele não trata especificamente da execução por quantia contra devedor insolvente, mas o art. 1.052 determina que, até a edição de lei específica, as execuções contra devedor insolvente, em curso ou que venham a ser propostas, permanecem reguladas pelo Livro II, Título IV, do CPC de 1973.

Trata ainda do cumprimento de sentença que reconhece a exigibilidade de pagar quantia certa, de prestar alimentos, de pagar quantia certa pela Fazenda Pública, de fazer, de não fazer e de entregar coisa. É o que se verifica da leitura dos arts. 523 e s., 528 e s., 534 e s., 536 e 538. O procedimento do cumprimento de sentença está previsto no Livro I da Parte Especial do CPC. Já o Livro II prevê as execuções por título extrajudicial, que contenham obrigações de pagar, de prestar alimentos, de pagar quantia contra Fazenda Pública, de obrigação de fazer e não fazer e de entregar coisa.

Há dois sistemas de execução: o que implica a formação de processo autônomo, tratado no Livro II da Parte Especial do CPC (execução tradicional ou própria). E o cumprimento de sentença, feito como mera fase, sem a formação de um novo processo. Neste, prescinde-se de nova citação do devedor.

Para a classificação das diversas formas de execução tradicional, o Código de Processo Civil valeu-se da natureza da obrigação, adequando o procedimento àquilo que pretende o credor. Na execução por quantia, grande parte do procedimento tem por fim a tomada de bens do devedor, para garantia de sua futura expropriação, e conversão em pecúnia, para pagamento do credor. Na execução de obrigação de fazer fungível, o procedimento está voltado para a escolha de um terceiro que possa cumprir a obrigação no lugar do devedor renitente. Na execução para entrega de coisa, são previstos meios de haver do devedor, coativamente, a coisa que ele se recusa a entregar.

É possível que um tipo de execução se converta em outro, quando se inviabiliza o cumprimento da obrigação originariamente buscada pelo credor. Tanto a execução de obrigação de fazer e não fazer quanto a de entrega de coisa convertem-se em por quantia, quando se inviabilizarem. Não há necessidade de nova execução; basta a conversão de uma em outra, que só se dará quando se tornar inviável a execução específica (ou, excepcionalmente, quando o credor assim o preferir e não houver disposição do devedor em realizar a obrigação originária, que lhe foi carreada).

2. EXECUÇÃO IMEDIATA (CUMPRIMENTO DE SENTENÇA)

Originariamente, o Código de Processo Civil só previa a execução tradicional. Havia algumas poucas ações, chamadas executivas *lato sensu*, em que, após o trânsito em julgado, a sentença cumpria-se automaticamente, sem necessidade de um processo de execução.

Na busca de um processo mais efetivo, alterações foram introduzidas na lei para a satisfação mais rápida e eficaz das decisões judiciais.

Entre elas, a execução imediata dos títulos executivos judiciais, fundados em obrigações de fazer, não fazer, entregar coisa, pagar determinada quantia, prestar alimentos, ou de pagar quantia contra a Fazenda Pública.

Constituído o título executivo judicial, passa-se à fase de cumprimento de sentença, sem a formação de um novo processo, e sem necessidade de nova citação do devedor. Haverá, portanto, em um único processo, a fase de conhecimento, que servirá para a constituição do título, e a fase de cumprimento de sentença, necessária quando a obrigação não for voluntariamente cumprida. Se o título não for líquido, haverá ainda a fase intermediária de liquidação.

3. EXECUÇÃO ESPECÍFICA

Há mecanismos legais para compelir o devedor ao cumprimento específico de suas obrigações. Busca-se fazer com que o credor obtenha o mesmo resultado que teria se o devedor satisfizesse voluntariamente a sua obrigação. Daí dispor o *caput* do art. 497 que "na ação que tenha por objeto a prestação de fazer ou de não fazer, o juiz, se procedente o pedido, concederá a tutela específica ou determinará providências que assegurem a obtenção de tutela pelo resultado prático equivalente". E o art. 498: "na ação que tenha por objeto a entrega de coisa, o juiz, ao conceder a tutela específica, fixará o prazo para o cumprimento da obrigação".

A conversão em perdas e danos deve ficar para último caso: "A obrigação somente será convertida em perdas e danos se o autor o requerer ou se impossível a tutela específica ou a obtenção de tutela pelo resultado prático equivalente".

Há casos em que, se o devedor não cumpre voluntariamente a obrigação, ela se inviabiliza. É o que ocorre nas obrigações infungíveis, que só podem ser executadas pelo próprio devedor, jamais por terceiro, porque levam em conta qualidades específicas daquele. Se alguém contratou um pintor famoso para um quadro, ou um grande pianista para um concerto, impossível que outro o substitua. A lei prevê meios de coerção para forçar o devedor a ceder, mas, quando não se mostrarem eficazes, nada restará senão a conversão em perdas e danos. A lei ainda menciona a conversão a requerimento do credor. Mas não em qualquer caso: ele não pode preferir a conversão, quando o devedor estiver disposto a cumprir a obrigação específica. Caso se prontifique a realizá-la, a conversão não se operará. Da mesma forma que o credor não é obrigado a aceitar prestação diferente da que foi avençada, o devedor não pode ser compelido, para desonerar-se, a cumpri-la diferentemente do contratado.

É tal a preocupação da lei com a execução específica que, antes da conversão em perdas e danos, ela fornece mecanismos ao juiz para que determine providências que assegurem resultado prático equivalente ao do adimplemento.

Para a obtenção do resultado específico, a lei vale-se de meios de coerção e sub-rogação. Os primeiros são aqueles que influem sobre a vontade do devedor, pressionando-o a cumprir a obrigação, como as multas diárias. Os de sub-rogação são aqueles em que o Estado substitui-se ao devedor, no cumprimento da obrigação, realizando o que ele deveria ter realizado. Como exemplo, pode-se citar a busca e apreensão do bem que o devedor recusa-se a entregar.

4. EXECUÇÃO ESPECÍFICA E IMEDIATA

Não se confundem as execuções específica e imediata. A primeira visa a atribuir ao credor exatamente aquilo que tenha sido convencionado, sem conversão em perdas e danos. A execução pode ser específica, sem ser imediata. Por exemplo, é possível ajuizar processo autônomo de execução de obrigação de fazer, fundada em título extrajudicial, para compelir o devedor a cumprir obrigação de fazer fungível, sob pena de que terceiro a cumpra em seu nome. A lei prevê o procedimento a ser observado (CPC, arts. 815 e s.). Haverá execução tradicional, por processo autônomo de execução, porém específica.

Já a execução imediata é aquela que se aperfeiçoa sem a instauração de um processo autônomo (em regra fundada em título judicial).

A execução específica pode ser feita sob a forma tradicional – quando houver instauração de um processo autônomo – ou imediata.

5. EXECUÇÃO ESPECÍFICA E AS PROVIDÊNCIAS QUE ASSEGUREM RESULTADO PRÁTICO EQUIVALENTE

O art. 497, *caput*, do CPC, trata da execução específica das obrigações de fazer e não fazer. A conversão em perdas e danos, prevista no art. 499, é excepcional e só deve ocorrer quando impossível a tutela específica ou resultado prático correspondente.

Antes que o juiz determine a conversão, é preciso que verifique se não há providência que assegure resultado prático equivalente ao do adimplemento.

Imagine-se uma ação proposta para compelir o réu a entregar veículo de sua fabricação. O pedido é julgado procedente, com trânsito em julgado, mas o réu recusa-se a entregá-lo, aduzindo que parou de produzi-lo. É preciso verificar se ele não passou a fabricar outro veículo equivalente ao anterior, o qual possa substituir o objeto da condenação. Em caso afirmativo, o juiz, em vez de converter a obrigação de fazer em de indenizar, determinará que o réu entregue o veículo novo. Sempre que possível, a providência que assegure o resultado prático da condenação será preferível à conversão em perdas e danos. Outro exemplo: alguém ajuíza demanda postulando que o réu, fabricante de um eletrodoméstico, seja compelido a repará-lo. Ele se recusa. O juiz pode determinar que forneça um eletrodoméstico novo em substituição ao antigo, o qual ele se nega a consertar.

Esse poder atribuído ao juiz é uma grande inovação. A providência prática equivalente ao adimplemento não foi postulada na petição inicial, mas pode ser concedida, diante da recusa do réu em cumprir a obrigação específica. O juiz não precisa ater-se àquilo que foi postulado na inicial, nem concedido na sentença, ao determinar a prestação equivalente, mesmo que exista coisa julgada. A respeito, ensina Dinamarco: "Há no art. 461 do Código de Processo Civil [atual art. 497] e em seus parágrafos transgressões a dois dogmas instalados muito solidamente no sistema do processo civil moderno, que são (a) o da necessária correlação entre a sentença e a demanda e (b) o do exaurimento da competência do juiz a partir do momento em que publica a sentença de mérito"[1]. Mas as transgressões justificam-se ante a necessidade de garantir a satisfação do credor, em face de um devedor que resiste ao cumprimento do que lhe foi imposto.

6. CONVERSÃO EM PERDAS E DANOS

É excepcional. A busca pela efetividade do processo levou o legislador a determinar providências para assegurar ao credor o mesmo resultado que seria obtido caso a obrigação fosse adimplida. Há um esforço para que o processo assegure ao credor a plena satisfação de seus interesses, garantindo a tutela específica da obrigação.

O legislador muniu o juiz de incontáveis poderes para pressionar a vontade do devedor, ou para obter o cumprimento da obrigação, independentemente dessa vontade.

Mas há casos em que os meios de coerção e de sub-rogação não são eficazes: o devedor não cumpre a obrigação, e não há mais como forçá-lo, nem como obter providência que assegure resultado prático equivalente. Então, haverá a conversão em perdas e danos.

De acordo com o art. 499, "A obrigação somente será convertida em perdas e danos se o autor o requerer ou se impossível a tutela específica ou a obtenção de tutela pelo resultado prático equivalente".

1. Cândido Rangel Dinamarco, *A reforma da reforma*, p. 226.

São duas as hipóteses: o requerimento do autor e a inviabilidade da tutela específica ou equivalente. A conversão só se fará a requerimento do autor, se tiver havido recusa do réu em cumprir a obrigação específica. O credor não poderá preferir as perdas e danos ao cumprimento da obrigação específica quando o devedor está disposto a cumpri-la. Se ele, intimado, resistir ao cumprimento, o credor poderá, em vez de requerer medidas de coerção ou sub-rogação, requerer a conversão. Em suma: não é preciso que o credor esgote as medidas possíveis para o cumprimento da tutela específica, mas sim que tenha havido resistência do devedor. Só então o juiz deferirá a conversão. Será necessário promover então a liquidação dos danos, prosseguindo-se como execução por quantia contra devedor solvente.

7. MECANISMOS PARA COMPELIR O DEVEDOR A CUMPRIR A OBRIGAÇÃO

O § 1º do art. 536 enumera, em rol meramente exemplificativo, meios de que o juiz pode valer-se: “Para atender ao disposto no *caput*, o juiz poderá determinar, entre outras medidas, a imposição de multa, a busca e apreensão, a remoção de pessoas e coisas, o desfazimento de obras e o impedimento de atividade nociva, podendo, caso necessário, requisitar o auxílio de força policial”.

Entre esses meios há os de coerção, que influem sobre a vontade do devedor, pressionando-a, como a fixação da multa; e de sub-rogação, como a busca e apreensão, a remoção de pessoas e o desfazimento de obras.

O descumprimento da determinação judicial implica ato atentatório à dignidade da justiça, sujeitando o devedor às sanções previstas no art. 77, § 2º, do CPC. Podem ainda ser aplicáveis, se presentes as hipóteses do art. 774, *caput*, as penas por ato atentatório à dignidade da justiça, previstas no seu parágrafo único.

7.1. Multa

Dentre os diversos meios de coerção estabelecidos no Código de Processo Civil, um dos que se tem mostrado mais eficiente e que, por isso, recebeu tratamento mais minucioso, são as multas periódicas.

Elas funcionam como pressão sobre a vontade do devedor, que, vendo-as crescer, acaba por ceder e cumprir a obrigação. Tais multas são similares àquelas previstas no direito francês, denominadas *astreintes*.

Em princípio só se falava em multa como mecanismo de pressão quando a obrigação era infungível. Mas sua aplicação estendeu-se para as fungíveis, quando o devedor não cumpre voluntariamente a obrigação. Embora a lei permita a contratação de terceiros, que substituam o devedor, o procedimento é tão complicado, oneroso e demorado, que não se pode exigir do credor que a ele recorra desde logo. Ao devedor renitente – de obrigação infungível ou fungível – deve-se aplicar a multa, para que ele cumpra a ordem contida no preceito, nos termos determinados pelo juiz.

Admite-se multa também nas obrigações de entrega de coisa, nos termos do art. 538, § 3º: "Aplicam-se ao procedimento previsto neste artigo, no que couber, as disposições sobre o cumprimento de obrigação de fazer ou de não fazer".

Quando o juiz condena à entrega de coisa, o réu deve cumprir no prazo fixado. Se não fizer, sem prejuízo dos meios de sub-rogação, como a busca e apreensão em caso de móveis, e imissão de posse, no de imóveis, o juiz poderá aplicar a multa.

E, diante do que dispõe o art. 139, IV, do CPC, até mesmo nas obrigações que tenham por objeto prestação pecuniária, portanto, nas obrigações por quantia, a multa poderá ser aplicada, ainda que nesse caso a incidência deva ser excepcional e subsidiária, apenas nos casos em que os meios de sub-rogação tenham se mostrado insuficientes.

7.1.1. Fixação da multa

As multas periódicas têm por objetivo pressionar o devedor a cumprir a obrigação. Sua finalidade não é repressiva ou punitiva. Não são sanção ou pena. Por isso, tem o juiz ampla liberdade de fixá-las, de ofício ou a requerimento do interessado, e estabelecer-lhes o valor, aumentando-o ou reduzindo-o quando necessário.

É preciso que ela seja fixada em valor tal que seja capaz de afetar a vontade do devedor. De nada adiantaria um montante muito baixo, insuficiente para atemorizá-lo. A multa pode ser fixada desde que exista obrigação imposta na sentença, ou por meio de tutela provisória, ou ainda na fase de execução, na forma do art. 537, *caput*.

Não é preciso requerimento do autor: "A multa independe de requerimento da parte e poderá ser aplicada na fase de conhecimento, em tutela provisória ou na sentença, ou na fase de execução, desde que seja suficiente e compatível com a obrigação e que se determine prazo razoável para o cumprimento do preceito" (art. 537, *caput*).

O juiz pode, também de ofício, alterar-lhe o valor, reduzindo-o ou aumentando-o, caso verifique que se tornou excessivo ou insuficiente. Pode alterar-lhe, pelas mesmas razões, a periodicidade.

Além dos cumprimentos de sentença – art. 537 (obrigações de fazer e não fazer), § 3º do art. 538 (obrigações de entrega de coisa) e art. 139, IV (obrigações por quantia, em caráter excepcional) –, a multa também cabe nas execuções fundadas em título executivo extrajudicial, que contenham obrigação de fazer, não fazer, entregar coisa e excepcionalmente de pagar determinada quantia (art. 139, IV). Conforme o art. 806, § 1º, que trata das obrigações de entrega de coisa, "ao despachar a inicial, o juiz poderá fixar multa por dia de atraso no cumprimento da obrigação, ficando o respectivo valor sujeito a alteração, caso se revele insuficiente ou excessivo". E o art. 814: "Na execução de obrigação de fazer ou de não fazer fundada em título extrajudicial, ao despachar a inicial, o juiz fixará multa por dia de atraso no cumprimento da obrigação e a data a partir da qual será devida".

Quando a multa tiver sido prevista no título, não caberá ao juiz fixá-la, devendo prevalecer o acordado entre as partes. Mas, se o juiz verificar que o valor é excessivo, poderá reduzi-lo. A lei não permite, porém, que o juiz eleve o valor convencionado, caso o repute insuficiente (art. 814, parágrafo único). A multa adquire, nesses casos, a feição de negócio jurídico bilateral.

7.1.2. Momento para a fixação

A multa pressupõe que já exista a obrigação reconhecida judicialmente. Não é preciso o reconhecimento definitivo, pois pode ser determinada por tutela provisória. Concedida a medida, o juiz fixará prazo para cumprimento da obrigação, e estabelecerá a multa, para o inadimplemento. Se não fizer nesse momento, poderá fazê-lo posteriormente, a qualquer tempo.

Caso não haja tutela provisória, a multa deverá ser fixada na sentença condenatória. Se o juiz não fizer, poderá fixá-la posteriormente, no início da execução, mesmo que a sentença tenha transitado em julgado, porque multa não depende de pedido, nem importa condenação, servindo como meio de coerção.

Na execução por título extrajudicial de obrigação de entrega de coisa ou de fazer, o juiz fixará a multa quando despachar a inicial. Se não fizer de início, poderá fazê-lo posteriormente.

A alteração do valor da multa pode ser feita a qualquer tempo.

Quanto à obrigação de pagamento de quantia certa, parece-nos que o juiz só deverá se valer da multa quando os meios de sub-rogação não se mostrarem eficazes, ou porque o devedor oculta maliciosamente os bens, ou porque causa embaraços ou dificuldades à sua constrição. Não faz sentido o juiz dela valer-se quando ficar evidenciado que o executado não oculta ou sonega bens, mas apenas não os possui.

7.1.3. Cobrança da multa

Vencido o prazo para cumprimento da obrigação, a multa passará a incidir. Na vigência do CPC/73 foi editada a Súmula 410 do Superior Tribunal de Justiça, que determinava o início da contagem do prazo a partir da intimação pessoal do devedor, não bastando a do advogado: "A prévia intimação pessoal do devedor constitui condição necessária para a cobrança de multa pelo descumprimento de obrigação de fazer ou não fazer". Diante do que dispõe o art. 513, § 2º, do CPC, surgiu importante controvérsia a respeito da manutenção da necessidade de intimação pessoal do devedor para cumprimento da obrigação, tendo forte corrente doutrinária sustentado o *overruling* da Súmula 410. Porém, a Corte Especial do Superior Tribunal de Justiça decidiu, em julgamento ocorrido em 18 de dezembro de 2019, que a Súmula havia sido recepcionada pelo novo CPC, de sorte que a sua aplicação persiste: "*PROCESSO CIVIL. EMBARGOS DE DIVERGÊNCIA. OBRIGAÇÃO DE FAZER. DESCUMPRIMENTO. MULTA DIÁRIA. NECESSIDADE DA INTIMAÇÃO PESSOAL DO EXECUTADO. SÚMULA 410 DO STJ. 1. É necessária a prévia intimação pessoal do devedor para a cobrança de multa pelo descumprimento de obrigação de fazer ou não fazer antes e após a edição das Leis n. 11.232/2005 e 11.382/2006, nos termos da Súmula 410 do STJ, cujo teor permanece hígido também após a entrada em vigor do novo Código de Processo Civil. 2. Embargos de divergência não providos"* (EREsp 1.360.577-MG, rel. Min. Luis Felipe Salomão).

Quando fixada em decisão ainda não definitiva, como na antecipação de tutela, a multa poderá desde logo ser cobrada, em caráter provisório, devendo ser depositada em juízo. Mas o seu levantamento só deverá ser autorizado após o trânsito em julgado da sentença favorável à parte (art. 537, § 3º). A cobrança far-se-á, assim, por execução provisória, aplicando-se as regras a ela concernentes e com a particularidade de que o valor obtido nessa execução deverá ficar depositado, não podendo ser levantado nem mesmo com a prestação de caução, senão depois que a sentença que confirmar a tutela provisória transitar em julgado.

Se a obrigação for cumprida com atraso, a multa será devida pelo tempo em que ele perdurou. O juiz pode reduzir o total, caso ele se tenha tornado excessivo, mesmo depois de transcorrido o período de incidência. Imagine, por exemplo, que o atraso do devedor seja longo e que, por isso, a multa tenha incidido por bastante tempo. Verificando o juiz que o valor, pelo tempo decorrido, tornou-se exagerado e que a multa será fonte de enriquecimento sem causa, deve reduzi-la. Não há direito adquirido do credor sobre a multa porque ela não é condenação, mas forma de coerção, a critério do juiz. A redução poderá ser determinada de ofício ou a requerimento do prejudicado, e poderá ter por causa também o cumprimento parcial superveniente da obrigação ou a existência de justa causa para o descumprimento.

Também de ofício ou a requerimento da parte, o juiz poderá aumentar o valor da multa se verificar que ela se tornou insuficiente.

O valor deve ser entregue sempre ao credor, que foi quem suportou as consequências da demora do devedor.

7.1.4. Valor da multa

O juiz deve fixá-la em montante suficiente para atemorizar o devedor, exercer sobre ele uma pressão eficiente, apta para induzi-lo a cumprir a obrigação. O valor pode ser modificado a qualquer tempo, adequando-se às circunstâncias e à conduta do devedor.

Muito se discutiu se o valor da multa estaria limitado pelo da obrigação principal. A lei não estabelece limite, e a multa não é obrigação acessória, mas meio de coerção. Mas não poderá extrapolar os limites do razoável e erigir-se em fonte de enriquecimento sem causa. Não pode ser tal que o credor passe a torcer para que a obrigação não seja cumprida, e que o atraso do devedor se estenda pelo tempo mais longo possível. Verificando o juiz que já correu por tempo suficiente, e que o devedor manteve-se renitente, deve dar por encerrada sua incidência e fazer uso de outros meios de coerção, ou converter a obrigação em perdas e danos. E se, pelo período em que correu, a multa tornou-se excessiva, o juiz deve reduzi-la ao razoável.

A multa é devida mesmo que haja o cumprimento atrasado da obrigação ou a conversão em perdas e danos. Se o réu demorou a cumprir, arcará com a multa pelo período de atraso; se não cumpriu, e não há outro meio de obter a execução específica, haverá conversão em perdas e danos, executados cumulativamente com a multa.

Capítulo IV
PROCEDIMENTO DAS DIVERSAS ESPÉCIES DE EXECUÇÃO

1. EXECUÇÃO TRADICIONAL

A execução tradicional, que implica processo autônomo, é hoje restrita aos títulos extrajudiciais (e às sentenças penais, arbitrais e estrangeiras). Embora numerosas as suas formas, que variam conforme a obrigação subjacente, certas características são comuns. Todas têm início com uma petição inicial. O juiz a examinará e, se estiver em termos, determinará a citação do executado. Em seguida poderá haver algum tipo de constrição de bens, e ao devedor será dada a possibilidade de defender-se. Por fim, haverá o pagamento, ou a entrega de bens, ao credor, e a execução será extinta por sentença.

2. PETIÇÃO INICIAL

Os processos de execução iniciam-se com a petição inicial, porque dependem de provocação. O juiz não pode, de ofício, tomar providências executivas. É mister que o interessado formule a sua pretensão e indique as partes, o pedido e a causa de pedir.

A inicial deve respeitar os requisitos dos arts. 319 e 320 do CPC e indicar o juízo ao qual é dirigida e as partes, com sua qualificação. Além deles, o art. 798 indica quais os requisitos específicos da inicial da execução.

Será indispensável a indicação da causa de pedir, dos fatos que atribuem ao exequente o direito de invocar a tutela jurisdicional: a origem de seu direito, em que título está consubstanciado, pois sem título não há execução, e por que a execução tornou-se necessária (inadimplemento).

De grande relevância é o pedido com suas especificações. O imediato – o tipo de tutela jurisdicional pretendida, que variará conforme o tipo de obrigação que se pretende ver satisfeita – e o mediato – o bem da vida que se pretende obter.

Deve o exequente indicar que tipo de provimento satisfativo pretende – entrega de dinheiro, de outros bens ou um fazer ou não fazer – e qual o bem da vida que será objeto de tais atos satisfativos. Quando se tratar de dinheiro, é preciso que a inicial venha acompanhada de demonstrativo discriminado do cálculo, que indique o índice de correção monetária adotado, a taxa de juros aplicada, os termos inicial e final de incidência de correção monetária e da taxa de juros utilizadas, a periodicidade da capitalização dos juros, se for o caso, e a especificação de desconto obrigatório realizado.

O objeto do pedido deverá ser sempre líquido, certo e exigível. Não há possibilidade de pedido genérico, admissível nos processos de conhecimento (CPC, art. 324, § 1º). Não cabe prévia liquidação de título extrajudicial; se se tratar de título judicial sujeito à execução tradicional, não sendo conhecido o *quantum debeatur*, necessária prévia liquidação.

Só poderá haver cumulação de pedidos executivos se o procedimento para todos for o mesmo e se for competente o mesmo juiz.

O pedido e a causa de pedir fixam os limites cognitivos do juiz, que deles não poderá afastar-se, sob pena de emitir provimentos *ultra* ou *extra petita*.

A inicial deve indicar também o valor da causa, que corresponderá ao benefício econômico pretendido. Na execução por quantia, corresponderá ao valor que está sendo postulado; na de entrega de coisa, ao valor do bem; e na de obrigação de fazer ou não fazer, ao montante da prestação que se quer ver realizada.

A petição inicial deve vir acompanhada dos documentos indispensáveis, dentre os quais a procuração, o comprovante de recolhimento das custas iniciais e, em especial, o título executivo. Quando se tratar de execução por quantia, a memória discriminada de cálculo, especificando o débito com todos os seus acréscimos, é indispensável, podendo o exequente, se desejar, indicar o bem que pretende ver penhorado.

Cumpre ao juiz examinar a inicial, para verificar se preenche os requisitos de admissibilidade. Em caso afirmativo, mandará citar o executado e intimá-lo a, conforme o tipo de execução, pagar, entregar a coisa ou cumprir, no prazo fixado, obrigação de fazer ou não fazer; em caso negativo, deve determinar que ele a emende, sanando os vícios. O prazo para isso é aquele fixado no art. 801 do CPC: "Verificando que a petição inicial está incompleta ou que não está acompanhada dos documentos indispensáveis à propositura da execução, o juiz determinará que o exequente a corrija, no prazo de 15 dias, sob pena de indeferimento".

A propositura da demanda executiva provoca os efeitos gerais da litispendência, impedindo que outra idêntica seja proposta; e da *perpetuatio jurisdictionis*, já que a competência deve ser verificada no momento do registro ou da distribuição da execução, sendo irrelevantes alterações posteriores, com as ressalvas do art. 43 do CPC.

3. CITAÇÃO DO EXECUTADO

Se não há vícios na petição inicial, o juiz determinará que o executado seja citado. No processo de execução, todas as formas de citação são admitidas, inclusive a por carta, que não era admitida no CPC de 1973. Mas, embora a citação possa ser feita por carta, os atos de constrição de bens, como regra, terão de ser feitos por mandado, e cumpridos por oficial de justiça.

A citação por mandado pode ser feita pessoalmente ao devedor, ou com hora certa, caso o oficial de justiça verifique ocultação. Havia antiga orientação jurisprudencial de que a citação com hora certa não seria possível nas execuções por quantia, mas, diante do art. 830, §§ 1º e 2º, que determina a citação com hora certa ou por edital, sempre que o oficial de justiça não encontre o devedor, quando ele se oculta ou está em local desconhecido, desapareceu a controvérsia.

É esse o entendimento do Superior Tribunal de Justiça, cuja Súmula 196 estabelece: "Ao executado que, citado por edital ou com hora certa, permanecer revel, será nomeado curador especial, com legitimidade para apresentação de embargos".

4. EFEITOS DA CITAÇÃO VÁLIDA

a) Interromper a prescrição, ainda que ordenada por juízo incompetente.

Não há diferenças em relação ao processo de conhecimento. Na verdade, não é a citação que promove a interrupção, mas o despacho que a ordena (art. 240, § 1º, do CPC). E, desde que feita a citação no prazo e na forma estabelecidos em lei, a eficácia interruptiva retroage à data da propositura da demanda.

Cumpre aqui lembrar alguns aspectos especiais da prescrição na execução. Na fundada em título extrajudicial, é preciso verificar qual o prazo de prescrição do título que a embasa. O cheque prescreve seis meses após o vencimento do prazo para a sua apresentação, que é de trinta dias, se de mesma praça, ou sessenta dias, se de praça diferente; as notas promissórias e as duplicatas prescrevem em três anos.

Quando se tratar de execução imediata fundada em título judicial, não haverá novo processo, mas apenas continuação do antecedente, o que afasta a possibilidade de prescrição. Mas não por completo, porque, se o credor ficar inerte, passará a correr a prescrição intercorrente. Será aplicável a Súmula 150 do STF: a execução prescreve no mesmo prazo da ação.

Por exemplo, prescreve em um ano a pretensão do segurado contra o segurador, a contar da ciência do fato gerador, nos termos do art. 206, II, do CC. Proposta a ação antes de um ano, e aperfeiçoando-se a citação no prazo, a prescrição estará interrompida.

Transitada em julgado a sentença, cumpre ao credor promover a execução. Para tanto, deve requerê-la e tomar as providências necessárias.

Se não fizer, passará a correr o prazo prescricional da pretensão executiva, que, nos termos da Súmula 150 do STF, será o mesmo da condenatória. Ultrapassado o prazo sem que o credor tome iniciativa, ter-se-á consumado a prescrição intercorrente. Mesmo que iniciada a execução, se a qualquer tempo, por inércia do exequente, os autos forem arquivados, passará a correr o prazo da prescrição intercorrente. Para tanto, é preciso culpa do credor. Se o arquivamento deu-se por fatos alheios à vontade dele, como a não localização de bens, o prazo não fluirá. Nesse caso, o juiz suspenderá a execução por um ano, durante o qual se suspenderá a prescrição. Mas, decorrido esse prazo sem manifestação do exequente, começa a correr o prazo de prescrição intercorrente (art. 921, §§ 1º e 2º, do CPC). Se a prescrição se consumar, o juiz, depois de ouvidas as partes, poderá, de ofício, reconhecer a prescrição intercorrente e extinguir o processo.

A prescrição intercorrente não ocorrerá no processo de conhecimento, no qual a inércia do autor levará à extinção do processo, e não ao arquivamento, como ocorre na execução.

b) Constituir o devedor em mora: a citação válida, ainda que ordenada por juízo incompetente, constitui o devedor em mora, se ele não estiver anteriormente. Nas obrigações por termo, com data certa de vencimento, o devedor estará em mora desde o vencimento, sendo desnecessária qualquer notificação ou interpelação. Vigora o *dies interpellat pro homine*. Nas obrigações sem termo, a citação constituirá o devedor em mora, se ele não tiver sido notificado ou interpelado anteriormente.

Só a partir da mora é que poderão incidir os juros moratórios. Eles serão devidos desde a citação, salvo se ela tiver se iniciado antes, pelo termo ou por notificação anterior.

c) Induzir a litispendência: isso terá grande relevância para caracterização da fraude à execução. Para que a alienação de bens capaz de reduzir o devedor à insolvência possa ser considerada fraudulenta, autorizando o juiz a, nos próprios autos, declarar-lhe a ineficácia, é indispensável que o devedor tenha sido citado. O credor pode valer-se dos arts. 799, IX, e 828 para antecipar a data a partir da qual a fraude fica caracterizada, averbando a certidão de admissão da execução.

5. PROCESSO DE EXECUÇÃO PARA ENTREGA DE COISA CERTA

A coisa certa, a que alude o CPC (arts. 806 e s.), é a individualizada: conhece-se o objeto da obrigação, que é específico e determinado, não se confundindo com nenhum outro. Já a coisa incerta (arts. 811 e s.) é aquela cujo objeto não é determinado *ab initio*, mas é determinável pelo gênero e quantidade. Não há um bem determinado e específico como objeto da obrigação, mas certo gênero de bens, cuja quantidade é conhecida.

Só haverá execução para entrega de coisa certa, por processo autônomo, quando fundada em título executivo extrajudicial. Quando for de sentença, haverá execução imediata e específica, sem novo processo. Basta que o réu seja intimado para entregar a coisa, no prazo fixado pelo juiz, sob pena de busca e apreensão (bem móvel) ou imissão de posse (imóvel), na forma do art. 538 do CPC. Caso necessário, o juiz fará uso dos meios de coerção e sub-rogação estabelecidos no art. 536, § 1º.

O procedimento dos arts. 806 e s. deve ser observado nas execuções para entrega de coisa por título extrajudicial. Se a petição inicial estiver em ordem, o juiz mandará citar o réu, fixando os honorários advocatícios, que serão devidos caso o mandado seja cumprido e a coisa entregue. Com a juntada aos autos do mandado cumprido, correrá o prazo de quinze dias para a entrega ou depósito da coisa. Do mandado já constará a ordem de imissão de posse ou busca e apreensão, caso a obrigação não seja satisfeita. Feita a entrega, será lavrado termo, e a execução será extinta, depois de pagos os honorários advocatícios, a menos que deva prosseguir para ressarcimento de eventuais frutos ou prejuízos, caso em que seguirá sob a forma de execução por quantia. Se a coisa não for entregue, nem depositada no prazo de 15 dias, será cumprida a ordem de imissão de posse ou busca e apreensão, conforme o bem seja imóvel ou móvel, sem prejuízo da incidência de eventual multa que o juiz tenha fixado como meio de coerção. Mas, haja ou não o depósito, imissão na posse ou apreensão da coisa, o prazo de embargos, de 15 dias, estará correndo, já que o *dies a quo* é a juntada aos autos do mandado de citação cumprido.

O art. 806, § 1º, do CPC, autoriza o juiz a, quando despachar a inicial, fixar multa por dia de atraso no cumprimento da obrigação, podendo posteriormente alterá-la, caso o valor se revele insuficiente ou excessivo. Tal como nas obrigações de fazer e não fazer, as *astreintes* podem ser fixadas de ofício, pelo juiz. Se houver atraso no cumprimento da obrigação, as *astreintes* incidirão, sem prejuízo da expedição de mandado de busca e apreensão ou imissão de posse. A lei não distingue entre bens móveis ou imóveis, podendo ser aplicada em ambos os casos. Evidente, porém, que com mais frequência será aplicável aos móveis, que podem ser ocultados pelo executado com mais facilidade. Na execução de entrega de coisa por título extrajudicial, são também aplicáveis as formas de coerção e sub-rogação do art. 536, § 1º, do CPC, porque se deve buscar sempre o cumprimento específico da obrigação, reservando para último caso a conversão em perdas e danos. Daí dever o juiz estar munido do necessário para tornar efetivas as suas determinações e fazer cumprir as obrigações impostas. Quando a entrega da coisa tornar-se impossível, por perecimento, deterioração ou qualquer outra razão, o exequente terá o direito de exigir o seu valor, mais perdas e danos, que serão apurados em liquidação incidente. Caso o devedor tenha feito na coisa benfeitorias necessárias ou úteis, enquanto estava de boa-fé, o direito de retenção poderá ser alegado em embargos à execução, na forma do art. 917, IV, do CPC.

Caso não haja embargos, ou eles sejam julgados improcedentes, a busca e apreensão ou imissão de posse tornar-se-á definitiva, e o juiz proferirá sentença extinguindo a execução.

O art. 808 do CPC trata da hipótese de a coisa ser alienada depois de se ter tornado litigiosa. O mandado será expedido contra o terceiro adquirente, que somente será ouvido depois de depositá-la. A forma adequada para que ele postule a exclusão do bem serão os embargos de terceiro, nos quais terá o ônus de demonstrar que não houve a aquisição da coisa litigiosa.

6. PROCESSO DE EXECUÇÃO PARA ENTREGA DE COISA INCERTA

A expressão "coisa incerta" é infeliz: imprescindível, para a execução, que se conheça qual o objeto da obrigação do devedor. O que a lei chama de coisa incerta é aquela determinada pelo gênero e pela quantidade.

O Código Civil trata das obrigações de dar coisa incerta, considerando como tal aquela indicada pelo menos pelo gênero e pela quantidade (art. 243). Sem isso, impossível o cumprimento. Estabelece ainda regras quanto à escolha.

Dispõe o art. 244 que "nas coisas determinadas pelo gênero e pela quantidade, a escolha pertence ao devedor, se o contrário não resultar do título da obrigação; mas não poderá dar a coisa pior, nem será obrigado a prestar a melhor".

Em consonância, o art. 811 do CPC estabelece que, no processo de execução, o devedor será citado para entregar a coisa, determinada pelo gênero e quantidade, já individualizada, se a ele competir a escolha. Quando couber ao credor, ele já a indicará na petição inicial.

Seja a escolha do devedor ou do credor, é lícito ao adversário impugná-la em 15 dias. Em seguida, o juiz decidirá, podendo ouvir perito, se necessário.

7. PROCESSO DE EXECUÇÃO DE OBRIGAÇÕES DE FAZER E NÃO FAZER

Cumpre relembrar a distinção entre execução específica e imediata. A primeira busca dar ao credor o mesmo resultado que ele obteria se a obrigação tivesse sido cumprida voluntariamente – aquilo a que ele faz jus –, de acordo com o título executivo. A segunda é feita sem necessidade de um processo autônomo e sem nova citação do devedor.

Os arts. 815 e s. tratam de processo de execução de obrigações de fazer ou não fazer. Trata-se de execução tradicional, não imediata, formando-se um processo. Nem por isso ela deixa de ser específica, pois visa, por meios de sub-rogação e coerção, a fazer com que o credor receba exatamente aquilo a que faz jus.

Esse processo só será instaurado quando a execução estiver fundada em título executivo extrajudicial, pois a sentença que condena em obrigação de fazer ou não fazer é mandamental e executa-se na forma do art. 497, c/c art. 536, ambos do CPC.

A execução de sentença é específica e imediata (CPC, art. 536). A de título extrajudicial é específica e tradicional (CPC, arts. 815 e s.).

7.1. Procedimento

São obrigações de fazer aquelas em que o devedor compromete-se a uma prestação, consistente em atos ou serviços, de natureza material ou imaterial. A doutrina distingue entre ela e a de dar, mas com reservas. Como ensina Carlos Roberto Gonçalves: "Aponta a doutrina a seguinte diferença: nas obrigações de dar, a prestação consiste na entrega de uma coisa, certa ou incerta; nas de fazer, o objeto consiste em ato ou serviço do devedor. O problema é que, em última análise, dar ou entregar alguma coisa é também fazer alguma coisa"[1].

Há diferenças que permitem distinguir uma da outra: na de dar, o interesse do credor não está no *facere* propriamente dito, mas na coisa; daí a irrelevância de quem efetua a entrega. Já na obrigação de fazer, o interesse está voltado para a conduta, razão por que as qualidades pessoais do devedor podem ser de grande importância.

Para distingui-las é preciso identificar onde recai a tônica do interesse do credor: se sobre o objeto da prestação (a coisa em si) ou sobre a conduta do devedor. No primeiro caso, estar-se-á diante de obrigação de entrega de coisa; no segundo, de obrigação de fazer.

Há obrigações de fazer fungíveis e não fungíveis (personalíssimas). As primeiras são as que podem ser cumpridas por qualquer pessoa, não necessariamente o devedor. As segundas, aquelas que ou o devedor obrigou-se a, por si, cumprir ou, diante da natureza da prestação, só por ele podem ser adimplidas. As prestações dependem de qualidades pessoais do devedor. Contrata-se um pintor, ou um músico, em atenção às suas qualidades particulares. O interesse do credor é ter seu retrato pintado por aquele e não por outro. Ninguém pode substituir o que foi contratado, porque o negócio foi feito em atenção a qualidades pessoais e intransferíveis. Já se alguém contrata um pedreiro para erigir um muro, a prestação não é daquelas que exigem qualidades especiais. Se o devedor não o construir, outro poderá fazê-lo em seu lugar. Ninguém é contratado para isso em atenção a qualidades particulares.

Essa distinção é fundamental para a execução. Tanto a execução de obrigações fungíveis quanto a de obrigações infungíveis podem se valer

1. Carlos Roberto Gonçalves, *Direito civil*, cit., p. 69.

dos meios de coerção, como a multa. Mas a sub-rogação só poderá ocorrer nas que tenham por objeto obrigações fungíveis.

A sub-rogação consiste na possibilidade de que terceiro seja, após regular procedimento, contratado para prestar serviços em nome e por conta do devedor, que se recusa a fazê-lo. Quando a obrigação é personalíssima, e os meios de coerção falharem, só restará a conversão em perdas e danos. Para a execução específica das obrigações de fazer infungível é indispensável a colaboração do devedor. Já a execução específica das obrigações de fazer fungíveis poderá prescindir dela, pois há mecanismos de sub-rogação que permitem chegar ao resultado pretendido.

7.2. Execução das obrigações de fazer fungíveis (procedimento)

O procedimento da execução por título extrajudicial de obrigações de fazer fungíveis inicia-se na forma dos arts. 815 e s. do CPC. Apresentada a petição inicial, o devedor será citado e intimado para, no prazo estabelecido no título, ou assinado pelo juiz, satisfazer a obrigação.

Desde a juntada aos autos do mandado de citação, e sem prejuízo do prazo para cumprimento da obrigação, fluirá o prazo de quinze dias para o devedor embargar.

É possível a fixação de multa diária para o caso de inadimplemento.

Concebida, originariamente, para as obrigações de fazer infungíveis, o seu uso estendeu-se para as fungíveis. Conquanto estas permitam a sub-rogação, por mecanismos pelos quais se atribui a terceiro o cumprimento da obrigação, o procedimento é demorado e oneroso. O uso de meios coativos pode fazer com que o devedor cumpra, sem que seja preciso recorrer a eles, evitando-se despesas de monta.

Mesmo que não haja requerimento, o juiz pode, de ofício, fixar a multa.

Não sendo eficazes os meios coativos, restará ao credor optar entre promover a execução específica, por sub-rogação, ou requerer a conversão em perdas e danos, conforme o art. 816, *caput*: "Se o executado não satisfizer a obrigação no prazo designado, é lícito ao exequente, nos próprios autos do processo, requerer a satisfação da obrigação à custa do executado, ou perdas e danos, hipótese em que se converterá em indenização".

Caso a opção seja pela conversão, haverá necessidade de liquidação incidente, para apurar o *quantum debeatur*. Após, prosseguir-se-á como execução por quantia certa.

Se for pela sub-rogação, haverá um procedimento a ser observado.

O juiz, a requerimento do credor, nomeará terceiro idôneo, que preste o fato à custa do devedor. O terceiro pode ser nomeado livremente pelo juiz, que poderá acolher eventual indicação do credor. Ele apresentará a proposta para a realização dos serviços, que o juiz examinará, depois de ouvir as partes. Cumpre ao exequente adiantar as despesas com o serviço.

Realizada a prestação, o juiz ouvirá as partes no prazo de dez dias. Caso não haja impugnação, ou as apresentadas não sejam pertinentes, o juiz dará por cumprida a obrigação. Se o terceiro não prestar o serviço, ou fizer de forma incompleta, o credor pode pedir ao juiz que o autorize a, no prazo de 15 dias, concluir ou reparar a obra, à custa do terceiro.

A lei ainda atribui ao credor direito de preferência sobre o terceiro, caso ele próprio queira realizar o serviço, ou mandar executá-lo, sob sua direção e vigilância, desde que em igualdade de condições com o terceiro. Esse direito deve ser exercido no prazo de cinco dias, a contar da apresentação da proposta.

Não há óbice a que o credor peça ao juiz que fixe multa diária para o caso de descumprimento da obrigação, ainda que ela seja fungível. Mesmo nesse tipo de execução, será possível postular ao juiz que se valha das providências estabelecidas no art. 536, § 1º, para compelir o devedor.

Conquanto tais medidas digam respeito à execução imediata de obrigações de fazer e não fazer, fundadas em título executivo judicial, a sua aplicação não pode ser descartada nas execuções tradicionais. A efetividade do processo autoriza ao juiz determinar todas as providências necessárias para alcançar a tutela específica, reservando a conversão em perdas e danos apenas para os casos em que ela se inviabilize, ou quando o credor assim prefira.

7.3. Execução das obrigações de fazer infungíveis (procedimento)

O devedor é citado para cumprir a obrigação no prazo estabelecido pelo juiz, se outro não constar do título. Com mais razão ainda que nas execuções de obrigação fungível, o juiz se valerá dos meios de coerção estabelecidos no art. 536, § 1º, para alcançar o resultado almejado. Se eles forem ineficazes (ou se o credor preferir), a obrigação converter-se-á em perdas e danos. Será feita uma liquidação incidente para apurar o *quantum debeatur*. Não há, dada a natureza da prestação, possibilidade de promover-se a execução por sub-rogação.

7.4. Execução das obrigações de não fazer (procedimento)

Cabe quando o devedor faz aquilo de que devia abster-se. Não há interesse enquanto o devedor estiver cumprindo rigorosamente a sua obrigação.

Praticado o ato a cuja abstenção ele estava obrigado, a obrigação negativa transformar-se-á em positiva: surge para o devedor o dever de desfazer o que foi feito indevidamente. Por isso os arts. 822 e 823 do CPC não tratam propriamente do cumprimento da obrigação de não fazer, mas de desfazer o que foi feito indevidamente. A obrigação de desfazer nada mais é que uma obrigação de fazer. Ajuizada a execução, o juiz mandará citar o devedor para desfazer o ato praticado indevidamente, no prazo por ele assinado. É preciso que o ato possa ser desfeito; quando isso não for mais possível, nada restará senão convertê-lo em perdas e danos, com prévia liquidação do *quantum*.

Havendo a possibilidade de desfazimento, o juiz assinará prazo para o devedor; caso ele não cumpra a determinação judicial, o credor pode requerer ao juiz que mande desfazer o ato à custa do executado, ou que converta a obrigação em perdas e danos. Caso o credor opte pelo desfazimento por terceiro à custa do devedor, observar-se-á o mesmo procedimento das obrigações de fazer.

Em qualquer caso, o juiz poderá valer-se das medidas de coerção, para o cumprimento específico da obrigação.

Cândido Dinamarco critica com razão os dispositivos legais que pressupõem sempre o inadimplemento integral da obrigação. É possível que o devedor tenha descumprido apenas em parte a obrigação, realizando parcialmente aquilo de que devia abster-se. Se isso ocorrer, será possível postular o desfazimento do que já foi feito e providências para impedir o devedor de realizar o que ainda não foi feito, com uso das medidas de coerção (CPC, art. 536, § 1º). Como acentua o eminente processualista, "Mesmo no silêncio do Livro II do Código, o juiz tem amplos poderes para evitar, até mediante o emprego da força quando necessário, a prática de atos contrários às obrigações de não fazer"[2]. Conquanto as medidas de coerção tenham sido estabelecidas para a execução por título judicial, podem também ser empregadas na fundada em título extrajudicial.

8. EXECUÇÃO POR QUANTIA CERTA CONTRA DEVEDOR SOLVENTE FUNDADA EM TÍTULO EXECUTIVO EXTRAJUDICIAL

8.1. Introdução

Antes da Lei n. 11.232/2005 não havia distinção entre a execução por quantia fundada em título judicial e a fundada em título extrajudicial. Ambas operavam-se por processos autônomos, nos quais o devedor era citado para pagar ou nomear bens à penhora. O procedimento era o mesmo, e a única distinção relevante era que, na primeira, a extensão dos embargos de devedor era mais restrito que na segunda.

Desde aquela lei, cuja sistemática foi mantida pelo CPC atual, diferenças acentuadas passaram a existir, em especial porque a fundada em título judicial deixou de ser autônoma, de formar relação processual independente, e tornou-se apenas uma fase de um processo maior, denominado sincrético. Numerosas diferenças tornaram necessário examinar, em capítulos distintos, a execução por quantia de título extrajudicial e judicial.

Vamos tratar, primeiro, da fundada em título extrajudicial, porque a outra usa, em boa parte, os mesmos mecanismos. As suas regras aplicam-se subsidiariamente, se omissas as referentes ao cumprimento de sentença.

2. Cândido Rangel Dinamarco, *Instituições*, cit., p. 494.

A fundada em título extrajudicial constitui execução autônoma, com um processo independente.

Cabe sempre que o devedor recusa a, voluntariamente, satisfazer obrigação de pagar determinada quantia em dinheiro. A técnica mais usada é a de sub-rogação: o Estado substitui o particular, no cumprimento da obrigação. Se ele não paga, toma-lhe à força o dinheiro, para entregá-lo em pagamento ao credor; se não encontra dinheiro, o Estado toma bens do devedor, suficientes para fazer frente ao débito e promove a expropriação forçada, pagando o credor. Não se exclui, porém, o uso excepcional da técnica de coerção, diante do que dispõe o art. 139, IV, do CPC.

A execução por quantia começa com a petição inicial, acompanhada do título executivo. O juiz a examinará e, verificando que está em termos, determinará que o devedor seja citado para, em três dias, pagar. Ele poderá efetuar o pagamento, caso em que a execução será extinta. Se não o fizer, o oficial de justiça penhorará e avaliará seus bens, o suficiente para a garantia do débito, devendo ser observada a ordem do art. 835 do CPC. Sem prejuízo da penhora, com a juntada aos autos do mandado de citação, fluirá o prazo de quinze dias dos embargos.

Se a eles não for atribuído efeito suspensivo, ou se forem julgados improcedentes, a execução prosseguirá, passando-se à fase expropriatória, na qual poderá ser requerida a adjudicação dos bens ou a sua conversão em dinheiro, o que se fará por meio da alienação por iniciativa particular ou em leilão judicial eletrônico ou presencial. A alienação de bens só se realizará se nenhum dos legitimados requerer a adjudicação, que hoje é a forma preferencial de expropriação. O credor pode ainda requerer a alienação particular. Somente se não houver adjudicantes, nem for requerida a alienação particular, realizar-se-ão os leilões judiciais. São designadas duas datas. Na primeira, o bem só poderá ser alienado se alcançado o valor da avaliação; na segunda, será aceito qualquer lanço, ainda que inferior à avaliação, desde que não seja vil.

Encerrada a excussão, será feito o pagamento do devedor e extinta a execução, desde que o valor apurado seja suficiente.

Eis, em síntese, uma visão panorâmica do procedimento da execução por quantia. Cumpre examinar com minúcia cada uma dessas fases, já que são incontáveis os incidentes que podem ocorrer.

8.2. Petição inicial

O credor a elaborará com os requisitos dos arts. 319 e 320, acrescidos das especificações do art. 798 do CPC. Além de indicar o juízo ao qual é dirigida, deve apresentar as partes e sua qualificação. É fundamental que o exequente exponha a causa de pedir e formule o pedido de que o devedor seja citado para efetuar o pagamento, sob pena de lhe serem penhorados os bens necessários para a garantia do débito, para posterior excussão e pagamento do credor. É necessário que a quantia indicada na petição seja líquida, possa ser verificada de plano, ou por simples cálculo aritmético.

Além da citação, serão também requeridas as intimações das pessoas indicadas no art. 799, I a VII, do CPC.

O exequente deverá indicar o valor da causa, que corresponderá ao do débito atualizado, acrescido dos encargos apontados no demonstrativo discriminado de cálculo que acompanha a inicial, requisito indispensável, conforme o art. 798, I, *a*, do CPC. Quando houver pedidos cumulados, o valor da causa consistirá na soma dos pedidos individuais. Esse demonstrativo do débito deve informar o índice de correção monetária adotado, a taxa de juros aplicada, os termos inicial e final de incidência da correção monetária e da taxa de juros, a periodicidade da capitalização de juros, se for o caso, e a especificação do desconto obrigatório realizado (art. 798, parágrafo único).

Como hoje compete ao credor a preferência para indicação dos bens a serem penhorados, conveniente que ele já os indique na petição inicial. Esta deve vir acompanhada de alguns documentos indispensáveis, elencados no art. 798, I. O primeiro é o título executivo extrajudicial, sem o qual não há execução. Outro é o demonstrativo do débito indispensável para demonstrar que o título é líquido, pois o ilíquido não permite execução. Somente os títulos judiciais podem ser ilíquidos; os extrajudiciais não estão sujeitos à liquidação prévia. Seu valor deve resultar diretamente do título ou de simples cálculos aritméticos. Para provar a liquidez é que se junta a memória discriminada de cálculo. Ela pode constar no bojo da inicial ou em documento a ela anexado. O cálculo deve ser discriminado: parte-se do valor originário e indicam-se os acréscimos feitos, as datas e os índices utilizados. O demonstrativo tem de ser tal que permita ao devedor e ao juiz verificar o valor originário, a data de vencimento, os acréscimos e as deduções com todas as especificações do art. 798, parágrafo único.

Antes de receber a petição inicial, o juiz examinará o demonstrativo de cálculo para verificar se não contém erros evidentes quanto ao valor. Se isso aparentemente ocorrer, a execução será iniciada pelo valor pretendido, mas a penhora terá por base a importância que o juiz entender adequada, sendo aplicável à execução por título extrajudicial a regra que vale para o judicial (art. 524, § 1º, do CPC).

Se necessário, o juiz poderá, para a verificação dos cálculos, valer-se do contabilista do juízo (art. 524, § 2º).

O art. 798, III e IV, do CPC, determina que a inicial venha instruída com prova de que se verificou a condição ou ocorreu a termo e com a prova, se for o caso, de que o exequente adimpliu a contraprestação que lhe corresponde ou que lhe assegura o cumprimento, se o executado não for obrigado a satisfazer a sua prestação senão mediante a contraprestação do exequente.

O juiz a examinará e, caso verifique que está incompleta ou desacompanhada dos documentos indispensáveis, concederá prazo de 15 dias para a regularização. Se o prazo transcorrer *in albis*, a petição inicial será indeferida. Se estiver em termos, o juiz determinará que o devedor seja citado para, no prazo de três dias, pagar, fixando, desde logo, os honorários advocatícios que serão devidos para a hipótese de o devedor cumprir o mandado e efetivar o pagamento. Esses honorários iniciais serão de 10%, que serão reduzidos à metade caso o devedor faça o pagamento no prazo de três dias. Os honorários advocatícios poderão ser elevados até 20%, quando rejeitados os embargos. Mesmo que não haja embargos, eles poderão ser elevados ao final do procedimento executivo, levando-se em conta o trabalho realizado pelo advogado do exequente.

Se o credor desejar, poderá já indicar sobre qual bem deve recair a penhora, já que hoje é dele a prioridade na indicação.

8.3. Citação

O devedor é citado para em três dias pagar o que deve. Cumpre ao credor, já na petição inicial, indicar quais bens pretende ver penhorados, observada a ordem do art. 835 do CPC.

Caso ele não o faça, o oficial de justiça, depois de transcorrido *in albis* o prazo de três dias, poderá penhorar livremente os bens do devedor que encontrar, observada a ordem do art. 835 do CPC. Pode ocorrer que o credor não indique bens penhoráveis do devedor na petição inicial, porque não os consiga identificar ou localizar e o oficial de justiça também não os encontre. O juiz poderá, então, determinar que o devedor os indique. Se ele os tiver e não indicar, haverá ato atentatório à dignidade da justiça (art. 774, IV, do CPC), que sujeitará o devedor às penas do art. 774, parágrafo único.

Todas as formas de citação previstas no CPC são admitidas na execução, inclusive a por carta, que não era admitida na legislação anterior.

Como, no entanto, haverá eventual necessidade de penhora de bens, a forma mais comum de citação será por mandado, do qual constará a determinação de que o devedor, em três dias, pague, sob pena de ter seus bens penhorados. O mesmo mandado ainda dará ciência ao executado do prazo de quinze dias para a oposição de embargos.

É conveniente que o mandado de citação seja expedido em duas vias: realizada a citação, uma delas será juntada de imediato aos autos para que possa fluir o prazo dos embargos. A outra permanecerá em mãos do oficial de justiça para que, caso não haja o pagamento, ele, transcorridos os três dias, realize a penhora de bens do devedor.

A citação é fundamental para a contagem de dois prazos distintos: o de oposição dos embargos e o de pagamento. O primeiro, porém, só corre da juntada aos autos do mandado de citação. Por isso, é preciso que o oficial de justiça junte aos autos uma das vias do mandado. Já o prazo de três dias para pagamento não corre da juntada aos autos do mandado de citação, mas da efetivação desta. Assim, ultrapassados os três dias, contados do ato de citação, o oficial, munido da segunda via do mandado, efetivará a penhora e avaliação dos bens.

Muito se discutiu sobre a citação com hora certa no processo de execução na vigência do CPC de 1973. Mas a questão já havia se pacificado com a edição da Súmula 196 do Superior Tribunal de Justiça, que a autoriza. No CPC atual, não pode mais haver dúvida, diante da autorização expressa do art. 830.

A citação por edital também é admitida no processo de execução, nas hipóteses previstas no art. 256 do CPC. Mesmo que o executado esteja em local desconhecido, a execução poderá prosseguir, desde que sejam encontrados bens para a garantia do débito.

O oficial de justiça, ao localizar bens mas não o devedor, arrestar-lhes-á, em quantia suficiente. Nos dez dias seguintes, procurará o devedor por duas vezes, em dias distintos. Se não o encontrar, certificará o ocorrido e estará autorizada a citação com hora certa, se ele se ocultar, ou por edital, nas hipóteses do art. 256 do CPC. Findo o prazo do edital, o devedor terá três dias para pagar. Se não o fizer, o arresto converter-se-á em penhora.

É possível requerer a citação com hora certa ou por edital, sem que tenha havido prévio arresto, pois ela pode ser necessária para, por exemplo, interromper o prazo prescricional.

Feito o arresto, se localizados bens, a execução prosseguirá, devendo o juiz nomear curador especial, se o devedor não se apresentar.

A citação, no processo de execução, produz todos os efeitos do art. 240 do CPC.

8.4. Arresto

O arresto do art. 830 do CPC não se confunde com o arresto cautelar mencionado no art. 301. O primeiro não tem natureza cautelar e independe de *periculum in mora*. Para distingui-lo da providência cautelar homônima, costuma-se designá-lo de arresto executivo, mero incidente da execução, que ocorre quando o oficial de justiça, diligenciando por citar o devedor, não o encontra, mas localiza bens. Para que eles não desapareçam, o oficial os arresta e entrega a um depositário, que se incumbe da guarda e preservação. O único requisito é que o devedor não seja localizado, mas seus bens. Já a medida cautelar de arresto depende de *periculum in mora* e *fumus boni juris*. Pressupõe uma dívida e tem por finalidade preservar o patrimônio do devedor, em garantia do credor, que teme que aquele se torne insolvente.

O arresto executivo é ato preparatório da penhora e deve ser realizado com todas as formalidades desta, sendo indispensável um depositário que assine o termo correspondente.

Feito o arresto, ainda não será possível a citação ficta. Será preciso que o oficial de justiça procure o devedor por duas vezes, nos dez dias seguintes, em dias distintos. Não sendo encontrado nessas circunstâncias, será feita a citação ficta. De acordo com o art. 830, § 1º, o credor terá o prazo de dez dias para requerê-la e providenciar o necessário para que se aperfeiçoe, sob pena de o arresto perder eficácia.

Se, no curso do prazo do edital, ou nos três dias que lhe seguem, o devedor comparece e paga, o arresto fica sem efeito. Caso transcorra o prazo sem o comparecimento do devedor, o arresto converte-se em penhora, prosseguindo-se a execução.

8.5. Curador especial

Não há mais controvérsia sobre a necessidade de nomeação de curador especial, no processo de execução, quando o devedor tiver sido citado fictamente. A Súmula 196 do Superior Tribunal de Justiça eliminou a dúvida.

Mas ainda há alguma discussão sobre os poderes e deveres dele no processo. Terá de acompanhar a execução e promover a defesa dos direitos do executado. Poderá, por exemplo, impugnar avaliações, fiscalizar os leilões judiciais, apresentar recursos contra decisões que contrariem os direitos do devedor. E poderá, sobretudo, opor embargos à execução, suscitando eventuais defesas. Mas existe controvérsia sobre se o curador especial teria de opor embargos, ainda que não tivesse elementos para fazê-lo. No processo de conhecimento, ele deve contestar sempre, ainda que sem fundamentos.

Admite-se a contestação por negativa geral, que afasta a presunção de veracidade decorrente da revelia. Com os embargos é diferente: eles têm natureza jurídica de ação incidente, que serve para veicular a defesa do executado. É descabida a oposição de embargos por negativa geral; no processo de execução não está entre os efeitos dos embargos afastar os efeitos da revelia. O curador especial só deve apresentá-los se efetivamente tiver elementos ou defesas. Do contrário, deve esclarecer que os deixa de opor por falta de elementos específicos, mas que acompanhará a execução, para verificar se os direitos do devedor estão sendo respeitados.

8.6. O pagamento

O devedor é citado para, em três dias, pagar. Esse prazo corre da efetiva citação, e não da juntada aos autos do mandado, o qual permanece com o oficial de justiça. Passado *in albis* o prazo, o oficial retorna para penhorar os bens. Nesse sentido, STJ, 6ª Turma, REsp 416.861-DF, rel. Min. Vicente Leal.

No processo de execução não se aplica o art. 231, § 1º, do CPC: havendo litisconsórcio passivo, o prazo de três dias será contado autonomamente para cada um dos executados, conforme forem sendo citados.

Para fazer o pagamento, o devedor deverá depositar o principal, com correção monetária e demais encargos, incluindo juros de mora e eventuais multas que constem do título executivo. Caso o pagamento venha a ser feito no prazo estabelecido em lei, o valor dos honorários advocatícios de 10% do débito fixados pelo juiz no despacho inicial será reduzido à metade. Trata-se de medida que visa a estimular o devedor a proceder ao pagamento espontâneo.

Verificando o juiz que houve o pagamento integral do débito e da verba de sucumbência, extinguirá a execução.

8.7. Da penhora e do depósito

Compete ao credor indicar o bem que pretende ver penhorado, respeitando a ordem do art. 835 do CPC.

Tem sido decidido, com razão, que a ordem não é absoluta, havendo situações que justifiquem uma inversão. Nesse sentido: "A ordem legal estabelecida para a nomeação de bens à penhora não tem caráter rígido, absoluto, devendo atender às circunstâncias do caso concreto, à satisfação e à forma menos onerosa para o devedor, a fim de tornar mais fácil e rápida a execução e de conciliar quanto possível os interesses das partes. A gradação legal há de ter em conta, de um lado, o objetivo de satisfação do crédito, e, de outro, a forma menos onerosa para o devedor. A conciliação desses dois princípios é que deve nortear a interpretação da lei processual, especificamente os arts. 655, 656 e 620 do CPC [atuais arts. 835, 848 e 805]. Embora na dicção legal a nomeação de bens à penhora seja ineficaz quando não observada a gradação do art. 655 do CPC [atual art. 835], o exequente deve justificar a sua objeção, dizendo as razões pelas quais não a aceita" (*RSTJ*, *123*:301).

Nas execuções de crédito pignoratício, anticrético ou hipotecário, não há liberdade de o credor indicar bens, pois a penhora deve recair sempre sobre a coisa dada em garantia.

A penhora é ato essencial do processo de execução por quantia, sem a qual ela não pode alcançar o resultado almejado. Não é requisito indispensável para a oposição de embargos, cujo prazo correrá independentemente de sua realização. Mas, sem a penhora, não pode haver expropriação de bens, com o que o resultado da execução por quantia fica comprometido. Daí por que, se o credor não indicar bens, nem for possível localizá-los, o juiz pode, a qualquer tempo, intimar o devedor, de ofício, ou a requerimento do exequente, para que indique bens passíveis de penhora (CPC, art. 774, V). O não cumprimento da determinação judicial configurará ato atentatório à dignidade da justiça e exporá o devedor às sanções do art. 774, parágrafo único.

A penhora que recai sobre bens constituirá ato preparatório da expropriação, afetando-os para futura avaliação e alienação forçada.

Por meio dela selecionam-se os bens do devedor afetados à expropriação, os quais ficam preservados em mãos de um depositário. Ele os apresentará assim que determinado.

Mesmo antes da citação e da penhora, a alienação de bens pelo devedor pode ser ineficaz, por fraude à execução. Em regra, a fraude à execução só se caracteriza após a citação do devedor que aliena bens, tornando-se insolvente. É preciso demonstrar a má-fé do adquirente, que só será presumida após a averbação da penhora (Súmula 375 do STJ). Mas poderá haver a fraude à execução antes da citação do devedor se tiver sido tomada a providência do art. 828 do CPC, isto é, se o credor tiver providenciado a averbação da admissão da execução, onde os bens do executado estiverem registrados. A alienação de qualquer dos bens penhorados, desde que provada a má-fé do adquirente, que será presumida se a penhora tiver sido averbada, será ineficaz, ainda que não resulte em insolvência, pois o bem já está reservado para assegurar a futura expropriação. Conquanto o devedor, com a penhora, possa não ser privado da posse da coisa – já que pode ser constituído depositário –, ficará sempre privado de sua disponibilidade.

A penhora assegura ao credor o direito de preferência sobre os bens (CPC, art. 797), que não é absoluta: se ele tiver sido dado em garantia real, a prioridade por ela assegurada supera a que decorre da penhora; é possível, ainda, que o mesmo bem seja objeto de duas ou mais penhoras sucessivas, caso em que, ressalvada a hipótese de insolvência civil, a preferência deve respeitar a ordem de realização. Terá preferência aquele em cujo favor a penhora constituiu-se em primeiro lugar (*prior tempore potior jure*). É o que determina o art. 908, § 2º, do CPC.

A penhora é um mecanismo processual que afeta um bem à futura expropriação em execução por quantia. Não se confunde com os direitos reais de garantia, que independem de processo e têm requisitos muito diferentes. Ela é constituída por determinação judicial, ao passo que os direitos reais de garantia dependem da vontade das partes. Somente na penhora há a entrega do bem a um depositário, que se incumbirá de preservá-lo até que a expropriação se efetive.

8.7.1. Bens sujeitos à penhora

Estão sujeitos à penhora todos os bens, móveis ou imóveis, do devedor, que tenham conteúdo econômico, respeitadas as exceções do art. 833 do CPC.

A penhora pode recair sobre bens corpóreos ou incorpóreos, desde que tenham valor patrimonial. Não há para a penhora, fenômeno processual, a restrição dos direitos reais, que só podem ter por objeto coisa corpórea, tangível e suscetível de apropriação. Ela pode recair, por exemplo, não sobre a coisa em si, mas sobre os direitos que o executado tenha sobre ela ou sobre títulos, direitos e ações.

Há casos em que a penhora pode recair sobre bens que não pertencem ao executado original, mas a terceiro. Sempre que o juiz desconsiderar a personalidade jurídica de uma empresa, para estender a responsabilidade aos sócios, os bens dele poderão ser atingidos. Mas é preciso que o responsável, que até então não figurava no polo passivo, passe a integrá-lo.

O oficial de justiça penhorará tantos bens quantos bastem para o pagamento do principal, juros, custas e honorários advocatícios, o que reforça a necessidade de o juiz, ao determinar a citação do réu na execução, já preestabelecer quais serão os honorários.

Cumprirá ao exequente indicar sobre quais bens a penhora recairá, respeitada a ordem do art. 835 do CPC. Não tendo o credor condições de fazê-lo, o oficial de justiça diligenciará para tentar localizá-los.

Como ensina Dinamarco, "a penhora de uma coisa não inclui por si própria a de seus frutos ou rendimentos. Esses acessórios só serão incluídos quando a própria coisa não for suficiente para satisfazer integralmente o crédito, realizando-se então duas penhoras: a da coisa produtiva e a dos frutos ou rendimentos; inversamente, podem ser penhorados somente estes, sem que a coisa produtiva o seja, tudo dependendo sempre das necessidades de cada caso"[3].

Assiste razão ao ilustre professor, porque, nesse caso, não deve prevalecer a regra de que o acessório segue o principal. A penhora tem uma finalidade específica: garantir o prosseguimento da execução, afetando à expropriação bens suficientes para satisfazer o credor. Ora, se o bem penhorado já é suficiente, não há razão para que sejam também penhorados os frutos e rendimentos que ele produz, em especial porque a propriedade da coisa continua, até a futura expropriação, a pertencer ao devedor, e o proprietário do principal também o será do acessório.

O oficial de justiça não deve realizar a penhora quando for evidente que o produto da execução dos bens será totalmente absorvido pelo pagamento das custas da execução (art. 836, *caput*). Não se justifica a constrição se dela não pode advir nenhuma vantagem ao credor. Mas é preciso que a insuficiência dos bens seja evidente, manifesta.

Manda a lei que, nessa hipótese, bem como na de não serem encontrados bens penhoráveis, o oficial de justiça descreva os que guarnecem a residência ou estabelecimento do devedor (art. 836, § 1º), para permitir que o exequente possa conferir se efetivamente os bens são insuficientes e não podem ser penhorados.

8.7.2. Efetivação da penhora

Os arts. 831 e 845 do CPC tratam da efetivação da penhora por oficial de justiça. É essa, por excelência, a forma pela qual se realiza.

3. Cândido Rangel Dinamarco, *Instituições*, cit., p. 525.

Se o devedor não pagar nem fizer nomeação válida, o oficial de justiça, munido do mandado, irá ao local onde se encontram os bens do executado e realizará a penhora.

Se houver resistência do devedor, ele comunicará ao juiz, que pode, se necessário, determinar o arrombamento da casa e requisitar auxílio policial (CPC, art. 846).

O oficial não pode proceder ao arrombamento sem ordem judicial. Ele será feito em conformidade com o art. 846, § 1º, lavrando-se auto de resistência. O auto de penhora deverá conter a data em que a constrição foi feita, o nome do credor e do devedor, a descrição dos bens penhorados, com os seus característicos, e a nomeação do depositário, que deverá assiná-lo. O âmbito de atuação do oficial de justiça, para a constrição de bens, é o foro em que ele atua e as comarcas contíguas (CPC, art. 255). Não pode efetivar a constrição do bem em outra comarca, salvo as contíguas. Para a penhora de bens em outra comarca, é necessária a expedição de carta precatória. Será nula a penhora feita por oficial de justiça fora de seu âmbito de atuação. Não só ela, mas também a avaliação e a excussão serão feitas por precatória. Cumprirá ao juízo deprecado resolver todas as questões referentes aos atos que são de sua atribuição. Eventuais incidentes sobre a penhora – o depósito dos bens, a apuração do seu valor e a alienação judicial – serão afeitos a ele. Caso a penhora recaia sobre bem de terceiro, a competência para o julgamento dos embargos de terceiro será do juízo deprecado, salvo se a indicação e especificação do bem partirem do deprecante; se a precatória não discrimina o bem, e o oficial de justiça do juízo deprecado penhora os de terceiro, nele serão julgados os embargos.

8.7.3. A penhora de imóveis e veículos automotores

A penhora de bens imóveis e veículos automotores vem regulada especificamente no art. 845, § 1º, do CPC.

Ela pode ser realizada por auto ou por termo. Por auto, quando realizada por oficial de justiça, o que só ocorrerá se o credor assim preferir, ou se houver alguma razão para a intervenção do oficial, como a recusa do devedor em entregar a posse do imóvel ao depositário.

Se houver nos autos certidão imobiliária, a penhora de imóveis poderá dispensar a participação do oficial de justiça e ser realizada por termo. Não será necessário que o oficial vá ao local, nem que descreva o imóvel, já identificado pela certidão. O mesmo ocorrerá em relação aos veículos automotores, quando apresentada certidão que ateste a sua existência. A penhora por termo tem a vantagem de poder ser realizada mesmo que o bem esteja em outra comarca.

8.7.4. A penhora de créditos e no rosto dos autos

A penhora pode recair em bens corpóreos ou incorpóreos, como créditos. Se o crédito estiver consubstanciado em letra de câmbio, nota promissória, duplicata, cheque ou outros títulos, far-se-á pela apreensão do documento, esteja ou não em poder do executado. Mas, mesmo sem a apreensão, se o terceiro confessar a dívida, será tido como depositário da importância, considerando-se feita a penhora com: a) a intimação ao terceiro devedor para que não pague ao executado, seu credor; ou b) a intimação ao executado, credor do terceiro, para que não pratique ato de disposição do crédito. Com a intimação, o terceiro só se exonerará da obrigação depositando em juízo a importância da dívida.

Se a penhora recair sobre direito e ação do executado, não tendo havido embargos ou sendo eles rejeitados, o exequente se sub-rogará nos direitos do executado.

A penhora no rosto dos autos é a que recai sobre direito do devedor discutido em processo judicial. Na verdade, recai sobre uma expectativa de direito. Imagine-se, por exemplo, que ela diga respeito aos direitos que o executado discute em ação de cobrança por ele ajuizada em face de terceiro. Caso o executado saia vitorioso na ação de cobrança, a constrição recairá sobre os bens que forem adjudicados ou vierem a caber a ele. Mas a penhora no rosto dos autos tornar-se-á ineficaz se o resultado do processo for desfavorável ao devedor. Se a ação de cobrança for julgada improcedente, nenhum bem ou vantagem será adjudicado ao devedor.

A penhora no rosto dos autos far-se-á conforme o art. 860 do CPC por oficial de justiça; aperfeiçoa-se quando ele intima o escrivão a averbar no rosto dos autos que os direitos a que o devedor fizer jus naquele processo estão constritos para garantir a execução.

Feita a penhora no rosto dos autos, abrem-se ao credor três alternativas: aguardar o desfecho do litígio, que, julgado em favor do devedor, implicará efetivação da penhora sobre os bens que forem atribuídos a este; tentar alienar judicialmente o direito litigioso (CPC, art. 857, § 1º), opção que esbarrará na dificuldade em encontrar adquirentes de direitos, ainda em grau de expectativa; ou sub-rogar-se no direito do devedor, tornando-se titular do direito litigioso, caso em que poderá requerer o seu ingresso em juízo, substituindo o devedor, respeitado o disposto no art. 109, § 1º, do CPC.

8.7.5. Penhora on-line

O art. 854 do Código de Processo Civil autoriza expressamente o juiz a determinar às instituições financeiras, por via eletrônica gerida pela autoridade supervisora do sistema financeiro nacional, a indisponibilidade dos valores existentes em nome do executado, em depósito ou aplicação financeira, observando o valor da execução. A determinação será feita sem o prévio conhecimento do executado.

Trata-se de instrumento útil para tentar alcançar bens do devedor, em princípio adotado pela Justiça do Trabalho, e hoje pela justiça comum. É fruto de um convênio entre o Judiciário e o Banco Central. O juiz, por meio de senha, expede uma determinação ao Banco Central, para que ele ordene a todas as instituições financeiras do País que identifiquem e bloqueiem as contas bancárias do devedor.

Após a citação, devem-se aguardar os três dias, para que o devedor pague. Se não o fizer, o credor poderá requerer a penhora das contas. Não é necessário tentar primeiro a penhora por mandado para só então, não sendo frutífera a diligência, permitir aquela por via eletrônica. A penhora de dinheiro ocupa o topo da lista de preferência do art. 835. Há um risco a ser assumido pelo credor: o de que a constrição venha a recair sobre valores impenhoráveis. O mecanismo ainda não se tornou de tal forma eficiente que permita excluir as contas para recebimento de salários e aposentadorias, ou as cadernetas de poupança até 40 salários mínimos, que são impenhoráveis. Feito o bloqueio, se o juiz verificar que a indisponibilidade recaiu sobre valores excessivos, determinará o cancelamento do excedente, o que deve ser feito no prazo de 24 horas.

Uma vez feito o bloqueio, o executado será intimado, na pessoa do seu advogado ou, se não o tiver, pessoalmente. Correrá, então, o prazo de cinco dias para que ele comprove que as quantias tornadas indisponíveis são impenhoráveis ou que ainda remanesce indisponibilidade excessiva de ativos financeiros, caso em que o juiz determinará o cancelamento da indisponibilidade irregular ou excessiva. Caso não haja impugnação, ou seja ela rejeitada, a indisponibilidade converter-se-á de pleno direito em penhora, e o valor será transferido para conta vinculada ao juízo, onde ficará penhorado até o levantamento pelo exequente, sem a necessidade de lavratura de termo.

As instituições financeiras responderão pelos prejuízos causados ao executado em decorrência da indisponibilidade de ativos financeiros em valor superior ao indicado na execução ou pelo juiz, bem como pelo não cancelamento da indisponibilidade no prazo de 24 horas, quando o juiz assim o determinar.

A penhora *on-line* tem sido instrumento eficaz para localização dos bens do devedor, porque não depende da colaboração dele, e, por sua rapidez, muitas vezes se consegue efetivar a constrição antes que o devedor tenha tido tempo hábil para retirar o dinheiro, em detrimento do credor.

8.7.6. Penhora de quotas ou das ações de sociedades personificadas

Tem procedimento específico, instituído pelo art. 861 do CPC. Feita a penhora, o juiz assinará prazo razoável, não superior a três meses, para que a sociedade apresente balanço comercial, na forma da lei, ofereça as quotas ou ações aos demais sócios, observado o direito de preferência legal ou contratual, e, não havendo interesse dos sócios na aquisição das ações, proceda à liquidação das quotas ou das ações, depositando em juízo o valor apurado, em dinheiro.

8.7.7. Penhora de empresa, de outros estabelecimentos ou semoventes

Deverá ser nomeado um administrador que, em dez dias, apresentará um plano de administração. Ouvidas as partes, o juiz decidirá. As partes, de comum acordo, poderão ajustar a forma de administração e escolher o depositário, ajuste que o juiz homologará por despacho.

No plano, o administrador deverá indicar a forma pela qual a empresa ou o estabelecimento será gerido e a forma de pagamento do exequente, devendo prestar contas de sua gestão.

8.7.8. Penhora de percentual de faturamento de empresa

Vem prevista no art. 866 do CPC. Não deve ser deferida em qualquer situação, mas apenas quando o executado não tiver outros bens penhoráveis ou, tendo-os, estes forem de difícil alienação ou insuficientes para saldar a dívida. A penhora recairá sobre um percentual do faturamento, que deverá ser fixado pelo juiz, capaz de propiciar a satisfação do exequente em tempo razoável, sem comprometer o exercício da atividade empresarial. Para viabilizar a penhora, será nomeado um administrador-depositário, o qual deverá submeter à aprovação judicial a sua forma de atuação, prestando contas mensalmente e entregando em juízo as quantias recebidas, com os respectivos balancetes mensais.

8.7.9. Penhora de frutos e rendimentos de coisa móvel ou imóvel

Pode a penhora recair não sobre a coisa, mas sobre os frutos e os rendimentos que ela produza. O juiz a deferirá quando considerá-la a forma mais eficiente para o recebimento do crédito e menos gravosa ao executado. Por exemplo, é facultado ao juiz determinar não a penhora de um imóvel do executado, mas dos aluguéis que ele renda. A penhora de frutos e rendimentos exige a nomeação de um administrador-depositório, que ficará investido de todos os poderes que concernem à administração do bem e à fruição de seus frutos e utilidades, perdendo o executado o direito de gozo do bem, até a satisfação do exequente. Em se tratando de imóveis, é necessário promover a averbação no Oficial de Registro de Imóveis. Só então a penhora terá eficácia em relação a terceiros. Caso não se trate de bem imóvel, a eficácia em relação a terceiros dar-se-á a partir da publicação da decisão que conceda a medida. A nomeação do administrador-depositário pode recair sobre o exequente ou sobre o executado, ouvida a parte contrária, e, não havendo acordo, sobre profissional qualificado para o desempenho da função.

8.7.10. Averbação do arresto ou da penhora

O art. 844 do CPC determina que, feito o arresto ou a penhora sobre imóvel ou outro bem sujeito a registro, o exequente providencie, para presunção absoluta de conhecimento por terceiros, a respectiva averbação no registro competente, mediante apresentação de cópia do auto ou do termo, independentemente de mandado judicial. O registro não é requisito de validade ou eficácia da constrição, que se reputa perfeita e acabada mesmo sem ele. É importante, porém, para que ela ganhe eficácia *erga omnes*.

O devedor, depois de citado, não pode alienar bens, tornando-se insolvente, sob pena de ficar configurada fraude à execução, que torna ineficaz o negócio. Apesar disso, o credor corre um risco: o de que o bem seja alienado a um terceiro que alegue tê-lo adquirido de boa-fé. Cumprirá ao exequente o ônus de provar a má-fé do terceiro (Súmula 375 do Superior Tribunal de Justiça), o que nem sempre será fácil fazer.

Para evitar o problema, a lei determina a averbação do arresto ou da penhora. A partir daí, nenhum adquirente poderá alegar boa-fé, pois estará inexoravelmente ciente da penhora. Se o exequente quiser antecipar ainda mais a presunção de má-fé, bastará promover a averbação do ato de propositura da execução, nos termos do art. 799, IX, do CPC.

8.7.11. Substituição do bem penhorado

Há dois dispositivos que tratam da substituição da penhora: os arts. 847 e 848, que se aplicam em circunstâncias diferentes. Nas hipóteses do art. 848, a substituição pode ser requerida por qualquer das partes, a qualquer tempo, enquanto não realizada a expropriação; na do art. 847, só pode ser feita a requerimento do executado, no prazo de dez dias após a intimação da penhora.

De acordo com o art. 848, o juiz deferirá a substituição, a requerimento das partes, quando: I – houver desobediência à ordem legal, estabelecida no art. 835. Nem sempre a desobediência resultará no acolhimento do pedido de substituição, porque a ordem não é absoluta, havendo circunstâncias que autorizam a inversão; II – não incidir sobre os bens designados na lei, contrato ou ato judicial para o pagamento. Nessa hipótese, pressupõe-se prévio estabelecimento, por lei, contrato ou determinação judicial, dos bens que devem ser penhorados. É o que ocorre, por exemplo, nos contratos que instituem hipotecas, nos quais a penhora deve recair sobre o bem hipotecado (art. 842); III – havendo bens no foro da execução, outros tiverem sido penhorados. Se os bens estão em outra comarca, a penhora, a avaliação e a alienação judicial terão de ser feitas por carta precatória, o que pode dificultar e onerar a execução; IV – havendo bens livres, a penhora recair sobre outros que não o sejam. Se pesa sobre o bem gravame ou ônus, a execução será dificultada, havendo, por exemplo, necessidade de intimar o credor com garantia real, que terá direito de preferência sobre o produto da alienação; V – os bens tiverem baixa liquidez. A penhora deve recair sobre bens que garantam o pagamento da dívida. Do contrário, sua finalidade se frustrará. Se o bem não goza de liquidez, dificilmente poderá ser alienado, o que dificultará o pagamento do credor; VI – fracassar a tentativa de alienação judicial do bem. É comum que sejam realizadas sucessivas tentativas, sem que ninguém se interesse por adquirir o bem. Com isso, a execução não alcança o resultado almejado, que é a satisfação do credor. Havendo outros bens penhoráveis, o juiz determinará a substituição da penhora; VII – o devedor não indicar o valor dos bens ou omitir qualquer das indicações previstas em lei. Isto é, quando não fornecer as informações necessárias, que identifiquem o bem, de modo que ele possa ser individualizado.

Admite-se, ainda, a substituição do bem por fiança bancária ou seguro garantia judicial, em valor não inferior ao débito objeto da execução, acrescido de 30% (art. 848, parágrafo único).

Quando houver pedido de substituição, o juiz ouvirá a parte contrária em três dias, e decidirá de plano. Deferido o requerimento, será lavrado novo termo de penhora.

Afora as hipóteses mencionadas no art. 848, o executado poderá, nos dez dias seguintes à intimação da penhora, requerer a sua substituição, desde que presentes dois requisitos cumulativos: que não haja prejuízo ao exequente e que a substituição proporcione uma execução menos onerosa ao devedor.

Não será deferida a substituição se o juiz verificar que o novo bem goza de liquidez menor que o anterior, pois, com isso, o exequente ficaria prejudicado.

O art. 847, § 1º, enumera os requisitos que o pedido de substituição, formulado pelo executado, deve observar.

A substituição por dinheiro deve sempre ser deferida, porque facilita a execução e garante a satisfação do exequente.

A substituição da penhora de bem por dinheiro não se confunde com o pagamento. Neste, o devedor abre mão de qualquer defesa, e o credor poderá levantar o valor depositado. Trata-se da remição da execução, tratada no art. 826 do CPC. Na substituição, a penhora persiste, e o dinheiro não poderá ser levantado até o momento oportuno.

8.7.12. Segunda penhora

A possibilidade de novas penhoras vem tratada no art. 851 do CPC, em rol taxativo. Cabe quando: I – a primeira for anulada. Não haverá propriamente uma segunda penhora, porque deixou de existir a primeira. Não haverá duas constrições, mas apenas a válida; II – executados os bens, o produto da alienação não bastar para o pagamento do exequente. Tem-se a impressão de que só depois de realizada a hasta o credor poderá requerer a segunda penhora, mas não é assim. Desde que fique evidente que o valor dos bens objeto da primeira é insuficiente, o juiz poderá autorizá-la. Mas isso quando a desproporção for manifesta, de forma que mesmo antes da avaliação se possa percebê-la; III – o exequente desistir da primeira penhora, por serem litigiosos os bens ou por estarem submetidos à constrição judicial (penhora, arresto ou outro tipo de constrição). Pressupõe penhora válida, que tenha recaído sobre bem penhorável do devedor ou responsável. O credor tem a faculdade de desistir nos casos indicados, ao verificar que a penhora só implicará gastos, sem reverter em proveito, já que o produto da excussão possivelmente reverterá em favor de terceiro. Quando realizada a segunda penhora, o executado será intimado e poderá impugná-la, no prazo de 15 dias, por simples petição, na forma do art. 917, § 1º, do CPC. Poderá alegar, por exemplo, que os novos bens eram impenhoráveis, ou que o valor dos primeiros era suficiente.

8.7.13. Redução ou ampliação da penhora

O art. 874 do CPC permite que, depois da avaliação, caso se constate manifesta desproporção entre o valor dos bens e do débito, o juiz possa mandar reduzir ou ampliar a penhora, ou transferi-la para outros bens, menos ou mais valiosos. Será preciso que haja requerimento dos interessados, pois o juiz não pode fazê-lo de ofício. É o devedor quem, em regra, requer a redução, e o credor, a ampliação. Antes de uma coisa ou outra, o juiz deve ouvir a parte contrária.

Em regra, o pedido só pode ser formulado após a avaliação, quando se constatará a insuficiência ou o excesso de penhora. Mas quando uma coisa ou outra forem manifestas, o juiz poderá decidir pela redução ou ampliação antes da avaliação. Nesse sentido: "É facultado ao Juiz deferir a ampliação da penhora, desde que de plano se mostrem insuficientes à garantia do Juízo os bens já penhorados, independentemente de avaliação" (STJ, 4ª Turma, REsp 439.016-DF).

A ampliação pode ser feita com a realização de uma segunda penhora, sobre outros bens, atribuindo-se ao devedor possibilidade de impugná-la. Ou com a substituição do bem penhorado por outro, com possibilidade de impugnação por simples petição, desde que verse sobre o novo ato de constrição. A redução da penhora faz-se por exclusão de alguns bens, liberados, ou pela transferência a outros, cujo valor seja suficiente. Caso haja substituição, o devedor terá oportunidade para impugnar a nova penhora, no prazo de 15 dias, na forma do art. 917, § 1º, do CPC, o que deverá ser feito por simples petição.

O art. 850 ainda admite a redução ou a ampliação da penhora, bem como a sua transferência para outros bens, se, no curso do processo, o valor de mercado dos bens penhorados sofrer alteração significativa.

8.7.14. Pluralidade de penhoras sobre o mesmo bem

Pode ocorrer que um devedor, com poucos bens, figure no polo passivo de numerosas execuções. A existência de penhora em outro processo, sobre o mesmo bem, não o torna impenhorável. Um bem pode ser penhorado várias vezes. Será aplicável o art. 908 do CPC: "Havendo pluralidade de credores ou exequentes, o dinheiro lhes será distribuído e entregue consoante a ordem das respectivas preferências". E o § 2º acrescenta: "Não havendo título legal à preferência, o dinheiro será distribuído entre os concorrentes, observando-se a anterioridade de cada penhora".

A ordem deve ser a seguinte: feita a alienação judicial do bem, o produto da venda deverá ser destinado primeiro aos credores preferenciais, por exemplo, os titulares de garantias reais sobre a coisa. Se não os houver, a preferência deverá ser dada pela ordem de realização de penhoras, nos termos do art. 908, *caput*. Receberá primeiro o exequente do processo em que a penhora tenha sido realizada primeiro, ainda que a arrematação tenha ocorrido em outra execução. Deve o juiz examinar as datas da penhora, atribuindo as prelazias de acordo com as respectivas realizações. Para que o juiz possa decidir, os exequentes formularão as suas pretensões, que versarão exclusivamente sobre o direito de preferência e a anterioridade da penhora.

Não é relevante, para a preferência, a averbação da penhora, bastando que ela se efetive. Nesse sentido, o Superior Tribunal de Justiça: "Sem embargo das imprecisões da lei, com suporte em exegese sistemática, adota-se o entendimento de que, no concurso particular entre credores quirografários, tem preferência aquele que primeiro penhorou. O registro da penhora subsequente não tem o condão de alterar o direito de preferência, destinada que é a gerar presunção de ciência de terceiros em favor dos exequentes" (STJ, *RJ*, *190*:63).

Fica ressalvado que as regras de preferência pressupõem execução contra devedor solvente. Nos casos de insolvência, vale a *pars conditio creditorum*.

8.7.15. Do depositário

A penhora só se considera realizada com a nomeação de um depositário, a quem será confiada a guarda e conservação do bem, imóvel ou móvel. Sem isso, a penhora não se consuma, e o juízo não está garantido, como resulta do art. 839, *caput*, do CPC: "Considerar-se-á feita a penhora mediante a apreensão e depósito dos bens, lavrando-se um só auto se as diligências forem concluídas no mesmo dia".

O Superior Tribunal de Justiça não obriga ninguém a assumir a condição de depositário contra a sua vontade (Súmula 319).

O art. 840 do CPC estabelece a ordem de prioridade de nomeação do depositário. Quando se tratar de penhora de dinheiro, papéis de crédito e pedras ou metais preciosos, o depósito será feito no Banco do

Brasil, na Caixa Econômica Federal ou no banco em que o Estado ou Distrito Federal possua mais de metade do capital social integralizado. Quando se tratar de bem móvel, semovente, imóvel urbano ou direito aquisitivo sobre imóvel urbano, será feito em poder do depositário judicial. Caso não haja depositário judicial, os bens ficarão em poder do exequente, mas poderão ficar em poder do executado se forem de difícil remoção ou se o exequente anuir. Os imóveis rurais, os direitos aquisitivos sobre imóveis rurais, as máquinas, os utensílios e os instrumentos necessários ou úteis à atividade agrícola, mediante caução idônea, ficarão em poder do executado.

8.7.15.1. Responsabilidade do depositário

Cumpre a ele a guarda e conservação dos bens penhorados. O depositário não tem a posse dos bens que lhe são entregues. O depositário judicial não se confunde com o contratual, pois o primeiro recebe a coisa por força de determinação judicial, não por contrato. O depósito judicial tem natureza processual e pública, e o contratual, natureza privada.

Se, após a arrematação ou adjudicação, ele não entregar o bem ao adquirente, não será preciso ajuizar ação possessória, bastando requerer, nos mesmos autos, a expedição de mandado de entrega.

O depositário judicial tem a obrigação de devolver o bem, sempre que o juiz determinar; mas o descumprimento não pode mais gerar prisão civil, pois o STF, no julgamento do RE 466.343, de dezembro de 2008, afastou tal possibilidade, revogando a Súmula 619, que estabelecia: "A prisão do depositário judicial pode ser declarada no próprio processo em que se constituiu o encargo independentemente da propositura da ação de depósito". Prevalece, agora, o disposto na Súmula Vinculante 25 do STF, que assim dispõe: "É ilícita a prisão civil do depositário infiel, qualquer que seja a modalidade do depósito". O juiz terá de valer-se de outros meios de coerção, como a multa e os demais previstos no art. 536, § 1º, para compelir o depositário, nos próprios autos, a restituir o bem.

Sempre que solicitado, o depositário deve prestar contas de sua administração ao juízo. Caso, por culpa ou dolo, provoque danos na coisa, poderá ser demandado, em ação própria, para ressarci-los.

8.8. Da avaliação

A avaliação dos bens penhorados deverá ser feita pelo próprio oficial de justiça (CPC, art. 870), no momento da realização da penhora. Para procedê-la, os oficiais de justiça devem valer-se de todos os elementos que estejam a seu alcance, como anúncios e classificados de jornais, informações de corretores e imobiliárias, elementos trazidos pelo próprio credor, enfim, todo e qualquer dado idôneo a que tenham acesso.

Caso ele verifique que não tem elementos para tanto, pois a avaliação exige conhecimentos técnicos, informará ao juízo, que nomeará perito para promovê-la. Isso deve ser excepcional, restrito a hipóteses em que haja necessidade desses conhecimentos. Nos casos em que houver perícia, será possível às partes valerem-se de assistentes técnicos, observadas as regras gerais referentes à prova pericial. O prazo para o avaliador entregar o laudo é de até dez dias. É preciso que examine o bem e o descreva com todos os seus característicos, indicando o estado em que se encontra. O perito deve demonstrar como chegou ao montante indicado, de que método de avaliação se valeu. Quando houver penhora de fração ideal de bem imóvel, suscetível de cômoda divisão, ele o avaliará em partes, sugerindo os possíveis desmembramentos (CPC, art. 872, § 1º).

A possibilidade de o próprio oficial de justiça proceder à avaliação não é nova em nosso ordenamento jurídico, sendo prevista, por exemplo, na Lei de Execução Fiscal (Lei n. 6.830/80, art. 13).

Ao fazer a penhora e a avaliação, o oficial de justiça verificará a suficiência dos bens para garantia do juízo. Cumprirá ao devedor que não concorde com a avaliação, e que repute a penhora excessiva, manifestar-se, em embargos. Ou, se estes já tiverem sido opostos, por simples petição nos autos. O credor, verificando que há manifesta insuficiência, poderá requerer a ampliação da penhora.

A avaliação por oficial de justiça, quando possível, acelera o curso da execução, barateando-lhe o custo. Assim, a nomeação de perito deverá ficar reservada à hipótese de o oficial informar ao juízo que não tem condições de realizar a avaliação, expondo as razões disso. A avaliação é indispensável porque, em regra, no primeiro leilão o bem não poderá ser vendido por menos que o avaliado; tampouco poderá ser adjudicado.

Há casos excepcionais em que a avaliação será dispensada. São os do art. 871 do CPC. Não haverá avaliação quando: 1) uma das partes aceitar a estimativa feita pela outra; 2) tratar-se de títulos ou mercadorias que tenham cotação em bolsa comprovada por certidão ou publicação no órgão oficial. A avaliação é desnecessária porque é possível, de imediato, conhecer o valor do bem, bastando que se verifique a sua cotação.

O art. 873 do CPC admite nova avaliação quando se verificar que houve erro nela ou dolo do avaliador – o que poderá ser demonstrado em impugnação das partes ou por exame pelo juiz; quando se verificar, posteriormente à avaliação, que houve majoração ou diminuição do valor dos bens; ou quando o juiz tiver fundada dúvida sobre o valor atribuído ao bem na primeira avaliação.

Nos casos em que a penhora seja feita por termo nos autos, como no caso de imóveis ou veículos, será expedido mandado apenas para que o oficial de justiça proceda à avaliação do bem penhorado.

8.9. Intimação do executado

Formalizada a penhora, far-se-á a imediata intimação do executado (CPC, art. 841, *caput*). A finalidade da intimação é dar conhecimento do ato ao executado, para que ele possa eventualmente impugná-lo ou tomar as providências que entenda necessárias. Como a prévia penhora não é necessária para os embargos, o prazo para opô-los corre da juntada aos autos do mandado de citação, e não da intimação da penhora.

A intimação é feita ao advogado do executado ou à sociedade de advogados a que ele pertença, salvo se ele não o tiver, caso em que será feita pessoalmente, de preferência por via postal. Caso a penhora tenha sido realizada na presença do executado, ele será considerado intimado. Reputar-se-á também intimado o executado que tiver mudado de endereço sem prévia comunicação ao juízo.

8.10. Outras intimações

Há casos em que outras pessoas, além do devedor, precisarão ser intimadas da penhora. O art. 842 do CPC determina que, se ela recair sobre bens imóveis, será necessária a intimação do cônjuge do devedor, salvo se forem casados em regime de separação absoluta de bens (art.

1.647, I, do CC), isto é, aquele convencionado entre os cônjuges em pacto antenupcial; a separação legal (obrigatória) não é absoluta, nem dispensa a intimação do cônjuge. Afora essa hipótese, qualquer dos cônjuges tem o direito de defender o patrimônio do outro, podendo opor embargos à execução, quando queira discutir a dívida, ainda que ela tenha sido assumida só pelo outro, ou embargos de terceiro, quando busque apenas afastar a constrição sobre a sua meação.

Conquanto a lei qualifique de intimação o ato pelo qual se dá ciência ao cônjuge da penhora sobre imóveis, há verdadeira citação, como vem sendo reconhecido pelos tribunais. A penhora sobre imóveis transforma o cônjuge – ressalvada a hipótese de separação absoluta – em litisconsorte necessário. Mas não há uniformidade de entendimento a respeito, havendo decisões que entendem que se trata de verdadeira intimação, e que isso não inclui o cônjuge no polo passivo da execução (*RT*, *693*:257).

Há uma forte tendência de permitir que o cônjuge possa valer-se dos embargos à execução, quando queira discutir o débito, e de embargos de terceiro, quando simplesmente pretenda liberar a sua meação. É de admitir fungibilidade, nessa circunstância, entre os embargos de terceiro e os do devedor, podendo o juiz receber um pelo outro, quando parecer a melhor solução.

Também será preciso intimar o credor com garantia real. A determinação vem do art. 799, I, do CPC: incumbe ao exequente requerer ainda a intimação do credor pignoratício, hipotecário, anticrético ou fiduciário, quando a penhora recair sobre bens gravados por penhor, hipoteca, anticrese ou alienação fiduciária. O art. 804 não deixa dúvidas sobre a necessidade de intimação: "A alienação de bem gravado por penhor, hipoteca ou anticrese será ineficaz em relação ao credor pignoratício, hipotecário ou anticrético não intimado".

Ela é necessária para que o credor com garantia real possa exercer o seu direito de preferência sobre o produto da arrematação. Não é proibido que a penhora recaia sobre bem gravado de ônus real. O titular da garantia tem preferência sobre o recebimento do produto da arrematação. Apenas o que sobejar o valor do crédito garantido é que será destinado ao exequente.

Por fim, também será feita a intimação do titular de usufruto, uso ou habitação quando a penhora recair sobre bem gravado por usufruto, uso ou habitação; do promitente-comprador, quando a penhora recair sobre bem em relação ao qual haja promessa de compra e venda registrada e do promitente vendedor, quando a penhora recair sobre direito aquisitivo derivado de promessa de compra e venda registrada. E das demais pessoas elencadas nos incisos do art. 799 do CPC.

8.11. Da expropriação

Encerrados os incidentes relacionados à avaliação, inicia-se a fase de expropriação. Sua finalidade é promover a satisfação do credor, seja pela entrega de bens do devedor, seja pela alienação, particular ou pública, dos bens, com a consequente conversão em dinheiro, seja pela apropriação de frutos e rendimentos de empresa ou de estabelecimento e de outros bens.

O Código de Processo Civil estabelece uma ordem de preferência, que deve ser observada: após a avaliação, caberá primeiro verificar se há interessados na adjudicação dos bens penhorados. Se não, eles serão alienados, por iniciativa particular, se o exequente o requerer, ou em leilão judicial, eletrônico ou presencial.

A adjudicação é mesmo mais conveniente, porque o bem é transferido ao credor ou qualquer dos demais legitimados pelo preço de avaliação e sem necessidade de outras despesas. A alienação particular surge como outra alternativa para, de maneira eficiente, alcançar fundos para a satisfação do crédito.

8.11.1. Da adjudicação

A adjudicação é uma forma indireta de satisfação do crédito, que guarda semelhanças com a dação em pagamento, pois se realiza com a transferência da propriedade do bem penhorado ao credor, para extinção de seu direito. Mas dela difere, porque a dação em pagamento é negócio jurídico civil, que deriva da vontade das partes, ao passo que a adjudicação é forma de alienação forçada. Não se confunde com a arrematação, porque o bem não é convertido em dinheiro, por alienação, mas transferido coativamente ao credor ou aos demais legitimados.

Pode ter por objeto bem móvel ou imóvel. O direito à adjudicação também foi deferido, pelo legislador, aos indicados no art. 889, II a VIII, aos credores concorrentes que hajam penhorado o mesmo bem e também a cônjuge, companheiro, descendentes ou ascendentes do executado.

Quando mais de um legitimado se apresentar, a adjudicação será deferida após prévia licitação entre eles; e, em caso de igualdade de oferta, terão preferência o cônjuge, o companheiro, os descendentes e ascendentes do devedor, nessa ordem.

A adjudicação deve ser feita a requerimento do interessado, porque o juiz não pode impô-la, e pelo valor pelo qual o bem foi avaliado. Não deverá ser deferida adjudicação por valor inferior ao de avaliação. Se o credor, ou qualquer outro interessado, quiser tentar tornar-se proprietário do bem penhorado, pagando menos do que o valor de avaliação, deverá abrir mão da adjudicação e tentar arrematá-lo em segundo leilão, quando se admite a alienação do bem por qualquer preço, desde que não seja vil. Antes de deferir a adjudicação, o executado deverá ser intimado do pedido, na forma do art. 876, § 1º, podendo ele manifestar-se em cinco dias.

O Código de Processo Civil não fixa prazo para que os legitimados requeiram a adjudicação do bem. Assim, desde que tenha sido completada a avaliação dos bens, e até que tenha havido a alienação, particular ou pública, a adjudicação poderá ser requerida.

Deferida a adjudicação, será firmado o auto, expedindo-se, em seguida, a respectiva carta e mandado de imissão de posse, quando se tratar de imóvel, ou ordem de entrega, quando o bem for móvel. Quando o valor do débito superar o valor pelo qual o bem está sendo adjudicado, a execução prosseguirá pelo saldo remanescente, sendo desnecessário que o credor deposite o preço, que será abatido do valor do débito. Porém, se o valor do débito foi inferior, o credor deverá depositar o saldo remanescente.

Se a adjudicação for requerida por outro legitimado, que não o credor, será necessário o depósito integral do valor de avaliação. Mas, se houver credores concorrentes que hajam penhorado o mesmo bem, será aplicável o art. 908, § 2º, do CPC e o direito de preferência deverá respeitar a ordem de realização da penhora. Isso quer dizer que aquele que adjudicar terá de depositar integralmente o valor da avaliação, se houver outro credor, com direito de preferência, ou que tenha realizado penhora anterior, sobre o mesmo bem.

8.11.2. Alienação por iniciativa particular

Uma maneira eficiente de evitar as dificuldades e percalços dos leilões públicos, que exigem publicação de editais, e nas quais o bem raramente alcança valor próximo ao de mercado, é promover-lhe a alienação particular, na forma do art. 880 da lei processual. Para que ela possa ser realizada, é preciso que ninguém tenha se interessado pela adjudicação do bem, que é sempre preferencial. A venda pode ser realizada por iniciativa do próprio credor ou por intermédio de corretores ou leiloeiros públicos credenciados perante a autoridade judiciária. Se o exequente desejar, a alienação particular terá prioridade sobre a pública.

Cumprirá ao juiz estabelecer as regras gerais para a venda da coisa: a forma de publicidade, o preço mínimo, as condições de pagamento e as garantias, bem como, se for o caso, a comissão de corretagem. Ao estabelecer o preço mínimo, o juiz deve levar em consideração o valor de avaliação do bem. A venda não pode ser feita por preço inferior ao da avaliação. A questão é controvertida, havendo aqueles que sustentam que, à míngua de exigência expressa, a venda poderá ser feita por qualquer preço, desde que não seja vil, devendo o juiz fixá-lo de antemão. Parece-nos temerária essa solução, diante de eventual urgência do exequente em receber o que lhe é devido e da dificuldade do juízo em estabelecer regras a respeito de preço mínimo.

Consumada a alienação, não é necessária a outorga de escritura pública. Basta que o negócio seja formalizado por termo nos autos, assinado pelo juiz, exequente e adquirente do bem, que não precisa estar representado por advogado, e pelo executado, se estiver presente. Exaradas as assinaturas, o negócio estará consumado, sendo então expedida carta de alienação do imóvel – quando de imóvel se tratar – para registro no Cartório de Registro de Imóveis. E mandado de imissão de posse ou ordem de entrega do bem, conforme se trate de bem imóvel ou móvel.

8.11.3. Alienação em leilão judicial

Não havendo adjudicação, nem requerimento de alienação particular, serão designados leilões judiciais para alienação forçada dos bens penhorados.

Trata-se de ato indispensável na execução por quantia certa – salvo se tiver havido pagamento ou se a penhora tiver recaído sobre dinheiro. Por seu intermédio os bens penhorados são transformados em pecúnia, para pagamento do credor. A técnica na execução por quantia é sempre a da sub-rogação: como o devedor recusa-se a pagar espontaneamente, o Estado, por ato de império, toma os seus bens e os vende coativamente para apurar dinheiro suficiente para fazer frente ao débito.

A alienação forçada dos bens, salvo quando feita por meio de corretor de Bolsa de Valores, conforme o art. 881, § 2º, do CPC, é sempre feita por leilão judicial, que poderá ser eletrônico ou presencial.

8.11.3.1. Leilão judicial

O CPC de 1973 distinguia dois tipos de hasta pública: a praça, quando a expropriação envolvia bens imóveis; e o leilão, quando todos os bens eram móveis. A hasta pública foi substituída, no atual CPC, pelo leilão judicial, que abrangerá tanto bens imóveis quanto móveis. O leilão poderá ser de duas espécies: por meio eletrônico ou presencial. O que conta, nessa classificação, não é o tipo de bem leiloado, mas a forma pela qual o leilão é realizado.

O leilão realizado por meio eletrônico deverá observar a regulamentação específica do Conselho Nacional de Justiça, observadas as garantias processuais das partes, atendendo-se aos princípios da ampla publicidade, autenticidade e segurança, com a observância das regras estabelecidas na legislação sobre a certificação judicial. O leilão presencial será realizado no local determinado pelo juiz, e serão designadas duas datas para a sua realização.

O leilão será suspenso assim que se verificar que o produto da alienação já é suficiente para fazer frente ao débito (CPC, art. 899).

Em regra, o juiz designará duas datas para os leilões. Há execuções especiais, como a da Lei n. 5.741/71, que dispõe sobre o financiamento de imóveis vinculados ao Sistema Financeiro de Habitação, em que é designada praça única, na qual o imóvel não pode ser vendido por menos do que o saldo devedor, sendo adjudicado ao exequente, se não houver licitantes.

Nas execuções comuns, são designados dois leilões, porque, no primeiro, o bem não pode ser arrematado por menos do que o valor de avaliação, e no segundo, por qualquer preço que não seja vil.

Por isso, quase sempre são arrematados em segundo leilão. O edital deverá indicar as duas datas em que ele se realizará. Também deverá indicar o valor de avaliação e o valor mínimo de venda, que deverá ser fixado pelo juiz. Nos termos do art. 891, será considerado vil o lance abaixo do valor mínimo fixado pelo juiz. Se ele não o fixar, será reputado como vil o inferior a 50% do valor de avaliação.

Além de fixar o valor mínimo, caberá ao juiz da execução designar o leiloeiro público, que poderá ser indicado pelo exequente, bem como estabelecer as condições de pagamento e as garantias que poderão ser prestadas pelo arrematante. Caberá ao leiloeiro público designado pelo juiz realizar o leilão onde se encontrem os bens ou onde o juiz determinar, sendo ele o incumbido de publicar o edital anunciando a alienação e de expor aos pretendentes os bens ou as amostras de mercadorias. Também cabe ao leiloeiro receber e depositar em juízo o produto da alienação, dentro de um dia, e prestar contas nos dois dias subsequentes ao depósito. Por seu trabalho, ele faz jus ao recebimento de uma comissão, na forma fixada em lei ou arbitrada pelo juiz.

8.11.3.2. Providências preparatórias do leilão judicial

Designadas as datas para as hastas públicas, numerosas providências deverão ser tomadas, entre as quais a cientificação, com pelo menos cinco dias de antecedência, do executado, por meio de seu advogado, ou, se não tiver procurador constituído nos autos, por carta, mandado, edital ou outro meio idôneo; do coproprietário do bem indivisível, para que possa exercer eventual direito de preferência na aquisição do bem; do titular de usufruto, uso, habitação, enfiteuse, direito de superfície, concessão de uso especial para fins de moradia ou concessão de direito real de uso, quando a penhora recair sobre bem gravado com tais direitos reais; do proprietário do terreno submetido ao regime de direito de superfície, enfiteuse, concessão de uso especial para fins de moradia ou concessão de direito real de uso, quando a penhora recair sobre tais direitos reais; do credor pignoratício, hipotecário, anticrético, fiduciário ou com penhora anteriormente averbada, quando a penhora recair sobre bens com tais gravames, caso não seja o credor, de qualquer modo, parte na execução; do promitente-comprador, quando a penhora recair sobre bem em relação ao qual haja promessa de compra e venda registrada; do promitente vendedor, quando a penhora recair sobre direito aquisitivo derivado de promessa de compra e venda registrada; da União, do Estado e do Município, no caso de alienação do bem tombado. A falta de intimações implicará a nulidade da arrematação.

As hastas devem ser precedidas de edital, cuja finalidade é, tornando pública a venda forçada da coisa, fazer afluir eventuais interessados em licitar. É indispensável que, do edital, constem as informações mencionadas nos incisos do art. 886, em especial a descrição do bem penhorado, com todas as suas características, o valor de avaliação, o preço mínimo pelo qual poderá ser alienado, as condições de pagamento e, se caso, a comissão do leiloeiro designado, o local onde os bens se encontram, o sítio, na rede mundial de computadores, e o período em que se realiza o leilão, salvo se for presencial, hipótese em que se deverá indicar a data e o local em que ele se realizará, bem como a data e o local do segundo leilão presencial, para a hipótese de não haver interessado no primeiro.

A falta de publicação do edital, ou a publicação sem os requisitos do art. 886, poderá ensejar a nulidade da arrematação.

A forma e o prazo de publicação do edital vêm estabelecidos nos parágrafos do art. 887 do CPC: ele deve ser publicado com pelo menos cinco dias de antecedência da data marcada para o leilão na rede mundial de computadores ou, não sendo possível ou verificando o juiz as circunstâncias peculiares do caso, deve ser afixado no local de costume e publicado, em jornal de ampla circulação local, com antecedência mínima de cinco dias. Não basta a publicação no *Diário Oficial*, salvo se o exequente for beneficiário da justiça gratuita. Como poucas pessoas leem o *Diário Oficial*, a publicação nesse órgão não seria suficiente para promover uma divulgação adequada da hasta, capaz de atrair os interessados. Dependendo do valor dos bens, a forma e frequência da publicidade pode ser alterada, na forma do art. 887, § 4º, do CPC.

8.11.3.3. Os licitantes e os lances

Podem participar como licitantes todas as pessoas, físicas ou jurídicas, que tenham interesse na aquisição da coisa. As pessoas físicas devem ser maiores e capazes, pois os lances exigem aptidão para manifestar validamente a vontade.

O próprio credor pode licitar, se pretender ficar com a coisa, ainda que não tenha requerido a adjudicação. Afinal, só assim poderá ficar com o bem por menos do que a avaliação, se o arrematar em segundo leilão.

Há restrições a que determinadas pessoas, pelas circunstâncias em que se encontram, participem. Elas estão enumeradas nos incisos do art. 890. Não podem licitar: I – os tutores, os curadores, os testamenteiros, os administradores ou os liquidantes, quanto aos bens confiados à sua guarda e à sua responsabilidade; II – os mandatários, quanto aos bens de cuja administração ou alienação estejam encarregados; III – o juiz, o membro do Ministério Público e da Defensoria Pública, o escrivão, o chefe de secretaria e demais servidores e auxiliares da justiça, em relação aos bens e direitos objeto de alienação na localidade onde servirem ou a que se estender a sua autoridade; IV – os servidores públicos em geral, quanto aos bens ou aos direitos da pessoa jurídica a que servirem ou que estejam sob sua administração direta ou indireta; V – os leiloeiros e seus prepostos, quanto aos bens de cuja venda estejam encarregados; VI – os advogados de qualquer das partes.

O art. 897 do CPC proíbe a participação, em leilão público, do arrematante e do fiador remissos, isto é, aqueles que não tenham feito o pagamento, no prazo estabelecido, do lance.

No primeiro leilão, somente serão aceitos lances que tenham por valor mínimo o de avaliação. Raramente ocorrem arrematações em primeiros leilões, porque os interessados aguardam a segunda, na qual o bem pode ser conseguido por qualquer preço, desde que não seja vil (art. 891 do CPC).

A lei não estabelece valor mínimo, cabendo ao juiz fixá-lo antes da realização do leilão para que conste do edital. Mas se o juiz não o fixar, será considerado vil o valor inferior a 50% da avaliação.

O preço vil implicará nulidade do leilão, declarável pelo juízo de ofício, ou após alegação do devedor.

Quando o bem penhorado for imóvel de incapaz, e não alcançar 80% do valor de avaliação, o juiz poderá adiar a alienação, confiando o bem à guarda e administração de um depositário idôneo, por até um ano. Se, nesse tempo, algum interessado apresentar-se, garantindo que oferecerá o valor de avaliação, e apresentando caução idônea, o juiz designará novo leilão. Se o ofertante arrepender-se, pagará multa de 20% sobre o valor de avaliação.

Quando a penhora recair sobre quota-parte em bem indivisível, o bem inteiro irá a leilão, sendo que o equivalente à quota-parte do coproprietário ou cônjuge alheio à execução deverá recair sobre o produto da alienação do bem. Mas, nesse caso, não será levada a efeito expropriação por preço inferior ao de avaliação, para que o coproprietário ou cônjuge alheio à execução não seja prejudicado com o recebimento de menos do que lhes era devido.

8.11.3.4. O aperfeiçoamento da arrematação

A arrematação faz-se pela melhor oferta; o preço deve ser pago de imediato pelo arrematante, salvo pronunciamento judicial em sentido contrário, mediante depósito judicial ou meio eletrônico.

Se o arrematante for o próprio exequente, sendo ele o único credor, não estará obrigado a exibir o preço, mas se o valor da arrematação exceder o do crédito, ele deverá depositar em três dias a diferença.

Admite-se a aquisição do bem penhorado em prestações, devendo ser apresentada proposta por escrito até o início do primeiro leilão, se a proposta for de aquisição pelo valor de avaliação; e até o início do segundo leilão, se a proposta for de aquisição por valor que não seja vil. O procedimento vem regulamentado no art. 895 do CPC.

De acordo com o art. 893 do CPC, se houver vários bens em leilão, e mais de um lançador, preferirá aquele que se propuser a arrematá-los todos em conjunto, oferecendo para os que não tiverem lance igual ao da avaliação, e para os demais, preço igual ao do maior lance que, na tentativa de arrematação individualizada, tenha sido oferecido a eles.

Será considerado remisso o licitante que não fizer o depósito prometido no prazo estabelecido, caso em que o juiz lhe imporá a perda da caução e o proibirá de participar de nova praça ou leilão.

Realizada com sucesso a praça ou o leilão, será imediatamente expedido auto de arrematação.

Considera-se perfeita e acabada a arrematação tanto que assinada pelo juiz, pelo arrematante e pelo leiloeiro, ainda que os embargos à execução, interpostos sem efeito suspensivo, venham a ser julgados procedentes, caso em que o executado terá o direito de haver do exequente o valor por este recebido como produto da arrematação. Caso a arrematação seja feita por valor inferior ao do bem, o executado poderá exigir do exequente a diferença, a título de reparação de danos, já que foi ele que deu causa ao prejuízo.

A partir do aperfeiçoamento da arrematação, que ocorrerá com a assinatura do auto, passará a correr o prazo de dez dias para que se postule a sua invalidade, quando realizada por preço vil ou com outro vício; ou a sua ineficácia, se não observado o disposto no art. 804; ou ainda a sua resolução, se não for pago o preço ou se não for prestada a caução.

Não sendo impugnada a arrematação no prazo, será expedida a respectiva carta. Ela será levada a registro pelo adquirente, no Cartório de Registro de Imóveis, quando o bem arrematado for imóvel. A partir da expedição da carta, a invalidação da arrematação só poderá ser postulada em ação própria, na qual o arrematante figurará como litisconsorte necessário.

O art. 903, § 5º, enumera situações excepcionais em que o arrematante pode desistir da arrematação, postulando a imediata restituição do depósito que tiver feito.

8.11.3.5. A possibilidade de antecipar a alienação dos bens

O art. 852 do CPC autoriza a alienação antecipada dos bens, em circunstâncias excepcionais. Por antecipada entende-se aquela feita antes do momento oportuno da alienação judicial. Pode ser requerida por qualquer das partes, e o juiz, antes de examinar o pedido, ouvirá a outra. Somente em duas hipóteses será autorizada: quando se tratar de veículos automotores, de pedras ou metais preciosos e de outros bens móveis sujeitos à depreciação ou à deterioração, ou quando houver manifesta vantagem (CPC, art. 852). Não há outra hipótese.

Não há indicação na lei de qual o procedimento da alienação antecipada. Mas não será aquele das alienações forçadas regulares, porque o bem não será vendido em leilão judicial precedido de editais. Já foi decidido, com razão, que "A alienação antecipada, por iniciativa particular, tem características próprias, não se confundindo com aquela feita em leilão ou praça pública, nas vias processuais regulares" (*RTFR*, *119*:19).

Como há urgência, aquele que requer a antecipação já pode indicar eventuais interessados na compra, trazendo as propostas, ou indicar corretor que se incumba da alienação. A outra parte poderá impugnar, demonstrar que as propostas são vis, insuficientes, ou que não estão presentes as hipóteses autorizadoras da antecipação.

Da decisão do juiz caberá sempre agravo de instrumento.

8.11.4. Da apropriação de frutos e rendimentos de móvel ou imóvel

A execução por quantia certa faz-se pela expropriação dos bens do devedor e pagamento ao credor. As duas formas mais comuns de expropriação são a adjudicação e a arrematação. Em ambas, há uma alienação forçada de bens coativamente transferidos do patrimônio do devedor. Há uma terceira espécie, muito mais rara que as anteriores: a apropriação de frutos e rendimentos de coisa móvel ou imóvel, tratada nos arts. 867 a 869 do CPC.

Consiste na concessão ao exequente de móvel ou imóvel pertencente ao devedor, para que se pague com os frutos ou rendas que a coisa produzir. Há uma diferença substancial em relação às formas anteriores de expropriação: não há transferência de propriedade da coisa, mas apenas dos acessórios que ela produz.

Diz o art. 867 do CPC que o juiz deve valer-se dessa forma de expropriação quando observar que é menos gravosa ao devedor, sendo eficiente para o recebimento da dívida.

O juiz nomeará um administrador-depositório, com todos os poderes que concernem à administração do bem, em especial a posse direta e o poder de gerir a coisa, para que ela produza frutos e rendimentos para pagar o credor. A escolha compete ao juiz, mas pode recair sobre o credor, se o devedor consentir, ou sobre o devedor, se o credor permitir.

A medida será eficaz tanto para o devedor quanto para terceiros, a partir da publicação que o conceda. Mas, em se tratando de bens imóveis, deverá ser averbada perante o Oficial de Registro de Imóveis. O gravame não impedirá a alienação do imóvel, mas aquele que o adquirir terá ciência de que ele permanecerá com o ônus até a quitação do débito.

A medida extingue-se quando o exequente for pago.

9. EXECUÇÃO CONTRA A FAZENDA PÚBLICA

Muito se discutiu sobre a possibilidade de execução por título extrajudicial contra a Fazenda Pública, havendo forte entendimento de que isso seria impossível, dada a necessidade de remessa necessária.

Isso não se mostra acertado, porque a remessa é condição de eficácia das sentenças proferidas contra a Fazenda Pública, não dos títulos executivos extrajudiciais.

A questão pacificou-se com a edição da Súmula 279 do Superior Tribunal de Justiça: "É cabível execução por título extrajudicial contra a Fazenda Pública".

O art. 910 do CPC trata do tema, dispondo que a Fazenda Pública será citada para opor embargos no prazo de 30 dias, podendo, nos embargos, alegar qualquer defesa que lhe seria lícito apresentar no processo de conhecimento. Não há nenhuma peculiaridade no que concerne ao processamento dos embargos. Quanto ao processo da execução, devem ser aplicadas as mesmas regras relativas ao cumprimento de sentença, que serão examinadas em capítulo próprio, com a ressalva de que a defesa deverá ser apresentada por meio de embargos e não impugnação.

10. EXECUÇÃO DE ALIMENTOS

Também a execução especial de alimentos poderá estar fundada em título extrajudicial, caso em que o devedor será citado para, em três dias, efetuar o pagamento das parcelas anteriores ao início da execução e das que se vencerem no seu curso, provar que o fez ou justificar a impossibilidade de fazê-lo. Aplicam-se à execução de alimentos por título extrajudicial as mesmas regras do cumprimento de sentença, que serão examinadas em capítulo próprio, com a ressalva de que a defesa deverá ser veiculada por embargos e não por impugnação.

11. DA DEFESA DO DEVEDOR NAS EXECUÇÕES FUNDADAS EM TÍTULO EXTRAJUDICIAL

11.1. Introdução

Conquanto sem a mesma extensão que nos processos de conhecimento, o princípio do contraditório deve ser observado nas execuções.

O executado deve ter oportunidade de se defender. A defesa é feita, em regra, por meio da ação autônoma de embargos à execução, diferentemente do que ocorre no cumprimento de sentença, em que ela deve ser veiculada por impugnação. Esse é mais um dos aspectos em que os dois tipos de execução se distinguem. A diferenciação é relevante porque os embargos têm natureza de ação cognitiva autônoma vinculada à execução, ao passo que a impugnação constitui incidente do cumprimento de sentença.

Além deles, há outros mecanismos, como as exceções e objeções de pré-executividade e as ações autônomas.

11.2. Dos embargos à execução

11.2.1. Introdução

O Código de Processo Civil mostrou acentuada preocupação de não permitir, no processo de execução, atos de natureza cognitiva. A ela ficaram reservados atos satisfativos, de cunho material, que visam a transformar a realidade, na busca da satisfação do credor. Por isso, como regra, estabeleceu que a defesa do devedor no processo de execução deve ser feita fora dele, em uma ação incidente, de cunho cognitivo, denominada embargos a execução. Neles o devedor suscitará as defesas que tiver, para cognição do juízo.

Como o processo de embargos é de conhecimento, permite-se a produção de todas as provas para formação do convencimento do juiz. Conquanto ação autônoma, não é possível olvidar o seu caráter incidente. Ele não existe senão no contexto da execução, e serve para dar oportunidade de defesa ao devedor. Não existem embargos de devedor fora da execução, e, se ela é extinta, eles não podem prosseguir: seu vínculo com a execução é indissolúvel.

Disso resulta a peculiaridade dos embargos, que ao mesmo tempo guardam autonomia e caráter incidental em relação à execução. Todos os atos cognitivos que poderiam perturbar a execução (com ressalvas que serão estudadas no momento oportuno) são dela excluídos e remetidos para os embargos.

Estes têm todas as características dos processos de conhecimento. O contraditório é pleno, a possibilidade de provas é ampla, os atos do procedimento são encadeados para chegar a uma sentença de mérito, que, esgotados os recursos, revestir-se-á da autoridade da coisa julgada material.

A ação de execução e a de embargos à execução são distintas, como são diferentes os processos e os procedimentos. Mas aquilo que for decidido nos embargos poderá repercutir profundamente na execução, determinando o seu prosseguimento, sua eventual extinção ou a modificação de atos que nela tenham sido praticados.

11.2.2. Competência

Os embargos à execução devem ser apresentados, em regra, no juízo onde corre o processo de execução. A distribuição será feita por dependência, e eles serão autuados em apartado (não em apenso), com cópias das principais peças da execução, que podem ser declaradas autênticas pelo advogado do embargante, sob sua responsabilidade pessoal (art. 914, § 1º, do CPC). Trata-se de competência funcional absoluta.

O art. 914, § 2º, do CPC, traz uma exceção na execução por carta. Quando a penhora houver sido feita por precatória, os embargos à execução podem ser apresentados no juízo deprecante ou no juízo deprecado, "mas a competência para julgá-los é do juízo deprecante, salvo se versarem unicamente sobre vícios ou defeitos da penhora, da avaliação ou da alienação dos bens efetuados no juízo deprecado".

Esse dispositivo reafirma, de início, a competência do juízo da execução, embora os embargos possam ser apresentados no juízo deprecante ou no deprecado, que se incumbirá de remetê-los ao deprecante. Mesmo que a competência seja deste, os embargos, para facilidade do devedor, podem ser opostos naquele, que os encaminhará. Mas se o objeto dos embargos forem vícios nos atos praticados no juízo deprecado, como na penhora, avaliação ou alienação de bens, competirá a ele o julgamento. Isso vem reafirmado pela Súmula 46 do Superior Tribunal de Justiça: "Na execução por carta, os embargos de devedor serão decididos no juízo deprecante, salvo se versarem unicamente vícios ou defeitos da penhora, avaliação ou alienação de bens".

Se o devedor alegar tais vícios, mas também invocar outras defesas, quando os embargos tiverem mais de um fundamento, a competência torna a ser do juízo deprecante.

11.2.3. Desnecessidade da garantia do juízo

A prévia garantia do juízo, pela penhora ou depósito de bens, não é requisito para a oposição dos embargos. Mesmo sem a penhora, o prazo para embargos correrá. Enquanto são realizadas diligências para tentar localizar bens, a execução seguirá, com o prazo para a oposição dos embargos e o seu regular processamento. Assim, é possível que, se só forem encontrados bens muito mais tarde, os embargos já estejam julgados e a fase de defesa ultrapassada, o que implica inegável ganho de tempo.

Ainda que o devedor não tenha bens, ou eles não sejam localizados, o prazo de embargos fluirá do momento em que houver a citação, observadas as regras sobre o início do prazo, estabelecidas no art. 231 do CPC. Mesmo que, sem a penhora de bens, a execução não possa seguir adiante, até a fase de expropriação, os embargos serão recebidos, processados e julgados.

Pode ocorrer que a penhora e a avaliação dos bens sejam feitas depois que os embargos já tiverem sido julgados. Isso não impedirá que o devedor alegue vícios de uma e outra, por simples petição, no prazo de 15 dias, como determina o art. 917, § 1º, do CPC.

Foi a exigência de prévia garantia do juízo, estabelecida na redação original do CPC de 1973, que fez com que doutrina e jurisprudência criassem uma nova modalidade de defesa na execução: as exceções e as objeções de pré-executividade, que cabiam em hipóteses específicas, mas que tinham sobre os embargos a vantagem de não exigir a segurança do juízo. Como a penhora deixou de ser requisito dos embargos, as exceções e as objeções de pré-executividade perderam quase toda a sua utilidade.

11.2.4. Prazo dos embargos

A redação do art. 915, *caput*, do CPC, não deixa dúvida quanto ao termo inicial da contagem do prazo: ele corre da juntada aos autos do mandado de citação devidamente cumprido.

Quando a citação for feita por precatória, o prazo de 15 dias correrá, nos termos do art. 915, § 2º: I – da juntada, na carta, da certificação da citação, quando versarem unicamente sobre vícios ou defeitos da penhora, da avaliação ou da alienação dos bens; II – da juntada, nos autos de origem, do comunicado de que trata o § 4º deste artigo ou, não havendo este, da juntada da carta devidamente cumprida, quando versarem sobre questões diversas da prevista no inciso I deste parágrafo.

O *dies a quo* do prazo é o mesmo, tenha a execução por objeto obrigação por quantia, de entrega de coisa, ou de fazer ou não fazer.

Há muita controvérsia quanto à natureza jurídica desse prazo. Não pode ser considerado preclusivo, porque preclusão é perda de uma faculdade processual e se opera sempre dentro do processo. O prazo deve ser considerado decadencial, embora a contagem seja feita de acordo com a lei processual civil, excluindo-se o dia do início e incluindo-se o dia do vencimento, e computando-se apenas os dias úteis.

Não se aplica ao prazo de embargos o art. 229 do CPC. Assim, o prazo de 15 dias não se modifica se os executados têm procuradores distintos. Afinal, os embargos são uma ação autônoma, de natureza cognitiva, e não se confundem com a execução.

Quando houver mais de um executado, sendo eles citados em ocasiões diferentes, o prazo de embargos para cada um correrá de forma autônoma e independente, salvo tratando-se de cônjuges ou companheiros, quando o prazo correrá da juntada do último mandado de citação cumprido (CPC, art. 915, § 1º). Não se aplica, assim, com a exceção mencionada, ao processo de execução, a norma do art. 231, III, do CPC, que dispõe que, no processo de conhecimento, o prazo de contestação inicia-se apenas quando encerrado o ciclo citatório. No processo de execução, os prazos para embargos são autônomos e correm à medida que cada um dos executados é citado.

11.2.5. O prazo de embargos e o pedido de pagamento parcelado

O art. 916 do CPC estabelece importante regra no intuito de facilitar para o devedor o cumprimento da obrigação. Trata-se de uma espécie de moratória concedida ao executado: no prazo dos embargos, o devedor que reconhecer o débito pode, depositando 30% do valor da execução, incluindo custas e honorários advocatícios, postular o pagamento do saldo em até seis parcelas mensais, acrescidas de correção monetária e juros de 1% ao mês. Deferido o pedido do devedor, os atos executivos ficarão suspensos, até que o pagamento se complete, ficando autorizado ao credor o imediato levantamento dos valores depositados. Caso não haja o pagamento, as parcelas restantes vencerão antecipadamente, e a execução prosseguirá, acrescida de multa de 10% sobre o saldo restante, vedada a oposição de embargos.

A finalidade do dispositivo é facilitar a satisfação do débito, sem trazer prejuízos ao credor, que recebe de imediato uma parcela considerável, ficando o restante para os meses subsequentes. Para tanto, é preciso que o requerimento seja formulado no prazo dos embargos, isto é, nos 15 dias que sucedem a juntada aos autos do mandado de citação cumprido. Será preciso ouvir o exequente, no prazo de cinco dias, a respeito do pedido, mas, se estiverem preenchidos os requisitos, o juiz terá de deferi-lo. Não há, pois, discricionariedade judicial.

De acordo com o art. 916, § 7º, do CPC, o direito ao pagamento parcelado não se aplica ao cumprimento de sentença.

11.2.6. Condições da ação de embargos à execução

Como ação autônoma, é preciso examinar-lhe as condições, cujo preenchimento é indispensável para a sentença de mérito.

Tem legitimidade para os embargos o executado que figurar no polo passivo da execução. Isso abrange o devedor contra quem a execução foi ajuizada e aqueles que tenham passado a integrar o polo passivo posteriormente, como os responsáveis patrimoniais, e os cônjuges, quando a penhora recair sobre bens imóveis. Há casos em que a responsabilidade patrimonial estende-se a pessoas para além do devedor, por exemplo, os sócios, em caso de desconsideração da personalidade jurídica. Se houve a desconsideração por meio do incidente previsto no art. 133 do CPC e a penhora de bens do sócio, ele poderá defender-se por meio de embargos à execução. Se não houve a desconsideração por meio do incidente, o sócio cujos bens foram constritos deverá valer-se de embargos de terceiro. Nas hipóteses de fraude à execução, o juiz, antes de declará-la, deve intimar o terceiro adquirente que, no prazo de 15 dias, poderá opor embargos de terceiro, não embargos à execução.

O cônjuge ou companheiro poderá opor embargos à execução, quando intimado da penhora (para alguns, citado), para discutir o débito, ainda que só contraído pelo outro.

Também pode opor embargos à execução o curador especial, nomeado em favor do executado citado por edital ou com hora certa.

Havendo mais de um devedor, cada um pode opor os seus ou se agrupar, e opor um só, em litisconsórcio facultativo.

Caso apenas um devedor embargue, o resultado pode favorecer a todos, desde que a matéria alegada seja comum. Por exemplo, se ele disser que não há título executivo, o acolhimento implicará a extinção da execução, o que beneficiará a todos os devedores. Se o fundamento dos embargos for matéria de cunho pessoal, que diga respeito apenas ao seu autor, os demais devedores não são beneficiados. Se o devedor alega que a assinatura dele no contrato foi falsificada, o acolhimento implicará a sua exclusão, prosseguindo-se em relação aos demais.

O polo passivo dos embargos será ocupado pelo exequente. Se houver mais de um, todos serão incluídos, se o fundamento dos embargos disser respeito a todos eles. Será preciso incluir aqueles credores que venham a ser atingidos em caso de procedência desses embargos. Quando eles disserem respeito a um dos credores, apenas ele deverá figurar no polo passivo. Por exemplo, quando o devedor alega que um dos exequentes é parte ilegítima, só ele figurará no polo passivo.

O interesse de agir dos devedores deriva da necessidade de defesa, para impedir ou evitar a constrição de bens e o prosseguimento da execução.

11.2.7. Objeto dos embargos à execução

Os embargos são ação autônoma incidental veiculada em processo autônomo de conhecimento, de aplicação restrita às execuções fundadas em título executivo extrajudicial.

A cognição pode ser examinada sob o plano horizontal e vertical. No primeiro, está associada àquilo que pode ser discutido na ação, se há possibilidade de discutir qualquer matéria ou se há limites objetivos ao que pode ser invocado; no segundo, diz respeito à profundidade que tal exame deve ser feito, se as decisões devem estar fundadas em juízo de certeza ou de mera verossimilhança.

Nos embargos à execução, a cognição horizontal será plena; a vertical, exauriente. Não há restrições àquilo que possa ser alegado, ou seja, a tudo que poderia ser objeto de defesa no processo de conhecimento.

O art. 917, VI, do CPC, não deixa dúvida. Nos embargos, poderá o devedor "alegar qualquer matéria que lhe seria lícito deduzir como defesa em processo de conhecimento". A execução por título extrajudicial não é precedida de processo de conhecimento. Por isso, o devedor não terá tido oportunidade anterior para apresentar as defesas em relação ao título extrajudicial. A lei lhe assegura então a plenitude de defesa nos embargos.

Sob o aspecto da profundidade, a cognição é exauriente. Ao proferir a sua sentença, o juiz não deve limitar-se a um exame de mera plausibilidade ou verossimilhança. Ao contrário, deve autorizar a produção de todas as provas necessárias para formar sua convicção e proferir uma sentença de mérito, que se tornará definitiva e se revestirá da autoridade da coisa julgada material.

São três as ordens de coisas examinadas pelo juiz, nos processos em geral: os pressupostos processuais, as condições da ação, o mérito. As duas primeiras coisas são as chamadas matérias preliminares, e o seu exame deve preceder o do mérito. Sua ausência implicará a impossibilidade de que este seja examinado.

No processo de execução, há também pressupostos processuais e condições da ação, que devem ser preenchidos para que se possa obter o provimento executivo. A falta de qualquer um deles implicará a extinção da execução.

Nos embargos, o devedor poderá, em sua defesa, alegar matérias variadas. Poderá negar a existência do débito, alegando que ele não foi contraído, ou que foi mas já está extinto por pagamento ou por outra forma de extinção das obrigações, ou aduzir que o valor é menor do que o cobrado.

Quando alegar a inexistência do débito, poderá formular dois tipos de pretensão: a de que o juiz reconheça, com eficácia de coisa julgada, a inexistência da dívida, o que impedirá o devedor de, em qualquer outra demanda, cobrá-la; e o de que ele, em consequência, julgue extinta a execução e desconstitua a penhora sobre os bens.

Mas os embargos não servem apenas para que o devedor discuta o débito e sua exequibilidade. Prestam-se também para que alegue a falta de qualquer dos pressupostos processuais ou condições da ação executiva. Ao defender-se, pode não negar a existência do débito, mas do título executivo, o que torna o credor carecedor da ação executiva por falta de interesse de agir. O acolhimento implicará a extinção da execução, mas não impedirá o credor de valer-se de outro tipo de ação, para cobrar o que lhe é devido.

Um aspecto importante: aquilo que é matéria preliminar no processo de execução – pressupostos do processo ou condições da ação executiva – é mérito nos embargos. Por exemplo: a falta de título torna o credor carecedor da execução. Se passa despercebida do juiz, e há penhora, o devedor oporá embargos. Se acolhida, o juiz os julgará procedentes, e sobre a sentença recairá a autoridade da coisa julgada material. Não mais poderá ser aforada execução com base naquele mesmo documento, pois o juiz reconheceu, em definitivo, que ele não tem força executiva.

Ainda existe a possibilidade de que, nos embargos, o devedor não alegue nem matérias relacionadas à existência do crédito nem aos pressupostos processuais e condições da ação executiva, mas questões processuais, relacionadas ao processo de execução. Por exemplo, que os bens constritos não poderiam ter sido penhorados. Se o embargante alega que os bens são de família, o acolhimento implicará a procedência dos embargos, o que determinará a tomada de providências a respeito da questão processual suscitada. Não haverá extinção da execução, mas desconstituição da penhora.

Cândido Dinamarco, em suas monumentais *Instituições de direito processual civil*, indica estes três possíveis objetos dos embargos: "os fundamentos admissíveis comportam enquadramento em três ordens mais ou menos delineadas, a saber, a) embargos de mérito, b) embargos relacionados à admissibilidade da execução e c) embargos puramente processuais. Entre as utilidades dessa classificação, que conta com algum apoio da lei, inclui-se a de permitir uma percepção bem clara dos efeitos da sentença proferida em cada uma das espécies de embargos e, consequentemente, o alcance da coisa julgada formada em cada caso"[4].

11.2.8. Matérias que podem ser alegadas em embargos

Pode o executado alegar: a) inexequibilidade do título ou inexigibilidade da obrigação; b) penhora incorreta ou avaliação errônea; c) excesso de execução ou cumulação indevida de execuções; d) retenção por benfeitorias necessárias ou úteis, nos casos de execução para entrega de coisa certa; e) incompetência absoluta ou relativa do juízo da execução; e f) qualquer matéria que seria lícito deduzir como defesa em processo de conhecimento.

Pode ocorrer que a penhora e a avaliação só se aperfeiçoem após a apresentação dos embargos, caso em que será possível impugná-las por simples petição, no prazo de 15 dias, nos termos do art. 917, § 1º. Se o possuidor, de boa-fé, tiver feito benfeitorias necessárias e úteis, pode exercer o direito de retenção nos embargos à execução.

Quando a alegação for de excesso de execução, o embargante deverá declarar qual valor entende correto, apresentando demonstrativo de cálculo, sob pena de rejeição dos embargos, se ele for seu único fundamento, ou, se houver outro fundamento, de não ser examinado o excesso de execução.

11.2.9. Procedimento dos embargos

11.2.9.1. Petição inicial

Os embargos iniciam-se com a petição inicial, com os requisitos do art. 319 do CPC. O devedor deve expor os fundamentos de sua pretensão e formular o pedido e suas especificações com clareza. Quando o devedor impugnar a existência do crédito, o juiz que acolher o pedido

4. Cândido Rangel Dinamarco, *Instituições*, cit., p. 658.

extinguirá a execução e declarará o crédito inexistente, com força de coisa julgada material, ainda que a petição inicial não indique essa pretensão, que deve ser considerada implícita.

Deve ainda indicar o valor da causa, que nem sempre coincidirá com o da execução. Só serão os mesmos quando o objeto dos embargos for a extinção da execução. Quando o embargante pretender, por exemplo, reduzir a dívida, o valor da causa deverá corresponder ao montante econômico do benefício pretendido, à diferença entre o postulado pelo credor e ao que o embargante quer ver reconhecido.

O recolhimento das custas iniciais dependerá do que dispuserem as leis estaduais. No Estado de São Paulo, há recolhimento nos embargos à execução, determinado pela Lei estadual n. 11.608/2003.

Como sempre, o juiz deverá proceder a um exame minucioso antes de receber a inicial. Se não estiver em termos, e contiver vício sanável, o juiz determinará a emenda no prazo de 15 dias; se o autor não a providenciar, será indeferida.

Como os embargos são autuados em apartado, o embargante deve instruí-los com cópias das peças processuais relevantes do processo de execução, que poderão ser declaradas autênticas pelo próprio advogado, sob sua responsabilidade pessoal.

11.2.9.2. Recebimento dos embargos e efeito suspensivo

O recebimento dos embargos não implicará, como regra, suspensão do processo de execução, que deverá prosseguir com a realização de penhora e avaliação, se ainda não tiverem sido feitas, e posterior expropriação. Mas, preocupado com hipóteses em que o prosseguimento da execução possa causar prejuízos irreparáveis ao devedor, autorizou o juiz a concedê-lo excepcionalmente.

Os requisitos para a concessão de efeito suspensivo são análogos àqueles exigidos na impugnação ao cumprimento de sentença (CPC, art. 919, § 1º) e afastam qualquer discricionariedade judicial: a) que haja requerimento do embargante, não podendo o juiz concedê-lo de ofício; b) que estejam presentes os requisitos para a concessão de tutela provisória; c) que a execução já esteja garantida por penhora, depósito ou caução suficientes. O requisito "c" só pode ser compreendido quando se lembra que, para opor embargos, não é mais necessário ter bens penhorados. Mas, para que a eles seja dado efeito suspensivo, a prévia garantia do juízo – por penhora, depósito ou caução – é indispensável. Nem poderia ser diferente: se não houve ainda nenhuma agressão ao patrimônio do devedor, inexiste o perigo de prejuízo irreparável. E nem haverá como continuar a execução, já que a prática dos atos satisfativos pressupõe a garantia do juízo.

Da decisão do juiz que conceder ou negar efeito suspensivo aos embargos caberá agravo de instrumento ao tribunal. Mas, haja ou não agravo, é possível ao juiz, a qualquer tempo, modificar a decisão a respeito do efeito suspensivo, quando forem alteradas as circunstâncias que a fundamentavam. É possível que o juiz negue efeito suspensivo ao receber os embargos, porque naquele momento não havia uma situação de risco, que posteriormente se manifesta. O juiz reexaminará, quando a parte o requerer, o pedido, seja para revogar o efeito antes concedido, seja para conceder o anteriormente negado.

Se os embargos forem parciais, isto é, impugnarem apenas parte do débito, a execução prosseguirá quanto ao resto. E, quando houver mais de um executado, o efeito suspensivo concedido nos embargos opostos por um não se estende aos opostos pelos demais, quando o fundamento disser respeito exclusivamente ao primeiro.

Mesmo que seja concedido o efeito suspensivo, não haverá óbice para a efetivação dos atos de substituição, de reforço ou de redução da penhora e de avaliação de bens (CPC, art. 919, § 5º). Se o efeito suspensivo foi deferido é porque já havia penhora. Mas, mesmo com a suspensão, eventual substituição do bem, reforço ou redução da penhora, poderá ser realizado. Apenas os atos de expropriação é que ficarão suspensos.

Mesmo que tenha sido concedido efeito suspensivo, se os embargos forem julgados improcedentes, a execução prosseguirá, porque eventual apelação não será dotada de efeito suspensivo. E prosseguirá como definitiva, já que se trata de execução por título extrajudicial.

11.2.9.3. Rejeição liminar dos embargos

O art. 918 do CPC enumera as hipóteses em que os embargos deverão ser indeferidos liminarmente. O juiz deve fazê-lo, se verificar que são intempestivos (art. 918, I), ou nos casos de indeferimento da petição inicial e de improcedência liminar do pedido (CPC, art. 918, II). Deverá ainda fazê-lo quando verificar que os embargos são meramente protelatórios (CPC, art. 918, III).

Presente a hipótese do inciso III do art. 918 – embargos meramente protelatórios – haverá ato atentatório à dignidade da justiça, apenado na forma do art. 774, parágrafo único, do CPC.

Mas o juiz deve acautelar-se: somente em caso de evidente intuito procrastinatório a inicial será indeferida, isto é, quando *prima facie* se puder concluir pela impertinência dos argumentos invocados. Do contrário, deve recebê-los, sob pena de cerceamento ao direito de defesa do executado.

11.2.9.4. Intimação e resposta do embargado

Manda o art. 920 do CPC que, recebidos os embargos, o exequente seja intimado para apresentar resposta, no prazo de 15 dias. Como eles têm natureza de nova ação, e novo processo, o credor deveria ser citado. Mas não há necessidade, porque ele já está assistido por advogado, no processo de execução; basta intimá-lo, pela imprensa, para que passe a fluir o prazo de resposta. Ele será dobrado, no caso dos art. 229 do CPC.

Conquanto não se apliquem ao prazo para apresentá-los, valem para os prazos internos dos embargos.

O prazo de impugnação é de 15 dias, podendo o credor apresentar todas as defesas que tiver, para sustentar a validade e a eficácia do título executivo, ou dos atos praticados no processo de execução.

Não cabe reconvenção. Os embargos servem como meio de defesa do devedor. O não acolhimento implicará o prosseguimento da execução. A reconvenção extrapolaria o âmbito meramente defensivo.

Não cabe qualquer forma de intervenção de terceiros, à exceção da assistência, quando o terceiro tenha interesse jurídico em sua solução. Imagine-se, por exemplo, uma execução ajuizada por beneficiário de seguro de vida. A seguradora apresenta embargos aduzindo que o beneficiário não tem direito a recebê-lo e que o seguro deve ser destinado ao cônjuge sobrevivente ou a outros herdeiros. Estes podem requerer o ingresso como assistentes simples da seguradora, pois têm interesse jurídico em que a sentença lhes seja favorável.

As demais formas de intervenção não cabem, dada a natureza estritamente defensiva dos embargos.

11.2.9.5. A falta de impugnação

Caso o embargado não apresente impugnação, será revel. Mas a ele não serão aplicados os efeitos da revelia, e o juiz não presumirá a veracidade dos fatos alegados na petição inicial, nem promoverá o julgamento antecipado do mérito.

A execução estará fundada em título que goza de presunção de certeza e liquidez, sendo sempre incumbência do executado demonstrar o necessário para afastar essa presunção. Da falta de impugnação aos embargos, por si só, não resulta o afastamento da presunção.

Nem por isso a falta de impugnação deixará de fazer presumir verdadeiros os fatos alegados pelo embargante, que não sejam contrariados pelo que consta do título executivo. Como ensina Theotonio Negrão, "Parece, todavia, mais aceitável a tese de que, neste caso, as questões de fato não contestadas devem ser reputadas verdadeiras, segundo a versão do embargante (Lex, *JTA*, *152*:362), com a condição de não estarem em contradição com o título executivo que deu ensejo à execução (*JTA*, *65*:252), cabendo ao julgador 'examinar objetivamente a prova, joeirando-a apesar da confissão ficta, pois que outra presunção, não menos relevante, é a da liquidez e certeza da dívida instrumentada pelo título executivo pré-constituído' (*RTFR*, *89*:103)"[5].

A falta de impugnação fará presumir verdadeiros os fatos que não sejam contrariados pela presunção decorrente do título executivo.

11.2.9.6. Impedimento e suspeição

A incompetência, absoluta ou relativa, deve ser alegada nos próprios embargos. Já o impedimento ou a suspeição observará o disposto nos arts. 146 a 148, isto é, será arguida por petição apresentada ao próprio

5. Theotonio Negrão, *Código de Processo Civil*, nota 10 ao art. 319.

juiz que, se não os reconhecer, enviará o incidente ao Tribunal, que o apreciará.

O prazo para apresentação é de 15 dias, a contar da ciência da causa de impedimento ou suspeição.

11.2.9.7. Demais atos do procedimento dos embargos

Apresentada impugnação, o juiz concederá ao embargante prazo para sobre ela manifestar-se, nos mesmos casos em que, no processo de conhecimento, o autor é intimado para manifestar-se em réplica.

Depois disso, de acordo com o art. 920 do CPC, ele verificará a necessidade de produção de outras provas. Caso não haja, proferirá sentença (julgamento antecipado do mérito). Do contrário, designará audiência de instrução e julgamento, e depois sentenciará.

Conquanto não haja previsão de decisão saneadora, o juiz, antes de determinar a produção de provas, tomará as providências necessárias para sanar irregularidades que possam prejudicar o andamento dos embargos.

Embora o art. 920 determine que o juiz, após a impugnação, designe, quando necessário, audiência de instrução e julgamento, não há óbice a que determine a realização de prova pericial. A cognição nos embargos de devedor é exauriente. A convicção do juiz deve ser definitiva, não fundada em verossimilhança ou plausibilidade. Devem ser admitidos todos os meios de prova, inclusive a pericial, que se realizará antes da audiência de instrução e julgamento. O procedimento da prova pericial e da audiência respeitará as regras do processo de conhecimento.

11.2.9.8. Sentença e recursos

Os embargos – processo de conhecimento – serão julgados por sentença. Ao proferi-la, o juiz valer-se-á das regras gerais do processo de conhecimento, examinando inicialmente os pressupostos processuais e as condições da ação de embargos, e depois o mérito. Cumpre lembrar que os pressupostos processuais e condições da ação de execução constituem mérito, nos embargos.

O processo será extinto sem resolução de mérito nas hipóteses do art. 485 do CPC, compatíveis com os embargos. A desistência da execução, quando homologada, implicará também a extinção dos embargos, sem resolução do mérito. Para que o credor possa desistir da execução embargada, é preciso concordância do devedor, salvo se os embargos versarem matéria exclusivamente processual (CPC, art. 775, parágrafo único).

Quando os embargos são julgados improcedentes, a execução prossegue sem modificação relacionada ao débito ou aos atos executivos. Quando procedente, haverá extinção da execução, redução do seu valor ou a modificação de algum ato processual praticado irregularmente, como, por exemplo, a penhora.

Quando a sentença acolher a alegação de inexistência do débito, extinguirá a execução e valerá como declaratória. Sempre que, proferida sentença de mérito, não houver mais recurso pendente, os efeitos da decisão tornar-se-ão imutáveis, por força da coisa julgada material.

Contra a sentença caberão apelação e embargos de declaração, verificadas as hipóteses do art. 1.022 do CPC.

Não há peculiaridades quanto aos recursos nos embargos, exceção ao fato de que a apelação deve ser recebida somente no efeito devolutivo, quando os embargos forem improcedentes ou extintos sem resolução de mérito. Quando parcialmente procedentes, a execução poderá prosseguir, pelo valor determinado na sentença.

11.3. Outras formas de defesa

11.3.1. Exceções e objeções de pré-executividade

A execução no CPC atual é praticamente incompatível com essas formas de defesa, que perderam a sua utilidade, uma vez que não se exige mais a penhora como precondição para o oferecimento dos embargos. As exceções e objeções de pré-executividade foram criadas para permitir que, em determinadas circunstâncias, o devedor pudesse defender-se sem ter de garantir o juízo. Havia casos em que não seria razoável exigir essa condição. Ora, como a penhora prévia não é mais condição para os embargos, as exceções e objeções de pré-executividade perderam quase toda a sua utilidade. Afinal, se o devedor quiser defender-se, basta que oponha embargos, sem necessidade de penhora anterior.

Mas não se pode afastar, por completo, a possibilidade de uso desses mecanismos de defesa, que ficarão restritos às hipóteses em que o devedor perdeu o prazo de embargos, e precisa alegar matérias de ordem pública, que não estão sujeitas à preclusão. Imagine-se, por exemplo, a inexistência de título executivo: se o devedor perdeu o prazo para embargar, poderá demonstrá-lo posteriormente, em objeção de pré-executividade.

A respeito das exceções e objeções de pré-executividade, ver adiante item 12.1.10.

11.3.2. Ações de conhecimento autônomas

Tanto os embargos quanto os incidentes de pré-executividade são mecanismos de defesa ligados ao processo de execução. Ainda que os embargos sejam autônomos, o seu caráter incidente evidencia a sua ligação com a execução.

Mas o devedor pode defender-se por ações cognitivas autônomas, nas quais buscará discutir o débito constante do título, obtendo a declaração de sua inexistência ou inexigibilidade, ou desconstituí-lo. O resultado dessas ações poderá repercutir sobre a execução, quando o juiz concluir que a dívida não é devida. Imagine-se uma execução fundada em duplicata. É possível que o devedor ajuíze ação declaratória de inexigibilidade do título, sob o fundamento de que foi emitida sem causa e não há relação jurídica subjacente a fundamentar o título causal. O acolhimento do pedido nessa ação implicará a extinção da execução, já que terá sido decidido, com força de coisa julgada material, que o débito é inexigível. Ou imagine-se uma execução fundada em confissão de dívida, quando o devedor ajuíza ação anulatória, sob o fundamento de que a assinou enganado ou coagido. O resultado da ação anulatória repercutirá na execução. Aquilo que poderia ser alegado em embargos pode ser objeto de uma ação de conhecimento autônoma. Por força de dispositivo legal expresso, o ajuizamento de ação anulatória não poderá inibir o credor de promover a execução (CPC, art. 784, § 1º). Duas questões são de fundamental importância: se essa ação autônoma terá o condão de suspender a execução e se ela deve ser reunida à execução, caso tenha sido proposta em juízo diferente. Em princípio, a ação autônoma não teria o condão de suspender a execução, porque o art. 784, § 1º, o proíbe.

Mas nem sempre será assim. Há casos em que o juiz terá de determinar a suspensão. Imagine-se que o devedor tenha ajuizado a ação autônoma antes da execução ou do prazo que teria para opor embargos, no processo de execução. Quando o devedor for citado e intimado do prazo para embargos, já terá ajuizado a ação autônoma, para declarar a inexigibilidade do débito.

Seria excessivo e, às vezes, até inviável exigir dele que opusesse os embargos, para discutir o que já é objeto de ação anterior. Poderia até haver litispendência entre a ação autônoma e os embargos, que levariam à extinção deste, sem resolução de mérito. Haverá conexão, senão litispendência, entre a ação autônoma e os embargos, o que ensejará a reunião de processos.

Em situações assim, o juiz deve conceder à ação autônoma efeito suspensivo, desde que estejam presentes as mesmas circunstâncias que autorizariam a concessão desse mesmo efeito suspensivo, caso tivessem sido opostos embargos, isto é, as circunstâncias do art. 919, § 1º.

O que não se pode admitir é que o devedor se valha de ação autônoma para obter a suspensão da execução depois de ter perdido o prazo de embargos, ou de os ter interposto e eles terem sido julgados improcedentes. Há aí uma tentativa indevida de protelar a execução, que deve prontamente ser rechaçada pelo juiz. Mas não quando a ação autônoma é anterior aos embargos, e estão presentes as hipóteses do art. 919, § 1º. Tanto ela como os embargos têm natureza de processo de conhecimento, e em ambos pode ser discutido o débito.

Se o objeto da ação autônoma é desconstituir o título que embasa a execução, ou declarar a inexigibilidade do débito que está sendo cobrado, deverá ser feita a reunião por conexão (art. 55, § 2º, I, do CPC).

Na ação autônoma, o devedor só poderá contrapor-se à dívida, mas não discutir questões processuais da execução, só alegáveis nos embargos.

A ação autônoma pode ser ajuizada mesmo que o devedor tenha oposto embargos julgados improcedentes, desde que os fundamentos sejam diferentes. Mas se aforada depois do prazo, o juiz não lhe poderá atribuir efeito suspensivo da execução, nem mesmo se presentes as hipóteses do art. 919, § 1º, do CPC.

12. CUMPRIMENTO DE SENTENÇA (EXECUÇÃO POR QUANTIA CERTA CONTRA DEVEDOR SOLVENTE FUNDADA EM TÍTULO JUDICIAL)

A Lei n. 11.232/2005, em vigor desde 24 de junho de 2006, operou verdadeira revolução no procedimento das execuções por quantia, fundadas em título executivo judicial.

Para entender a extensão dessas mudanças, algumas considerações são necessárias. Em sua redação originária, o Código de Processo Civil de 1973 havia separado, em processos estanques, os atos de cognição e os de execução. Os primeiros eram destinados a formar a convicção do juiz a respeito das pretensões formuladas, e os últimos a promover a alteração da realidade fática, em busca da satisfação de um direito reconhecido. Cada uma dessas espécies de ato processual pressupunha processos diferentes e estanques: o de conhecimento e o de execução, distintos e autônomos.

Disso decorria que, formulada uma pretensão de reconhecimento de exigibilidade de obrigação, da apresentação do pedido inicial até a satisfação do direito do credor era possível identificar até três processos distintos: o de conhecimento, o de liquidação (também de natureza cognitiva, necessário para integrar a sentença quando havia necessidade de apuração do *quantum debeatur*) e o de execução, o que tornava necessário promover três citações distintas do devedor, cada qual em um dos processos.

A nova lei, cujo objetivo foi dar efetividade e rapidez aos processos, modificou essa sistemática, passando a considerar que, da formulação da pretensão de reconhecimento da obrigação até a satisfação do credor, há apenas um único processo. Nele, aquilo que antes correspondia a processos autônomos passa a corresponder a meras fases: a cognitiva, a de liquidação e a executiva.

Nesse processo único há atos cognitivos e satisfativos, coisa que o legislador processual originário temia que acontecesse. Daí a doutrina tê-lo denominado processo sincrético, o que traduz a ideia de fases variadas, em seu bojo. A execução civil de título judicial faz-se hoje na fase de cumprimento de sentença, que sucede à fase cognitiva. Conquanto a lei use a expressão "cumprimento de sentença", o título executivo judicial pode ser não só sentença, mas também decisão interlocutória de mérito, proferida na forma do art. 356 do CPC (julgamento antecipado parcial de mérito), ou acórdão.

Todas as espécies de execução por título judicial previstas no Código de Processo Civil tornaram-se impróprias. Não há mais processo autônomo de execução por título judicial (ressalvam-se as execuções de sentença penal condenatória, arbitral e estrangeira, em que a execução forçosamente tem de ser processo autônomo, já que não há processo cível precedente; mas, mesmo nessas execuções, após a citação do executado, observar-se-á o procedimento do cumprimento de sentença, e não o da execução por título extrajudicial).

12.1. Procedimento do cumprimento de sentença que reconhece a exigibilidade de obrigação de pagar quantia certa contra devedor solvente

Como essa espécie de execução deixou de constituir processo autônomo, e passou a ser fase de um processo maior, destinada a dar cumprimento à sentença condenatória, não vem tratada no Livro II da Parte Especial, dedicado ao processo de execução, mas no Livro I da Parte Especial do Código de Processo Civil. São os arts. 523 e s. que cuidam do cumprimento da sentença e da execução imprópria das obrigações por quantia certa.

Mas, naquilo que não for incompatível, as regras do processo de execução por título extrajudicial aplicam-se subsidiariamente ao cumprimento de sentença. Por exemplo, as referentes à impenhorabilidade de bens do art. 833 do CPC continuam aplicáveis ao cumprimento de sentença.

12.1.1. Do início da execução

A iniciativa da execução é sempre do credor. Constituído o título, manda a lei que, antes de se passar à fase de cumprimento, seja dado ao devedor, a requerimento do exequente, um prazo de 15 dias para que efetue voluntariamente o pagamento. Se o fizer, nem sequer terá início a fase de constrição de bens, pois a obrigação foi cumprida.

Se não, será expedido desde logo, sem necessidade de novos requerimentos, mandado de penhora e avaliação, acrescentando-se ao débito uma multa de 10%.

12.1.2. A multa

O art. 523 do CPC estabelece que, "no caso de condenação em quantia certa ou já fixada em liquidação, e no caso de decisão sobre parcela incontroversa, o cumprimento definitivo da sentença far-se-á a requerimento do exequente, sendo o executado intimado para pagar o débito, no prazo de 15 dias, acrescido de custas se houver". O § 1º estabelece que "Não ocorrendo o pagamento voluntário no prazo do *caput*, o débito será acrescido de multa de dez por cento e, também, de honorários de advogado de dez por cento". Caso o pagamento seja parcial, a multa incidirá sobre o restante (art. 523, § 2º).

Por meio da multa pretende o legislador estimular o executado a satisfazer espontaneamente o julgado, evitando a prática de atos de execução propriamente. Caso o faça, ficará isento de multa. Do contrário, se deixar transcorrer o prazo *in albis*, ela incidirá, de forma que a execução se iniciará por um valor 10% superior ao da condenação, que inclui o principal, mais juros, correção monetária, custas e honorários advocatícios. O valor constituído pela soma desses itens é que será o da condenação, e sobre ele incidirá a multa de 10%. Além disso, sem prejuízo dos honorários advocatícios já fixados no título judicial, serão fixados os honorários da fase executiva, para a hipótese de não haver o pagamento no prazo de 15 dias. Tais honorários também serão de 10% do débito.

As controvérsias que havia, na vigência do CPC de 1973, a respeito da necessidade de prévia intimação do executado para que passasse a fluir o prazo de 15 dias, são resolvidas no CPC atual, que determina expressamente a intimação. Estabelece o art. 523, *caput*, que, no caso de condenação em quantia certa, ou já fixada em liquidação, e no caso de decisão sobre parcela incontroversa, o cumprimento definitivo da sentença far-se-á a requerimento do exequente, intimando-se o executado a efetuar o pagamento do débito, no prazo de 15 dias, acrescido das custas, se houver. A intimação é, portanto, necessária, e deverá ser feita na forma do art. 513, § 2º, do CPC.

A intimação do devedor para pagar será feita pelo *Diário da Justiça*, na pessoa do seu advogado constituído nos autos. Mas deverá ser feita por carta com aviso de recebimento, quando o devedor for representado pela Defensoria Pública ou não tiver procurador constituído nos autos, ou por edital, quando tiver sido revel na fase de conhecimento. A intimação será por via eletrônica, na hipótese do art. 246, § 1º, se o devedor não tiver procurador constituído nos autos. Por fim, mesmo que o devedor tenha procurador constituído, haverá necessidade de intimá-lo por carta, se o requerimento do credor para início do cumprimento de sentença for feito após um ano do trânsito em julgado da sentença.

O prazo de 15 dias para pagamento não é afetado pelo art. 229 do CPC. Ainda que haja litisconsortes com advogados diferentes, permanece simples. A contagem deve ser feita na forma da lei processual: exclui-se o dia da intimação e inclui-se o do vencimento, mas devem ser considerados apenas os dias úteis (nesse sentido, o Enunciado 89 da I Jornada de Direito Processual Civil da Justiça Federal).

A multa será evitada se o devedor fizer o pagamento. O prazo de 15 dias não é para que ele deposite em juízo, para garantir a penhora. Flui quando a execução nem sequer iniciou. Se o devedor entende que não deve, ou quer discutir a dívida, não deverá fazer o pagamento, ou deverá fazê-lo apenas da parte incontroversa. O devedor não pode, nessa fase de contagem dos 15 dias, depositar em juízo para afastar a multa, e postular que o valor permaneça depositado. Não é essa a sua finalidade. A multa só será afastada se houver o pagamento espontâneo, diretamente ao credor, ou mediante depósito judicial, cujo levantamento será autorizado.

Controvertia-se sobre a incidência da multa em execução provisória na vigência do CPC de 1973. Mas o CPC atual não deixa dúvida: "A multa e os honorários advocatícios a que se refere o § 1º do art. 523 são devidos no cumprimento provisório de sentença condenatória ao pagamento de quantia certa" (art. 513, § 2º). O § 3º do mesmo dispositivo acrescenta: "Se o executado comparecer tempestivamente e depositar o valor, com a finalidade de isentar-se da multa, o ato não será havido como incompatível com o recurso por ele interposto". O levantamento do valor depositado ficará condicionado à prestação de caução idônea.

12.1.3. O requerimento do exequente

Caberá ao exequente a iniciativa de dar início à fase de cumprimento de sentença. Bastará apresentar petição requerendo a intimação do devedor para pagar o débito no prazo de 15 dias, sob pena de, não o fazendo, ter início a fase de cumprimento de sentença, com a expedição de mandado de penhora e avaliação de bens. Não se trata de uma petição inicial, que tenha de preencher os requisitos do art. 319 do CPC, pois não haverá um novo processo. Nos 15 dias que o devedor tem para satisfazer o julgado, sob pena de multa, o exequente não pode requerer ainda o arresto ou a penhora de bens. Deve-se aguardar o fim do período, e só depois de transcorrido *in albis* o prazo, será expedido, desde logo, sem necessidade de novos requerimentos, o mandado de penhora e avaliação.

Cumpre ao exequente requerer o início da execução. Esse requerimento, a que alude o art. 523, antecede a intimação do executado para pagamento do débito, no prazo de 15 dias. Caso haja o pagamento, a fase de cumprimento de sentença não terá início. Caso não haja pagamento, a fase de cumprimento terá início, sem a necessidade de novo requerimento, com a expedição desde logo de mandado de penhora e avaliação, iniciando-se automaticamente o prazo de 15 dias para impugnação. O débito, vencido o prazo de 15 dias para pagamento, será acrescido da multa e dos honorários da fase executiva.

No requerimento, o exequente deve tomar algumas providências:

a) apresentar o demonstrativo do débito, na forma do art. 524 do CPC, indicando os itens que compõem o débito, conforme incisos II a VI do art. 524, já acrescido dos 10% de multa;

b) recolher as custas iniciais do cumprimento de sentença, quando a lei de custas assim exigir. O fato de ele deixar de ser processo autônomo não afasta a necessidade do recolhimento das custas iniciais, salvo previsão em contrário da lei estadual. No Estado de São Paulo, há custas para dar início à execução, seja ela processo, seja mera fase executiva;

c) indicar desde logo os bens a serem penhorados (art. 524, VII). A iniciativa é do credor, que deverá observar o disposto no art. 835 do CPC. Se ele não o fizer, caberá ao oficial de justiça, munido do mandado, efetuar a penhora dos bens que encontrar em poder do devedor. Isso não significa que o devedor não possa ofertar bens à penhora. Mas essa oferta não tem prioridade. O credor pode aceitar os bens oferecidos ou pode injustificadamente rejeitá-los, nomeando outros de sua preferência.

Em hipótese alguma haverá citação do devedor, porque inexiste processo autônomo. A citação na fase de conhecimento é a única, e valerá para todas as fases do processo sincrético.

12.1.4. Prescrição intercorrente

A prescrição intercorrente é fenômeno relacionado tanto ao cumprimento de sentença quanto à execução de título extrajudicial. Neste item, ela será abordada em relação ao cumprimento de sentença. Para uma abordagem mais geral do tema, abrangendo também a execução de título extrajudicial, ver Livro IX, item 12.5, *infra*. Como não há mais processo autônomo de execução por título judicial, encerrada a fase cognitiva, não começará a correr prazo prescricional, para o ajuizamento do processo executório. A Súmula 150 do Supremo Tribunal Federal estabelece que a pretensão executiva prescreve no mesmo prazo da condenatória. Se o credor tinha, por exemplo, prazo de um ano para cobrar da seguradora a indenização proveniente de um acidente, depois da sentença transitada em julgado, ele também teria um ano para promover a execução, sob pena de prescrever-se o processo executivo. Com a citação no processo de execução, interrompia-se a contagem do prazo.

Agora, transitada em julgado a sentença, não começa a correr o prazo para a instauração de um processo de execução, que já não existe. Mas existe a possibilidade de prescrição intercorrente, quando o credor deixa de requerer o cumprimento de sentença, ou, tendo-o requerido, deixa de tomar as providências necessárias para que a execução tenha andamento. Só em caso de inércia a prescrição correrá.

Preenchidos os requisitos do art. 523 do CPC, caberá ao exequente requerer a execução, já que o juiz não pode iniciá-la de ofício. A partir daí começa a correr o prazo prescricional da pretensão executiva que, nos termos da Súmula 150 do STF, é o mesmo prazo da pretensão condenatória. Se o exequente requerer o cumprimento da sentença, iniciada a execução, ela será suspensa por um ano, caso o executado não possua bens penhoráveis. Nesse interregno, como a suspensão não decorre da inércia do exequente, o prazo de prescrição ficará suspenso. Após esse prazo, deve o exequente tomar as medidas necessárias para tentar localizar bens penhoráveis. Se, passado um ano de suspensão, o exequente não o fizer, os autos serão arquivados, e começará a correr o prazo de prescrição intercorrente (art. 921, §§ 1º, 2º e 4º). Mas ele só começará a correr após um ano de suspensão, e desde que não haja manifestação do exequente. Se ele se manifestar, requerendo as providências necessárias para tentar localizar o executado ou bens que possam ter sido adquiridos no período, não correrá a prescrição intercorrente.

Caso ela ocorra, o juiz deverá decretá-la de ofício. Mas, por força do princípio do contraditório, deverá antes ouvir as partes a respeito, concedendo-lhes prazo de 15 dias para manifestação (art. 921, § 5º, do CPC).

O Superior Tribunal de Justiça regulamentou o tema no Incidente de Assunção de Competência n. 01, no qual ficou decidido: "1.1. Incide a prescrição intercorrente, nas causas regidas pelo CPC/73, quando o exequente permanece inerte por prazo superior ao de prescrição do direito material vindicado, conforme interpretação extraída do art. 202, parágrafo único, do Código Civil de 2002. 1.2. O termo inicial do prazo prescricional, na vigência do CPC/1973, conta-se do fim do prazo judicial de suspensão do processo ou, inexistindo prazo fixado, do transcurso de 1 (um) ano (aplicação analógica do art. 40, § 2º, da Lei n. 6.830/1980). 1.3. O termo inicial do art. 1.056 do CPC/2015 tem incidência apenas nas hipóteses em que o processo se encontrava suspenso na data da entrada em vigor da novel lei processual, uma vez que não se pode extrair interpretação que viabilize o reinício ou a reabertura de prazo prescricional ocorridos na vigência do revogado CPC/1973 (aplicação irretroativa da norma processual). 1.4. O contraditório é princípio que deve ser respeitado em todas as manifestações do Poder Judiciário, que deve zelar pela sua observância, inclusive nas hipóteses de declaração de ofício da prescrição intercorrente, devendo o credor ser previamente intimado para opor algum fato impeditivo à incidência da prescrição".

12.1.5. Honorários advocatícios

No cumprimento de sentença, serão devidos novos honorários advocatícios, relacionados a essa fase, que não se confundem com os fixados na sentença condenatória. A matéria já era objeto da Súmula 517 do STJ: "São devidos honorários advocatícios no cumprimento de sentença, haja ou não impugnação, depois de escoado o prazo para pagamento voluntário, que inicia após a intimação do advogado da parte executada". O art. 523, § 1º, estabelece que, iniciado o cumprimento de sentença, o débito será acrescido de honorários advocatícios de 10%. Diante da determinação legal, os honorários da fase executiva nem sequer precisam ser fixados pelo juiz, devendo o exequente já acrescentá-los ao cálculo do débito. Esses honorários serão devidos, no mesmo montante, ainda que se trate de cumprimento provisório da sentença (art. 520, § 2º).

Se houver impugnação, porém, só serão cabíveis honorários advocatícios em caso de acolhimento desta, com extinção da execução, conforme Súmula 519 do Superior Tribunal de Justiça.

12.1.6. Protesto da decisão judicial transitada em julgado

Desde a entrada em vigor da Lei n. 9.492/97, controvertia-se sobre a possibilidade de protesto de títulos executivos judiciais. A dúvida decorria do disposto no art. 1º da lei, que autorizava o protesto de obrigação originada em títulos e outros documentos da dívida. Como a lei não fazia ressalvas sobre a natureza do título, já havia decisões judiciais admitindo o protesto de sentença transitada em julgado na vigência do CPC de 1973. Nesse sentido, no acórdão proferido no REsp 750.805-RS, da E. 3ª Turma do Superior Tribunal de Justiça, ficou decidido que a sentença transitada em julgado, da qual conste obrigação líquida, certa e exigível, poderia ser protestada. Mas havia, também, aqueles que sustentavam que, à míngua de especificação legal, o protesto não poderia ser feito.

O CPC atual põe fim à controvérsia, ao estabelecer expressamente, no art. 517, que: "A decisão judicial transitada em julgado poderá ser levada a protesto, nos termos da lei, depois de transcorrido o prazo para pagamento voluntário previsto no art. 523". O art. 515, I, não exige, para caracterização do título judicial, que a decisão proferida no processo civil tenha transitado em julgado. Mesmo sem o trânsito, já haverá título executivo judicial, que permitirá a execução provisória, se não houver mais recurso dotado de efeito suspensivo. Mas, para o protesto, é indispensável o trânsito em julgado (a exceção é o protesto das decisões ou sentenças que fixam alimentos, e que podem ser protestadas independentemente do trânsito em julgado – art. 528, § 1º, do CPC). Além disso, como há expressa alusão ao prazo do art. 523, o protesto ficará restrito às decisões que reconheçam a obrigação do pagamento de quantia líquida, certa e exigível.

Para que o protesto se efetive, bastará ao exequente apresentar certidão de teor da decisão, comprovando o trânsito em julgado e o transcurso do prazo do art. 523. Tal certidão deverá ser fornecida pelo ofício no prazo de três dias, e deverá indicar o nome e a qualificação do exequente e do executado, o número do processo, o valor da dívida e a data de decurso do prazo para pagamento voluntário. Satisfeita integralmente a obrigação, o executado poderá requerer ao juiz que, no prazo de três dias, expeça ofício ao tabelionato, determinando o cancelamento do protesto. Caso, ainda, o executado tenha ingressado com ação rescisória da decisão, pode pedir a anotação da propositura da ação à margem do título protestado.

12.1.7. Mandado de penhora e avaliação

Transcorrido *in albis* o prazo de 15 dias para pagamento voluntário, requerido pelo exequente na forma do art. 524 do CPC, com a apresentação de memória discriminada de cálculo, e recolhimento das diligências do oficial de justiça, será expedido mandado de penhora e avaliação, sem necessidade de novo requerimento. Em nenhuma circunstância será o devedor citado. A penhora faz-se da mesma forma como na execução por título extrajudicial, aplicando-se subsidiariamente as suas regras, até mesmo quanto ao depositário.

A avaliação será feita pelo próprio oficial de justiça, no momento da realização da penhora, da mesma forma como ocorre na execução por título extrajudicial. Sobre a avaliação feita por oficial de justiça, ver item 8.8, *supra*. Também se aplicam as mesmas regras já examinadas na execução por título extrajudicial sobre a intimação da penhora.

12.1.8. Da impugnação

12.1.8.1. Natureza

A forma de defesa do executado, por excelência, é a impugnação. Admitem-se, ainda que excepcionalmente, as exceções e objeções de pré-executividade, embora elas tenham perdido quase toda a sua utilidade, já que, tanto na execução por título extrajudicial quanto no cumprimento de sentença, o oferecimento de embargos ou de impugnação dispensa a prévia penhora, depósito ou caução.

Na execução por título extrajudicial, a forma de defesa do devedor são os embargos, que sempre constituem ação autônoma e formam um processo próprio, de cunho incidente, autuado em apartado, seja qual for o assunto neles discutido.

A impugnação não é, em regra, ação autônoma, nem forma processo independente. Constitui mero incidente, no curso da fase de cumprimento de sentença, no qual são praticados atos cognitivos, não tendentes à satisfação do credor, mas à formação do convencimento do juiz. Há, no entanto, uma hipótese em que a impugnação não terá natureza de mero incidente, mas constituirá verdadeira ação incidental, no bojo da execução: quando versar não sobre as condições da ação ou pressupostos processuais da execução, mas objetivar a declaração de inexistência do débito (art. 525, § 1º, VII). Mesmo nesse caso, não haverá processo autônomo, mas ação incidental, que não visa apenas à extinção da execução, mas à declaração de inexistência do débito, por decisão que se revista da autoridade da coisa julgada material. Em suma, a impugnação será mero incidente nas hipóteses do art. 525, § 1º, I a VI. E verdadeira ação incidente no caso do art. 525, § 1º, VII. Em ambos os casos não haverá novo processo, nem procedimento autônomo.

A impugnação materializa um dos grandes temores do legislador processual originário: o de misturar, no mesmo processo, atos de cognição e de execução. Foi ele quem fez com que o legislador criasse os embargos – ação autônoma – para manter o isolamento entre esses atos. Como na nova sistemática da execução por título judicial há um processo único, que só se encerra com a satisfação do julgado, o chamado processo sincrético, não havia necessidade de manter o isolamento entre os dois tipos de atos.

A natureza da impugnação (salvo a hipótese do art. 525, § 1º, VII) não é distinta das exceções e objeções de pré-executividade, que também constituem incidentes da execução. Mas a oportunidade para apresentação e os limites da cognição são diferentes.

12.1.8.2. Prazo

A impugnação é apresentada em 15 dias, a contar do transcurso *in albis* do prazo de 15 dias para pagamento voluntário, independentemente de penhora ou nova intimação. Serão dois prazos de 15 dias distintos: primeiro, o de 15 dias para o pagamento voluntário do débito. Nesse momento, não teve início ainda a fase de cumprimento de sentença, que nem sequer começará se houver o pagamento voluntário. E o segundo prazo, também de 15 dias, para oferecer impugnação, já iniciada a fase de cumprimento de sentença, quando não houve o pagamento voluntário. O requerimento do exequente, a que alude o art. 523 e que deve preencher os requisitos do art. 524, deverá anteceder a intimação do executado para pagamento voluntário em 15 dias. Vencido esse prazo, automaticamente, e sem necessidade de novo requerimento ou intimação, será expedido mandado de penhora e avaliação e passará a correr o prazo de 15 dias para impugnação.

Ao prazo de embargos não se aplica o art. 229 do CPC. Ele não é aumentado, nem em razão da qualidade do devedor, nem da existência de litisconsórcio com advogados diferentes. O prazo para cada devedor corre autonomamente, e não é preciso que todos estejam intimados para que possa fluir.

A razão disso é a autonomia dos embargos, processo autônomo cujo prazo é decadencial, e não preclusivo. Já a impugnação é incidente processual ou ação incidente, não processo autônomo. O prazo é interno ao processo, ou seja, é de preclusão. Sendo assim, aplicável a ele o disposto no art. 229. Se houver dois ou mais devedores com advogados diferentes, de escritórios distintos, não sendo o processo eletrônico, o prazo para impugnação será dobrado, e correrá após a intimação de todos os devedores.

Não há necessidade, para a impugnação, de prévia garantia do juízo, pela penhora ou depósito do bem, como estabelece expressamente o art. 525, *caput*, do CPC.

12.1.8.3. Efeito suspensivo

A impugnação ao cumprimento de sentença não tem, como regra, efeito suspensivo; enquanto ela pende, a execução terá prosseguimento, como definitiva, pois só é provisória a fundada em decisão pendente de recurso com efeito suspensivo. Ela prosseguirá até seus últimos termos, podendo haver levantamento de dinheiro ou alienação forçada de bens, sem necessidade de que o credor apresente caução.

Mas o devedor que oferecer a impugnação pode requerer ao juiz que, ao recebê-la, atribua efeito suspensivo, desde que seja relevante a sua fundamentação e o prosseguimento da execução seja manifestamente suscetível de causar ao executado grave dano de difícil ou incerta reparação. Além disso, é indispensável que o juízo esteja garantido pela penhora, caução ou depósito suficientes (art. 525, § 6º).

Esses requisitos são cumulativos. Quanto ao dano, é preciso que seja manifesto. O prosseguimento da execução sempre poderá trazer prejuízos ao devedor, mas é preciso que isso seja manifesto, e que os danos sejam irreparáveis ou de difícil reparação.

A ausência do efeito suspensivo é salutar, para evitar que a impugnação seja usada como mais um meio de protelar a satisfação do credor.

É possível que o juiz não conceda efeito suspensivo no início da impugnação, mas venha a concedê-lo mais tarde, no seu curso, se verificar que na execução existe o risco de prática de algum ato do qual resulte perigo de prejuízo irreparável.

Preocupado com a efetividade do processo, e a necessidade de uma rápida solução, o legislador permite que, mesmo em caso de concessão de efeito suspensivo, o devedor postule o prosseguimento da execução, prestando caução suficiente e idônea, nos próprios autos.

A caução deve ser suficiente para reparar eventuais prejuízos do devedor.

A concessão de efeito suspensivo não impede a efetivação de atos de substituição, reforço ou redução de penhora e avaliação de bens.

As questões relativas a fatos supervenientes ao término do prazo de impugnação, assim como aquelas relativas à validade e à adequação da penhora, da avaliação e dos atos executivos subsequentes, podem ser arguidas por simples petição, no prazo de 15 dias contados da comprovada ciência do fato ou da intimação do ato.

12.1.8.4. Cognição no plano horizontal

No plano horizontal, a cognição é restrita na impugnação: há um rol limitado de matérias que podem ser alegadas, expressamente enumeradas no art. 525, § 1º, do CPC. Não há a liberdade de o devedor alegar tudo o que poderia na fase de conhecimento, como ocorre com os embargos do devedor, porque o cumprimento de sentença foi precedido da fase cognitiva, na qual boa parte das defesas deveria ter sido alegada. O devedor não poderá suscitar na impugnação matérias que poderiam ter sido alegadas naquela fase.

As matérias que podem ser invocadas na impugnação são:

a) Falta ou nulidade da citação se, na fase de conhecimento, o processo correu à revelia. A citação a que se refere esse dispositivo é a única que existe no processo sincrético, feita na fase cognitiva, em que foi formulado o pedido condenatório. A falta ou nulidade de citação gerará para o réu a ineficácia do processo, que dispensa a ação rescisória para ser arguida. Se acolhida a impugnação, a sentença será declarada ineficaz por falta de citação, e nada mais restará senão a volta à fase de citação do réu, na fase cognitiva, reabrindo-se o prazo para que ele apresente contestação. Daí por diante, o processo terá seguimento, até que seja proferida nova sentença, sem o vício da anterior.

Com as regras de competência do CPC tem-se uma situação interessante: o cumprimento de sentença poderá ser feito não perante o juízo que a proferiu, mas no foro de situação dos bens ou do domicílio do devedor. Competirá ao juízo da execução examinar a validade da citação realizada no processo no qual foi proferida a sentença que correu perante outro juízo. Se o juízo da execução acolher a impugnação, estará declarando a ineficácia de sentença proferida por outro juízo, o que obrigará que a fase cognitiva seja reaberta, no juízo de origem, com nova citação do devedor.

b) Ilegitimidade das partes. Torna o credor carecedor da execução. Dificilmente poderá ser levantada, quando se tratar de cumprimento de sentença civil, já que a questão terá sido definida na fase de conhecimento. Mas ainda assim poderá ser suscitada, nos casos em que se atribuir responsabilidade executiva a terceiro, com a penhora de seus bens e a determinação de que integre o polo passivo. A alegação de ilegitimidade é mais comum quando a execução estiver fundada em outro tipo de título judicial, como a sentença penal condenatória.

c) Inexequibilidade do título ou inexigibilidade da obrigação. São várias as razões que podem levar à inexequibilidade do título ou à inexigibilidade da obrigação. Será inexigível, por exemplo, um valor fixado em acordo para pagamento em determinada data, que ainda não tenha chegado; ou aquele que contenha obrigações bilaterais, quando se verifique que o exequente ainda não cumpriu a sua parte. A exigibilidade está intimamente relacionada ao interesse para executar. Enquanto não verificada, o exequente será considerado carecedor de ação. Estabelece o art. 525, § 12: "Para o efeito do disposto no inciso III do § 1º deste artigo, considera-se também inexigível a obrigação reconhecida em título executivo judicial fundado em lei ou ato normativo considerado inconstitucional pelo Supremo Tribunal Federal, ou fundado em aplicação ou interpretação da lei ou do ato normativo tido pelo Supremo Tribunal Federal, como incompatível com a Constituição Federal, em controle de constitucionalidade concentrado ou difuso".

Mas, para que a sentença possa ser reconhecida como inexigível, é preciso que a declaração de inconstitucionalidade preceda o trânsito em julgado. Se ela for posterior, só caberá ação rescisória. Mas, nesse caso, o prazo da rescisória não será de dois anos a contar do trânsito em julgado da sentença, mas de dois anos a contar do trânsito em julgado da decisão proferida pelo Supremo Tribunal Federal, em controle concentrado ou difuso de constitucionalidade.

d) Penhora incorreta ou avaliação errônea. A penhora e a avaliação do bem poderão ser prévias ou posteriores à impugnação. Se prévias, os eventuais equívocos deverão ser alegados na impugnação. Se posteriores, serão alegados por simples petição, no prazo de 15 dias a contar da comprovada ciência do fato ou da intimação do ato, nos termos do art. 525, § 11.

e) Excesso de execução ou cumulação indevida de execuções. O excesso ocorre quando o credor exige valores ou prestações maiores ou diferentes das que constam no título executivo. O Código de Processo Civil, no art. 917, indica que isso ocorre quando: "I – o exequente pleiteia quantia superior à do título; II – ela recai sobre coisa diversa daquela declarada no título; III – ela se processa de modo diferente do que foi determinado no título; IV – o exequente, sem cumprir a prestação que lhe corresponde, exige o adimplemento da prestação do executado, V – o credor não prova que a condição se realizou". A redação é criticável, porque, ao menos nas hipóteses dos incisos IV e V, não há propriamente excesso de execução, mas inexigibilidade do título.

O excesso de execução não se confunde com o da penhora. Na primeira, o credor cobra algo que não é devido; na segunda, o valor é correto, mas a penhora estende-se por bens de valor superior ao necessário para a garantia do crédito. O excesso de penhora não precisa ser apontado na impugnação. Verificando o executado que o valor dos bens é manifestamente superior ao da execução, poderá requerer ao juiz que, a qualquer tempo, reduza a penhora ou limite-a a determinados bens.

Para que o excesso de execução possa ser conhecido, necessário que o executado cumpra o determinado no art. 525, § 4º: "Quando o executado alegar que o exequente, em excesso de execução, pleiteia quantia superior à resultante da sentença, cumprir-lhe-á declarar de imediato o valor que entende correto, apresentando demonstrativo discriminado e atualizado de seu cálculo". O dispositivo é salutar, pois era comum que o devedor impugnasse o débito, sem indicar de forma precisa o *quantum* que entendia devido. Essa indicação passa a ser requisito para conhecimento da alegação de excesso de execução. Se esse for o único fundamento da impugnação, ela será rejeitada. Se houver outros fundamentos, apenas eles serão conhecidos.

A cumulação indevida de execuções ocorre quando há pretensões executivas cumuladas, sem a observância das exigências do art. 327 do CPC.

f) Incompetência absoluta ou relativa do juízo da execução. É na impugnação que o executado deve arguir a incompetência do juízo, seja ela absoluta ou relativa, lembrando que as regras de competência para o cumprimento de sentença estão previstas no art. 516 do CPC, e que nem sempre o cumprimento precisará ser requerido no juízo em que a sentença foi proferida (art. 516, parágrafo único). Já o impedimento e a suspeição do juiz devem ser alegados por simples petição, observado o disposto nos arts. 146 e 148 do CPC.

g) Qualquer causa modificativa ou extintiva da obrigação, como pagamento, novação, compensação, transação ou prescrição, desde que supervenientes à sentença. Nesse caso, a tese será a da inexistência de débito ou da pretensão de cobrança, por extinção. A impugnação não será mero incidente processual, mas verdadeira ação incidental, porque o objetivo do devedor não se limitará à extinção da execução, mas à obtenção, com força de coisa julgada, de declaração de inexistência do débito. A matéria discutida é de fundo, e não se refere aos pressupostos processuais e condições da execução. Quando alegada em embargos à execução, o juiz que reconhece a extinção do débito não só põe fim à execução, como a declara com força de coisa julgada, porque a sentença neles proferida se revestirá da autoridade da coisa julgada material, o que impedirá que a questão volte a ser discutida posteriormente. O mesmo ocorrerá com a impugnação, quando a matéria alegada for a mesma. Restaria saber se a inexistência do débito poderia ser reconhecida com força de coisa julgada. Conquanto a impugnação não forme processo autônomo, constituirá, nesse caso, ação incidental. Quando o juiz reconhece a inexistência do débito, terá de proferir uma sentença extinguindo a execução. Ao fazê-lo, declarará também a inexistência do débito, na sentença, e haverá coisa julgada material. Se o devedor postular a extinção parcial do débito, por exemplo, pelo pagamento de uma parte, o juiz que o reconhecer não extinguirá a execução, mas determinará o seu prosseguimento por valor menor, em decisão interlocutória. Haverá coisa julgada material da mesma forma, porque a impugnação fundada em inexistência do débito tem natureza de ação incidente. A decisão interlocutória será de mérito e se revestirá da autoridade da coisa julgada material. O mesmo valerá em caso de improcedência da impugnação. Ela constará de decisão interlocutória de mérito e fará coisa julgada material.

Quando o título executivo judicial for sentença homologatória de transação ou de acordo extrajudicial, será possível alegar em impugnação eventuais vícios de consentimento que maculem o negócio jurídico, tornando-o anulável. De acordo com o art. 177 do CC, o reconhecimento da anulabilidade deve ser feito em ação própria, de natureza cognitiva. A anulabilidade será reconhecida na ação incidental de impugnação, com força de coisa julgada. A impugnação será verdadeira ação anulatória incidental.

Nesse sentido, a lição de Dinamarco: "Enquanto nenhuma execução houver sido proposta com fundamento na sentença homologatória de transação ou reconhecimento do pedido (título executivo judicial: CPC, art. 584, inc. III [atual art. 515, II e III]), a parte que se julgar prejudicada terá a liberdade de promover essa demanda de anulação perante os órgãos de primeiro grau jurisdicional, respeitando o prazo de decadência de seu direito a fazê-lo (art. 178, inc. I-II [do CC]). Proposta a execução, os embargos a ela são precisamente aquela ação anulatória autorizada pelo art. 486 do Código de Processo Civil [atual art. 966, § 4º], com a única peculiaridade de ser proposta incidentemente ao processo executivo; nesses embargos o executado alegará o vício de consentimento que entende haver maculado a transação ou o reconhecimento do pedido, concluindo por pedir a sua anulação"[6]. A anulação agora não será objeto dos embargos, mas da impugnação, que terá natureza de ação incidente, que pode ter cunho declaratório negativo ou desconstitutivo da obrigação.

Discute-se se o rol do art. 525, § 1º, deve ser considerado taxativo ou meramente exemplificativo. Uma interpretação literal do texto levaria à conclusão de que é exaustivo, já que se diz que a impugnação só poderá versar sobre os assuntos ali indicados, havendo manifestação tanto da doutrina quanto da jurisprudência nesse sentido. Mas seria temerário considerar dessa forma, porque, conquanto pareça ter sido intenção do legislador exaurir as possibilidades de alegação, há certas matérias que acabaram ficando fora do rol. É a opinião de Cândido Dinamarco: "Diante das limitações impostas à admissibilidade dos embargos à execução por título judicial [atual impugnação], vê-se com frequência a afirmação de que o rol dos fundamentos para esses embargos, contido no art. 741 do Código de Processo Civil [atual art. 515, § 1º], seria exaustivo e, portanto, insuscetível de ser ampliado ou acrescido de outras hipóteses ali não incluídas. Essa afirmação é, no entanto, ao menos imprudente. Há situações que talvez não houvessem sido cogitadas pelo legislador de 1973, mas nas quais os embargos são indispensáveis como meio de resistência a execuções injustas, porque, sem eles, o executado ficaria desprotegido e privado do acesso à justiça"[7].

Essas conclusões são aplicáveis à impugnação, que agora substitui os embargos, como mecanismo de defesa na execução por título judicial, mas que, tal como eles, tem cognição restrita no plano horizontal. O que não se há de admitir é que o devedor possa valer-se dessa impugnação para rediscutir questões que foram ou que poderiam ter sido discutidas em processo de conhecimento.

---

6. Cândido Rangel Dinamarco, *Instituições*, cit., p. 666.
7. Dinamarco, *Instituições*, cit., p. 657.

12.1.8.5. Cognição no plano vertical

O juiz não deve decidir a impugnação com base em mera verossimilhança ou plausibilidade, mas colher os elementos necessários para formar uma convicção definitiva sobre o assunto. Não há limitação quanto à cognição no aspecto vertical: o juiz deve determinar todas as provas necessárias para o seu convencimento, inclusive a prova pericial e a ouvida de testemunhas, em audiência de instrução.

Imagine-se que o devedor apresente a impugnação alegando que já efetuou o pagamento, conforme recibo.

O credor, ouvido, aduz que o recibo é falso. O juiz determinará prova pericial, para apurar-lhe a autenticidade. Poderá também ouvir testemunhas. As regras sobre a produção das provas são as mesmas que se aplicam ao processo de conhecimento.

12.1.8.6. Fases do procedimento na impugnação

Ela será formulada por simples petição, inexistindo a obrigação de que se preencham todos os requisitos do art. 319. Mas é indispensável que o autor formule com clareza o pedido e suas especificações, e os fundamentos de fato ou de direito nos quais ele está embasado. Deverá o autor esclarecer em quais dos fundamentos do art. 525, § 1º, está baseada sua impugnação.

Ao apresentá-la, o devedor, se assim desejar, requererá que o juiz conceda efeito suspensivo, não podendo este fazê-lo de ofício. Não haverá recolhimento de custas.

Recebida a impugnação, o juiz determinará que o credor seja intimado (jamais citado) para, querendo, apresentar resposta. A lei não diz qual é o prazo para que ele o faça, mas o princípio da isonomia indica que será de quinze dias, mesmo prazo que tem o devedor para impugnar.

Com a resposta, o juiz verificará se está em condições de decidir o incidente, ou se há necessidade de produção de provas. Sendo este o caso, determinará as provas necessárias, que podem ser de qualquer espécie, pericial ou testemunhal, para o que, sendo necessário, designará audiência de instrução e julgamento.

Ao final, o juiz decidirá o incidente. Dada a sua natureza, em regra a decisão judicial será interlocutória e desafiará a interposição de agravo de instrumento. Mas, quando o juiz acolher a impugnação, e extinguir a execução, será proferida sentença extintiva, contra a qual caberá apelação.

Como a impugnação é, em regra, mero incidente, sobre a decisão nela proferida não se formará a coisa julgada material. Mas, quando se tratar de ação incidente, nas hipóteses do art. 525, § 1º, VII, haverá coisa julgada material.

O Superior Tribunal de Justiça, no REsp 1.134.186, de 3 de agosto de 2011, rel. Min. Luiz Felipe Salomão, decidiu que não haverá novos honorários advocatícios na impugnação, valendo os fixados no início, salvo se ela for acolhida, com a consequente extinção da execução.

Isso culminou com a edição da Súmula 519, que assim dispõe: "Na hipótese de rejeição da impugnação ao cumprimento de sentença, não são cabíveis honorários advocatícios".

12.1.9. Matéria superveniente

A lei não exige, como condição para o oferecimento da impugnação, que tenha havido prévia penhora ou avaliação. Também não prevê a possibilidade de uma nova ser apresentada, caso a penhora ou avaliação venham a ocorrer posteriormente à apresentação da impugnação, nos 15 dias contados do vencimento do prazo para pagamento voluntário. A solução, caso isso ocorra, é dada pelo art. 525, § 11: "As questões relativas a fato superveniente ao término do prazo para apresentação da impugnação, assim como aquelas relativas à validade e à adequação da penhora, da avaliação e dos atos executivos subsequentes, podem ser arguidas por simples petição, tendo o executado, em qualquer dos casos, o prazo de 15 dias para formular esta arguição, contado da comprovada ciência do fato ou da intimação do ato".

12.1.10. Exceções e objeções de pré-executividade

O mecanismo previsto em lei para a defesa do executado é a impugnação do devedor, que, no regime do CPC de 1973, exigia prévia segurança do juízo, sem a qual era inviável. Dada a eficácia executiva do título, o devedor tinha de submeter seus bens a prévia constrição.

Havia casos, porém, em que não seria razoável exigir do executado que a sua defesa pudesse ficar condicionada a prévia penhora. Certas matérias, por sua natureza pública, não precisariam ser alegadas em impugnação, pois deveriam ser conhecidas de ofício pelo juiz.

Por exemplo, não seria razoável que o devedor tivesse de passar pelo constrangimento de ter seus bens penhorados, quando fosse parte manifestamente ilegítima ou quando houvesse erros evidentes no cálculo apresentado.

Aquilo que devia ser conhecido de ofício pelo juiz, e que havia passado despercebido dele, poderia ser alegado pelo devedor a qualquer tempo, sem necessidade de impugnação. A parte não podia ficar prejudicada porque o juiz deixou de conhecer o que devia ser examinado de ofício, e que poria fim à execução, ou a reduziria.

Quando o devedor, no bojo da execução, apresentava defesa, com o objetivo de extinguir o processo ou reduzir o valor cobrado, havia um incidente ao qual a doutrina deu o nome genérico de exceção de pré-executividade. Em princípio, servia para que o devedor alegasse, em seu proveito, matérias de ordem pública que deveriam ter sido conhecidas de ofício. O nome empregado não era dos mais felizes, já que à defesa de ordem pública dava-se o nome de objeção, em contraste à exceção, que, para ser conhecida, precisa ser alegada pelo interessado.

Melhor seria a expressão "objeção de pré-executividade".

Doutrina e jurisprudência vinham dando ao incidente uma extensão maior do que aquela para a qual fora concebido originariamente. No início, só defesas de ordem pública poderiam ser alegadas. Depois, matérias que, conquanto não de ordem pública, podiam ser examinadas pelo juiz de plano, sem necessidade de prova pelas partes. Por exemplo, quando o devedor tinha feito o pagamento e possuía recibos que, se apresentados, demonstrariam a quitação. Não seria razoável que ele tivesse de segurar o juízo pela penhora, para só então defender-se e apresentar o documento.

Ampliou-se, assim, na vigência do CPC de 1973, a extensão do incidente, para permitir que abrangesse matérias cuja demonstração não dependia de provas, à exceção da documental. Era preciso que a defesa do devedor, no incidente, fosse feita por prova previamente constituída. Com isso, abriu-se a possibilidade de, além das objeções, serem apresentadas verdadeiras exceções de pré-executividade, incidentes de que o devedor se valia para, no bojo da execução, apresentar defesas que não eram de ordem pública. Ambas exigiam que o alegado fosse comprovado documentalmente.

A grande vantagem dessas formas de defesa era que não exigiam prévia segurança de juízo, dispensando a penhora.

No CPC atual, tanto no cumprimento de sentença quanto na execução por título extrajudicial, a apresentação de defesa – por impugnação no primeiro, por embargos na segunda – independe de prévia garantia do juízo pela penhora. Em razão disso, desapareceu quase todo o interesse para a oposição de exceções ou objeções de pré-executividade. Não nos parece, porém, que esses mecanismos devam desaparecer por completo, pois podem continuar tendo alguma utilidade. Por exemplo, quando, transcorrido o prazo da impugnação ou dos embargos *in albis*, houver matéria superveniente ou não sujeita a preclusão, que não tenha sido examinada pelo juiz, o interessado poderá valer-se de tais incidentes para alegá-las. Os arts. 518 e 525, § 11, do CPC indicam a possibilidade de apresentação de defesa no próprio bojo da execução, sem impugnação ou embargos.

No entanto, a utilidade deles ficou muito reduzida. Nos casos em que ainda se pode admiti-los, quando não é mais possível oferecer impugnação, mas há questão superveniente a ser suscitada, o incidente será formulado por mera petição, apresentada no curso da execução. Ele não terá efeito suspensivo. Recebido, o juiz intimará o exequente a manifestar-se. Como não há previsão legal, o juiz fixará prazo razoável para tanto. Se não o fizer, o credor terá cinco dias. Depois de ouvido, o juiz decidirá.

Por se tratar de meros incidentes, as exceções e objeções são julgadas por decisões interlocutórias agraváveis. Mas, se delas resultar a extinção da execução, haverá sentença, contra a qual caberá apelação.

12.1.11. Após a impugnação

Depois de superada a impugnação, a execução terá regular seguimento, com a expropriação de bens. Não há, nessa fase, nenhuma novidade no procedimento do cumprimento de sentença, aplicando-se as regras da execução fundada em título extrajudicial.

12.1.12. Cumprimento de sentença que reconhece obrigação decorrente de ato ilícito

A sentença que reconhece obrigação por ato ilícito executa-se da mesma forma que os títulos executivos judiciais em geral. Quando incluir prestação de alimentos, a lei atribui poderes ao juiz para determinar providências que assegurem ao credor o seu recebimento. Tais providências estão enumeradas no art. 533 do CPC.

De acordo com esse dispositivo, o juiz poderá ordenar ao executado, a requerimento do exequente, a constituição de um capital, cuja renda assegure o pagamento do valor mensal da pensão. A finalidade é assegurar de maneira eficiente o pagamento dessas prestações, que possivelmente constituirão o sustento do credor. A lei assegura ao juiz a possibilidade de ordenar a constituição do capital, mas não determina que ele o faça sempre. Permite-se a ele verificar, caso a caso, a oportunidade e a viabilidade da medida, determinando-a quando parecer a forma mais eficiente de assegurar o ressarcimento do credor.

O § 1º do art. 533 do CPC indica quais as formas pelas quais esse capital deve ser constituído: "O capital a que se refere o *caput*, representado por imóveis ou por direitos reais sobre imóveis suscetíveis de alienação, títulos da dívida pública ou aplicações financeiras em banco oficial, será inalienável e impenhorável enquanto durar a obrigação do executado, além de constituir-se em patrimônio de afetação. O § 2º do art. 533 enuncia regra que há muito tempo é aplicada pela jurisprudência e admitida pela doutrina: "O juiz poderá substituir a constituição do capital pela inclusão do exequente em folha de pagamento de pessoa jurídica de notória capacidade econômica, ou, a requerimento do executado, por fiança bancária ou garantia real, em valor a ser arbitrado de imediato pelo juiz".

O juiz, antes de determinar a substituição da constituição de capital, na forma do § 2º do art. 533, deve ouvir as partes a respeito, decidindo de forma que melhor assegure o cumprimento da obrigação.

O § 3º do art. 533 permite ao juiz que, a requerimento das partes, reduza ou aumente a prestação, conforme as circunstâncias, quando sobrevier modificação nas condições econômicas. Trata-se da alteração do binômio "necessidade × possibilidade", que repercute sobre o montante das prestações que tenham cunho alimentar. Mas isso só deve ser aplicado nos casos em que a prestação não tenha valor fixo, quando haja a coisa julgada *rebus sic stantibus*, e os efeitos da sentença fiquem imutáveis apenas enquanto se mantiverem as circunstâncias fáticas presentes no momento da sua prolação.

Tal possibilidade só era admitida, de início, nos alimentos decorrentes do direito de família, isto é, provenientes de relações de parentesco, de casamento ou de união estável. Ainda na vigência do CPC anterior, como lembrava Carlos Roberto Gonçalves: "Corrente contrária sustentava, no entanto, que os alimentos devidos em consequência da prática de um ato ilícito, embora não se confundam com os devidos em razão do direito de família, tendo caráter indenizatório, de ressarcimento, sujeitam-se à revisão, havendo modificações nas condições econômicas, consoante dispunha o art. 602, § 3º, do CPC. Nesse sentido decidiu a Terceira Câmara do Superior Tribunal de Justiça, no julgamento do REsp 22.549.1-SP, em 23 de março de 1993, tendo como relator o Min. Eduardo Ribeiro. O aludido art. 602, § 3º, do estatuto processual civil foi, porém, transformado em art. 475-Q pela Lei n. 11.232, de 22 de dezembro de 2005 [atual art. 533, § 3º], que também modificou a redação do mencionado § 3º, que não se refere mais a redução ou aumento do 'encargo', mas sim da 'prestação'. Optou o legislador, desse modo, por admitir expressamente que a 'prestação' alimentícia decorrente da prática de um ato ilícito pode, independentemente da situação da garantia ou do encargo, sofrer redução ou aumento, se sobrevier modificação nas condições econômicas das partes"[8].

Diante do que dispõe expressamente o art. 533, § 3º, não pode mais haver dúvida quanto à possibilidade de alterar-se a prestação mensal da pensão alimentícia de cunho indenizatório, fixada em condenação por ato ilícito, caso sobrevenha alteração nas condições do ofensor ou do ofendido. A coisa julgada, nessas hipóteses, será *rebus sic stantibus*.

---

8. Carlos Roberto Gonçalves, *Direito civil brasileiro*: responsabilidade civil, v. 4, p. 354.

12.1.13. *Cumprimento de sentença penal condenatória, sentença arbitral e sentença ou decisão interlocutória estrangeira*

São títulos judiciais não precedidos de processo cível condenatório. Por isso, o art. 515, § 1º, determina que o mandado incluirá a ordem de citação do devedor, no juízo cível, para a liquidação ou a execução, no prazo de 15 dias, conforme o caso.

A citação é indispensável para dar conhecimento ao executado da existência do pedido. Não há como considerar a liquidação ou a execução como meras fases do processo sincrético, porque inexiste o processo condenatório prévio. A liquidação ou a execução deverão ser consideradas processo autônomo, mas, feita a citação, o procedimento restante será o do cumprimento de sentença, não o do processo de execução por título extrajudicial. A única peculiaridade será a necessidade de citação do devedor, no início da liquidação, ou, se ela não for necessária, no começo da execução. Mesmo havendo um novo processo e citação do devedor, a liquidação será julgada por decisão interlocutória agravável.

Se houver liquidação prévia, será desnecessário citar o devedor para a fase de execução. A citação inicial valerá para todo o processo, até a satisfação do credor.

12.2. Cumprimento de sentença que reconheça a exigibilidade de obrigação de pagar quantia certa pela Fazenda Pública

Trata-se do cumprimento de sentença que tenha no polo passivo pessoa jurídica de direito público, o que inclui autarquias e fundações públicas, mas não as empresas públicas e sociedades de economia mista.

O procedimento do cumprimento de sentença que reconheça a obrigação por quantia contra a Fazenda será sempre o dos arts. 534 e 535 do CPC. Mas o do que tenha por objeto entrega de coisa ou obrigação de fazer, será o dos arts. 538 e 536 do CPC.

12.2.1. *Impossibilidade de penhora de bens*

A execução e o cumprimento de sentença por quantia contra a Fazenda caracterizam-se pela impossibilidade de penhora de bens, dada a sua natureza pública. A vedação tem origem constitucional: o art. 100

e parágrafos da Constituição proíbem que haja constrição e alienação forçada de bens públicos. A execução de dívidas das pessoas jurídicas de direito público é feita por precatórios judiciais, em razão da intangibilidade dos bens públicos e da prioridade do serviço público, o qual poderia ficar prejudicado caso houvesse a expropriação dos bens a ele relacionados.

A execução contra a Fazenda Pública pouco tem de execução propriamente dita, porque não são praticados atos satisfativos, de constrição e expropriação de bens. Há uma requisição de pagamento pela expedição de precatórios.

12.2.2. Procedimento

Constituído o título judicial, a Fazenda será intimada, não para pagar ou nomear bens à penhora, mas para oferecer impugnação, no prazo de 30 dias (CPC, art. 535). O prazo corre da intimação da Fazenda, na pessoa de seu representante judicial, por carga, remessa ou meio eletrônico. Como a Fazenda não pode pagar, não há o prazo para pagamento voluntário previsto no art. 523, *caput*, nem a incidência da multa, prevista no § 1º do mesmo artigo.

A Fazenda, citada, poderá tomar duas atitudes: impugnar o cumprimento de sentença, no prazo estabelecido por lei, ou não o impugnar, caso em que será expedido o precatório, requisitando-se o pagamento por intermédio do presidente do tribunal competente. Nesse caso, não serão devidos honorários advocatícios pela Fazenda, nos termos do art. 85, § 7º, do CPC, exceto quando se tratar de cumprimento individual de sentença coletiva proferida contra a Fazenda, nos termos da Súmula 345 do STJ ("São devidos honorários advocatícios pela Fazenda Pública nas execuções individuais de sentença proferida em ações coletivas, ainda que não embargadas). Tal súmula, a despeito de ter sido editada antes, foi recepcionada pelo CPC/2015, como tem decidido o STJ (REsp 1.648.438-RS, Rel. Min. Gurgel de Faria, de 27-6-2018). Não pode a Fazenda Pública efetuar o pagamento voluntário, porque, por força de dispositivo constitucional, ele é feito por precatório, respeitando-se a ordem de expedição. É o que determina o art. 910, § 1º, do CPC: "Não opostos embargos ou transitada em julgado a decisão que os rejeitar, expedir-se-á precatório ou requisição de pequeno valor em favor do exequente, observando-se o disposto no art. 100 da Constituição Federal". Conquanto esse dispositivo trate do processo de execução por título extrajudicial contra a Fazenda Pública, a solução é a mesma no cumprimento de sentença, com a ressalva de que, em vez de embargos, a defesa poderá ser feita por impugnação.

Mesmo que o crédito tenha natureza alimentar, será preciso expedir precatório. Mas terá prioridade, e não será preciso respeitar a ordem cronológica de expedição, como estabelece a Súmula 144 do Superior Tribunal de Justiça: "Os créditos de natureza alimentícia gozam de preferência, desvinculados os precatórios da ordem cronológica dos créditos de natureza diversa". Haverá duas ordens cronológicas para pagamento: a dos precatórios ordinários, expedidos para pagamento de dívidas não alimentares; e a dos precatórios extraordinários, que gozam de preferência sobre os ordinários, emitidos para pagamento de dívidas alimentares.

O desrespeito à ordem cronológica autoriza o Judiciário a tomar providências de efetiva execução, como mostra o art. 100, § 6º, da Constituição Federal, que autoriza o presidente do tribunal de justiça que expediu a ordem, no caso de o credor ser preterido no seu direito de preferência, a ordenar o sequestro da quantia necessária para satisfazer o débito.

As questões relacionadas ao pagamento do precatório, às contas de atualização e extinção de execução, devem ser decididas pelo juízo da execução, e não pelo presidente do tribunal, a quem compete exclusivamente fazer a requisição do pagamento. As relacionadas à expedição do precatório, à ordem cronológica, sequestro e eventual proposta de intervenção no Estado ou no Município são de competência da Presidência do Tribunal.

Recebido o requisitório, a Fazenda Pública deverá incluir no orçamento verba suficiente para o pagamento dos precatórios, sob pena de o credor preterido requerer o sequestro ou representar ao procurador-geral da República ou de justiça para que promova ação objetivando a intervenção.

Quando se tratar de obrigação de pequeno valor, não haverá expedição de precatório mas, por ordem do juiz, dirigida à autoridade na pessoa de quem o ente público foi citado para o processo, será requisitado o pagamento, que deverá ser realizado no prazo de dois meses a contar da entrega da requisição, mediante depósito na agência do banco oficial mais próxima da residência do exequente.

12.2.3. Da impugnação ao cumprimento de sentença proferida contra a Fazenda Pública

Tal como nos cumprimentos de sentença de obrigação por quantia certa em geral, a impugnação não permitirá que a Fazenda apresente qualquer tipo de defesa, como ocorre nos embargos à execução por título extrajudicial. Haverá limitações justificáveis pela preexistência da fase cognitiva. Aquilo que foi, ou que poderia ter sido alegado como defesa, na fase de conhecimento, não mais poderá ser alegado na fase de cumprimento de sentença. Daí as restrições às matérias alegáveis, enumeradas no art. 535 do CPC.

Tais matérias são as seguintes: "I – falta ou nulidade de citação, se, na fase de conhecimento, o processo correu à revelia; II – ilegitimidade de parte; III – inexequibilidade do título ou inexigibilidade da obrigação; IV – excesso de execução ou cumulação indevida de execuções; V – incompetência absoluta ou relativa do juízo da execução; VI – qualquer causa modificativa ou extintiva da obrigação, como pagamento, novação, compensação, transação ou prescrição, desde que supervenientes ao trânsito em julgado da sentença.

O § 5º do art. 535 estabelece que "Para efeito do disposto no inciso III do *caput* deste artigo, considera-se também inexigível a obrigação reconhecida em título executivo judicial fundado em lei ou ato normativo considerado inconstitucional pelo Supremo Tribunal Federal, ou fundado em aplicação ou interpretação da lei ou do ato normativo tido pelo Supremo Tribunal Federal como incompatível com a Constituição Federal, em controle concentrado ou difuso". Mas o âmbito de incidência desse dispositivo é limitado, já que, nos termos do § 7º do mesmo artigo: "A decisão do Supremo Tribunal Federal referida no § 5º deve ter sido proferida antes do trânsito em julgado da decisão exequenda". No mesmo sentido, a Súmula 487 do Superior Tribunal de Justiça: "O parágrafo único do art. 741 do CPC [atual § 5º do art. 535] não se aplica às sentenças transitadas em julgado em data anterior à da sua vigência".

As hipóteses dos incisos do art. 535 coincidem quase integralmente com as que podem ser alegadas em impugnação nos cumprimentos de sentença em geral, salvo as relacionadas à penhora, que inexiste na execução contra a Fazenda Pública.

O procedimento da impugnação apresentada pela Fazenda Pública é idêntico ao da impugnação em geral (ver item 12.1.8.6, *supra*), exceto no que concerne ao prazo, que é de 30, e não de 15 dias. O exequente será intimado para impugná-la em 30 dias; após, o juiz verificará a necessidade de produção de provas. Quando necessárias, as determinará e oportunamente proferirá decisão.

12.2.4. A dispensa do precatório no cumprimento de sentença que condena ao pagamento de pequeno valor

O art. 100, § 3º, da Constituição Federal, com a redação que lhe foi dada pela Emenda Constitucional n. 62, de 9 de dezembro de 2009, criou a possibilidade de fazer-se a execução contra a Fazenda Pública, sem a necessidade de expedição de precatório. Trata-se das execuções de obrigações definidas em leis como de pequeno valor. As execuções contra a Fazenda Pública da União serão de pequeno valor se versarem sobre obrigações de até 60 salários mínimos, nos termos do art. 17, § 1º, da Lei n. 10.259/2001. Já as execuções contra as Fazendas Estadual e Municipal serão de pequeno valor, conforme for estabelecido em lei editada pelo próprio ente federado, nos termos do art. 87 do Ato das Disposições Transitórias. Enquanto não for editada tal lei, serão consideradas tais as de valor até 40 salários mínimos, para as Fazendas dos Estados e do Distrito Federal, e até 30 salários mínimos, para a Fazenda dos Municípios, permitindo o parágrafo único a renúncia, pelo credor, do que exceder a esse montante, caso prefira promover a execução independentemente do precatório.

Portanto, a execução de pequeno valor é a de até 60 salários mínimos, se contra a Fazenda da União; 40 salários mínimos, se contra as Fazendas dos Estados e do Distrito Federal; e 30 salários mínimos, se contra a Fazenda Municipal, salvo, em relação às duas últimas, se já houver lei do ente federado disciplinando a questão de outro modo.

Sendo a obrigação limitada a esses valores, o procedimento não dependerá da expedição de precatório, bastando ao juiz que emita uma requisição de pagamento – chamada requisição de pequeno valor (RPV) – a ser cumprida pela Fazenda Pública no prazo de dois meses, sob pena de sequestro de bens (art. 17, *caput*, da Lei n. 10.259/2001). Promovida a execução de pequeno valor, a Fazenda será intimada para, em 30 dias, opor impugnação (se a execução for por título extrajudicial, será citada para, em 30 dias, opor embargos). Não a opondo, ou sendo ela rejeitada, em vez de haver a expedição do precatório, será emitida pelo próprio juiz a requisição para pagamento, dirigida à autoridade competente para realizá-lo, a ser cumprida em dois meses. Sendo a execução de pequeno valor, ainda que não haja impugnação ou embargos, serão devidos honorários advocatícios, já que o art. 85, § 7º, do CPC só os dispensa quando não há impugnação na execução contra a Fazenda em que há expedição de precatório, como decidiu o STF no RE 420.816/PR.

12.3. Cumprimento de sentença que reconheça a exigibilidade da obrigação de prestar alimentos

Outra forma de cumprimento de sentença sujeita a regime especial é a de pensão alimentícia. A lei processual dá ao credor de alimentos duas possibilidades: a de promover o cumprimento de sentença que reconhece a obrigação por quantia certa comum (CPC, art. 523); ou a promovê-lo com fulcro no art. 528.

No primeiro caso, o procedimento será o comum, dos cumprimentos de sentença por quantia, já examinado, em que há a penhora de bens para oportuna expropriação.

Quando o exequente optar por promover a execução com fulcro no art. 528, haverá algumas peculiaridades. De acordo com esse dispositivo, "no cumprimento de sentença que condene ao pagamento de prestação alimentícia ou de decisão interlocutória que fixe os alimentos, o juiz, a requerimento do exequente, mandará intimar o executado pessoalmente para, em três dias, pagar o débito, provar que o fez ou justificar a impossibilidade de efetuá-lo". Se o devedor, no prazo de três dias, não fizer nem uma coisa nem outra, isto é, não pagar, provar que pagou ou comprovar a impossibilidade de pagamento, o juiz, além de mandar protestar o pronunciamento judicial de ofício, e independentemente do trânsito em julgado (art. 528, § 1º, do CPC), decretar-lhe-á a prisão civil.

Esse regime especial de cumprimento de sentença tem por objeto prestação de alimentos, mas não os decorrentes de atos ilícitos. Os únicos que podem ser executados na forma do art. 528 são aqueles que têm origem no direito de família, não no direito das obrigações. Devem alimentos uns aos outros os cônjuges, os companheiros e os parentes; só eles podem cobrar o que lhes é devido, sob pena de prisão.

As prestações alimentícias vencidas prescrevem no prazo de dois anos, mas não é possível executar todas pelo regime especial.

De acordo com o art. 528, § 7º, "O débito alimentar que autoriza a prisão civil do alimentante é o que compreende até as três prestações anteriores ao ajuizamento da execução e as que vencerem no curso do processo". Tal dispositivo repete o que já dispunha a Súmula 309 do Superior Tribunal de Justiça, anterior à edição do CPC de 2015.

Somente elas, se não pagas, poderão levar à prisão civil do devedor. As anteriores continuam devidas, mas serão executadas na forma comum, com penhora de bens e oportuna expropriação.

O art. 528, § 9º, autoriza o exequente a, além das opções previstas no art. 516, parágrafo único, promover o cumprimento de sentença no juízo de seu domicílio.

A mais importante peculiaridade do regime especial é a prisão civil do devedor, que não paga nem comprova a impossibilidade de fazê-lo. Haverá três possibilidades: a de que o devedor pague, extinguindo-se a execução; a de que ele não pague, mas comprove a impossibilidade de fazê-lo (ele não ficará isento do pagamento, porque a impossibilidade não extingue a obrigação, mas o exime da prisão, em relação àquelas parcelas que comprovou não ter como pagar; nada obsta, portanto, que no futuro venha a ser preso por outras, que vencerem posteriormente); a última possibilidade é a de que o devedor não faça nem uma coisa nem outra, caso em que o juiz decretar-lhe-á a prisão, nos termos do art. 5º, LXVII, da CF. A prisão não é pena, mas meio de coerção; efetuado o pagamento, o juiz imediatamente a revogará.

Discute-se sobre a possibilidade de ser a prisão decretada de ofício. Parece-nos que não é possível, porque o credor e o devedor de alimentos são pessoas que têm entre si relação de direito de família; a conveniência e oportunidade da medida coercitiva devem ficar a critério do credor. Por isso, parece-nos que não pode ser decretada nem mesmo a requerimento do Ministério Público, se não houver pedido do credor.

A prisão civil pode ser decretada por alimentos de caráter provisional, provisório ou definitivo, desde que decorrentes de direito de família. Jamais por inadimplemento de obrigação derivada de ato ilícito.

O prazo de prisão civil, conforme o Código de Processo Civil, é de um a três meses (art. 528, § 3º). Mas tem prevalecido o entendimento de que não pode superar sessenta dias, conforme o art. 19 da Lei de Alimentos (Lei n. 5.478/68), que, embora anterior, é especial e deve prevalecer sobre a lei geral.

A prisão deverá ser cumprida em regime fechado, mas o executado ficará separado dos presos comuns.

O cumprimento da prisão não o exime do pagamento da dívida que ensejou a sua decretação. Ele continuará obrigado a pagá-la, mas não poderá ser preso novamente pelas mesmas prestações, que deverão ser executadas na forma convencional, com penhora e expropriação de bens. Nada obsta que venha a ser preso de novo, se deixar de pagar outras parcelas.

Contra a determinação de prisão, o executado deverá apresentar agravo de instrumento, postulando ao relator a concessão de efeito suspensivo. Mas tem sido admitida a impetração de *habeas corpus*, no qual só se poderá examinar a licitude do decreto, mas não discutir o valor das prestações ou aspectos probatórios relacionados aos alimentos.

O CPC atual afasta qualquer dúvida sobre a possibilidade da prisão civil quando a execução de alimentos estiver fundada em título extrajudicial, estabelecendo que o art. 528, §§ 2º a 7º, aplica-se também a ela (art. 911, parágrafo único, do CPC).

Intimado o devedor, na forma do art. 528, *caput*, ele poderá pagar ou comprovar que já efetuou o pagamento. Nesse caso, nada restará senão extinguir a execução. Poderá justificar a impossibilidade de fazê-lo. Se necessárias as provas, o juiz poderá designar, no bojo da fase de cumprimento de sentença, audiência de instrução, na qual as colherá. A comprovação não reduzirá o valor da pensão nem dispensará o devedor de fazer o pagamento, mas apenas o eximirá da prisão.

Nesse sentido, já se decidiu, com acerto: "A competência do juiz da execução é limitada às impossibilidades ocasionais de pagamento integral, não podendo diminuir a pensão, alterar prazos, ou autorizar o parcelamento da dívida do executado, se o exequente a isto se opõe" (*JTJ*, *162*:9).

Apresentada a justificação, o juiz tem de dar oportunidade ao devedor de demonstrar o alegado, não podendo de imediato decretar-lhe a prisão.

Caso o devedor comprove a impossibilidade de pagamento, ou seja preso, a execução das parcelas far-se-á na forma comum, com penhora e expropriação de bens.

O procedimento do art. 528, *caput*, é diferente do cumprimento de sentença do art. 528, § 8º. No primeiro, o devedor é intimado a pagar em três dias, provar que o fez, ou justificar a impossibilidade de fazê-lo, sob pena de prisão. No segundo, o devedor é intimado para pagar em 15 dias, sob pena de multa e penhora. Por conta disso, pende enorme controvérsia doutrinária e jurisprudencial a respeito da viabilidade de cumulação das duas pretensões executivas. O credor de alimentos não pode ficar prejudicado por questões de natureza processual, se tem a receber valores mais recentes, que podem ser cobrados pela forma especial, e mais antigos, que só podem ser exigidos pela forma convencional. Nada obsta a que o mesmo título judicial dê ensejo às duas formas de cumprimento de sentença: a especial, para cobrança das prestações mais recentes, e a comum, para cobrança das mais antigas. Assim, o executado será intimado para pagar as primeiras, provar que as pagou ou justificar a impossibilidade, em três dias, sob pena de prisão, e também será intimado para pagar o débito mais antigo, no prazo de 15 dias, sob pena de multa e penhora de bens, não havendo nenhuma incompatibilidade. Nesse sentido:

"AÇÃO DE EXECUÇÃO DE ALIMENTOS. CUMULAÇÃO DE RITOS DOS ARTS. 732 E 733 DO CPC/1973. POSSIBILIDADE. PRECEDENTES DESTA CORTE. AGRAVO CONHECIDO. RECURSO ESPECIAL PROVIDO" (Agravo em Recurso Especial n. 1.339.182, de 1º de agosto de 2019, Rel. Min. Moura Ribeiro).

Quanto à eficácia da sentença de alimentos, o Superior Tribunal de Justiça editou a Súmula 621, que assim estabelece: "Os efeitos da sentença que reduz, majora ou exonera o alimentante do pagamento retroagem à data da citação, vedadas a compensação e a repetibilidade".

12.3.1. Desconto em folha de pagamento

Há previsão de uma forma mais eficiente de execução de alimentos, quando o devedor for funcionário público, militar, diretor ou gerente de empresa, ou empregado sujeito à legislação do trabalho. O art. 539 do CPC autoriza que o juiz oficie à autoridade, empresa ou empregadora, para que promova o desconto em folha de pagamento do valor correspondente à prestação alimentícia. No ofício constarão os nomes do credor, do devedor, o CPF de ambos, a importância e o tempo de duração da prestação e a conta na qual deve ser feito o depósito.

Trata-se do mais eficiente mecanismo de cobrança. O desconto em folha pode abranger não apenas funcionários da ativa, mas também os aposentados, cujo pagamento seja feito em folha.

Ademais, além dos alimentos vincendos, o débito objeto de execução pode ser descontado dos rendimentos ou rendas do executado, de forma parcelada, nos termos do *caput* do art. 528, contanto que, somado à parcela devida, não ultrapasse 50% de seus ganhos líquidos (art. 528, § 3º).

12.4. Execução por quantia certa contra devedor insolvente

12.4.1. Introdução

O CPC atual não trata da execução por quantia certa contra devedor insolvente. Mas o art. 1.052 estabelece que, até a edição de lei específica, elas permanecem reguladas pelo Livro II, Título IV, da Lei n. 5.869, de 11 de janeiro de 1973.

É uma forma peculiar de execução, de caráter coletivo, na qual vigora o *pars conditio creditorum*. Não é feita em benefício de um único credor, como são as execuções em geral, mas da universalidade dos credores. Abrange todo o patrimônio do devedor que, em razão da insolvência, será destinado ao pagamento dos credores, respeitadas as suas forças e as preferências de crédito.

O processo de execução coletiva é autônomo e independente, não mero incidente da execução singular. Não se concebe que a execução contra devedor solvente transforme-se em concurso de credores, pela decretação da insolvência civil.

A insolvência civil guarda semelhanças com a falência, porque em ambas abre-se o concurso universal de credores, que partilharão, respeitadas as preferências, o produto da liquidação de bens do devedor. No entanto, só há insolvência do devedor civil e falência do devedor comerciante.

Tal como o processo de falência, o de insolvência tem duas fases distintas: a primeira, de natureza cognitiva, cuja finalidade é constatar a insolvência, a ser declarada por sentença; a segunda, de caráter propriamente executivo, em que haverá a instituição do concurso universal de credores e posterior partilha do produto da liquidação dos bens.

A execução concursal está estruturada de forma diversa da singular, haja vista os seus objetivos específicos: enquanto nesta a penhora recai apenas sobre os bens suficientes para a satisfação do débito, naquela há arrecadação de todos os bens penhoráveis do devedor, para satisfação da comunidade de credores.

Para que seja reconhecida a insolvência do devedor, é necessário que as dívidas excedam a importância dos bens do devedor; que o passivo supere o ativo. Nisso há grande diferença com o processo de falência, no qual não se precisa demonstrar que o ativo seja menor do que o passivo, bastando que se prove que o devedor não pagou, na data aprazada, dívida líquida, certa e exigível, representada por título executivo de valor superior a quarenta salários mínimos, ou praticou atos de falência, enumerados no art. 94 e incisos da Lei n. 11.101/2005.

A declaração de insolvência pode ser requerida pelo credor quirografário, munido de título executivo não adimplido oportunamente, ou pelo próprio devedor ou seu espólio. O preferencial não pode requerer a insolvência, salvo se renunciar ao privilégio. O credor, munido de título executivo, judicial ou extrajudicial poderá optar por ajuizar execução contra devedor solvente, ainda que esteja caracterizada a situação fática da insolvência.

A primeira fase da execução contra devedor insolvente tem caráter cognitivo, e não executivo. Não são praticados, nessa fase, atos executivos, mas de conhecimento, destinados a comprovar se o devedor está ou não em situação de insolvência, que será presumida, nas hipóteses do art. 750 do CPC de 1973.

Nos processos de insolvência civil há interesse público, justificando a intervenção do Ministério Público.

12.4.2. Insolvência requerida pelo credor

Somente o credor munido de título executivo, judicial ou extrajudicial, poderá requerer a declaração de insolvência do devedor.

O art. 755 do CPC de 1973 dispõe que o devedor será citado para, em dez dias, opor embargos. Como essa primeira fase tem natureza de conhecimento, a defesa do devedor não tem natureza de embargos, mas de mera contestação, não constituindo ação autônoma. Em sua contestação, o devedor poderá alegar qualquer das defesas enumeradas nos arts. 475-L, 742 e 745 do CPC de 1973, conforme o título executivo em que se funda o pedido, seja judicial ou extrajudicial. Poderá alegar, ainda, que não está insolvente, que seu ativo supera o passivo, cabendo-lhe o ônus da prova.

Tal como na falência, o devedor poderá ilidir o pedido de insolvência, depositando o valor do crédito. O depósito não impedirá que o juiz conheça e aprecie o alegado em contestação, mas evitará a declaração da insolvência.

Se houver provas a produzir, o juiz designará audiência de instrução e julgamento; pode também determinar, quando necessário, a realização de prova pericial; se não houver necessidade de provas, proferirá sentença em dez dias. Caso verifique que não estão presentes os requisitos para a decretação da insolvência, julgará improcedente o pedido, caso em que não se passará à segunda fase do procedimento.

12.4.3. Insolvência requerida pelo devedor ou seu espólio

Da mesma forma que a falência, a insolvência pode ser requerida pelo próprio devedor, ou por seu espólio.

Para tanto, bastará dirigir uma petição ao juiz da comarca do domicílio do devedor, contendo os requisitos do art. 760 do CPC de 1973.

12.4.4. Declaração judicial de insolvência

A primeira fase da execução por quantia certa contra devedor insolvente, que tem caráter cognitivo, encerra-se com a sentença declaratória da insolvência, que produz o vencimento antecipado de todas as dívidas do devedor, e a arrecadação de todos os seus bens penhoráveis, instituindo o concurso universal de credores. Todos eles deverão concorrer ao juízo universal da insolvência, habilitando seus créditos na forma dos arts. 768 e s. do CPC de 1973. As execuções individuais que estiverem em andamento contra o insolvente ficarão todas suspensas, já que os credores deverão promover a habilitação.

O juiz nomeará um administrador, cujas funções, enumeradas nos arts. 763 e s. do CPC de 1973, são bastante assemelhadas às do administrador no processo de falência. Os bens do devedor serão arrecadados e, posteriormente, alienados judicialmente. Liquidada a massa, os devedores serão pagos, respeitadas as ordens de preferência.

12.5. Da suspensão do processo de execução

Nos arts. 921 a 923, o Código de Processo Civil cuida da suspensão da execução. No primeiro, enumera, em rol não taxativo, as hipóteses em que ela caberá.

O primeiro caso de suspensão é o de estarem presentes as hipóteses dos arts. 313 e 315, no que couber: são as hipóteses de suspensão previstas na Parte Geral do CPC e já examinadas no Livro V, Capítulo II, desta obra.

A segunda hipótese é a da suspensão, total ou parcial, que decorre do recebimento dos embargos à execução, quando a eles for atribuído o efeito suspensivo. É relativa, em regra, à execução de título extrajudicial, porque só nela a defesa do devedor far-se-á por meio de embargos.

Nos cumprimentos de sentença, a impugnação não tem efeito suspensivo, mas o juiz pode concedê-lo quando a fundamentação for relevante, houver perigo de prejuízo irreparável ou de difícil reparação e quando o juízo estiver garantido por penhora, caução ou depósito suficientes.

A terceira causa de suspensão prevista no art. 921 é o executado não possuir bens penhoráveis. Como a execução por quantia faz-se com a expropriação, se os bens não forem encontrados não há como prosseguir. O processo será suspenso, sem que haja extinção, pelo prazo de um ano, durante o qual não corre o prazo de prescrição intercorrente. Decorrido o prazo, para que a prescrição continue suspensa, é preciso que o exequente se manifeste, realizando as diligências necessárias e tomando as providências para que a execução possa ter andamento. Se ele o fizer, manifestando-se em termos de prosseguimento, a prescrição não corre, ainda que o processo venha a ser suspenso por mais um período, por continuarem inexistindo bens. Mas, se, passado um ano, não houver manifestação do exequente, a execução continuará suspensa, porém o prazo de prescrição intercorrente terá início. Consumada a prescrição, o juiz poderá decretá-la de ofício, depois de ouvir as partes, que terão prazo de 15 dias para manifestar-se. O CPC acolheu, nesse aspecto, a lição de Cândido Dinamarco, que sugere que se aplique à execução comum o prazo de um ano das execuções fiscais: "É por isso muito razoável o entendimento de que, perdurando mais de um ano a paralisação por falta de bens, a partir de então comece a fluir o prazo para uma prescrição intercorrente se o executado nada diligenciar com o objetivo de localizar o que penhorar. Essa é a solução adotada nos executivos fiscais, onde, por imposição do art. 174 do Código Tributário Nacional, após passado um ano sem se encontrarem bens, começa a fluir o prazo para a prescrição intercorrente"[9]. Sobre o tema, e sobre a regulamentação do Superior Tribunal de Justiça a respeito da incidência da prescrição intercorrente, tanto na execução por título extrajudicial como no cumprimento de sentença, feita no Incidente de Assunção de Competência n. 01, ver Livro IX, item 12.1.4, *supra*.

A quarta hipótese é a da suspensão quando a alienação dos bens penhorados não se realizar por falta de licitantes e o exequente, em 15 dias, não requerer a adjudicação nem indicar outros bens penhoráveis. Nada impede que o exequente postule, após algum tempo, nova tentativa de alienação. Pode ser que a primeira tentativa fracasse, mas as posteriores sejam bem-sucedidas.

Por fim, haverá a suspensão quando concedido o parcelamento de que trata o art. 916: é a hipótese de moratória convencional, em que o executado, no prazo de embargos, depositando 30% do valor do débito,

9. Cândido Rangel Dinamarco, *Instituições*, cit., p. 784.

poderá requerer o parcelamento do restante em até seis prestações. Além disso, o art. 922 permite que, convindo às partes, o juiz declare suspensa a execução durante o prazo concedido pelo exequente para que o executado cumpra voluntariamente a obrigação.

Mas essas hipóteses não esgotam as possibilidades de que a execução seja suspensa. Outra é a da existência de ação autônoma, na qual se discuta a existência do débito apresentada antes do prazo dos embargos. Não houvesse a suspensão, o devedor teria de embargar só para buscar o efeito suspensivo, repetindo o que já se discute na ação autônoma. Se ela for posterior, não haverá suspensão. Para que o juiz atribua efeito suspensivo à ação autônoma é necessário que estejam presentes os mesmos requisitos para que ele atribuísse tal efeito aos embargos.

O recebimento dos embargos de terceiro também terá o condão de suspender a execução quando os embargos versarem sobre todos os bens constritos (CPC, art. 678).

O cumprimento de sentença poderá ser suspenso se for ajuizada ação rescisória, na qual seja deferida liminar.

Determinada a suspensão, não serão praticados quaisquer atos no processo, a não ser aqueles urgentes, desde que a suspensão não decorra de arguição de impedimento ou de suspeição (CPC, art. 923).

12.6. Extinção do processo de execução

O Código de Processo Civil dedica os arts. 924 e 925 à extinção da execução. O primeiro enumera cinco hipóteses em que ela ocorrerá. Mas essas hipóteses estão muito distantes de esgotar as possibilidades: o rol não pode ser considerado taxativo.

O art. 925, por sua vez, estabelece que a extinção deve ser declarada por sentença, que terá natureza peculiar. Não pode ser considerada nem como de extinção com resolução de mérito, nem de extinção sem resolução de mérito, porque não há julgamento de mérito na execução (fica ressalvada a hipótese de extinção pelo reconhecimento da prescrição, já que, nesse caso, a sentença se revestirá da autoridade da coisa julgada material).

A finalidade dessa sentença é declarar que foi constatada alguma das causas de extinção e encerrar a execução. Ao contrário do que ocorre no processo de conhecimento, o processo não alcança o seu objetivo com a prolação dessa sentença, mas com a satisfação do credor, seja pelo cumprimento da obrigação, seja por outra forma equivalente. A sentença do art. 925 só é dada para declarar que a execução chegou ao final, e que deve ser encerrada.

12.6.1. Hipóteses do art. 924

São cinco as hipóteses de extinção expressamente mencionadas na lei.

A primeira é a do indeferimento da inicial, o que ocorrerá nas hipóteses do art. 330 do CPC.

A segunda é a satisfação da obrigação, a forma por excelência de extinção da execução. Quando a obrigação é satisfeita, o processo alcançou a sua finalidade. O cumprimento da obrigação pode ser voluntário (remição da execução, a qualquer tempo, na forma do art. 826 do CPC) ou coativo, quando houver alienação judicial de bens e pagamento do credor.

A terceira hipótese é aquela em que o devedor obtém, por qualquer outro meio, a extinção total da dívida. Trata a lei, nessa hipótese, da extinção da obrigação pelos meios previstos na lei civil, que incluem a transação, a compensação, a novação e a confusão.

Mas, para que haja extinção da execução, é preciso que disso resulte a extinção do débito. Se houver, por exemplo, um acordo para pagamento, a execução não será extinta, mas ficará suspensa até que o devedor o quite.

A quarta hipótese é a de o exequente renunciar ao crédito, caso em que nada mais haverá a executar. E a última hipótese é a de haver o reconhecimento da prescrição intercorrente.

12.6.2. Outras hipóteses de extinção

Há outras formas de extinção, além daquelas elencadas no art. 924. A execução será extinta, por exemplo, quando houver o acolhimento de embargos à execução ou da impugnação, nos quais se discute a integralidade do débito, ou quando o juiz reconhecer que falta à execução alguma condição da ação ou pressuposto para o desenvolvimento válido e regular do processo.

Outra causa de extinção, não incluída no art. 924, é a desistência da execução, cuja homologação independe de consentimento do devedor, exceto quando estiver embargada ou impugnada e os embargos ou a impugnação não versarem exclusivamente sobre matéria processual (art. 775 do CPC).

Como a sentença proferida na execução não é de mérito (salvo o reconhecimento da prescrição intercorrente), mas declaratória de encerramento, ela não produzirá a coisa julgada material, mas apenas formal. Isso não impedirá o devedor de, em ação própria, postular a repetição do que pagou indevidamente na execução, desde que prove que o fez por erro.

Livro X
DOS PROCESSOS NOS TRIBUNAIS E DOS MEIOS DE IMPUGNAÇÃO DAS DECISÕES JUDICIAIS

Capítulo I
INTRODUÇÃO

O CPC dedica o Livro III da Parte Especial aos processos nos tribunais e aos meios de impugnação das decisões judiciais. Nos Livros I e II da Parte Especial, são abordados os dois tipos de processo, o de conhecimento e o de execução. O Livro III trata dos processos nos tribunais, sejam aqueles de sua competência originária, sejam aqueles que, iniciados em primeiro grau de jurisdição, encontram-se em fase de recurso. O livro contém dois títulos. O primeiro cuida da ordem dos processos no tribunal e de alguns processos de competência originária; e o segundo, dos recursos. O Título I inicia com um capítulo que contém disposições gerais sobre jurisprudência e a necessidade de que seja mantida estável, íntegra e coerente e sobre a eficácia vinculante dos precedentes (art. 927). Essas disposições serão examinadas no capítulo seguinte.

Capítulo II
DA ORDEM DOS PROCESSOS E DOS PROCESSOS DE COMPETÊNCIA ORIGINÁRIA DOS TRIBUNAIS

1. A JURISPRUDÊNCIA

O CPC atual reiterou a adesão predominante ao sistema da *civil law*, mas a mitigou com a influência do sistema da *common law* e a adoção do sistema de precedentes vinculantes. O legislador manifestou grande preocupação com a uniformidade e a estabilidade da jurisprudência, já que a proliferação de decisões judiciais divergentes a respeito da mesma questão jurídica pode prejudicar a isonomia e a segurança jurídica. A solução encontrada para evitar o problema foi determinar aos tribunais que uniformizem a sua jurisprudência e a mantenham estável, íntegra e coerente. Não há mais, no CPC atual, o incidente de uniformização de jurisprudência, previsto nos arts. 476 e s. da lei anterior. No entanto, a atual cria diversas regras e mecanismos cuja finalidade é uniformizar a jurisprudência dos tribunais e torná-la íntegra e coerente. Entre as regras, está a que determina que a) juízes e tribunais observem os precedentes nos casos do art. 927 do CPC. Entre os mecanismos, destacam-se: o b) incidente de assunção de competência, tratado nos arts. 947 e s., por meio do qual o julgamento de recurso, de remessa necessária ou de processo de competência originária, que envolva questão de direito com grande repercussão social, pode ser atribuído a órgão colegiado, evitando-se a decisão proferida por órgãos fracionários, com risco de resultados conflitantes; e, sobretudo, c) o incidente de resolução de demandas repetitivas, que visa a evitar resultados conflitantes, ao atribuir ao órgão colegiado do tribunal, indicado pelo regimento interno, o julgamento de demandas repetitivas, isto é, que versem sobre a mesma questão jurídica, tendo a decisão desse órgão eficácia vinculante. A mesma finalidade, entre outras, tem o d) julgamento dos recursos repetitivos. A força dos precedentes evidencia-se, ainda, em dispositivos esparsos do CPC, e) como o art. 332, que permite ao juiz de primeiro grau julgar liminarmente improcedente a pretensão que violar súmula do STF ou STJ, acórdão por eles proferido em recurso repetitivo, entendimento firmado em incidente de resolução de demandas repetitivas ou assunção de competência, ou ainda enunciado de súmula de tribunal de justiça sobre direito local; f) ou no poder do relator de julgar monocraticamente o recurso, quando a respeito da questão jurídica nele debatida houver súmula do STF ou do STJ ou do próprio tribunal, ou acórdão proferido no julgamento de recursos repetitivos pelo STF ou STJ, ou, ainda, entendimento firmado em incidente de resolução de demandas repetitivas ou assunção de competência; g) ou mesmo na vedação à remessa necessária das sentenças proferidas contra a Fazenda Pública, quando fundadas em súmula de tribunal superior, acórdão proferido pelo STF ou pelo STJ em julgamento de recursos repetitivos, entendimento firmado em resolução de demandas repetitivas ou assunção de competência e entendimento coincidente com orientação vinculante firmada no âmbito administrativo do próprio ente público, consolidada em manifestação, parecer ou súmula administrativa; h) ou, ainda, a previsão de que se considera omissa e, por consequência, suscetível de embargos de declaração, a decisão que deixe de se manifestar sobre tese firmada em julgamento de casos repetitivos ou em incidente de assunção de competência aplicável ao caso sob julgamento (art. 1.022, parágrafo único). Faz parte, ainda, dos mecanismos legais de persecução da uniformidade e da coerência da jurisprudência a i) edição de súmulas correspondentes à jurisprudência dominante. As súmulas cristalizam essa jurisprudência e ganham enorme relevância, já que em alguns casos têm força vinculante e orientam as decisões das instâncias inferiores. Além disso, j) os precedentes deverão ser amplamente divulgados pelos tribunais, de preferência pela internet, e organizados por questão jurídica decidida.

Todos esses mecanismos revelam a preocupação do legislador com a uniformidade e a coerência da jurisprudência. O art. 926 fala ainda em estabilidade. Isso não quer dizer que a jurisprudência não possa ser alterada. Afinal, até mesmo a lei pode ser modificada, e a jurisprudência deve acompanhar as transformações, sejam aquelas relacionadas à ciência do direito e à hermenêutica jurídica, sejam as relativas às condições sociais, políticas e econômicas do país, já que as decisões judiciais não se aplicam em abstrato, mas a situações concretas, que integram determinado contexto da realidade. Mas essas alterações não devem ser constantes e aleatórias. O art. 927, § 2º, trata da alteração de tese jurídica adotada em enunciado de súmula ou em julgamento de casos repetitivos, determinando que ela pode ser precedida de audiência pública ou da participação de pessoas, órgãos ou entidades que possam contribuir para a rediscussão da tese. O parágrafo seguinte trata da modulação dos efeitos da alteração da jurisprudência dominante do STF e dos tribunais superiores, bem como daquela oriunda do julgamento de casos repetitivos, em decorrência do interesse social e no da segurança jurídica.

A alteração deverá ser fundamentada, e devem ser observados os princípios da segurança jurídica, da isonomia e da proteção da confiança.

1.1. Precedente vinculante

O disposto no art. 927 do CPC traz certa perplexidade. Ele determina a juízes e tribunais que observem: I – as decisões do Supremo Tribunal Federal em controle concentrado de constitucionalidade; II – os enunciados de súmula vinculante; III – os acórdãos em incidente de assunção de competência ou de resolução de demandas repetitivas e em julgamento de recursos extraordinário e especial repetitivos; IV – os enunciados de súmulas do Supremo Tribunal Federal em matéria constitucional e do Superior Tribunal de Justiça em matéria infraconstitucional; e V – a orientação do plenário ou do órgão especial aos quais estiverem vinculados.

O que traz essa perplexidade é que, diante da determinação peremptória do *caput* do art. 927, ter-se-ia que concluir que a lei criou hipóteses de precedente vinculante, que não estão previstas na Constituição Federal. Em relação aos dois primeiros incisos, a eficácia vinculante está prevista na Constituição (arts. 102, § 2º, e 103-A). Mas nos demais casos não há previsão constitucional, e, a nosso ver, não é possível a criação de novos casos por legislação ordinária. Há inclusive a previsão de reclamação, para a hipótese de descumprimento do art. 927, III (art. 988, IV), embora inexista previsão constitucional de que as decisões proferidas em incidente de assunção de competência e de incidente de resolução de demandas repetitivas tenha eficácia vinculante. Isso leva à inconstitucionalidade do disposto no art. 927, III, IV e V, do

CPC, já que lei ordinária não pode criar novas situações de jurisprudência vinculante. E essa inconstitucionalidade pode ser reconhecida em controle concentrado ou difuso de constitucionalidade.

1.1.1. Aplicação do precedente vinculante

Nem todo precedente é vinculante, mas apenas aqueles enumerados no art. 927 do Código de Processo Civil. A vinculação alcança não apenas o tribunal de que se originou o precedente, mas todos os demais, a ele subordinados. Quando houver precedente vinculante, o órgão julgador deve sobre ele pronunciar-se, ainda que não tenha sido suscitado pelas partes. Tanto assim que o art. 1.022, parágrafo único, do CPC, considera omissa a decisão que deixar de se manifestar sobre tese em julgamento repetitivo ou em assunção de competência, desafiando embargos de declaração. Caso nenhuma das partes invoque o precedente, o julgador, antes de pronunciar-se de ofício sobre ele, deverá dar oportunidade de manifestação às partes, na forma do art. 10 do Código de Processo Civil, sob pena de ofensa ao princípio do contraditório. Outros precedentes, que não aqueles enumerados no art. 927, poderão influenciar o julgamento, persuadindo o julgador de que a solução dada no caso anteriormente julgado é a melhor. Mas não terão eficácia vinculante.

O precedente pode versar matéria processual, relacionada à admissibilidade da ação, ou de mérito. Nas hipóteses de precedentes obrigatórios, o julgador deve verificar da pertinência da sua aplicação ao caso concreto. Isto é, se o caso que está sob julgamento assemelha-se àqueles que deram origem ao precedente, que versará sempre sobre uma questão jurídica. Caberá ao julgador, ao aplicar a tese jurídica adotada no precedente obrigatório, a) verificar se o caso *sub judice* é assemelhado ou se existe distinção entre a situação concreta e as que deram ensejo ao precedente e b) verificar se o entendimento não ficou superado (art. 489, § 1º, VI). Somente se a situação não for distinta, mas assemelhada à anteriormente examinada, é que o precedente será aplicado, com eficácia obrigatória. Constatando o juiz a distinção ("*distinguishing*"), ele poderá não aplicar a tese jurídica, fundamentando a sua decisão na distinção dos casos. Mas, mesmo em casos de distinção de situações, o juiz, também em decisão fundamentada, pode concluir que a tese jurídica, embora versando sobre outra situação, pode ser também aplicada àquela, entendendo que, também para aquela outra situação, a solução jurídica indicada no paradigma é a melhor. Em síntese, o juiz deve confrontar o caso concreto com aqueles que deram origem à tese jurídica, para verificar se são análogos ou distintos. Se análogos, deve aplicar a tese jurídica, nos casos de precedentes vinculantes; se não, fica livre para decidir conforme o seu convencimento, podendo não aplicar a tese, se entendê-la inadequada, dada a distinção de situações; ou aplicá-la se, apesar da distinção, entender que essa é a melhor solução.

O juiz também poderá deixar de aplicar o precedente vinculante quando verificar a superação do entendimento (*"overruling"*). No nosso sistema, a superação do entendimento há de ser sempre expressa e fundamentada, na forma do art. 927, § 4º, do CPC. Os §§ 2º a 4º do art. 927 tratam da questão da superação do entendimento, estabelecendo que a alteração da tese jurídica de súmula ou julgamento de casos repetitivos pode ser precedida de audiências públicas e da participação de pessoas, órgão ou entidades que possam contribuir para a rediscussão da tese, podendo haver a modulação dos efeitos da alteração no interesse social e da segurança jurídica, pelo STF ou pelos tribunais superiores.

Nos itens subsequentes, tratar-se-á brevemente da súmula vinculante, das demais súmulas que têm força obrigatória (art. 927, IV) e da orientação do plenário ou do órgão especial aos quais os juízes e tribunais estiverem vinculados. O tema do controle concentrado de constitucionalidade (art. 927, I) refoge ao âmbito desta obra, e a eficácia vinculante das teses jurídicas dos acórdãos proferidos nos julgamentos repetitivos e na assunção de competência será tratada nos capítulos que versarem sobre esses mecanismos processuais.

1.1.2. Súmulas vinculantes

1.1.2.1. Introdução

Foram introduzidas em nosso ordenamento jurídico pela Emenda Constitucional n. 45/2004, depois de intensa polêmica. Sua regulamentação, no entanto, só ocorreu com a Lei n. 11.417, de 19 de dezembro de 2006, com *vacatio legis* de três meses.

Embora de pouca relevância prática, a questão de a súmula vinculante constituir ou não fonte formal do direito pode ser levantada, porque a jurisprudência a classifica entre as fontes não formais. Mas, se considerarmos que o art. 103-A da Constituição e a lei que as regulamentou atribuem expressamente força vinculante a tais súmulas, teremos de concluir que elas foram elevadas a fontes formais.

Podemos defini-las como as editadas pelo STF, com *quorum* qualificado, que têm por objeto a validade, a interpretação e a eficácia de normas determinadas e que vinculam as decisões judiciais e os atos administrativos.

1.1.2.2. Objeto

É dado pelo art. 2º, § 1º, da Lei n. 11.417/2006: a validade, a interpretação e a eficácia de normas determinadas, acerca das quais haja, entre órgãos judiciários ou entre esses e a administração pública, controvérsia atual que acarrete grave insegurança jurídica e relevante multiplicação de processos sobre idêntica questão.

1.1.2.3. Requisitos

1.1.2.3.1. Matéria constitucional

A súmula não pode versar sobre qualquer tema, mas apenas matéria constitucional. É o que decorre do art. 102 da Constituição Federal, que atribui ao STF a guarda da Constituição, o que abrange as questões diretamente ligadas a ela ou as referentes ao controle de constitucionalidade. Em suma, as questões afetas ao julgamento do STF.

1.1.2.3.2. Reiteradas decisões

Não é possível que a súmula vinculante seja editada após um único exame da questão controvertida. É preciso que ela tenha sido objeto de reiteradas decisões anteriores. Quantas? A lei valeu-se de um termo vago, deixando certo arbítrio ao julgador, para avaliar o conteúdo da expressão. Mas "reiteradas" traz consigo a ideia de numerosas decisões anteriores.

1.1.2.3.3. Controvérsia atual entre órgãos judiciários ou entre esses e a administração pública

A questão que suscita a edição da súmula deve ser atual, isto é, deve, ainda, suscitar divergências, afastadas as questões já superadas.

1.1.2.3.4. Controvérsia que acarrete grave insegurança jurídica e relevante multiplicação de processos sobre idêntica questão

A súmula não pode versar sobre questões de somenos, de importância pequena ou de pequena repercussão. É preciso que a questão controvertida acarrete grave insegurança jurídica. Também aqui há o uso de palavras vagas, que em regra indicam a intenção do legislador de atribuir ao julgador o exame no caso concreto. Mas é preciso ainda que a questão acarrete uma multiplicidade de processos envolvendo a mesma questão. Essa parece ser a razão principal da edição das súmulas vinculantes: a preocupação com a proliferação de casos repetitivos, cuja multiplicação sobrecarrega o STF. Não faz sentido que a corte mais alta do País tenha de julgar milhares de vezes a mesma questão jurídica. A autorização constitucional para a edição das súmulas vinculantes deve ser compreendida como correlata à preocupação com a duração razoável do processo.

1.1.2.4. Competência

Somente o STF está autorizado a emitir, revisar ou cancelar o enunciado das súmulas vinculantes.

1.1.2.5. Legitimados a propor a edição, revisão ou cancelamento

O enunciado da súmula vinculante pode ser editado, revisado ou cancelado de ofício, pelo STF. Mas também a requerimento das pessoas ou entes indicados no art. 3º da Lei n. 11.417/2006, que são: o Presidente da República, a Mesa do Senado Federal, a Mesa da Câmara dos Deputados, o Procurador-Geral da República, o Conselho Federal da Ordem dos Advogados do Brasil; o Defensor Público-Geral da União; partido político com representação no Congresso Nacional; Confederação Sindical ou entidade de classe de âmbito nacional; a Mesa de Assembleia Legislativa ou da Câmara Legislativa do Distrito Federal;

o Governador de Estado ou do Distrito Federal; e os Tribunais Superiores, os Tribunais de Justiça de Estados ou do Distrito Federal e Territórios, os Tribunais Regionais Federais, os Tribunais Regionais do Trabalho, os Tribunais Regionais Eleitorais e os Tribunais Militares.

Esses são os legitimados autônomos, porque o seu requerimento pode ser feito independentemente de existência de qualquer processo em curso no qual se discuta a questão a ser objeto da súmula ou já sumulada.

Mas a lei também atribui legitimidade ao Município, para que proponha a edição, revisão ou cancelamento da súmula, incidentalmente, no curso de processo em que seja parte, o que não autoriza a suspensão do processo. Essa é a legitimidade incidental.

1.1.2.6. Procedimento

É também estabelecido pela Lei n. 11.417/2006. Nos processos de edição, revisão ou cancelamento do enunciado da súmula vinculante, será sempre ouvido o Procurador-Geral da República, exceto quando ele próprio tenha sido o autor do requerimento. A decisão será tomada por 2/3 dos membros do Supremo Tribunal Federal, que se reunirão em sessão plenária. Como o STF tem onze ministros, o *quorum* para aprovação é de oito ministros.

O art. 3º, § 2º, da Lei, permite que, no curso do procedimento para a edição, revisão ou cancelamento do enunciado de súmula vinculante, o relator possa admitir, em decisão irrecorrível, a manifestação de terceiros na questão, nos termos do Regimento Interno do STF. Trata-se do *amicus curiae*, já examinado entre as espécies de intervenção de terceiros. A intervenção do terceiro pode ser espontânea, mas pode ser também provocada (art. 138 do CPC). Nada impede que o relator convoque o terceiro para se manifestar sobre a matéria controvertida.

1.1.2.7. Efeitos da súmula

O enunciado da súmula será publicado no *Diário da Justiça* e no *Diário Oficial da União*, no prazo de dez dias, a contar da sessão que a editou, reviu ou cancelou. Desde então, ela adquire eficácia vinculante. O que isso quer dizer? Que a súmula vincula o julgamento de todos os órgãos do Poder Judiciário e os atos da administração direta e indireta, em todas as esferas de poder. Só não há vinculação do Poder Legislativo, que pode revogar ou modificar a lei em que ela se funda. Caso isso ocorra, o STF, de ofício ou por provocação, procederá à sua revisão ou cancelamento, conforme o caso (art. 5º da Lei n. 11.417/2006). E não vincula o próprio STF, que pode, de ofício, revisar ou cancelar as próprias súmulas.

A consequência fundamental do efeito vinculante é que, havendo descumprimento da súmula por órgão do Poder Judiciário ou da administração pública, o prejudicado poderá valer-se do instrumento da reclamação.

1.1.2.8. Possibilidade de restrição da eficácia

O art. 4º da lei que regulamentou a edição dos enunciados de súmula vinculante autoriza o STF a, por decisão de 2/3 de seus membros, restringir os efeitos vinculantes ou determinar que eles só tenham eficácia a partir de outro momento, tendo em vista razões de segurança jurídica ou de excepcional interesse público.

1.1.2.9. Reclamação

Cabe contra a decisão judicial ou ato administrativo que contrariar enunciado de súmula vinculante, negar-lhe vigência ou aplicá-lo indevidamente (art. 7º da Lei n. 11.417/2006, e art. 988, III, primeira parte, do CPC). A reclamação não impede o prejudicado de valer-se dos recursos previstos na legislação processual, mas tem sobre eles a grande vantagem de ser dirigida diretamente ao STF, que, se a acolher, anulará o ato administrativo ou cassará a decisão judicial impugnada, determinando que outra seja proferida, com ou sem a aplicação da súmula, conforme o caso (art. 7º, § 2º). Mesmo que a decisão seja de primeira instância, a reclamação será diretamente dirigida ao STF, uma vez que a sua natureza não é de recurso. A reclamação é o mecanismo adequado para tornar eficazes as súmulas vinculantes.

O art. 7º, § 1º, da Lei, estabelece que, contra a omissão ou ato da administração pública, o uso da reclamação só será admitido depois de esgotadas as vias administrativas.

1.1.3. Enunciados das súmulas do STF em matéria constitucional e do STJ em matéria infraconstitucional (art. 927, IV)

Somente as súmulas editadas na forma indicada nos itens acima podem ser chamadas vinculantes, nos termos do art. 103-A da Constituição Federal. Mas o art. 927, IV, do CPC determina aos juízes e aos tribunais que observem os enunciados das súmulas do Supremo Tribunal Federal em matéria constitucional e do Superior Tribunal de Justiça em matéria infraconstitucional. Na verdade, a hipótese causa alguma perplexidade, pois, de maneira geral, desde a criação do Superior Tribunal de Justiça, com a Constituição Federal de 1988, compete ao STF examinar matéria constitucional, e ao STJ, matéria infraconstitucional. Assim, o dispositivo estaria atribuindo eficácia vinculante não apenas às súmulas propriamente vinculantes, editadas na forma do item anterior, mas a todas as súmulas editadas pelo STF e pelo STJ, nas matérias que lhes são pertinentes. Já se mencionou que tal atribuição dependeria de autorização constitucional, não podendo ser determinada por lei ordinária. Além disso, um exame atento do disposto no art. 988, que prevê as hipóteses de cabimento da reclamação, permite concluir que o legislador não a autorizou contra decisão que deixe de aplicar essas súmulas. Não está entre as hipóteses de cabimento de reclamação do art. 988 a garantia de observância de súmula do STF em matéria constitucional ou do STJ em matéria infraconstitucional, o que levaria à conclusão de que a eficácia vinculante dessas súmulas é mais fraca do que a das hipóteses do art. 927, I a III.

1.1.4. Orientação do plenário ou do órgão especial aos quais os juízes e tribunais estiverem vinculados

Trata-se da última hipótese de precedente vinculante, em que a obrigatoriedade prevalece apenas para os juízes e tribunais subordinados, não para os demais. Também para essa hipótese não há previsão de reclamação, como resulta da leitura dos incisos do art. 988 do CPC.

1.2. Julgamento de casos repetitivos

Nos capítulos e itens que seguem, ver-se-á que o legislador faz uso frequente da expressão "julgamento de casos repetitivos". Para evitar dúvida sobre a sua extensão, o art. 928 do CPC estabelece que ela engloba duas situações distintas: o incidente de resolução de demandas repetitivas e o recurso especial e extraordinário repetitivos, que serão examinados em capítulo próprio.

2. DA ORDEM DOS PROCESSOS NO TRIBUNAL

Os arts. 929 a 946 regulamentam o andamento dos processos nos tribunais. São regras que se aplicam, de maneira geral, tanto aos processos de competência originária quanto aos recursos.

Os autos são registrados no protocolo do tribunal e distribuídos pela secretaria, devendo, em seguida, serem conclusos ao relator. Como o julgamento nos tribunais é colegiado, haverá sempre o relator, que terá uma série de atribuições. Enviados os autos, ele terá 30 dias para, depois de elaborar o voto, restituí-los, com relatório, à secretaria.

2.1. Atribuições do relator

Compete ao relator tomar uma série de providências, elencadas no art. 932 do CPC. Dentre elas, destacam-se a de dirigir e ordenar o processo no tribunal, inclusive no que concerne à produção de prova; homologar eventual autocomposição das partes; apreciar os pedidos de tutela provisória; decidir pedido de desconsideração da personalidade jurídica, instaurado originariamente perante o tribunal; e determinar a intimação do Ministério Público, nos casos em que ele intervenha.

Além disso, cabe ao relator fazer o juízo de admissibilidade do recurso, não conhecendo, em decisão monocrática, daqueles que forem inadmissíveis, prejudicados ou que não tenham impugnado especificamente os fundamentos da decisão recorrida. Mas, antes de considerar inadmissível o recurso, ele concederá prazo de cinco dias para que o vício seja sanado, quando possível, ou para que seja complementada a documentação exigível. Também pode o relator, em decisão monocrática, examinar o mérito do recurso, negando provimento aos que forem contrários à súmula do STF, do STJ ou do próprio tribunal; que contrariarem acórdão proferido pelo STF ou pelo STJ em julgamento de recursos repetitivos; ou ainda que forem contrários a entendimento firmado em incidente de resolução de demandas repetitivas ou de assunção de competência. Ou pode dar provimento ao recurso, quando for a decisão recorrida que contrariar as súmulas, os acórdãos ou os entendimentos firmados mencionados. De maneira genérica, estabelece a Súmula 568 do STJ: "O relator, monocraticamente e no Superior Tribunal de Justiça, poderá dar ou negar provimento ao recurso quando houver entendimento dominante acerca do tema".

Das decisões monocráticas do relator caberá sempre o agravo interno, previsto no art. 1.021 do CPC.

2.2. Do julgamento

Devolvidos os autos à secretaria pelo relator, serão apresentados ao Presidente, que designará dia para o julgamento, observada a ordem estabelecida no art. 936. Na data marcada, o relator fará uma exposição da causa. Poderá haver requerimento de sustentação oral, caso em que o juiz dará a palavra ao recorrente e ao recorrido, e ao Ministério Público, nos casos em que intervenha, por 15 minutos cada um. Mas só cabe sustentação oral em julgamento de apelação, recurso ordinário, especial, extraordinário, embargos de divergência, ação rescisória, mandado de segurança e reclamação e no agravo de instrumento contra decisões interlocutórias que versem sobre tutelas provisórias de urgência ou de evidência, sem prejuízo de outras hipóteses previstas em lei ou no regimento interno. Parece-nos também que a sustentação oral deverá ser admitida contra agravo de instrumento interposto contra decisão interlocutória de mérito (nesse sentido o Enunciado 61 da I Jornada de Direito Processual Civil da Justiça Federal).

As questões referentes à admissibilidade do recurso devem ser votadas em primeiro lugar. Se houver mais de uma questão, cada qual deve ser votada separadamente, sob pena de falseamento do resultado. Se o recorrido argui a intempestividade e a falta de preparo do recurso, cada uma das alegações deve ser votada isoladamente. Colhem-se os votos dos juízes a respeito da intempestividade e, em seguida, a respeito do preparo. Não se pode, simplesmente, votar se o recurso é admissível ou não. Afinal, pode ser que um dos juízes entenda que o recurso é intempestivo, e outro entenda que lhe falta preparo. As duas preliminares estarão afastadas, porque apenas um dos três juízes acolheu cada qual. É certo que dois juízes entendem que o recurso é inadmissível, mas por razões diferentes. Nenhuma das preliminares conseguiu a maioria.

Se houver o acolhimento de alguma preliminar, o recurso não será conhecido. Do contrário, passar-se-á ao julgamento de mérito, a respeito do qual se pronunciarão todos os juízes, mesmo aqueles que acolheram a preliminar. Se o relator ou algum juiz não se sentir habilitado a julgar, poderá solicitar vista dos autos pelo prazo máximo de dez dias, após os quais o recurso será reincluído em pauta para julgamento na sessão seguinte à data da devolução.

Também o julgamento do mérito deve ser decomposto: cada uma das questões de fato que, por si só, constitua um fundamento do pedido ou da defesa deve ser votada separadamente, sob pena de falseamento do resultado.

Se o pedido não acolhido está embasado em duas causas de pedir, e houve, por exemplo, apelação, cada um dos fundamentos de fato será votado separadamente. Isso porque, para o acolhimento, é preciso que um fundamento do pedido ou da defesa tenha pelo menos dois votos. É possível, por exemplo, que o pedido inicial ou a defesa tenham três fundamentos distintos e que cada um dos fundamentos tenha apenas um voto favorável e dois contrários. Nenhum deles terá sido acolhido, e o recurso não será provido.

Depois de proferidos os votos, será anunciado o resultado e redigido o acórdão, pelo relator ou, se ele for vencido, pelo juiz que proferiu o primeiro voto vencedor. O voto vencido será necessariamente declarado e considerado parte integrante do acórdão, para todos os fins, inclusive prequestionamento.

3. DO INCIDENTE DE ASSUNÇÃO DE COMPETÊNCIA

3.1. Introdução

É um mecanismo criado pelo atual CPC para permitir que, em causas em trâmite no tribunal, relevantes questões de direito, com grande repercussão social, mas sem repetição em múltiplos processos, que sejam objeto de recurso, remessa necessária ou causa de competência originária, sejam examinadas não pelo órgão fracionário a quem competiria o julgamento, mas por órgão colegiado indicado pelo Regimento Interno, com força vinculante sobre os juízes, órgãos fracionários e tribunais subordinados. Não há mais previsão, no CPC, do incidente de uniformização de jurisprudência, previsto no CPC/73. A assunção de competência constitui mecanismo mais eficiente, destinado a dar operatividade ao art. 926, que determina aos tribunais que uniformizem sua jurisprudência e a mantenham estável, íntegra e coerente, em atendimento aos princípios da isonomia e da segurança jurídica.

3.2. Processamento

Por meio do incidente, que pode ser instaurado em qualquer tribunal, inclusive nos superiores, o relator do recurso, da remessa necessária ou da causa de competência originária, de ofício ou a requerimento da parte, do Ministério Público ou da Defensoria Pública, constatando a existência de relevante questão de direito, com grande repercussão social, proporá o julgamento pelo órgão colegiado, a quem competirá reconhecer se há ou não o interesse público alegado. Em caso afirmativo, assumirá a competência e procederá ao julgamento; em caso negativo, não assumirá a competência e o julgamento será feito pelo órgão originário. Caberá ao regimento interno dos Tribunais indicar qual o órgão colegiado a quem competirá a assunção de competência, quando preenchidos os requisitos. O relator do incidente pode admitir a intervenção do *amicus curiae* e determinar a realização de audiências públicas, tal como ocorre nos demais incidentes destinados a formar o precedente vinculante. Da decisão no incidente de assunção de competência poderá, ainda, caber recurso especial ou extraordinário, desde que preenchidos os requisitos, além de embargos de declaração.

A finalidade do instituto é impedir que, sobre relevantes questões de direito, com grande repercussão social, mas que não possam ser objeto incidente de resolução de demandas repetitivas, ou de julgamento de recurso especial ou extraordinário repetitivos, possa haver divergência entre órgãos fracionários (câmaras ou turmas do Tribunal). Com a assunção de competência pelo órgão colegiado, assegura-se uma solução uniforme. Daí a razão pela qual o § 4º do art. 947 esclarece: "O disposto neste artigo se aplica quando ocorrer relevante questão de direito a respeito da qual seja conveniente a prevenção ou a composição de divergência entre câmaras ou turmas do tribunal". Consiste, portanto, em mecanismo que visa a assegurar a uniformidade da jurisprudência do tribunal a respeito de relevantes questões de direito.

Proferida a solução pelo colegiado, a lei estabelece que ela terá força vinculante sobre juízes e órgãos fracionários, que não poderão dar à questão de direito solução distinta, sob pena de caber reclamação, nos termos do art. 988, IV, do CPC.

4. DO INCIDENTE DE ARGUIÇÃO DE INCONSTITUCIONALIDADE

4.1. Introdução

O controle de constitucionalidade, no Brasil, é feito por mais de um meio. Há o *direto*, pelas ações diretas de inconstitucionalidade e declaratórias de constitucionalidade, propostas pelos legitimados, no STF, e o *difuso*, feito no caso concreto, por qualquer órgão jurisdicional.

A declaração de inconstitucionalidade, tratada nos arts. 948 a 950 do CPC, faz parte do controle difuso. No bojo dos processos que estão em andamento, é possível que o juiz decida pela inconstitucionalidade, incidentalmente. Ele não declara a inconstitucionalidade, mas deixa de aplicar o dispositivo legal, reputando-o inconstitucional.

A eficácia desse reconhecimento restringe-se às partes, ao contrário do que ocorre no controle direto. Mas, desde que a inconstitucionalidade seja reconhecida em decisão definitiva do STF, por maioria absoluta do pleno do Tribunal, após o trânsito em julgado, haverá comunicação ao Senado Federal, para os efeitos do art. 52, X, da CF, que prevê a edição da resolução para suspensão a execução, no todo ou em parte, de lei declarada inconstitucional pelo STF.

Feito por juízo singular, o controle difuso não tem nenhum procedimento próprio. O juiz, na sentença, reconhece que a norma é inconstitucional e deixa de aplicá-la.

Nos tribunais, a declaração incidental de inconstitucionalidade efetiva-se com a instauração de um incidente, que cinde o julgamento do recurso. Quando há a arguição de inconstitucionalidade como matéria prejudicial, seu reconhecimento não pode ser feito diretamente pelo órgão fracionário, incumbido do julgamento do recurso. Ele não pode deixar de aplicar a lei por esse fundamento. É preciso que seja suscitado o incidente para que haja um pronunciamento prévio do tribunal a respeito da questão.

Suscitado o incidente, a competência para o julgamento fica cindida. Todo o tribunal por primeiro se pronuncia sobre a questão da constitucionalidade, que é prejudicial ao julgamento do recurso. Depois a turma decide a respeito das demais questões, já tendo sido fixada a premissa referente à constitucionalidade da norma a ser aplicada.

4.2. Processamento

Arguida a inconstitucionalidade de lei ou ato normativo, o relator, depois de ouvir o Ministério Público e as partes, submeterá a questão à turma ou à câmara a que tocar o conhecimento do recurso (CPC, art. 948).

O objeto da arguição é a inconstitucionalidade de lei ou ato normativo. Pode ser feita por qualquer das partes, seja em processo de competência originária do tribunal, seja no julgamento de recurso, ou pelo Ministério Público que intervenha no processo. Ou de ofício pelo relator, quando entender inconstitucional a norma.

A questão da inconstitucionalidade pode ter sido suscitada pelas partes em qualquer fase do processo. O relator a submeterá ao órgão fracionário incumbido do julgamento, devendo obrigatoriamente ser ouvido o Ministério Público, já que há interesse público subjacente.

O órgão fracionário pode rejeitar a declaração de inconstitucionalidade, caso em que o julgamento prosseguirá. Se a acolher, encaminhará a questão ao tribunal pleno ou a seu órgão especial, onde houver. Somente este poderá pronunciar-se sobre a inconstitucionalidade.

Não haverá necessidade de submeter a questão ao plenário ou ao órgão especial se já houver pronunciamento destes ou do plenário do STF sobre a questão.

A decisão do plenário ou órgão especial vincula o órgão fracionário, no caso concreto *sub judice*, seja em que sentido for. Mas apenas no processo em concreto, já que se está diante de controle difuso de constitucionalidade, feito *incidenter tantum*. Se em outro processo a mesma questão for suscitada, o órgão fracionário terá liberdade para entender a norma inconstitucional ou não, independentemente do que foi decidido no processo anterior.

Após a apreciação da questão prejudicial da inconstitucionalidade, o julgamento é restituído ao órgão fracionário, que nele prosseguirá. Por isso se diz haver um desdobramento da competência recursal.

Não cabe mais recurso contra a decisão do pleno, mas caberão outros recursos contra a do órgão fracionário. Nesse sentido a Súmula 513 do STF: "A decisão que enseja a interposição do recurso ordinário ou extraordinário não é a do plenário, que resolve o incidente de inconstitucionalidade, mas a do órgão – Câmaras, Grupos ou Turmas – que completa o julgamento do feito".

5. DO CONFLITO DE COMPETÊNCIA

É procedimento de competência originária dos Tribunais e vem regulada nos arts. 951 a 959 do CPC. O tema já foi tratado no capítulo relativo à competência, para o qual se remete o leitor (ver Livro II, Capítulo II, item 8).

6. DA HOMOLOGAÇÃO DE DECISÃO ESTRANGEIRA E DA CONCESSÃO DE *EXEQUATUR* À CARTA ROGATÓRIA

6.1. Introdução

Os arts. 21 a 23 do CPC tratam das regras de jurisdição internacional. Os dois primeiros dispõem sobre a jurisdição concorrente da Justiça brasileira, e o terceiro, sobre a jurisdição exclusiva.

A decisão estrangeira não produz efeitos no Brasil, senão depois de homologada pelo STJ (a EC n. 45/2004 alterou a competência, retirando-a do STF e atribuindo-a ao STJ). Então, será eficaz, como se tivesse sido proferida aqui. Uma decisão estrangeira que verse sobre uma das matérias do art. 23 jamais será homologada no Brasil, porque nossa lei só reconhece a jurisdição da Justiça brasileira para julgá-las. Já nas hipóteses dos arts. 21 e 22, a jurisdição será concorrente, o que indica que a parte poderá optar entre propor a ação no Brasil ou no exterior. Se o fizer no estrangeiro, a decisão terá de ser homologada perante o STJ para que se torne eficaz no Brasil.

Além disso, admite-se a execução, no Brasil, de decisão estrangeira, por meio de carta rogatória. Mas, para tanto, é preciso que a carta obtenha o *exequatur*, o "cumpra-se" da Justiça brasileira, dado pelo Superior Tribunal de Justiça.

A homologação da decisão estrangeira pressupõe, como regra, decisão definitiva (art. 961, § 1º, do CPC). Mas é passível de execução a decisão estrangeira provisória, quando concessiva de medida de urgência, a ser feita por rogatória. Se ela tiver sido deferida sem a audiência do réu, ela só será executada se for garantido a ela o contraditório em momento posterior. Cabe à Justiça brasileira decidir sobre a urgência.

6.2. Processamento

A homologação da decisão estrangeira e a concessão do *exequatur* na carta rogatória são de competência do Superior Tribunal de Justiça. Mas o seu cumprimento, depois da homologação ou do "cumpra-se" na rogatória, é de competência do juízo federal competente, conforme regras de competência estabelecidas para o cumprimento das sentenças nacionais.

Somente após a homologação – que tem natureza jurídica de ação – ela se tornará eficaz. A homologação vem tratada nos arts. 960 e s. do CPC; e os requisitos para seu deferimento vêm estabelecidos no art. 963 do CPC. Já o procedimento vem regulamentado no Regimento Interno do Superior Tribunal de Justiça, conforme Emenda Regimental n. 18, de 17 de dezembro de 2014, com a redação dada pela Emenda n. 24/2016:

São requisitos para que a homologação seja deferida (art. 963): A decisão cuja homologação se postula deve ter sido proferida pela autoridade competente. A preocupação é que não haja homologação de decisões que tenham sido proferidas em afronta à legislação nacional. Por exemplo: o art. 23 do CPC estabelece quais são as causas de competência exclusiva da Justiça brasileira. Ora, se for levada à homologação uma decisão estrangeira versando sobre questão de competência nacional exclusiva, será indeferida a pretensão. Da mesma forma se ela tiver sido prolatada por tribunal de exceção, dada a vedação constitucional.

As partes devem ter sido citadas; e a revelia, legalmente caracterizada. Isto é, faz-se necessário que, no processo estrangeiro onde foi prolatada a decisão, se tenha respeitado o **contraditório**.

A decisão estrangeira deve ser eficaz no país em que foi proferida. O CPC não exige que tenha transitado em julgado. Tal exigência era feita pela Súmula 420 do STF, editada na vigência da lei anterior e que estabelece: "Não se homologa sentença proferida no estrangeiro sem prova do trânsito em julgado". Atualmente, o CPC não exige o trânsito em julgado, mas a eficácia da decisão. É possível que a decisão estrangeira não tenha transitado em julgado, mas já seja eficaz, nos casos em que contra ela pende apenas recurso sem eficácia suspensiva, admitindo-se a execução provisória. Assim, o STJ poderá homologar decisão estrangeira ainda que não transitada em julgado, desde que no país de origem ela já seja eficaz, isto é, estejam pendentes apenas recursos desprovidos de efeito suspensivo. É certo que o RISTJ, no art. 216-D, III, continua mencionando o trânsito em julgado como requisito da homologação. No entanto, desde a entrada em vigor do CPC/2015, tal requisito não é mais indispensável, bastando que a sentença seja eficaz no país de origem. Nesse sentido: "CIVIL. PROCESSUAL CIVIL. HOMOLOGAÇÃO DE SENTENÇA ESTRANGEIRA CONTESTADA. GUARDA E VISITA DE MENORES. NOVO REGRAMENTO DA AÇÃO DE HOMOLOGAÇÃO DE SENTENÇA ESTRANGEIRA PELO CPC/15. APLICAÇÃO APENAS SUPLETIVA DO RISTJ. INCIDÊNCIA IMEDIATA DA NOVA LEI AOS PROCESSOS PENDENTES, SOBRETUDO QUANTO AOS REQUISITOS MATERIAIS DE HOMOLOGAÇÃO. APLICAÇÃO DOS ARTS. 14 E 1.046 DO CPC/2015. NECESSIDADE DE TRÂNSITO EM JULGADO NA ORIGEM. REQUISITO INEXISTENTE NO CPC/2015. NECESSIDADE DE QUE A DECISÃO APENAS SEJA EFICAZ EM SEU PAÍS. EXISTÊNCIA DE DECISÃO PROVISÓRIA NO PAÍS DE ORIGEM SUSPENDENDO A PRODUÇÃO DE EFEITOS DA SENTENÇA QUE SE PRETENDE HOMOLOGAR. DECISÃO INEXEQUÍVEL E NÃO HOMOLOGÁVEL NO BRASIL" (STJ Corte Especial SEC 14.812 – EX – rel. Min Nancy Andrighi, j. 23-5-2018.)

Ainda é preciso que a sentença não afronte a coisa julgada brasileira, pois não se homologa decisão estrangeira se já houver decisão transitada em julgado proferida pela Justiça brasileira, em processo envolvendo as mesmas partes, o mesmo pedido e a mesma causa de pedir.

A decisão deve ter sido traduzida por tradutor oficial, salvo dispensa prevista em tratado. Trata-se de requisito que dispensa maiores esclarecimentos, já que é necessário ter conhecimento exato de seu teor.

A decisão também não pode conter manifesta ofensa à ordem pública.

O procedimento da homologação, regulado pelo Regimento Interno do STJ, é relativamente simples: apresentado o pedido, dirigido ao Presidente do Superior Tribunal de Justiça, este mandará citar os interessados, por carta de ordem, quando domiciliados no Brasil; carta rogatória, quando no exterior; ou por edital, quando em local ignorado ou inacessível.

O pedido poderá ser contestado no prazo de quinze dias. É evidente que não se poderá rediscutir aquilo que já foi decidido com trânsito em julgado pela Justiça estrangeira. Ou seja, não será possível que o interessado postule ao STJ que reforme ou modifique algo da decisão estrangeira, cabendo-lhe apenas impugnar a autenticidade do documento ou preenchimento dos requisitos para o acolhimento do pedido. Poderá também discutir a inteligência (interpretação) da decisão estrangeira.

O Ministério Público será ouvido no prazo de quinze dias. Se houver impugnação, o Presidente encaminhará o julgamento à Corte Especial, cabendo ao relator instruir o pedido como for necessário. Se não houver, o Presidente examinará o pedido, cabendo agravo regimental de sua decisão para a Corte Especial.

Após a homologação, a decisão estrangeira se tornará eficaz no Brasil, podendo ser executada e gerando os efeitos da litispendência e da coisa julgada. A decisão homologada é título executivo judicial (art. 515, VIII, do CPC) e deverá ser executada não perante o Superior Tribunal de Justiça, mas perante o juízo federal competente.

7. AÇÃO RESCISÓRIA

Vem regulada nos arts. 966 e s. O tema já foi tratado no Livro VII, Capítulo V, item 3, para o qual remetemos o leitor.

8. DO INCIDENTE DE RESOLUÇÃO DE DEMANDAS REPETITIVAS

8.1. Introdução

Trata-se de uma das mais importantes e benfazejas inovações do CPC atual. Já na vigência do CPC de 1973 havia sido criado o mecanismo de julgamento dos recursos extraordinário e especial repetitivos, pelo qual era dado ao Supremo Tribunal Federal e ao Superior Tribunal de Justiça julgar de uma única vez questão de direito que era objeto de uma multiplicidade de recursos, mecanismo mantido no CPC atual. O Presidente do Tribunal de origem, constatando a existência da multiplicidade de recursos envolvendo a mesma questão de direito, seleciona um ou mais deles, os mais representativos da controvérsia, e os remete aos Tribunais Superiores, determinando a suspensão dos demais recursos envolvendo a mesma matéria. Nos paradigmas, os Tribunais Superiores decidem a questão jurídica, uma única vez. A vantagem do mecanismo é permitir ao STF e ao STJ julgar uma só vez questão jurídica que, sem ele, teria de ser decidida inúmeras vezes. O resultado é desafogar os tribunais superiores, e assegurar solução uniforme, para causas que versem sobre idêntica questão de direito. Mas esse mecanismo pressupõe a existência de recurso extraordinário ou recurso especial repetitivo.

Com o incidente de resolução de demandas repetitivas, cria-se um mecanismo assemelhado, mas de extensão muito maior, que abrange as causas que correm nas instâncias ordinárias. A finalidade do instituto é assegurar um julgamento único da questão jurídica que seja objeto de demandas repetitivas, com eficácia vinculante sobre os processos em curso. Pressupõe, portanto, múltiplas demandas envolvendo a mesma questão de direito. O novo incidente vem tornar mais efetivos os princípios da isonomia e da segurança jurídica, assegurando um julgamento uniforme da questão jurídica que é objeto de processos distintos.

Muito se discutiu, na tramitação do projeto, se o incidente deveria ser autorizado bastando que houvesse risco de potencial multiplicação de processos idênticos ou se seria necessária a efetiva multiplicação, tendo, ao final, prevalecido esta última solução. Portanto, não basta que haja a possibilidade de multiplicação, sendo necessário que ela exista efetivamente (art. 976, I). A lei não diz quantos processos são necessários para se considerar que há a multiplicidade, o que deverá ser analisado no caso concreto. Se o órgão julgador entender que ela ainda não existe, indeferirá o incidente, ficando aberta a possibilidade de nova suscitação, quando o requisito faltante for preenchido (art. 976, § 3º).

Para a sua instauração, exige-se que os múltiplos processos contenham controvérsia sobre a mesma questão unicamente de direito, com risco de ofensa à isonomia e à segurança jurídica. Também é condição que não tenha sido afetado recurso nos tribunais superiores, no âmbito de sua respectiva competência, para definição de tese sobre a questão jurídica, de direito material ou processual, repetitiva. Afinal, se tiver havido afetação, a questão jurídica será decidida com eficácia vinculante pelos tribunais superiores, no julgamento do recurso repetitivo.

A maior parte da doutrina tem ainda considerado mais um requisito para a instauração dos IRDR: que, dos múltiplos processos em que a questão jurídica esteja sendo discutida, ao menos um já esteja no tribunal, por força de recurso, remessa necessária ou competência originária. Para a compreensão desse último requisito, necessário conhecer as duas teorias que disputam primazia, a respeito da natureza do IRDR: a da "causa modelo" e da "causa piloto". Para a primeira, o IRDR poderia ser instaurado, processado e decidido em abstrato, isto é, não propriamente como um incidente em processo concreto, pendente no tribunal, mas como um mecanismo autônomo, independente de qualquer causa em concreto, destinado a que o órgão competente possa dirimir, em tese e em abstrato, a questão jurídica versada em uma multiplicidade de processos. Assim, ao decidir o IRDR o órgão competente não estaria decidindo um caso concreto, mas apreciando a questão jurídica em abstrato, com eficácia vinculante para todos os processos concretos pendentes, subordinados àquele órgão. Já para a segunda teoria, a da causa piloto, o IRDR é um incidente. Portanto, só pode ser implementado em uma causa concreta pendente, que esteja no Tribunal ao qual pertence o órgão competente para julgá-lo. O IRDR é processado como incidente neste processo, e a questão jurídica é examinada no caso concreto, no qual o incidente foi instaurado. Assim, ao mesmo tempo em que o órgão examina o caso concreto, decide a questão jurídica, com força de precedente vinculante. E o que foi decidido deve ser aplicado nos demais processos pendentes, que versem sobre a mesma questão, e que estejam no Tribunal ou nas

Instâncias inferiores. Mesmo para os que defendem essa segunda teoria, o incidente pode ser suscitado pelo juiz ou relator, pelas partes, pelo Ministério Público ou Defensoria Pública, em qualquer dos processos em curso, no qual a questão jurídica seja discutida, esteja ele já no Tribunal ou em instância inferior. No entanto, admitido o incidente, ele será implementado no processo que estiver pendente no Tribunal, o que exige, como requisito do IRDR, que haja ao menos um deles em curso no Tribunal, para que nele possa ser implementado o incidente, que não será possível se todos os múltiplos processos versando sobre a mesma questão jurídica estiverem no primeiro grau.

Embora permaneça a controvérsia a respeito da teoria adotada, uma vez que a lei brasileira não se posicionou de forma expressa, tem prevalecido a da causa piloto, já que a lei considera o novo instituto como um incidente, o que pressupõe a implementação em uma causa concreta, em curso no tribunal. Nesse sentido tem sido as decisões do C. Superior Tribunal de Justiça:

"A concepção do microssistema de casos repetitivos, composto pelo incidente de resolução de demandas repetitivas – IRDR e pelos recursos especial e extraordinário repetitivos (art. 928 do CPC/2015), consistiu, nesse sentido, em inovação legislativa advinda com o CPC/2015 que visa à afirmação do valor segurança jurídica no ordenamento. A instauração do IRDR, de que trata o presente caso, é cabível quando um dos legitimados do art. 977 do CPC/2015 demonstrar, simultaneamente, a efetiva repetição de processos que contenham controvérsia sobre a mesma questão unicamente de direito e o risco de ofensa à isonomia e ao referido valor segurança jurídica (art. 976, I e II, do CPC/2015). Ademais, o art. 978, parágrafo único, do mesmo Código dispõe que o órgão colegiado incumbido de analisar o mérito do incidente e de fixar a tese jurídica julgará igualmente o recurso que o originou. Por essa razão, a doutrina afirma que o cabimento do IRDR se condiciona à pendência de julgamento, no tribunal, de uma causa recursal ou originária. Se já encerrado o julgamento, não caberá mais a instauração do IRDR, senão em outra causa pendente; mas não naquela que já foi julgada. A propósito o Fórum Permanente de Processualistas Civis editou Enunciado n. 344, que assim dispõe: 'A instauração do incidente pressupõe a existência de processo pendente no respectivo tribunal' (Agravo em Recurso Especial n. 1.470.017/SP, de 15 de outubro de 2019, Rel. Min. Francisco Falcão).

O Enunciado 21 da ENFAM dispõe que o incidente pode ser suscitado com base em demandas repetitivas em curso nos juizados especiais. E a Súmula 44 acrescenta: "Admite-se o IRDR nos juizados especiais, que deverá ser julgado por órgão colegiado de uniformização do próprio sistema".

8.2. Processamento

Caso em determinado processo em curso na primeira ou na segunda instância se verifique a existência de questão jurídica repetitiva, o próprio juiz ou o relator, por ofício, ou qualquer das partes, o Ministério Público ou a Defensoria Pública, por petição, suscitarão o incidente, demonstrando, no ofício ou na petição, o preenchimento dos requisitos. O julgamento do incidente caberá ao órgão indicado pelo regimento interno dos tribunais. Adotada a teoria da causa piloto, o incidente, ainda que suscitado pelo juiz, partes, Defensoria Pública ou Ministério Público de processo em trâmite em primeiro grau, deverá ser implementado em processo que verse sobre a mesma questão jurídica, mas que esteja em curso no Tribunal ao qual o órgão julgador pertença. O órgão colegiado, incumbido de julgar o incidente, julgará igualmente o recurso, a remessa ou a causa de competência originária. Os demais processos ficarão suspensos aguardando a solução do incidente.

Admitido, ele deverá ser julgado no prazo de um ano, e o relator deverá suspender todos os processos pendentes, individuais ou coletivos, que tramitam no Estado ou na região, conforme se trate de justiça estadual ou federal, envolvendo a mesma questão jurídica, comunicando-se a suspensão aos juízes diretores dos fóruns de cada comarca ou seção judiciária por ofício. Ultrapassado o prazo de um ano sem julgamento do incidente, cessa a suspensão dos processos.

Determina o art. 979 que a instauração e o julgamento do incidente sejam sucedidos da mais ampla e específica divulgação, devendo os tribunais manter banco eletrônico de dados atualizados com as informações específicas sobre as questões de direito submetidas ao incidente, com comunicação ao Conselho Nacional de Justiça. Desse registro eletrônico, deverão constar os fundamentos determinantes da decisão e os dispositivos normativos relacionados à tese jurídica que tenha sido objeto do incidente.

Depois que for suscitado, ainda que haja desistência ou abandono da causa que lhe deu ensejo, ele prosseguirá, devendo o Ministério Público assumir a sua titularidade. Quando não for o suscitante do incidente, o Ministério Público será sempre ouvido, devendo ser intimado para manifestar-se em 15 dias. O relator ouvirá as partes e os demais interessados, inclusive pessoas, órgãos ou entidades com interesse na controvérsia, no prazo comum de 15 dias. Ele poderá ainda designar audiência pública, para ouvir depoimentos de pessoas com experiência e conhecimento na matéria, solicitando, em seguida, dia para o julgamento. Na data designada, o relator fará a exposição do objeto do incidente, podendo haver sustentação oral, sucessivamente, do autor e do réu do processo originário, e do Ministério Público, pelo prazo de 30 minutos; e dos demais interessados, no mesmo prazo, dividido entre todos eles.

O acórdão que julgar o incidente deverá analisar todos os fundamentos suscitados concernentes à tese jurídica discutida, tanto os favoráveis como os contrários. O julgamento tem eficácia vinculante sobre todos os processos que tenham permanecido suspensos, por envolverem a mesma questão jurídica. Manda o art. 985 que a tese jurídica acolhida no incidente seja aplicada a todos os processos individuais e coletivos, em curso ou futuros, que tramitem no território de competência do tribunal, inclusive nos juizados especiais do respectivo Estado ou região, sob pena de caber reclamação. A força vinculante do julgamento é reconhecida na Súmula 20 da ENFAM: “O pedido fundado em tese aprovada em IRDR deverá ser julgado procedente, respeitados o contraditório e a ampla defesa, salvo se for o caso de distinção ou se houver superação do entendimento pelo tribunal competente”.

Do julgamento de mérito do incidente caberá recurso extraordinário ou especial, com efeito suspensivo, presumindo-se a repercussão geral da questão constitucional eventualmente discutida. Por isso, visando à garantia da segurança jurídica, permite o art. 982, § 3º, que as partes, o Ministério Público ou a Defensoria Pública possam requerer ao órgão competente para o julgamento do recurso extraordinário ou especial que, durante a tramitação do incidente, sejam suspensos todos os processos individuais ou coletivos que versem sobre a questão jurídica objeto do incidente, em todo o território nacional. Caso não seja interposto o RE ou REsp, a suspensão ficará sem efeito. Caso seja, e seu mérito venha a ser apreciado, a tese jurídica adotada pelo STF ou pelo STJ deverá ser aplicada em todo o território nacional, nos processos individuais ou coletivos que versem sobre idêntica questão jurídica, sob pena de caber reclamação.

9. DA RECLAMAÇÃO

9.1. Introdução

Não vinha prevista no CPC de 1973. Tem previsão constitucional nos arts. 102, I, *l*, e 105, I, *f*. Nesses dispositivos, a CF atribui competência ao STF e ao STJ, respectivamente, para julgar as reclamações, destinadas à preservação de sua competência e garantia da autoridade de suas decisões. O CPC trata expressamente da reclamação, dando-lhe maior amplitude. De acordo com o art. 988, cabe reclamação da parte interessada ou do Ministério Público para preservar a competência do tribunal, garantir a autoridade das decisões do tribunal, garantir a observância de enunciado de súmula vinculante e de decisão do Supremo Tribunal Federal em controle concentrado de constitucionalidade, garantir a observância de acórdão proferido em julgamento de incidente de resolução de demandas repetitivas ou de incidente de assunção de competência. Nessas quatro hipóteses, a reclamação será cabível, não importando em que instância a decisão tenha sido proferida. Mas, de acordo com o § 5º, II, do art. 988, interpretado *a contrario sensu*, há mais uma hipótese de cabimento de reclamação: a proposta para garantir a observância de acórdão de recurso extraordinário com repercussão geral reconhecida ou de acórdão proferido em julgamento de recurso extraordinário ou especial repetitivos, desde que esgotadas as instâncias ordinárias. Isto é, não caberá a reclamação, se contra a decisão ainda houver recurso ordinário que possa ser interposto. Assim, há de se distinguir: nas hipóteses dos incisos I a IV do art. 988, a reclamação cabe ainda que a decisão admita recurso nas instâncias ordinárias. Já na hipótese do art. 988, § 5º, II, a admissibilidade da reclamação está condicionada a que não sejam mais cabíveis recursos nas instâncias ordinárias.

Como já mencionado, porém, parece-nos inconstitucional a reclamação, nas hipóteses do inciso IV e do § 5º, II, do art. 988, que criam novos casos de precedente vinculante, sem autorização constitucional.

9.2. Processamento

A reclamação, que não tem natureza recursal, mas constitui meio autônomo de impugnação das decisões judiciais, deve ser proposta perante o tribunal, qualquer que seja ele, cuja competência se busca preservar ou cuja autoridade se pretenda garantir. Tem natureza jurídica de ação e cria um novo processo. Sua finalidade é cassar a decisão reclamada, e não anulá-la ou reformá-la. Pode ser interposta por qualquer das partes do processo em que proferida a decisão reclamada, e pelo Ministério Público (incluindo o Ministério Público estadual, como decidiu o STF). O sujeito passivo será a parte beneficiária da decisão reclamada.

A inadmissibilidade ou o julgamento de eventual recurso interposto contra a decisão não prejudica a reclamação, mas ela não mais será admissível se a decisão tiver transitado em julgado. Questão das mais controvertidas é a relativa à necessidade de interposição de recurso contra a decisão que foi objeto de reclamação. A questão se coloca porque, não sendo interposto recurso, a decisão transitaria em julgado. O problema, na verdade, consistiria em saber se, interposta a reclamação, o trânsito em julgado superveniente impediria a sua apreciação. Há forte corrente doutrinária e jurisprudencial entendendo que sim, e que, não sendo interposto recurso contra a decisão objeto da reclamação, ela transitaria em julgado, com o que a reclamação ficaria prejudicada. Parece-nos, porém, que, com isso, boa parte da utilidade de reclamação ficaria comprometida. É certo que não cabe mais a reclamação se ela tiver sido apresentada após o trânsito em julgado. Mas, se tiver sido apresentada antes, a interposição do recurso contra a decisão atacada não é condição de procedibilidade ou de conhecimento da reclamação, que deverá ser examinada, ainda que ocorra o trânsito em julgado superveniente. Essa conclusão é reforçada pelo disposto no art. 988, § 6º, que estabelece que a eventual inadmissão ou o julgamento do recurso interposto contra a decisão não prejudica a reclamação.

A petição inicial, que deverá observar os requisitos do art. 319 do CPC, será instruída com prova documental e deverá ser dirigida ao presidente do tribunal, que a mandará autuar e distribuir ao relator, de preferência o mesmo da causa principal. O relator requisitará as informações da autoridade a quem for imputada a prática do ato impugnado, que as prestará em dez dias, ordenará a suspensão do ato impugnado, se necessário, e determinará a citação do beneficiário do ato, para que apresente contestação em 15 dias. Em seguida, o Ministério Público será ouvido em cinco dias, desde que não seja o autor da reclamação. Se acolhida, o tribunal cassará a decisão exorbitante de seu julgado ou determinará medida adequada à solução da controvérsia. Como a reclamação é sempre julgada por tribunal, contra a decisão nela proferida podem caber embargos de declaração, e eventual recurso especial ou extraordinário, desde que verificadas as hipóteses constitucionais.

Capítulo III
TEORIA GERAL DOS RECURSOS

1. INTRODUÇÃO

Os recursos são os remédios processuais de que se podem valer as partes, o Ministério Público e eventuais terceiros prejudicados para submeter uma decisão judicial a nova apreciação, em regra por um órgão diferente daquele que a proferiu. Têm por finalidade modificar, invalidar, esclarecer ou complementar a decisão.

Os remédios são mecanismos previstos no ordenamento jurídico que têm por finalidade sanar os atos processuais de eventuais vícios, de forma ou conteúdo. O recurso está entre eles, pois objetiva purgar as decisões judiciais de eventuais erros. Como acentua Nelson Nery Junior, para que se possa delinear, com precisão, seu contorno é preciso fazer um exame do ordenamento jurídico, para verificar o que ele considera ou não como recurso: "É, portanto, tarefa exclusiva do direito positivo, estabelecer quais desses remédios são, efetivamente, recursos. Daí a razão por que já se afirmou, com acerto, que não se pode determinar um conceito de recurso anterior ao que se encontra regulamentado pelo sistema da lei. Como decorrência, remédio que entre nós é recurso pode não possuir essa natureza jurídica em outro sistema e vice-versa. Tome-se como exemplo a ação rescisória, que, segundo o direito brasileiro, é ação autônoma de impugnação, mas que é considerada como típico recurso no sistema processual civil helênico"[1].

2. CARACTERÍSTICAS FUNDAMENTAIS DOS RECURSOS

Os recursos, de maneira geral, têm determinadas características que os distinguem dos demais atos processuais, por lhes serem próprias. Entre elas, podem-se mencionar:

a) Os recursos são interpostos na mesma relação processual: não têm natureza jurídica de ação, mas de remédio, apresentados no mesmo processo em que proferida a decisão atacada. Por isso, sua interposição jamais resulta na formação de um novo processo. Não se pode atribuir natureza recursal ao mandado de segurança, ou ao *habeas corpus* ou à ação rescisória, que têm natureza jurídica de novas ações, resultando na formação de inéditas relações processuais.

O agravo de instrumento, recurso que é, não forma uma nova relação processual. Como é interposto para conhecimento imediato, diretamente perante o órgão *ad quem*, enquanto os autos ainda se encontram na instância inferior, torna-se indispensável a formação de um instrumento, com cópias das principais peças, para que o órgão julgador possa inteirar-se do que se passou e decidir sobre a manutenção ou não da decisão.

b) A interposição de recurso impede ou retarda a preclusão ou a coisa julgada: enquanto há recurso pendente, a decisão ou a sentença não se tornam definitivas, nem seus efeitos imutáveis. Para tanto, é preciso que se tenha esgotado o prazo para interposição dos recursos, ou que aqueles que tenham sido interpostos hajam sido apreciados, não cabendo outros.

Disso advêm importantes consequências. Proferida uma decisão interlocutória, contra a qual tenha sido interposto agravo de instrumento,

---

1. Nelson Nery Junior, *Teoria geral dos recursos*, p. 174.

nas hipóteses do art. 1.015 do CPC, a decisão não se torna definitiva. Como em regra, esse recurso não tem efeito suspensivo, o juiz não poderá paralisar o processo, que seguirá (salvo se ao agravo de instrumento houver sido atribuído efeito suspensivo, na forma do art. 1.019, I, do CPC).

Provido o agravo, se a nova decisão for incompatível com as outras que tenham sido praticadas subsequentemente, estas perderão desde logo a eficácia, retornando o processo para aquela fase em que fora proferida a decisão atacada.

Por exemplo, se uma das partes requereu a redistribuição do ônus da prova e o juiz a indeferiu na decisão saneadora, caso, em agravo de instrumento, seja alterada essa decisão, o processo retornará à fase em que foi proferida a decisão, ficando prejudicados todos os atos supervenientes incompatíveis com a decisão reformada, incluindo a sentença.

Pode ser que, nesse ínterim, tenha havido sentença, que não subsistirá, porque o processo retorna à fase em que a decisão atacada fora proferida. Retrocede ao início da instrução, e os atos subsequentes incompatíveis perdem a eficácia (a distribuição do ônus da prova repercute diretamente sobre o comportamento das partes, na fase instrutória).

Por isso, proferida sentença enquanto há agravo de instrumento pendente a respeito de decisão que possa repercutir no julgamento, há o risco de, com o provimento, a sentença perder sua eficácia, retrocedendo o processo ao *status quo ante*. A sentença tem a eficácia subordinada à condição de que ao agravo de instrumento seja negado provimento. Nem por isso o juiz deve suspender o processo, atribuindo ao recurso efeito que ele não tem (salvo hipóteses do art. 1.019, I, do CPC).

Os problemas aventados merecem exame mais detido. Imagine-se que *A* ajuíze ação em face de *B*, e que, na fase de instrução, requeira a exibição de um documento, em poder de terceiro, que seja determinante para comprovação de suas alegações (CPC, art. 1.015, VI) e indispensável para a apuração dos fatos. O juiz indefere de plano o pedido do autor, que agrava de instrumento. Como o recurso não tem efeito suspensivo, o processo prosseguirá, podendo atingir, antes do julgamento do agravo, a fase de sentença. O juiz não se absterá de prolatá-la, sob o argumento de que pende recurso, porque, se o fizer, estará atribuindo a ele um efeito suspensivo que a lei negou. Pode ocorrer que a sentença, mesmo sem a exibição do documento, seja favorável ao autor. Se o réu não recorrer, parece-nos que o órgão *ad quem* deverá julgar prejudicado o agravo de instrumento, por falta de interesse, pois o agravante saiu-se definitivamente vitorioso. No entanto, se houver apelação do réu, o órgão *ad quem* não deverá julgar prejudicado o agravo, porque ainda há interesse do autor na exibição. Existe o risco de o resultado ser revertido, até pela falta dessa prova. Para que isso não ocorra, o tribunal deve apreciar o agravo de instrumento. Se não o acolher, julgará a apelação. Se o fizer, o processo retrocederá à fase em que foi proferida a decisão atacada, devendo agora ser processado o incidente de exibição de documento. A sentença proferida perderá eficácia, com o provimento do agravo, e o tribunal julgará prejudicada a apelação.

Pode ocorrer, ainda, que o agravante, antes da apreciação de seu recurso, receba sentença desfavorável. Se apelar, o tribunal julgará primeiro o agravo de instrumento por ele interposto. Caso acolhido, o processo retrocederá à decisão atacada, e a sentença perderá eficácia, ficando prejudicada a apelação. Se não apelar, nem por isso o tribunal julgará prejudicado o agravo, por falta de interesse, como ocorreria se ele tivesse saído vitorioso. Mesmo não tendo apelado, ele confia na solução do agravo de instrumento, pois sabe que, se acolhido, implicará modificação da decisão atacada e perda de eficácia dos atos subsequentes, incluindo a sentença. A ausência de apelação, em um caso assim, não indica conformismo, mas a confiança do agravante no provimento do recurso. Mas, se o agravo não for provido, a sentença transita em julgado.

Por todas essas razões é que só se poderá falar que houve trânsito em julgado quando não houver nenhum recurso pendente, não apenas contra a sentença, mas também contra decisões anteriores, cuja reforma seja incompatível com sua manutenção.

c) Os recursos servem para corrigir erros de forma e conteúdo: aquele que recorre está inconformado com a decisão judicial, e pretende um novo pronunciamento, em regra, por um órgão diferente daquele que a proferiu. Para justificar o pedido, o recorrente deve apontar ao órgão *ad quem* a existência de erro na decisão, que pode ser de duas naturezas. Pode tratar-se de um vício de forma (*error in procedendo*), de cunho estritamente processual, que advém do descompasso entre a decisão judicial e as normas de processo e procedimento, e que causa, em regra, a anulação da decisão e dos atos subsequentes, com ela incompatíveis. Pode, também, tratar-se de vício de conteúdo (*error in judicando*), não de forma, mas de fundo, em que não se pede a anulação, mas a reforma da decisão.

Entre os recursos, somente os embargos de declaração têm finalidade diversa: aclarar, integrar e corrigir erros materiais da decisão, mas não anulá-la ou reformá-la.

d) Como regra geral, não é possível inovar nos recursos: não se pode invocar, na fase recursal, matéria que não foi discutida ou questionada no juízo inferior. Essa regra, no entanto, comporta exceções, como a mencionada no art. 493 do CPC: "Se, depois da propositura da ação, algum fato constitutivo, modificativo ou extintivo do direito influir no julgamento do mérito, caberá ao juiz tomá-lo em consideração, de ofício ou a requerimento da parte, no momento de proferir a decisão". Esse dispositivo, segundo jurisprudência, não tem aplicação restrita ao primeiro grau, mas se estende também à fase recursal (*RSTJ*, *87*:237; *RT*, *687*:200).

Outra exceção é a do art. 1.014 do CPC: "As questões de fato, não propostas no juízo inferior, poderão ser suscitadas na apelação, se a parte provar que deixou de fazê-lo por motivo de força maior".

Há determinadas matérias que, por sua natureza, podem ser alegadas a qualquer tempo, mesmo em fase recursal, ainda que não invocadas em primeira instância, como as de ordem pública e a prescrição.

e) Os recursos são interpostos perante o órgão *a quo*: em regra, eles são julgados por um órgão diferente do que proferiu a decisão. A este se dá o nome de órgão *a quo*; ao que julga o recurso, órgão *ad quem*. Há exceções a essa regra, pois existem recursos que são apreciados pelo mesmo órgão que proferiu a decisão, tais como os embargos de declaração, ou os embargos infringentes da lei de execução fiscal. Todos os recursos são interpostos perante o órgão *a quo*, com uma única exceção: o agravo de instrumento, cuja interposição se faz diretamente no órgão *ad quem*.

No entanto, salvo nos recursos especial ou extraordinário, não cabe ao órgão *a quo* fazer exame prévio de admissibilidade, como se vê dos arts. 1.010, § 3º, em relação à apelação, e 1.028, § 3º, em relação ao recurso ordinário. Quanto aos recursos especial e extraordinário, o presidente ou o vice-presidente do tribunal recorrido fará o juízo de admissibilidade, cabendo agravo contra a decisão que inadmitir o recurso (art. 1.030, V e § 1º).

f) O acórdão proferido pelo órgão *ad quem*, que mantém ou reforma a decisão, a substitui: quando o recurso é julgado pelo mérito, o acórdão substitui a decisão atacada, seja quando a reforma, seja quando a mantém. Nesse caso, é o acórdão que se torna definitivo.

Isso não ocorre, porém, quando é dado provimento ao recurso apenas para anular a sentença ou a decisão, caso em que outra terá de ser proferida, e contra a qual caberá novo recurso ao órgão superior.

O acórdão também não substitui a decisão anterior quando se limita a negar a admissibilidade do recurso. Nesse caso, o que preclui é a decisão interlocutória e o que transita em julgado é a sentença, cumprindo saber a data em que isso ocorre. Se um recurso não é conhecido, seja por intempestividade, seja por falta de outro dos requisitos de admissibilidade, controverte-se sobre quando estará transitada a sentença.

Em princípio, no início da vigência do CPC de 1973, prevalecia a regra de que recurso não conhecido era o mesmo que recurso não interposto. Se o acórdão desse pela inadmissibilidade do recurso, era como se ele jamais tivesse sido interposto, e o trânsito em julgado retroagia para 15 dias após a publicação da sentença.

No entanto, a aplicar-se sem ressalvas essa tese, surgiria um problema incontornável: o prazo de dois anos da ação rescisória se conta do trânsito em julgado da sentença. Imagine-se que o órgão *ad quem* demorasse mais de dois anos para apreciar o recurso, e concluísse por sua inadmissibilidade. Retroagindo a coisa julgada para a época da sentença, o vencido teria perdido a oportunidade de ajuizar a ação rescisória antes mesmo de ter tido a oportunidade de fazê-lo.

Por isso, a jurisprudência do STJ orientou-se no sentido de que o prazo decadencial de dois anos para a propositura da ação rescisória (art. 975 do CPC) corre do julgamento do recurso, ainda que o acórdão conclua por sua inadmissibilidade, salvo se verificada a má-fé do recorrente.

Nesse sentido: "Mesmo se adotada a tese segundo a qual o início do prazo de decadência para a pretensão rescisória não é obstado pela interposição de recurso que venha a ser considerado intempestivo, ainda assim impende considerar a boa-fé do recorrente, naqueles casos especiais em que a própria intempestividade do recurso apresenta-se passível de fundada dúvida. Impossibilidade jurídica do ajuizamento de ação rescisória 'condicional' ou 'cautelar', interposta no biênio para ter andamento somente se o recurso pendente for tido por intempestivo" (*RSTJ*, *28*:312).

Ou ainda: "O prazo decadencial de dois anos para a proposição de ação rescisória tem início na data do trânsito em julgado do acórdão, mesmo que este se limite a proclamar deserto o recurso de apelação, por falta de preparo" (STJ, 6ª Turma, REsp 170.636-MG, rel. Min. Vicente Leal).

A questão pacificou-se com a edição da Súmula 401 do STJ, que determina que o prazo decadencial da ação rescisória só começa quando não couber mais nenhum recurso do último pronunciamento judicial. O entendimento da súmula, que é anterior ao CPC atual, foi acolhido pelo seu art. 975, *caput*, que assim estabelece: "O direito à rescisão se extingue em dois anos contados do trânsito em julgado da última decisão proferida no processo".

3. PRONUNCIAMENTOS JUDICIAIS SUJEITOS A RECURSO

Só cabe recurso contra os pronunciamentos judiciais que tenham algum conteúdo decisório. Os atos das partes, dos serventuários da Justiça ou do Ministério Público, por isso, não se sujeitam a ele.

De acordo com o art. 203 do CPC, os pronunciamentos do juiz, em primeiro grau de jurisdição, consistem em sentenças, decisões interlocutórias e despachos.

A sentença, de acordo com a definição legal, é o pronunciamento por meio do qual o juiz, com fundamento nos arts. 485 e 487, põe fim à fase cognitiva do procedimento comum, bem como extingue a execução; a decisão interlocutória é o pronunciamento de conteúdo decisório que não tenha aptidão de pôr fim à fase cognitiva ou ao processo, e o despacho é o que não tem conteúdo decisório.

A distinção entre sentença e decisão interlocutória está no conteúdo de cada uma, e, sobretudo, na aptidão que só aquela tem de pôr fim ao processo, ou encerrar a fase cognitiva, em primeiro grau de jurisdição. Tanto uma quanto outra têm conteúdo decisório. O que caracteriza os despachos é a sua absoluta inaptidão para trazer qualquer tipo de prejuízo às partes. Não se pode considerar como despacho aquele ato judicial que o traz, mas como decisão interlocutória.

Contra as sentenças, o recurso cabível é o de *apelação*, e contra determinadas decisões interlocutórias, o de *agravo de instrumento*. É preciso fazer uma distinção: há as decisões interlocutórias que são recorríveis em separado, isto é, por meio de um recurso próprio e específico, interposto contra elas, que é o agravo de instrumento (são as enumeradas no art. 1.015 do CPC); e há aquelas que não são recorríveis em separado, por meio de agravo de instrumento (as que não integram o rol do art. 1.015), mas que podem ser reexaminadas, desde que suscitadas como preliminar na apelação ou nas contrarrazões. Não se pode dizer, propriamente, que tais decisões sejam irrecorríveis. Elas apenas não são recorríveis em separado, isto é, por meio de recurso autônomo, devendo ser impugnadas quando do oferecimento da apelação ou das contrarrazões.

Cabem ainda os *embargos de declaração*, tanto em relação às sentenças quanto às decisões interlocutórias, desde que contenham omissão, contradição, obscuridade ou erro material.

Nos tribunais, o julgamento recebe a denominação de *acórdão*, nos termos do art. 204 do CPC. Contra eles caberão os embargos de declaração, nas mesmas hipóteses mencionadas, recurso ordinário, nas hipóteses dos arts. 102, II, e 105, II, da CF, e recurso especial ou extraordinário se tiver havido ofensa à lei federal ou à Constituição Federal. Contra as decisões monocráticas do relator, nos tribunais, cabe o agravo interno previsto no art. 1.021, e contra a decisão denegatória de recurso especial ou extraordinário cabe o agravo previsto no art. 1.042 do CPC.

4. JUÍZO DE ADMISSIBILIDADE E JUÍZO DE MÉRITO DOS RECURSOS

Antes de apreciar o mérito dos recursos, é preciso que sejam examinados os requisitos de admissibilidade. São pressupostos indispensáveis para que o recurso possa ser conhecido e constituem matéria de ordem pública, que deve ser examinada de ofício. Sem o seu preenchimento, a decisão não será reexaminada pelo órgão *ad quem*.

O juízo de admissibilidade, nos recursos em geral, ressalvados os extraordinários, é feito apenas pelo órgão *ad quem*, embora, à exceção do agravo de instrumento, o recurso seja interposto perante o órgão *a quo*. Admitido o recurso, o órgão *ad quem* passará ao exame do mérito, isto é, da pretensão recursal, dando-lhe ou negando-lhe provimento. O juízo de admissibilidade do recurso especial e do recurso extraordinário, no entanto, é feito previamente pelo juízo *a quo*, que pode inadmiti-los se entender que os requisitos estão ausentes. Contra a decisão denegatória cabe agravo na forma do art. 1.042 do CPC. Caso o recurso seja remetido ao órgão *ad quem*, caberá a ele o juízo definitivo de admissibilidade.

Os requisitos de admissibilidade são considerados de ordem pública, e podem ser reexaminados, enquanto não se passar ao mérito do recurso.

Quando o juízo de admissibilidade é negativo, a decisão recorrida prevalece, em todos os aspectos, sendo ela que preclui ou transita em julgado.

5. REQUISITOS DE ADMISSIBILIDADE DOS RECURSOS

As classificações servem para tentar agrupar, de maneira sistemática, determinados fenômenos, facilitando-lhes a compreensão. São diversas as sugeridas pela doutrina a respeito dos requisitos de admissibilidade dos recursos. Parece-nos que a que oferece melhor panorama do assunto é a proposta por Barbosa Moreira, e acolhida por Nelson Nery Junior: "Há vários critérios para divisão destes pressupostos. Preferimos adotar aquele proposto por Barbosa Moreira, segundo o qual há dois grupos de pressupostos: os requisitos intrínsecos e os extrínsecos. Os pressupostos intrínsecos são aqueles que dizem respeito à decisão recorrida em si mesma considerada. Para serem aferidos, leva-se em consideração o conteúdo e a forma da decisão impugnada. De tal modo que, para proferir-se o juízo de admissibilidade, toma-se o ato judicial impugnado no momento e da maneira como foi prolatado. São eles o cabimento, a legitimação para recorrer e o interesse em recorrer (...). Os pressupostos extrínsecos respeitam aos fatores externos à decisão judicial que se pretende impugnar, sendo normalmente posteriores a ela. Neste sentido, para serem aferidos, não são relevantes os dados que compõem o conteúdo da decisão recorrida, mas sim fatos a esta supervenientes.

Deles fazem parte a tempestividade, a regularidade formal, a inexistência de fato impeditivo ou extintivo do poder de recorrer e o preparo"[2].

5.1. Requisitos intrínsecos de admissibilidade

Assemelham-se, de certa maneira, às condições da ação. Um recurso será cabível quando previsto no ordenamento jurídico como adequado para determinada situação. Também é preciso que o recorrente tenha interesse e legitimidade. Tal como as condições da ação são indispensáveis para que se possa apreciar o mérito da demanda, também os requisitos intrínsecos de admissibilidade são imprescindíveis para que se passe ao mérito do recurso.

São eles:

a) Cabimento: não há recurso que não tenha sido previsto em lei. O rol legal é taxativo, *numerus clausus*. Além disso, cada um serve para determinada situação. Contra a sentença cabe apelação; contra as decisões interlocutórias enumeradas no art. 1.015, agravo de instrumento; contra decisões omissas, contraditórias, obscuras ou que contenham erro material, embargos de declaração, e assim por diante. Cada recurso é típico e adequado para certas circunstâncias.

O art. 994 do CPC contém um rol dos recursos. Outros podem ser criados por legislação especial, como são os embargos infringentes da execução fiscal, ou o recurso inominado do Juizado Especial Cível. Mas o rol legal, que abrange o art. 994 e a legislação especial, é taxativo, e não pode ser ampliado pela vontade dos litigantes.

Os mecanismos processuais não incluídos no rol do CPC, nem em lei extravagante, como recursos, não podem ser tidos como tais, ainda que se destinem ao reexame de decisões por um órgão distinto daquele que as proferiu. É o caso da remessa necessária ou da ação rescisória, aos quais a lei nega qualidade recursal. O recurso adesivo também não é espécie de recurso, mas uma forma de interposição de alguns.

b) Legitimidade: somente aqueles que têm legitimidade podem interpor, com êxito, um recurso. Quem tem legitimidade para recorrer,

---

2. Nelson Nery Junior, *Teoria*, cit., p. 238.

em primeiro lugar, são as partes e os intervenientes. Além do autor e do réu, aqueles que a princípio eram terceiros, mas tiveram a intervenção no processo deferida, como o assistente, simples ou litisconsorcial, o denunciado e o chamado ao processo. O único terceiro interveniente que não tem legitimidade recursal é o *amicus curiae*, exceto para opor embargos de declaração e para recorrer da decisão que julga o incidente de resolução de demandas repetitivas (art. 138, §§ 1º e 3º).

Também tem legitimidade o Ministério Público, seja quando atua como parte, seja como fiscal da ordem jurídica (*custos legis*). Em ambos os casos, ele terá prazo em dobro para apresentar o recurso (CPC, art. 180). Para que o promotor de justiça fiscal da ordem jurídica recorra não é preciso que já esteja intervindo no processo, pois ele pode recorrer para postular uma nulidade decorrente de sua não participação.

A lei processual ainda atribui legitimidade recursal ao terceiro prejudicado. São dois os requisitos: que o recorrente seja um terceiro, isto é, que até então não tenha intervindo nos autos, e que tenha interesse jurídico – e não apenas patrimonial – em que o julgamento seja favorável a uma das partes, idêntico àquele que se exige do terceiro para intervir na qualidade de assistente simples (ver, no volume 1, Livro III, Capítulo III, item 2.1).

Quem pode recorrer como terceiro prejudicado é o mesmo que poderia atuar no processo, em outro momento, como assistente simples.

Não podem recorrer o próprio juiz (o impropriamente denominado "recurso de ofício" não é recurso, mas remessa necessária, condição de eficácia de determinadas sentenças) e seus auxiliares.

Discute-se sobre a possibilidade de o perito interpor recurso contra a decisão que fixa seus honorários. Parece-nos que ele não tem legitimidade, porque atua como mero auxiliar do juízo, sem qualquer tipo de relação com a causa *sub judice*. Nesse sentido: "A atuação do perito subordina-se ao magistrado condutor do feito, não guardando qualquer relação com as partes, razão pela qual não pode ser considerado terceiro prejudicado. Falta-lhe, portanto, legitimidade para recorrer, devendo buscar a defesa de seus interesses contra atos do juiz por meio de mandado de segurança" (STJ, 3ª Turma, REsp 166.976-SP, rel. Min. Eduardo Ribeiro).

Também se discute sobre a possibilidade de o advogado, em nome próprio, recorrer para postular a elevação de seus honorários. O art. 23

da Lei n. 8.906/94 estabelece que os incluídos na condenação, por arbitramento ou sucumbência, pertencem ao advogado, que tem o direito autônomo de executar a sentença. Inafastável, pois, a possibilidade de o advogado recorrer, em nome próprio, para postular a elevação dos honorários. Do contrário, estar-se-ia fechando a ele a possibilidade de manifestar seu inconformismo quanto ao valor fixado, caso a parte manifeste o desejo de não apelar. Nesse sentido, tem-se manifestado o STJ: "Consoante o art. 23 da Lei n. 8.906/94, o detentor do direito à percepção aos honorários fixados judicialmente será sempre o advogado constituído pela parte. Desta assertiva, extrai-se a conclusão de que o advogado, em nome próprio, não em nome do cliente, pode pleitear a revisão, via recurso, da fixação da verba honorária arbitrada em seu prol. O interesse e a legitimidade recursal, neste caso, não se estendem à parte que logrou êxito na demanda, à míngua de sua sucumbência e também por restar configurada a utilidade e a necessidade do recurso. Recurso especial não conhecido para manter a falta de interesse da recorrente em se insurgir contra a verba honorária, via recurso de apelação" (STJ, 3ª Turma, REsp 244.802-MT, rel. Min. Waldemar Zveiter, apud Theotonio Negrão, nota 4 ao art. 23 da Lei n. 8.906/94).

Essa legitimidade do advogado não retira a possibilidade de optar por recorrer em nome da parte, ainda que exclusivamente para elevar os honorários. Será caso de legitimidade extraordinária, porque a parte estará em juízo, em nome próprio, postulando a respeito dos honorários, que interessam não a ela, mas a seu advogado. Embora não haja lei expressa, a legitimidade extraordinária, nesse caso, decorre do sistema. O STJ já reconheceu essa possibilidade: "Embora tenha o advogado direito autônomo de executar a verba honorária, não fica excluída a possibilidade da parte, em seu nome, mas representada pelo mesmo advogado, insurgir-se contra o *quantum* fixado a título de honorários advocatícios" (STJ, 4ª Turma, REsp 135.546-MS, rel. Min. Sálvio de Figueiredo).

c) Interesse em recorrer: não se distingue esse requisito do interesse geral, que se exige como condição da ação. Só existirá se a interposição do recurso for necessária, e dela se puder extrair algum proveito para quem o interpõe.

Só tem interesse de recorrer aquele que tiver sofrido uma sucumbência no processo. Nelson Nery Junior enumera com precisão as hipóteses em que ela se verifica: "Quando o conteúdo da parte dispositiva da decisão judicial diverge do que foi requerido pela parte no processo (sucumbência formal) ou quando, independentemente das pretensões deduzidas pelas partes no processo, a decisão judicial colocar a parte ou o terceiro em situação jurídica pior que aquela que tinha antes do processo, isto é, quando a decisão produzir efeitos desfavoráveis à parte ou ao terceiro (sucumbência material), ou, ainda, quando a parte não obteve no processo tudo aquilo que poderia dele ter obtido"[3].

Haverá, pois, interesse quando, respeitados os limites subjetivos e objetivos da lide, o provimento do recurso puder modificar, para melhor, a situação daquele que o interpôs.

Até o vencedor pode recorrer, desde que seja para sanar algum vício da sentença que, não afastado, possa ensejar, no futuro, o ajuizamento da ação rescisória. Como aquele que obtém uma sentença favorável, mas com fundamentos distintos dos trazidos aos autos (*extra petita*), ou o que, na sentença, obteve mais do que pediu (*ultra petita*). O interesse está justificado pela vantagem de obter um provimento escorreito.

Discute-se sobre a possibilidade de haver recurso contra decisão que se limita a homologar acordo, ou reconhecimento jurídico do pedido. Em princípio, não haverá interesse recursal. Mas pode surgir, quando se verificar que a decisão desbordou os limites da manifestação das partes, homologando algo diferente daquilo que foi estabelecido.

Como há sucumbência sempre que não se obtém aquele que seria, entre todos, o resultado mais favorável possível, é inequívoco que o réu tem interesse em apelar da sentença de extinção sem resolução de mérito. Esse resultado não produz coisa julgada material, nem constitui óbice para o aforamento de nova demanda, idêntica à anterior. Melhor para o réu que o juiz decida pela improcedência do pedido, que fará coisa julgada.

Mais complexa será a situação se o próprio réu, na contestação ou posteriormente, tiver pedido ao juiz a extinção sem resolução de mérito, acolhida por sentença. Parece-nos que, ainda assim, haverá interesse de o réu recorrer, apesar de ter pedido a extinção. É que, ao fazê-lo, respeitou o princípio da eventualidade, fazendo constar todas as defesas que

3. Nelson Nery Junior, *Teoria*, cit., p. 261 e 262.

pudesse alegar em seu favor na contestação, mas preferindo uma sentença de improcedência, que o resguardará de retornar ao juízo por demanda idêntica.

Não cabe recurso do vencedor apenas para modificar a fundamentação da sentença. Só o dispositivo transita em julgado, e, se ele foi favorável, não há interesse recursal. Em casos excepcionais, quando a fundamentação repercutir sobre a situação jurídica das partes, e até sobre a formação da coisa julgada, admitir-se-á a interposição de recurso, com o exclusivo fim de alterá-la. É o que ocorre nas ações coletivas, em que há a coisa julgada *secundum eventum litis* (art. 103, II, da Lei n. 8.078/90). A sentença de improcedência nas ações coletivas não fará coisa julgada se fundamentada em insuficiência de provas. Nas demais ações, a sentença de improcedência, ainda que com essa motivação, faz coisa julgada material. Por isso, nelas não há interesse em recorrer para mudar a fundamentação. Mas, nas ações coletivas, não é indiferente ao réu que a improcedência decorra da insuficiência de provas, ou de outra razão, pois, no primeiro caso, não haverá coisa julgada material, e no segundo, sim. Por isso, deve-se reconhecer ao réu a possibilidade de apelar de sentença de improcedência, fundada em insuficiência de provas, para alterar-lhe a fundamentação, de sorte que o provimento fique sujeito à autoridade da coisa julgada material.

5.2. Requisitos extrínsecos de admissibilidade

São aqueles que não estão relacionados com o ato judicial impugnado e que cumpre sejam verificados, em regra, no ato ou posteriormente à interposição do recurso. São supervenientes ao ato impugnado.

5.2.1. Tempestividade

Todos os recursos devem ser interpostos dentro do prazo, sob pena de preclusão temporal. Esse prazo é de 15 dias, com a única exceção dos embargos de declaração, cujo prazo é de cinco dias.

O prazo é contado na forma da lei processual, com início na data em que as partes são intimadas do ato judicial, excluindo-se o dia da intimação e incluindo-se o dia do vencimento, considerando-se, na contagem, apenas os dias úteis. A intimação das partes é feita, em regra, com a publicação do ato no *Diário Oficial*, salvo se a decisão for proferida em audiência, quando as partes sairão intimadas.

O fluxo do prazo é interrompido com a interposição, por qualquer das partes, de embargos de declaração. A interrupção favorecerá a todos, e se verificará mesmo que os embargos sejam rejeitados, ainda que considerados de má-fé. A lei processual prevê a sanção adequada (multa) caso isso ocorra. Não pode o juiz, a título de apenar o que age de má-fé, puni-lo com uma sanção não prevista no ordenamento, a perda da eficácia interruptiva dos embargos. Há uma única hipótese em que eles não terão o efeito que lhes é peculiar: quando forem opostos intempestivamente.

Na Lei dos Juizados Especiais Cíveis atribuía-se aos embargos de declaração eficácia apenas suspensiva, e não interruptiva do prazo para a interposição dos demais recursos. Mas o art. 1.065 do CPC atual modificou essa regra, alterando o art. 50 da Lei n. 9.099/95, para atribuir aos embargos de declaração, também no regime do Juizado Especial, eficácia interruptiva do prazo para interposição de outros recursos.

Os pedidos de reconsideração não têm o condão de interromper a contagem.

Há alguns entes que têm benefícios de prazo, instituídos por lei: o Ministério Público, parte ou fiscal da ordem jurídica, a Fazenda Pública e a Defensoria Pública. Para eles, os prazos de recurso são contados em dobro. Os litisconsortes que tenham constituído advogados diferentes, de escritórios distintos, também são beneficiados pela duplicação do prazo, nos termos do art. 229 do CPC, salvo quando se tratar de processo eletrônico. Ainda que só um deles interponha o recurso, haverá o benefício. No entanto, "o prazo para recurso deixa de ser dobrado se a decisão recorrida é contrária a apenas um dos litisconsortes, ou seja, se o outro litisconsorte não tem interesse em recorrer: 'Não se aplica a dobra de prazo contida no art. 191 [atual art. 229] do CPC quando a decisão produzir sucumbência apenas em relação a um dos litisconsortes'" (STJ, 4ª Turma, REsp 249.345-PR, rel. Min. Barros Monteiro).

Os beneficiários da justiça gratuita, assistidos pela Defensoria Pública ou por órgão público de assistência judiciária, também terão em dobro o prazo para recorrer (art. 5º, § 5º, da Lei n. 1.060/50).

5.2.2. Preparo

Consiste na antecipação das despesas com o processamento do recurso. Em princípio, só não é devido nos embargos de declaração, julgados pelo próprio órgão *que proferiu a decisão*. Mas as leis de custas dos Estados podem dispensar de recolhimento outros recursos. A lei anterior do Estado de São Paulo dispensava o preparo no agravo de instrumento e nos embargos infringentes (Lei n. 4.952/85). A nova lei (Lei n. 11.608, de 29-12-2003), em vigor desde 1º de janeiro de 2004, não repetiu a anterior, e agora o recolhimento do preparo faz-se necessário no agravo de instrumento.

O recurso especial não recolhia preparo. Mas, desde a edição da Lei n. 11.636/2007, regulamentada pela Resolução n. 1, de 16 de janeiro de 2008, passou a recolher. Além disso, sob pena de deserção, é preciso recolher as despesas de remessa e retorno: "É deserto o recurso interposto para o Superior Tribunal de Justiça, quando o recorrente não recolhe, na origem, a importância das despesas de remessa e retorno dos autos" (Súmula 187 do STJ).

Para o processamento do recurso extraordinário, deverá haver o recolhimento do preparo.

Quando o recurso é interposto sob a forma adesiva, segue as mesmas regras do recurso independente (CPC, art. 997, § 2º). Se este recolher preparo, aquele também recolherá.

Há alguns entes que são dispensados do recolhimento de custas no processo. São eles o Ministério Público, a Fazenda Pública e os beneficiários da justiça gratuita.

Para que o recurso seja conhecido, é preciso que, no ato de interposição, seja comprovado o recolhimento do preparo (CPC, art. 1.007, *caput*). Mas a falta de comprovação não é causa de rejeição liminar do recurso. O recorrente deverá ser intimado, na pessoa de seu advogado, para proceder ao recolhimento em dobro, sob pena de deserção. Havendo o recolhimento no ato de interposição, mas a menor, será concedido o prazo de cinco dias para complementação do valor faltante. Tanto no caso de não recolhimento quanto no de recolhimento a menor, o vício poderá ser sanado. No primeiro caso, o recolhimento será feito em dobro, no prazo de cinco dias. No segundo caso, a complementação, que não será dobrada, também deverá ser feita em cinco dias. Não cabe ao juízo *a quo* fazer o prévio juízo de admissibilidade do recurso, salvo no caso do recurso especial e do extraordinário. Assim, ainda que sem preparo, ele deve determinar a subida dos autos ao Tribunal. Mas o relator, se verificar que o preparo não foi recolhido, ou foi recolhido fora do prazo, mas pelo valor singelo e não em dobro, deverá determinar a intimação do advogado do recorrente para recolhimento ou complementação, sob pena de deserção, no prazo de cinco dias. As mesmas regras aplicam-se ao porte de remessa e retorno.

Quanto ao recurso especial ou extraordinário, verificando o presidente ou o vice-presidente do tribunal de origem que faltou o recolhimento do preparo, concederá prazo de cinco dias para o recolhimento em dobro, sob pena de indeferir o processamento do recurso. E se verificar que o preparo foi recolhido a menor, concederá prazo para a complementação, também em cinco dias.

Ressalva-se a possibilidade de recolhimento *a posteriori*, pelo valor singelo e não em dobro, quando ficar demonstrado que havia justo impedimento para o recolhimento tempestivo. Por exemplo, se o órgão arrecadador encerrou o expediente antes do horário normal. Quando o órgão arrecadador encerra suas atividades antes do fim do expediente forense, surge questão polêmica. O Pleno do Supremo Tribunal Federal decidiu, por maioria de votos, com cinco vencidos, que: "Conjugam-se os arts. 59 do RISTF e 511 do CPC. Impõe-se a comprovação do preparo do extraordinário no prazo relativo à interposição deste. O fato de não haver coincidência entre o expediente forense e o de funcionamento das agências bancárias longe fica de projetar o termo final do prazo concernente ao preparo para o dia subsequente ao do término do prazo recursal" (STF, Pleno, AI 209.885-RJ, rel. Min. Marco Aurélio).

Já no Superior Tribunal de Justiça prevalecia entendimento diverso: o preparo poderá ser tempestivamente recolhido no dia seguinte ao último dia do prazo, em razão de o expediente bancário encerrar-se antes do forense. E esse entendimento pacificou-se naquela Corte, com a edição da Súmula 484, que assim estabelece: "Admite-se que o preparo seja efetuado no primeiro dia útil subsequente, quando a interposição do recurso ocorrer após o encerramento do expediente bancário". Esse é o entendimento que há de prevalecer, já que o recolhimento do preparo não envolve matéria constitucional, cabendo ao Superior Tribunal de Justiça a última palavra a respeito do tema.

O § 2º do art. 1.007 do CPC estabelece que a insuficiência do preparo implicará deserção se o recorrente, intimado, não vier a supri-lo no prazo de cinco dias. O dispositivo trata apenas da insuficiência, não da falta de recolhimento, autorizando a complementação pelo recolhimento do restante. Em caso de falta, o recolhimento deverá ser feito pelo dobro do que era devido originalmente, como preparo. As mesmas regras valem para o porte de remessa e retorno. Se o recorrente que não recolheu preparo for intimado para recolhê-lo em dobro, e o fizer a menor, não haverá oportunidade de complementação, e o recurso será julgado deserto (art. 1.007, § 5º).

5.2.3. Regularidade formal

Todos os recursos devem vir, no ato de interposição, acompanhados das razões que fundamentam o pedido de modificação ou integração do julgado. Não se conhece de recurso desacompanhado de razões. No processo civil não há prazos distintos para interposição do recurso e apresentação das razões, como no penal.

A oportunidade para motivar o recurso preclui (preclusão consumativa) com a interposição. Não se admite que ele seja aditado, para a inclusão de novos fundamentos. Não nos parecem acertadas as decisões judiciais que o permitem, desde que antes do término do prazo, diante do que dispõe o art. 1.010, II, do CPC, que exige da apelação que esteja acompanhada dos respectivos fundamentos de fato e de direito.

Há uma única hipótese em que se admite a complementação das razões de recurso: quando, depois de apresentado, são opostos embargos de declaração pelo adversário, cujo acolhimento resulta na modificação da decisão, ou em sua integração. Não seria justo que aquele que recorreu logo no início do prazo, demonstrando diligência, ficasse privado de impugnar a parte que foi acrescentada ou alterada. No entanto, os novos fundamentos devem ater-se àquilo que tenha sido acrescentado ou modificado.

Além de vir acompanhado das respectivas razões, cada um dos recursos deve obedecer às exigências formais impostas por lei. A apelação deve ser apresentada por petição, o que demonstra que deve ser escrita, e não verbal ou lançada por cota nos autos. O agravo de instrumento deve estar acompanhado das peças indispensáveis, indicadas no art. 1.017 do CPC. Também deve ser apresentada por petição, diretamente ao órgão *ad quem*. Os demais recursos também devem ser feitos por petição, e devem obedecer às exigências formais impostas por lei.

5.2.4. Inexistência de fatos extintivos ou impeditivos do direito de recorrer

Alguns fatos, se verificados, constituem óbice a que o recurso seja conhecido. São os que extinguem o direito de recorrer ou se erigem em causa de impedimento para a interposição do recurso. Entre os primeiros estão a renúncia e a aquiescência.

A renúncia é a manifestação unilateral de vontade, pela qual a parte revela o desejo de não recorrer, abrindo mão da possibilidade de o fazer. É irrevogável, e, desde o instante em que apresentada em juízo, estará preclusa a decisão, ou transitada em julgado a sentença. Por ser ato unilateral, dispensa o consentimento do adversário.

A renúncia ao direito de recorrer, que tem natureza processual, não se confunde com a renúncia ao direito material que subjaz à ação, e que implica a extinção do processo, com resolução de mérito. Discute-se se a renúncia pode ser tácita, ou se há de ser sempre expressa. Parece-nos que pode ser expressa, quando houver manifestação inequívoca da parte de que não deseja recorrer; ou tácita, quando ela praticar algum ato incompatível com a vontade de recorrer. É, no entanto, muito difícil distinguir entre as hipóteses de renúncia e de aquiescência tácita, em que a parte pratica algum ato que revela, inequivocamente, que aceitou a sentença.

Mas a renúncia não se presume, devendo ficar evidenciada por uma conduta que aponte o desinteresse em recorrer.

Uma questão importante, suscitada por Nelson Nery Junior, é a possibilidade de haver renúncia prévia à interposição do recurso. Por prévia entenda-se não a formulada antes da interposição, mas a anterior à própria decisão. Ele conclui, após manifestar as razões de sua opinião, que isso seria possível[4]. Não nos parece, porém, ser essa a melhor solução, pois não se pode renunciar a um direito que ainda não nasceu. Seria temerário que as partes pudessem renunciar antes de conhecer o teor da decisão prolatada. Admite-se, excepcionalmente, a renúncia prévia, quando já for possível saber de antemão qual será o teor da sentença. É o que ocorre quando há um acordo entre as partes, pelo qual se sabe que a sentença será homologatória.

O direito de renúncia estende-se a todos aqueles que podem recorrer no processo, incluindo o Ministério Público, ainda que na condição de fiscal da ordem jurídica. Embora para alguns o *custos legis* não possa renunciar, mas apenas aquiescer, não há óbice para que demonstre desinteresse na interposição do recurso, com a finalidade de antecipar o trânsito em julgado.

A renúncia impossibilita a apresentação de recurso, seja sob a forma independente, seja sob a forma adesiva, pois o recorrente demonstra que não tem intenção de insurgir-se contra a decisão. Se é certo que se deve dar à renúncia interpretação restritiva, esta não pode ser tal que permita à parte, por vias transversas, impugnar a decisão depois de manifestar a vontade de não o fazer.

Com a renúncia não se confunde a aquiescência, que consiste na aceitação expressa ou tácita da decisão (CPC, art. 1.000). Quando expressa, consiste em manifestação da parte na qual ela expressa sua concordância com o que foi decidido. Quando tácita, consiste na prática de ato incompatível com a vontade de recorrer. Por exemplo, aquele que, condenado a pagar determinada quantia, deposita, sem ressalva, o valor em juízo, enquanto ainda corre o prazo de recurso. A aquiescência não se presume, devendo resultar de ato inequívoco da parte. Na dúvida, deve-se presumir que não houve. A impossibilidade de recorrer nesse caso é decorrência da preclusão lógica, porque não se admite que a parte aceite a decisão judicial e ao mesmo tempo interponha recurso, pretendendo-lhe a modificação.

A aquiescência, tal como a renúncia, impede a interposição do recurso, sob a forma independente e adesiva, porque há incompatibili-

4. Nelson Nery Junior, *Teoria*, cit., p. 334.

dade lógica entre aceitar a decisão e recorrer. A aquiescência pode ser parcial, caso em que apenas aquela parte da decisão que foi aceita não pode mais ser objeto de recurso.

A desistência é fato impeditivo do direito de recorrer. Difere da renúncia e da aquiescência, porque pressupõe recurso já interposto. É também unilateral, e independe do consentimento do adversário, ainda que este já tenha apresentado resposta. Independe também do consentimento dos eventuais litisconsortes do recorrente.

A desistência pode ser expressa ou tácita. Normalmente é expressa, quando o recorrente dirige ao juiz ou ao tribunal uma petição escrita, informando que abre mão do processamento do recurso. Desde o protocolo dessa petição, a decisão estará, para ele, preclusa ou transitada em julgado. Mas pode ser tácita, quando, depois de interposto o recurso, o recorrente pratica algum ato que demonstra seu conformismo com a decisão.

Discute-se a respeito de até que momento seria possível requerer a desistência do recurso. Parece-nos que isso só será possível enquanto o relator ainda não tiver emitido seu voto. Depois, não há mais como admiti-la, porque já se saberá o resultado. Nesse sentido, já foi decidido: "Após o julgamento do recurso, não pode o tribunal homologar a sua desistência" (STJ, 1ª Seção, ED no REsp 234.683-PE, rel. Min. Eliana Calmon).

Admite-se, porém, que haja desistência se, iniciado o julgamento, houver interrupção em virtude do pedido de vista. Aquele que desistiu de recurso interposto sob forma independente não pode pretender, mais tarde, recorrer adesivamente, pois já exauriu seu direito. Ter-se-á verificado o fenômeno da *preclusão consumativa*.

Discute-se, ainda, sobre a possibilidade de interposição do recurso pelo réu que reconhece juridicamente o pedido, ou pelo autor, que renuncia ao direito em que se funda a ação. Assiste razão a Nelson Nery Junior, que considera em ambos os casos haver preclusão lógica. Não se coaduna com a disposição do direito material que subjaz à demanda a interposição do recurso. O autor que renuncia ao direito ou o réu que reconhece o pedido estão praticando atos de disposição de direito material, que são incompatíveis com a vontade de recorrer. Fica ressalvada a possibilidade de o fazer para discutir a existência ou a extensão da renúncia ou do reconhecimento do pedido[5].

As mesmas regras valem para a transação, em que há disposição de direito material, não mais unilateral, mas bilateral. Se há acordo homologado, as partes não têm interesse em recorrer, porque não podem pretender que o órgão *ad quem* reexamine o teor da avença, que não é fruto de decisão judicial, mas da vontade das partes. Fica ressalvada a hipótese de recurso para discutir a existência, validade ou extensão da transação.

Caso ela ocorra depois do julgamento, ainda que haja recurso, ele ficará prejudicado, pois foi interposto contra a sentença, que deixou de reger a relação entre as partes desde o momento em que elas transigiram.

6. PRINCÍPIOS FUNDAMENTAIS DOS RECURSOS

6.1. Introdução

No primeiro volume já se cuidou dos princípios fundamentais do processo civil. O mesmo que foi dito a seu respeito aplica-se aos princípios do direito recursal. Entre os primeiros, mencionou-se o do *duplo grau de jurisdição*, que está intimamente relacionado com os recursos. Embora ele não esteja previsto expressamente na Constituição Federal, resulta do sistema, como corolário da regra de que cabe recurso das decisões judiciais, normalmente julgado por um órgão distinto daquele que proferiu a decisão. Outros princípios fundamentais do direito recursal são apresentados a seguir.

6.2. Princípio da taxatividade

Não existem recursos que não tenham sido criados por lei. As partes intervenientes ou o próprio juiz não têm poderes para criar mecanismos de impugnação das decisões judiciais, além daqueles estabelecidos pelo legislador. Daí dizer que o rol de recursos é *numerus clausus*. O CPC, no art. 994, enumera os cabíveis. São eles: "apelação, agravo de instrumento, agravo interno, embargos de declaração, recurso ordinário,

5. Nelson Nery Junior, *Teoria*, cit., p. 352.

recurso especial, recurso extraordinário e embargos de divergência". Além desses, admitem-se outros, previstos em legislação extravagante. Como exemplos, podem ser citados o recurso inominado contra sentenças, no Juizado Especial Cível, e os embargos infringentes, previstos na Lei de Execução Fiscal.

Há certos fenômenos processuais que não são recursos, mas com eles são confundidos. Cumpre analisá-los nesta oportunidade.

6.2.1. Recurso adesivo

Não é uma espécie de recurso, mas uma forma de interposição de alguns deles. Existem em nosso ordenamento recursos que podem ser interpostos por duas maneiras distintas: a *independente* e a *adesiva*. São eles: a apelação, o recurso especial e o recurso extraordinário. São dois os requisitos para a interposição sob a forma adesiva: que tenha havido sucumbência recíproca e que a parte contrária haja interposto recurso. Um exemplo permitirá compreender melhor a filosofia dessa forma de interposição: imagine-se que *A* ajuíze ação em face de *B*, cobrando 100. A sentença, de parcial procedência, condena o réu a pagar 80. Está preenchido o primeiro requisito para a interposição de apelação sob a forma adesiva, já que houve sucumbência recíproca.

Pode ser que o autor e o réu fiquem insatisfeitos com a sentença. Se assim for, cada um terá o prazo comum de 15 dias para interpor apelação sob a forma autônoma. Cada recurso, o do autor e o do réu, guardará independência entre si, e o conhecimento de um não dependerá do conhecimento do outro.

Pode ocorrer, no entanto, que o autor, embora não tendo obtido tudo o que buscava, esteja relativamente satisfeito com o que lhe foi concedido pela sentença e prefira que ela transite em julgado, para que se possa dar início à execução. Ele, então, deixa transcorrer *in albis* o prazo para recorrer. O réu, inconformado com a sentença e com a sucumbência que lhe foi imposta, apela. Com isso, o trânsito em julgado que o autor almejava não se verificou, sendo possível que ele se arrependa de não ter, também, recorrido.

A lei lhe concede, nesse momento, uma segunda oportunidade para apelar, agora sob a forma adesiva. O prazo para o recurso sob a forma autônoma já terá possivelmente transcorrido. Mas, como houve sucumbência recíproca, e a parte contrária recorreu, o autor poderá aderir ao recurso do adversário. O prazo é o das contrarrazões de apelação ao recurso do adversário.

O recebimento e o processamento devem seguir as mesmas regras do recurso independente, observando-se os mesmos pressupostos de admissibilidade, entre os quais o preparo, quando o independente o exigir. As regras de julgamento e as referentes ao juízo de admissibilidade são idênticas.

Como aquele que interpôs o recurso adesivo só o fez porque houve recurso da parte contrária, seu processamento e conhecimento ficam subordinados ao do recurso principal. Se este não for admitido ou conhecido, pelo não preenchimento de qualquer dos seus pressupostos de admissibilidade, o recurso adesivo também não será, ainda que tenha preenchido seus próprios requisitos.

O prazo para a interposição é o das contrarrazões do recurso. Mas o adesivo não se confunde com as contrarrazões. Estas são a resposta ao recurso do adversário, ao passo que aquele constitui uma nova impugnação. No exemplo anterior, da ação entre *A* e *B*, na qual o autor postulava 100 e obtinha 80, se apenas o réu tiver recorrido sob a forma independente, o objeto do recurso serão os 80 aos quais ele foi condenado. Recebido o recurso, o autor será intimado para apresentar contrarrazões, nas quais apresentará ao tribunal os argumentos pelos quais entende deve ser mantida a condenação do réu nesses 80. Mas, no mesmo prazo, poderá apresentar recurso adesivo, impugnando a parte da sentença que não lhe concedeu os 20. Recebido o recurso adesivo, o juiz intimará o adversário para opor-lhe as contrarrazões.

O prazo para o adesivo é o das contrarrazões ao recurso do adversário. Portanto, de 15 dias, já que, nos três recursos que admitem interposição sob essa forma, o prazo de resposta é sempre esse. Não se exige, porém, que as duas peças sejam apresentadas simultaneamente. Nada obsta, por isso, a que, desde que respeitado o prazo máximo de 15 dias, as duas peças sejam protocoladas em oportunidades diferentes. O recurso adesivo deve ser interposto perante a mesma autoridade que seja competente para o recurso principal. Ambos devem ser apresentados à mesma autoridade.

Aquele que já recorreu sob a forma autônoma exauriu sua faculdade, e não pode recorrer novamente sob a forma adesiva caso, por alguma razão, o principal não tenha ido adiante. Se houve desistência deste, ou ele não foi recebido, não se pode recorrer adesivamente. A parte que tenha renunciado ao direito de recorrer não poderá fazê-lo, sob a forma autônoma ou adesiva.

Discute-se se o Ministério Público, como fiscal da ordem jurídica, poderia interpor recurso adesivo. Parece-nos que não, porque o emprego da forma adesiva exige certo grau de disposição que o Ministério Público *custos legis* não tem. Ou ele está conformado com a sentença, e não recorre; ou está insatisfeito, e deve recorrer sob a forma autônoma. O adesivo exige que não se esteja totalmente satisfeito, mas que se opte por não recorrer, para que a sentença transite em julgado, salvo se houver recurso da parte contrária. E, por isso, fica subordinado ao principal. A Fazenda Pública pode fazê-lo, mas não o *parquet*, como fiscal da ordem jurídica.

Embora o recurso mais comumente interposto sob a forma adesiva seja a apelação, o recurso especial e o extraordinário também podem ser, desde que haja sucumbência recíproca e recurso autônomo do adversário.

6.2.2. Remessa necessária

Trata-se de fenômeno processual que não pertence ao direito recursal, embora possa ter alguma semelhança com os recursos. Era antigamente denominado recurso de ofício, designação infeliz, que trazia a falsa impressão de que o juiz podia, preenchidos os requisitos, recorrer de suas próprias decisões.

Não tem natureza recursal por várias razões. A mais importante é que não foi considerado pela lei como recurso. Além disso, ele não tem as características próprias. Por exemplo, a quase totalidade dos recursos exprime um inconformismo de quem o interpõe, demonstrado pelo anseio de uma nova decisão. A remessa necessária não, constituindo-se uma exigência da lei para dar eficácia a determinadas espécies de sentença.

Além disso, todos os recursos, sem exceção, devem ser interpostos dentro de determinado prazo. A remessa necessária não tem prazo. Enquanto não for feita, a sentença não se torna eficaz. Mesmo que o juiz se esqueça de determinar a remessa necessária dos autos, verificada a omissão, a providência deve ser cumprida, sob pena de a sentença não transitar em julgado.

Todos os recursos devem vir acompanhados das respectivas razões, e a maior parte deles exige preparo. A remessa necessária não tem uma coisa nem outra.

As hipóteses de remessa necessária estão previstas no art. 496 do CPC. Ela consiste, portanto, na necessidade de que determinadas sentenças sejam confirmadas pelo tribunal, ainda que não tenha havido nenhum recurso das partes. Ele se erige em condição indispensável para o trânsito em julgado da sentença. Nos termos da Súmula 423 do STF: "Não transita em julgado a sentença por haver omitido o recurso *ex officio*, que se considera interposto *ex lege*". Por isso, enquanto não sujeita ao reexame, a sentença não pode ser executada. Compete ao juiz ordenar a remessa dos autos ao tribunal, haja ou não apelação; se não o fizer, deverá o presidente do tribunal avocá-los (CPC, art. 496, § 1º).

a) Hipóteses de remessa necessária no Código de Processo Civil

O CPC enumera apenas duas hipóteses de sentença sujeita à remessa necessária, nos dois incisos do art. 496. Há, no entanto, outras, previstas em lei especial, que serão estudadas oportunamente.

Somente estão sujeitas a remessa necessária as sentenças, nunca os acórdãos, ainda naqueles processos de competência originária dos tribunais. Também não estão sujeitas as decisões interlocutórias, ainda que de mérito.

Haverá remessa necessária nas sentenças proferidas contra a União, os Estados, o Distrito Federal, os Municípios e suas respectivas autarquias e fundações de direito público.

A sentença desfavorável à Fazenda Pública, para adquirir eficácia, terá de ser confirmada pelo tribunal. Por sentença desfavorável entende-se aquela que imponha sucumbência, isto é, aquela em que a Fazenda não obteve o resultado que lhe seria o mais favorável entre os possíveis. Ainda que a Fazenda sucumba apenas em parte mínima do pedido, a sentença deverá ser reexaminada pelo tribunal.

A previsão legal de remessa necessária não impede que as partes, inclusive a Fazenda sucumbente, interponham apelação voluntária, que pode ser vantajosa, porque acompanhada de razões, nas quais se tentará convencer o órgão *ad quem* a modificar a decisão, coisa que não seria possível na remessa necessária.

Questão muito discutida é a da extensão da devolutividade da remessa. Não havendo recursos voluntários, mas apenas a remessa, qual a amplitude de matérias que podem ser conhecidas pela instância superior? A remessa necessária devolve ao tribunal toda a matéria discutida ou somente aquilo em que a Fazenda foi sucumbente?

O STJ editou a Súmula 45: "No reexame necessário, é defeso, ao Tribunal, agravar a condenação imposta à Fazenda Pública". Isso significa que o tribunal só pode reexaminar aquilo em que a Fazenda sucumbiu. Não se pode modificar aquilo em que ela saiu vencedora, sendo vedada a *reformatio in pejus* em relação à Fazenda.

Isso evidencia o quanto esse instituto é benéfico para a Fazenda, beirando os limites da ofensa ao princípio constitucional da isonomia, mormente porque ela tem a possibilidade de valer-se de todos os recursos que são postos à disposição pelo ordenamento jurídico.

Há um único risco que a Fazenda corre na remessa necessária: o decorrente do efeito translativo, que permite ao tribunal, de ofício, examinar as matérias de ordem pública que não tenham sido analisadas pela instância inferior, ainda que isso prejudique a Fazenda. Imagine-se a hipótese de demanda por ela ajuizada em que, postulando 100, tenha obtido 90, e que não haja recurso voluntário das partes. Tendo o processo subido apenas para remessa necessária, o tribunal só analisará aqueles 10 em que a Fazenda sucumbiu. Mas, ao fazê-lo, terá de examinar as condições da ação e os pressupostos processuais. Se detectar a falta de uns ou outros, deverá reconhecê-lo, ainda que isso implique a extinção do processo, sem resolução de mérito, em detrimento da Fazenda.

Quando houver apelação parcial da Fazenda, sobre apenas uma parte daquilo em que tenha sucumbido, o restante será objeto de remessa necessária. Por exemplo, se ela postulava 100 e obteve 60, terá havido sucumbência em 40. Caso ela apele para elevar a condenação para 80, o tribunal fará a remessa necessária dos 20 que não foram objeto de recurso, podendo elevar a condenação para até 100, pois, por força de lei, tudo aquilo em que a Fazenda tenha sucumbido só transita em julgado, tornando-se eficaz, depois de reexaminado pela instância superior. Nesse sentido, a Súmula 325 do STJ: "A remessa oficial devolve ao Tribunal o reexame de todas as parcelas da condenação suportadas pela Fazenda Pública".

Pode-se aplicar à remessa necessária, por analogia, o disposto no art. 1.013, § 3º, do CPC. Sempre que o processo for extinto sem resolução de mérito em detrimento da Fazenda Pública, na remessa necessária, o tribunal pode julgar desde logo a lide se a causa versar questão exclusivamente de direito e estiver em condições de imediato julgamento. Em casos assim, ao apreciar o mérito, o tribunal poderá concluir pela procedência ou improcedência do pedido, não havendo falar em *reformatio in pejus* para a Fazenda, porque em primeira instância não havia sido decidido o pedido.

A segunda hipótese de reexame do CPC é a da sentença que julgar procedentes, no todo ou em parte, os embargos à execução de dívida fiscal (CPC, art. 496, II).

Essa hipótese é específica, e vale apenas para a procedência dos embargos na execução fiscal. O Superior Tribunal de Justiça tem entendido que não haverá remessa necessária no caso de improcedência de embargos à execução ajuizados pela Fazenda Pública, em execução contra ela aforada. É certo que, nessas hipóteses, estará sendo proferida sentença contra a Fazenda Pública, já que foi ela quem apresentou os embargos que estão sendo desacolhidos. No entanto, pacificou-se no STJ o entendimento de que, como o inciso II do art. 496 fala apenas do acolhimento dos embargos à execução fiscal (execução ajuizada pela Fazenda Pública), no caso de desacolhimento dos embargos à execução ajuizada em face da Fazenda não haverá remessa necessária. Nesse sentido o AgRg no AREsp 766.072/PR, de 17 de dezembro de 2015, rel. Min. Benedito Gonçalves.

b) Outras hipóteses de remessa necessária

Além das elencadas no CPC, há outros casos de remessa, previstos em leis especiais. Um deles é o do art. 14, § 1º, da Lei do Mandado de Segurança (Lei n. 12.016/2009): "§ 1º Concedida a segurança, a sentença estará sujeita obrigatoriamente ao duplo grau de jurisdição".

Em virtude do caráter autoexecutório, a sentença que concede a ordem já produz efeitos desde logo, podendo ser executada. No entanto, a eficácia definitiva só se adquire após a remessa necessária.

Outra hipótese importante é a do art. 17 da Lei da Ação Popular (Lei n. 4.717/65): "A sentença que concluir pela carência ou pela improcedência da ação está sujeita ao duplo grau de jurisdição, não produzindo efeito senão depois de confirmada pelo tribunal".

c) Limites legais à remessa necessária no CPC

O CPC apresenta algumas exceções à exigência da remessa, previstas no art. 496, I e II. Elas estão previstas no art. 496, §§ 3º e 4º, do CPC.

Não haverá quando "a condenação ou o proveito econômico obtido na causa for de valor certo e líquido inferior a: I – 1.000 salários-mínimos para a União e as respectivas autarquias e fundações de direito público; II – 500 salários-mínimos para os Estados, o Distrito Federal, as respectivas autarquias e fundações de direito público e os Municípios que constituam capitais dos Estados; III – 100 salários-mínimos para todos os demais Municípios e respectivas autarquias e fundações de direito público" (art. 496, § 3º).

Trata-se, portanto, de caso em que a sucumbência da Fazenda Pública tem valor certo e de pequena monta, que não ultrapasse os limites legais. Se ela for ré, só haverá remessa quando condenada a pagar quantia maior do que as indicadas, variando o valor conforme a pessoa jurídica de direito público de que se trate. Se autora, quando a diferença entre o que ela postulou e o que obteve, na sentença, ultrapassar o mesmo valor. A Súmula 490 do Superior Tribunal de Justiça, publicada em 1º de agosto de 2012, esclarece, porém, que não haverá a dispensa da remessa necessária, com fulcro no valor da condenação, se a sentença for ilíquida. A razão é evidente: se não há liquidez, não é possível conhecer, de antemão, o *quantum debeatur*, para saber se o montante limita-se àquele que dispensa a remessa.

Nada impede que, se a Fazenda ficar insatisfeita, apesar do pequeno vulto de sua condenação, valha-se de apelação voluntária. O que não há mais é a remessa necessária. O dispositivo não limita a dispensa às demandas de cunho condenatório, tendo aplicação genérica, nas condenações de dar, fazer ou não fazer, nas declarações ou de constituições ou desconstituições de relações jurídicas.

A segunda limitação é a do art. 496, § 4º: "Também não se aplica o disposto neste artigo quando a sentença estiver fundada em: I – súmula de tribunal superior; II – acórdão proferido pelo Supremo Tribunal Federal ou pelo Superior Tribunal de Justiça em julgamento de recursos repetitivos; III – entendimento firmado em incidente de resolução de demandas repetitivas ou de assunção de competência; IV – entendimento coincidente com orientação vinculante firmada no âmbito administrativo do próprio ente público, consolidada em manifestação, parecer ou súmula administrativa". Não se justifica a remessa dos autos ao tribunal para fazer o reexame de uma sentença que está fundada em jurisprudência cristalizada dos tribunais superiores, ou firmada em julgamentos repetitivos ou orientação administrativa vinculante. Haverá dispensa da remessa, seja qual for o valor e a dimensão da sucumbência da Fazenda.

Em ambos os casos de dispensa, o juiz que proferir a sentença fundamentará as razões pelas quais não faz a remessa oficial dos autos. Se a Fazenda não se conformar, postulará ao presidente do tribunal que avoque os autos. Mas a decisão do presidente, que tem natureza administrativa e não jurisdicional, não vinculará a turma ou a câmara para a qual os autos forem remetidos, podendo ela decidir pelo não conhecimento da devolução.

Há ainda duas hipóteses de dispensa do reexame previstas em lei especial, ambas relacionadas ao Juizado Especial. Tanto no Juizado Especial Federal quanto no da Fazenda Pública não haverá remessa necessária. O art. 13 da Lei n. 12.259/2001 estabelece: "Nas causas de que trata esta Lei, não haverá reexame necessário". Idêntica redação tem o art. 11 da Lei n. 12.153/2009, que trata dos Juizados Especiais da Fazenda Pública.

6.2.3. Pedido de reconsideração

Embora não esteja previsto em lei, o pedido de reconsideração é frequentemente utilizado pelos advogados. Como ensina Nelson Nery Junior, "o direito não pode ignorá-lo a pretexto de a lei processual não o haver contemplado entre suas regras. Pode até caracterizar-se como ilegal ou ineficaz, mas existe, e ao intérprete cabe estudá-lo, fixando-lhe o conceito e o alcance prático, na medida em que se analise o respectivo regime jurídico"[6].

---

6. Nelson Nery Junior, *Teoria*, cit., p. 65.

Pode ser útil para o julgador, que se valerá da oportunidade para corrigir alguma decisão defeituosa.

No entanto, o pedido de reconsideração, que não tem forma nem figura de juízo, não pode suspender nem interromper o prazo para a interposição do recurso. Do contrário, poderia ser utilizado como expediente para obter um prolongamento indevido do prazo. Deve a parte acautelar-se para não perder o prazo para recorrer, enquanto aguarda a apreciação de seu pedido de reconsideração. O prazo do recurso consta da intimação do ato que se pretende impugnar. Se houver pedido de reconsideração, decidido somente após o transcurso *in albis* do prazo de agravo de instrumento, nos casos em que ele for cabível (art. 1.015 do CPC), a decisão terá se tornado preclusa. Não há reabertura de prazo, nem cabe recurso contra a decisão do juiz que se limitou a manter a anterior. Nas hipóteses em que não cabe agravo de instrumento, a decisão não se torna preclusa (art. 1.009, § 1º), podendo ser suscitada em preliminar de apelação ou nas contrarrazões. Assim, mantida a decisão, ainda que haja pedido de reconsideração, a parte não perderá a oportunidade de suscitá-la na fase de apelação.

Discute-se sobre a possibilidade de o juiz reconsiderar a decisão, quando há pedido de reconsideração. Parece-nos que, para tanto, não pode ter havido preclusão *pro judicato*. As questões de ordem pública – condições da ação e pressupostos processuais, por exemplo – não precluem, e podem ser, a qualquer tempo, reexaminadas. Mas há outras que, por sua natureza, não podem. O juiz não pode voltar atrás, nem reconsiderar sua decisão. Contra as decisões interlocutórias enumeradas no art. 1.015 do CPC cabe agravo de instrumento, no prazo de quinze dias. Se interposto, é facultado ao juiz rever sua decisão (juízo de retratação). Só quando transcorrer *in albis* o prazo é que se pode dizer que houve preclusão *pro judicato*. O mesmo vale, por analogia, para os pedidos de reconsideração. Para que o juiz possa acolhê-los, e modificar suas anteriores decisões, é indispensável que seja formulado dentro de 15 dias a contar da intimação.

Depois disso, as decisões indicadas no art. 1.015 do CPC – salvo as que versam matéria de ordem pública – tornam-se preclusas. Já se a decisão interlocutória não for suscetível de agravo, por não constar do art.

1.015 do CPC, ela não ficará preclusa (art. 1.009, § 1º). Assim, em princípio, e havendo novos elementos nos autos que o justifiquem, o juiz poderá reconsiderá-la, desde que haja novas circunstâncias ou elementos que o justifiquem e que devem ser explicitados em decisão fundamentada. Caso o juiz acolha o pedido de reconsideração, a parte contrária poderá interpor agravo de instrumento contra a nova decisão, desde que esta se enquadre em uma das hipóteses do art. 1.015. Se não se enquadrar, poderá suscitá-la como preliminar de apelação ou nas contrarrazões.

6.2.4. Correição parcial

Não está prevista como recurso em nosso ordenamento jurídico. No entanto, com alguma frequência é utilizada como remédio para impugnar decisões judiciais. É medida administrativa, de natureza disciplinar, que tem por finalidade dar conhecimento ao tribunal da prática de inversão tumultuária do processo pelo juiz. Vem prevista, em regra, nas leis de organização judiciária local.

Não se admite que seja utilizada como recurso. A correição parcial era utilizada na vigência do Código de 1939, porque o sistema recursal de então era insuficiente, e havia decisões capazes de trazer prejuízos às partes, sem que houvesse recurso apropriado para impugná-las. Em casos assim, ela era utilizada para preencher lacuna do sistema. Hoje, porém, tornou-se desnecessária, porque sempre haverá meio adequado de impugnar as decisões interlocutórias: ou o agravo de instrumento ou a suscitação como preliminar em apelação ou nas contrarrazões.

Interposta a correição parcial, pode o tribunal recebê-la como agravo de instrumento, desde que no prazo deste, acompanhada das peças indispensáveis e desde que presentes as hipóteses de cabimento.

6.3. Princípio da singularidade ou unirrecorribilidade

Para cada tipo de pronunciamento judicial cabe uma, e só uma, espécie de recurso, que o legislador previu como apropriado para impugná-lo. Contra as decisões interlocutórias previstas no art. 1.015 do CPC só cabe agravo de instrumento; contra as sentenças, apelação; contra decisões monocráticas do relator, agravo interno; contra acórdãos, nas hipóteses previstas na CF, arts. 102, II, e 105, II, recurso ordinário;

contra acórdãos que se enquadrem nas hipóteses do art. 102, III, da Constituição Federal, recurso extraordinário; e contra acórdãos, nas hipóteses do art. 105, III, recurso especial.

Há uma correlação entre os atos judiciais e cada um dos recursos. A regra não é absoluta, e comporta exceções. Por exemplo, contra uma mesma sentença, ou decisão interlocutória, podem ser interpostos embargos de declaração e apelação ou agravo de instrumento. Contra um único acórdão, os recursos especial e extraordinário. Além disso, há a hipótese do art. 1.009, § 1º, do CPC, que autoriza que a parte prejudicada por decisão interlocutória proferida no curso do processo, contra a qual não cabia agravo de instrumento, suscite a questão como preliminar de apelação ou nas contrarrazões. As decisões interlocutórias, à exceção daquelas enumeradas no art. 1.015 do CPC, não são recorríveis em separado, devendo ser impugnadas quando da apresentação de apelação, seja como preliminar, seja nas contrarrazões.

Mas a regra é a da unirrecorribilidade. Algumas dificuldades podem surgir de sua aplicação. É preciso distinguir, por exemplo, quando há vários atos judiciais e quando há um único, objetivamente complexo. No primeiro caso, caberá um recurso para cada ato; no segundo, caberá um único recurso, já que o ato também é único.

Em uma audiência de instrução e julgamento, v.g., o juiz pode proferir diversas decisões judiciais, de natureza diferente. Pode decidir questões preliminares, ou sobre a tempestividade do rol de testemunhas, ou sobre alguma prova requerida. Os pedidos das partes e as decisões do juiz constarão do termo. Após a colheita das provas, pode o juiz passar a palavra às partes para alegações finais e proferir sentença. Embora a audiência seja una, em seu transcorrer o juiz praticou diversos atos: proferiu decisões interlocutórias, colheu provas e julgou. A parte que não se conformar com as decisões proferidas na audiência, que estejam no rol do art. 1.015, deverá interpor contra elas agravo de instrumento, sob pena de preclusão, no prazo de 15 dias. E, em relação à sentença, deve apelar, no mesmo prazo. Os pronunciamentos judiciais são distintos – uma decisão interlocutória e uma sentença –, e é preciso impugná-los por recursos diversos, o agravo de instrumento e a apelação. Não é possível à parte pretender, nesta, rediscutir a decisão interlocutória, que foi proferida antes da sentença. Se houver apenas a apelação, as decisões interlocutórias contra as quais cabia agravo de instrumento tornar-se-ão preclusas (salvo as que versarem sobre matéria de ordem pública). Se a decisão interlocutória proferida em audiência não é daquelas incluídas no rol do art. 1.015 do CPC, ela será irrecorrível em separado, mas não precluirá, podendo as partes postular ao órgão *ad quem* que as reexamine, como preliminar em apelação ou nas contrarrazões.

Diferente será a situação se o juiz praticar um ato só, objetivamente complexo. Imagine-se que em determinada audiência as partes requeiram ao juiz a produção de prova. Ele, verificando a desnecessidade, passa a proferir sentença (julgamento antecipado), em cuja fundamentação decide pelo indeferimento das provas. Foi praticado um único ato judicial, a sentença, em cujo bojo o juiz decidiu diversas questões incidentes. Essas decisões, se dadas fora da sentença, teriam natureza interlocutória, e poderiam, se constantes do rol do art. 1.015, desafiar a interposição do recurso de agravo de instrumento. Mas, dadas dentro da sentença, formaram com ela um todo único. Como ensina Nelson Nery Junior, "Assim, se o ato do juiz, não obstante contenha em seu bojo várias decisões interlocutórias, põe termo ao processo, esta última circunstância é de conteúdo mais abrangente no sentido finalístico, prevalecendo sobre as demais decisões abrangidas. Consequentemente, deve receber uma única qualificação; e esta só pode ser a de sentença. E é esse critério finalístico que foi tomado pelo legislador para definir os pronunciamentos judiciais"[7].

Por força do princípio da singularidade dos recursos, haverá sérios problemas se o juiz conceder, na sentença, a tutela antecipada.

Se ela fosse deferida fora da sentença, ainda que no mesmo momento, haveria dois atos distintos, contra os quais caberiam recursos diferentes: o de agravo de instrumento, contra a tutela antecipada, e o de apelação contra a sentença. O agravante poderia postular ao relator a concessão de efeito suspensivo.

Mas, se a antecipação foi dada na sentença, haverá um ato só, objetivamente complexo, e o único recurso cabível será o de apelação, sem

---

7. Nelson Nery Junior, *Teoria*, cit., p. 92.

efeito suspensivo (CPC, art. 1.012, V), o que obrigará o interessado a requerer a concessão de tal efeito ao relator, na forma do art. 1.012, § 3º.

Cabe à parte prejudicada postular, em virtude do perigo de prejuízo irreparável, que seja deferido efeito suspensivo à apelação (CPC, art. 1.012, §§ 3º e 4º).

6.4. Princípio da fungibilidade dos recursos

A expressão "fungibilidade" foi emprestada do legislador civil ao processual. No direito civil, coisas fungíveis são aquelas que podem ser substituídas por outras de mesma espécie, qualidade e quantidade.

Para que se possa compreender a fungibilidade no âmbito processual, é preciso recordar que uma regra-chave do processo civil é a da adstrição ao juiz aos pedidos formulados pelas partes. O julgador não pode apreciar algo diferente do que foi pedido, sob pena de sua sentença ser *extra petita*.

Há casos em que o legislador processual permite que o juiz conceda determinada medida ou aprecie determinado pedido distinto daquele que foi formulado, sem que sua sentença seja considerada *extra* ou *ultra petita*. Para isso, é preciso que a lei tenha instituído a fungibilidade entre a medida postulada e a concedida.

Não só no campo dos recursos a lei processual valeu-se da fungibilidade. Fê-lo também nas ações possessórias e nas tutelas provisórias. Uma coisa todas têm em comum: a dificuldade do litigante em escolher qual a medida mais adequada para solucionar seu problema. Nas possessórias, a lei civil não fornece critérios suficientes para distinguir, com precisão, quando há esbulho, turbação ou ameaça. Há casos em que a distinção é nítida, mas há outros que ficam em uma zona cinzenta. Para que não paire dúvida se a ação adequada é de reintegração ou de manutenção de posse, a lei instituiu a fungibilidade. Basta que o autor descreva ao juiz, com clareza, os fatos, para que ele conceda a medida possessória mais pertinente ao caso, ainda que não a postulada pelas partes. Da mesma forma, muitas vezes é difícil apurar qual a medida de urgência mais adequada para afastar o perigo que atemoriza a parte. Mesmo que ela peça uma, o juiz pode conceder outra, que lhe pareça mais adequada, sem que, por isso, a decisão seja considerada *ultra* ou *extra petita*.

Mas o juiz só aplicará a fungibilidade se perceber que a parte não cometeu erro grosseiro.

Não há no CPC nenhum dispositivo instituindo a fungibilidade dos recursos. No Código de 1939, havia o art. 810, que assim dispunha: "Salvo a hipótese de má-fé ou erro grosseiro, a parte não será prejudicada pela interposição de um recurso por outro, devendo os autos ser enviados à Câmara, ou Turma, a que competir o julgamento".

Há uma explicação histórica e sistemática para a omissão da lei atual. No CPC de 1939, o sistema recursal levava em conta o teor da decisão para fixar-lhe a natureza. As que julgavam o mérito eram impugnadas por sentença, e as que não o faziam, por agravo. Mas eram frequentes as dúvidas e as controvérsias doutrinárias e jurisprudenciais a respeito de qual o recurso apropriado. O legislador, ciente das dificuldades para a escolha do recurso cabível, instituiu a fungibilidade, excluindo-a no caso de erro grosseiro.

No CPC de 1973, em sua redação originária, a escolha do recurso deixou de considerar o conteúdo da decisão impugnada para levar em conta sua finalidade de pôr ou não fim ao processo. Com isso, o legislador imaginou que não estariam presentes as razões que haviam levado à adoção do princípio da fungibilidade na lei anterior: não haveria hipótese de dúvida objetiva a respeito do recurso apropriado. A prática demonstrou que as esperanças do legislador estavam longe de se realizar. Embora tenha havido uma redução considerável, as controvérsias não deixaram de existir. A mesma situação está presente no CPC atual. Ainda existem pronunciamentos judiciais cuja natureza pode gerar dúvida objetiva sobre o recurso adequado e, nesses casos, a parte não pode ser prejudicada pela interposição de um recurso pelo outro. É o que ocorre, por exemplo, no julgamento da primeira fase da ação de prestação de contas, ou na hipótese do art. 548, III, do CPC, que trata da consignação em pagamento quando houver dúvida sobre quem deva legitimamente receber.

Nesses casos, continua a existir dúvida objetiva sobre o recurso apropriado. E continuam presentes as razões para a adoção do princípio da fungibilidade (agora implícito), embora ele não seja mais mencionado na lei processual.

6.4.1. Requisitos para a aplicação da fungibilidade

A fungibilidade permite que um recurso seja conhecido pelo outro quando houver dúvida objetiva. Embora se fale em "fungibilidade dos recursos" em geral, ela tem lugar quase sempre entre a apelação e o agravo de instrumento, pois é mais comum que entre eles haja dúvida objetiva.

Embora a lei atual não tenha repetido o que constava do Código de 1939, parece-nos que os requisitos permanecem os mesmos: é preciso que não haja erro grosseiro na interposição, nem má-fé.

Ambos dependem da dúvida objetiva a respeito do recurso apropriado. Se for controvertida a natureza do ato, não haverá erro grosseiro se um recurso for interposto no lugar do outro. Muito menos má-fé.

A dúvida objetiva difere da subjetiva. Esta tem natureza pessoal, é a daquele que, não afeito ao sistema jurídico, ignora qual recurso interpor. A objetiva repercute na doutrina e na jurisprudência. Nelson Nery Junior resume as situações em que haverá dúvida objetiva: "Essa dúvida pode ser de três ordens: a) o próprio código designa uma decisão interlocutória como sentença ou vice-versa, fazendo-o obscura ou impropriamente; b) a doutrina e/ou a jurisprudência divergem quanto à classificação de determinados atos judiciais e, consequentemente, quanto à adequação do respectivo recurso para atacá-los; c) o juiz profere um pronunciamento em lugar do outro"[8].

Em todos esses casos, a dúvida não é de cunho pessoal, confundindo apenas o recorrente, mas geral, o que afasta a inescusabilidade do erro. Diante da controvérsia, seria temerário prejudicar a parte que optasse por um recurso ou outro. Não pode ser qualificado de grosseiro o erro cometido em consonância com parte da doutrina e da jurisprudência, ainda que minoritária.

Como o recurso de apelação e o de agravo de instrumento têm, ambos, o prazo de 15 dias, a interposição de um pelo outro, nos casos de dúvida objetiva, não implicará a ampliação do prazo recursal do interessado.

8. Nelson Nery Junior, *Teoria*, cit., p. 116.

6.4.2. Procedimento para a aplicação da fungibilidade

A sistemática do agravo de instrumento, com a interposição diretamente no órgão *ad quem*, traz dificuldades práticas para a aplicação do princípio da fungibilidade, mas não a inviabiliza.

Cumpre examinar todas as possibilidades. É possível que a parte apele, e que o juízo *a quo* entenda que o correto era o agravo de instrumento. Ele deve determinar que o agravo seja preparado e instruído com as peças necessárias, e com aquelas que a parte queira juntar, e, formado o instrumento, fará a remessa ao órgão *ad quem*. Caso o tribunal entenda, porém, que a parte estava com a razão, e que o recurso era mesmo de apelação, o relator requisitará os autos ao juízo de origem, para que possa proceder ao julgamento.

Caso a parte agrave, e o relator entenda que o cabível era apelação, restituirá o instrumento à primeira instância, para que o recurso seja juntado aos autos, e processado como tal.

6.5. Princípio da proibição da *reformatio in pejus*

É corolário do efeito devolutivo. Os recursos devolvem ao conhecimento do órgão *ad quem* o conhecimento apenas daquilo que tenha sido impugnado. A parte recorre daquilo em que tenha sucumbido. O conhecimento do órgão *ad quem* fica restrito ao objeto do recurso, razão pela qual não poderá ser agravada a situação de quem o interpôs. Isso só pode ocorrer no julgamento de recurso do adversário, jamais naquele por ela própria interposto.

Há uma circunstância em que a situação do recorrente pode ser piorada. É que, além do efeito devolutivo, há também o translativo, que permite ao órgão *ad quem* apreciar matéria de ordem pública (por exemplo, a falta de condições da ação ou pressupostos processuais), mesmo que não apreciada na instância inferior. Por exemplo, imagine-se que alguém demande cobrando 100. O juiz, na sentença, acolhe apenas em parte o pedido, condenando o réu a pagar ao autor 80. Pode o autor apelar, postulando ao tribunal que reexamine aqueles 20 que foram negados. Ao examiná-lo, pode ocorrer que o tribunal verifique a falta de uma das condições da ação, ou de algum pressuposto processual, matérias que, por sua natureza, devem ser conhecidas de ofício (salvo nas instâncias extraordinárias). Se isso acontecer, o tribunal acabará julgando o processo extinto, sem resolução de mérito, em detrimento do autor, apesar de ser dele o recurso interposto, por força do efeito translativo.

Uma questão interessante surge da aplicação do § 3º, I, do art. 1.013, que estabelece: "Se o processo estiver em condições de imediato julgamento, o tribunal deve decidir desde logo o mérito do processo quando: I – reformar sentença fundada no art. 485 (...)". Nos casos de extinção do processo sem resolução de mérito (art. 485), o tribunal pode julgar desde logo a lide, se já estiverem nos autos todos os elementos necessários para isso. Ao julgar o mérito, o tribunal poderá decidir pela procedência ou improcedência do pedido. Se decidir pela improcedência, não haverá *reformatio in pejus*, embora seja inegável que, para o autor, ela é pior que a extinção sem resolução de mérito, já que impede a repropositura da demanda. Mas só há *reformatio in pejus* quando a sentença de primeiro grau tenha sido de mérito, isto é, tenha apreciado a lide. Se foi meramente extintiva, o juiz nem sequer apreciou a pretensão formulada pelas partes, e o tribunal poderá acolhê-la ou rejeitá-la.

7. EFEITOS DOS RECURSOS

7.1. Introdução

Por efeitos entendem-se as consequências jurídicas que resultam, para o processo, da interposição do recurso. Os dois efeitos tradicionais são o devolutivo, que todo recurso tem, e que consiste na restituição ao órgão *ad quem* do conhecimento da matéria impugnada, e o suspensivo, que impede a decisão de produzir seus efeitos até que ele seja apreciado.

Mas, além desses, há outros que serão estudados, como o translativo, o regressivo e o expansivo.

Os efeitos são atribuídos por lei e o julgador pode, de ofício ou a requerimento do interessado, retificar a decisão em que, por equívoco, atribuiu a um recurso um efeito que ele não tinha, ou deixou de lhe conceder um efeito que a lei lhe atribuía.

Os efeitos constituem matéria de ordem pública, e devem ser atribuídos, de ofício, pelo julgador. É desnecessário que quem recorre postule a concessão de efeito suspensivo. Nos casos em que a lei o prevê, se o interessado tentar executar provisoriamente a sentença, o juiz o indeferirá, já que pende recurso com eficácia suspensiva.

Há casos em que se atribui um efeito ao recurso apenas em circunstâncias excepcionais. Por exemplo, nos do art. 1.019, I, em que se permite ao relator que atribua efeito suspensivo ao agravo de instrumento, recurso que não o tem, desde que presentes certas circunstâncias, relacionadas com a possibilidade de lesão irreparável.

7.2. Efeito devolutivo

Todos os recursos, sem exceção, são dotados desse efeito, por meio do qual se devolve ao órgão *ad quem* o conhecimento da matéria impugnada. É consequência do princípio da demanda, pelo qual o Poder Judiciário deve apreciar as pretensões nos limites em que elas são formuladas.

Se aquele que sucumbiu quiser recorrer apenas de uma parte daquilo em que foi vencido, o órgão *ad quem* ficará adstrito aos limites do recurso. Se não houve impugnação ao resto, é de presumir que o interessado tenha renunciado ao direito de tentar obter tudo o que havia pretendido, desde o início. Em síntese, é consequência de o Poder Judiciário não poder agir de ofício, ficando sempre no aguardo de eventual provocação.

O órgão *ad quem* fica limitado a apreciar aquilo que seja objeto do recurso (*tantum devolutum quantum appellatum*).

É por força do efeito devolutivo que não pode haver *reformatio in pejus*: como o tribunal fica adstrito a apreciar o recurso nos limites em que ele foi interposto, e como a parte só pode recorrer para melhorar sua situação, não é possível ao tribunal agravá-la.

É por força do efeito devolutivo que não se admitem recursos genéricos. Aquele que recorre precisa formular com clareza os limites de sua pretensão, indicando o que pretende ver reexaminado.

Ele só devolve a apreciação daquelas matérias que tenham sido alegadas pelas partes em primeira instância. Aquilo que o tribunal pode conhecer de ofício, que independe de alegação, é objeto de efeito translativo e não devolutivo.

Todos os recursos, sem exceção, são dotados de efeito devolutivo, pois o tribunal terá sempre a possibilidade de reexaminar a matéria impugnada. Nos embargos de declaração, por exemplo, a devolutividade permite ao órgão *ad quem* (que é o próprio prolator da decisão) examinar aquilo que tenha ficado sem apreciação, ou aquilo sobre o qual recaia obscuridade ou contradição, ou que contenha erro material. Nos recursos especiais e extraordinários, aquelas matérias que tenham sido prequestionadas.

Mas é no recurso de apelação que o efeito devolutivo pode ser estudado em sua plenitude. Ele deve ser analisado em dois aspectos: quanto à extensão e à profundidade.

A extensão é tratada no *caput* do art. 1.013 do CPC: "A apelação devolverá ao tribunal o conhecimento da matéria impugnada". Ao proferir a sentença, o juiz, no dispositivo, decide se acolhe ou não a pretensão formulada na petição inicial. Pode acolhê-la ou rejeitá-la integralmente ou em parte. O recorrente deve indicar a parte do dispositivo contra a qual se insurge. Formulados dois pedidos na inicial, ambos rejeitados pela sentença, se o autor recorrer apenas de um, somente ele, e não o outro, poderá ser apreciado pelo tribunal. A extensão da devolutividade é limitada por aquilo que é postulado no recurso. Se se recorre de apenas uma parte, somente ela será reexaminada.

No aspecto *profundidade*, o que se leva em conta não é mais a possibilidade de o tribunal reexaminar os pedidos formulados, mas os fundamentos em que eles se embasam. É tratado no art. 1.013, § 1º, do CPC – "Serão, porém, objeto de apreciação e julgamento pelo tribunal todas as questões suscitadas e discutidas no processo, ainda que não tenham sido solucionadas, desde que relativas ao capítulo impugnado" – e no § 2º – "Quando o pedido ou a defesa tiver mais de um fundamento e o juiz acolher apenas um deles, a apelação devolverá ao tribunal o conhecimento dos demais". Esse dispositivo só pode referir-se aos fundamentos da pretensão e da defesa, porque os pedidos têm de ser todos apreciados na sentença, sob pena de ela ser considerada *citra petita*, mas os fundamentos não. Basta que ela aprecie os que são suficientes, para o acolhimento ou a rejeição do pedido.

Se alguém formula dois pedidos, de rescisão de contrato e de reparação de danos, por exemplo, ambos têm de ser apreciados pelo juiz, sob pena de omissão; se vai a juízo formulando um só, mas com dois fundamentos, a sentença nem sempre precisará apreciar ambos, porque é possível que um só seja suficiente para o acolhimento do pedido. Por exemplo, imagine-se que alguém postule uma anulação de contrato, com dois fundamentos de fato: que houve coação e participação de um relativamente incapaz, não assistido. Qualquer deles é bastante, por si só, para o acolhimento do pedido. Se um já estiver provado, o juiz pode sentenciar, sem necessidade de determinar a produção de provas em relação ao outro.

Imagine-se que o juiz verificou estar provada a participação do relativamente incapaz, sem assistência. É o bastante para a anulação do contrato, não havendo necessidade da produção de provas da coação. Ele sentenciará desde logo, acolhendo o pedido formulado na inicial.

Se houver recurso do réu, ele versará sobre o fundamento acolhido na sentença, qual seja, a participação do relativamente incapaz. Mas, afastada a incapacidade relativa, é preciso que o tribunal analise a coação, que não fora apreciada em primeira instância, porque o órgão *a quo* entendeu haver provas suficientes do primeiro fundamento. Se esse for afastado, é preciso apreciar o outro. Diz o art. 1.013, § 2º, que todas as questões suscitadas e debatidas em primeiro grau serão devolvidas ao tribunal. Pode ocorrer que a questão não apreciada em primeiro grau demande provas, que não foram realizadas anteriormente, caso em que o tribunal determinará a anulação da sentença, e baixará os autos para que sejam produzidas. Mas, se a nulidade for sanável, o tribunal poderá valer-se do art. 938, § 1º, do CPC, e determinar a produção da prova faltante, intimadas as partes, para então prosseguir no julgamento da apelação. Com a possibilidade de a prova ser determinada diretamente, não se justifica a anulação da sentença e a baixa dos autos, bastando que o tribunal, realizada a diligência, prossiga no julgamento.

O mesmo vale para os fundamentos da defesa. Imagine-se que, em ação de cobrança, o réu se defenda alegando pagamento e falsidade do título. O juiz entende, antes da abertura da fase de instrução, que está provado o pagamento, e julga antecipadamente a lide, rejeitando o pedido. O recurso do autor devolverá ao tribunal não apenas a apreciação da questão do pagamento, mas também a da falsidade, não apreciada em primeiro grau. Caso não haja nos autos elementos suficientes, o tribunal anulará a sentença, e baixará os autos para que as provas necessárias sejam produzidas.

Portanto, o efeito devolutivo no aspecto *extensão* refere-se aos pedidos, e restitui ao tribunal apenas o conhecimento daquilo que seja objeto do recurso. No aspecto *profundidade*, permite ao tribunal que reexamine todos os fundamentos trazidos pelas partes, ainda que não tenham sido expressamente apreciados na sentença.

O efeito devolutivo das apelações ganha importante reforço com o § 3º do art. 1.013: "Se o processo estiver em condições de imediato julgamento, o tribunal deve decidir desde logo o mérito quando: I – reformar sentença fundada no art. 485; II – decretar a nulidade da sentença por não ser ela congruente com os limites do pedido ou da causa de pedir; III – constatar a omissão no exame de um dos pedidos, hipótese em que poderá julgá-lo; IV – decretar a nulidade de sentença por falta de fundamentação".

Anteriormente, na fase inicial da vigência do CPC de 1973, se a primeira instância não houvesse apreciado o pedido, a segunda não o poderia fazer, ainda que estivessem nos autos todos os elementos necessários, sob pena de violação ao duplo grau de jurisdição.

Agora, desde que tenha condições de julgar o mérito, o tribunal não precisa anular a sentença extintiva, e baixar os autos para que a instância inferior o faça.

Quando a causa já está madura para a apreciação do mérito, o tribunal poderá examiná-lo desde logo, ainda que a primeira instância não o tenha feito.

Não há ofensa ao duplo grau de jurisdição, que não é exigido expressamente em nosso ordenamento jurídico. Inexiste na Constituição Federal imposição de obediência a ele.

A mesma regra vale para as sentenças que julgarem o mérito acolhendo as alegações de prescrição e decadência. Quando o juiz as admite, extingue o processo com resolução de mérito, mas não aprecia o pedido. Essa é uma falsa sentença de mérito, considerada como tal pelo legislador, para ser acobertada pela autoridade da coisa julgada material. Se, havendo apelação, o tribunal afastar a prescrição ou a decadência e já estiverem nos autos todos os elementos necessários para julgar o mérito, ele deve fazê-lo. Se pode fazê-lo mesmo quando a primeira instância extinguiu o processo sem resolução de mérito, com mais razão quando a extinção se der por prescrição ou decadência.

Quando tais matérias tenham sido acolhidas pelo juiz em uma fase muito inicial do processo, sem que tivessem sido produzidas as provas necessárias para a instrução, o tribunal anulará a sentença e a baixará à instância inferior, para que elas sejam produzidas.

7.3. Efeito suspensivo

É uma qualidade dos recursos que impede que a decisão produza seus efeitos até que o recurso seja apreciado. A ordem contida na decisão judicial tem sua eficácia suspensa.

Com a publicação do ato, passa a correr o prazo para a interposição do recurso. Se aquele previsto no ordenamento tiver efeito suspensivo, deve-se aguardar para ver se será ou não interposto. Enquanto isso, a decisão não produz efeitos. A decisão não é eficaz no prazo entre sua publicação e a interposição do recurso. Ela só se tornará eficaz quando transcorrido o prazo sem que o recurso tenha sido apresentado.

Como ensina Nelson Nery Junior, "olhando o fenômeno por outro ângulo, poder-se-ia dizer que o que ocorre durante o prazo que vai da publicação da decisão até o escoamento do termo para a interposição do recurso é a suspensão dos efeitos da sentença, não por incidência do efeito suspensivo do recurso, mas porque a eficácia imediata da decisão fica sob a condição suspensiva de não haver interposição do recurso"[9].

A suspensividade do recurso tem início mesmo antes de ele ser interposto, diante da possibilidade de que venha a ser. Ela começa da publicação da decisão e prolonga-se até o transcurso *in albis* do prazo.

7.3.1. Extensão do efeito suspensivo

É questão de grande relevância, quando há recurso parcial. Imagine-se, por exemplo, que uma pessoa, condenada a pagar 100, apele apenas de metade. A suspensividade da apelação se estenderá a toda a sentença ou apenas àquela parte que foi objeto do recurso? Parece-nos

9. Nelson Nery Junior, *Teoria*, cit., p. 377.

que somente a parte impugnada é que fica suspensa. A incontroversa pode ser executada, com a formação de autos suplementares, enquanto os autos principais sobem ao tribunal para apreciação do recurso.

A mesma solução deve ser dada quando houver cumulação de pedidos, e apelação apenas em relação a um deles. O outro, que se tornou incontroverso, pode ser executado. Mas é preciso fazer uma ressalva: pode acontecer de o capítulo da sentença sobre o qual se recorreu manter vínculo de dependência com o incontroverso, de sorte que o acolhimento do recurso repercuta neste. Se é assim, a suspensividade deve estender-se a ele. Imagine-se, por exemplo, uma ação de rescisão de contrato cumulada com reintegração de posse, em que este último pedido dependa do acolhimento do primeiro. Proferida sentença de procedência dos dois, se o réu recorrer apenas do primeiro, a suspensividade estender-se-á também ao segundo, porque, se o tribunal der provimento ao recurso, e afastar a rescisão, terá também de afastar a reintegração de posse, pois os pedidos mantêm entre si um vínculo de prejudicialidade.

Portanto, se a apelação é parcial, a parte incontroversa pode ser executada, desde que seja independente da recorrida. Essa execução será definitiva, porque a parte da sentença que não foi objeto de recurso transita em julgado. Em edições anteriores desta obra, sustentou-se que a execução seria provisória, mesmo que de capítulo autônomo da sentença, que não foi objeto da apelação. Isso por força do efeito translativo, que permitiria ao órgão *ad quem* examinar de ofício matérias de ordem pública, ainda que versassem sobre a parte não recorrida. Mas rendemo-nos aos argumentos contrários: se não há recurso sobre uma parte autônoma e independente da sentença, o tribunal não pode reexaminá-la, ainda que para decidir sobre matéria de ordem pública, porque a parte autônoma não recorrida transitou em julgado. Do contrário, haveria grave insegurança para aquele que foi beneficiado pela decisão não recorrida, que poderia vê-la alterada, ainda que sem recurso pendente.

Outra questão relacionada ao mesmo tema é a da apelação interposta por litisconsorte. Se apenas um dos litisconsortes recorre, cumpre saber se a sentença já pode ser executada em face do outro. A resposta depende do regime do litisconsórcio. Se ele é unitário, o recurso de um favorece os demais, porque o resultado tem de ser igual para todos. Por isso, enquanto pendente, a sentença não pode ser executada contra ninguém. Se é simples, os atos praticados por uma não se estendem aos demais. Mesmo assim, será necessário verificar o objeto do recurso. Se forem alegações ou defesas que sejam comuns aos litisconsortes, o tribunal não terá como acolhê-las sem beneficiar aquele que não recorreu. Em uma ação de reparação de danos por acidente de trânsito, aforada em face de dois réus, e julgada procedente, se um deles apelar alegando a inexistência de danos, o tribunal não terá como dar provimento a esse recurso sem favorecer igualmente o outro. Seria incongruente a decisão que condenasse um dos réus a pagar indenização por danos e isentasse o outro, sob o argumento de que o veículo não sofreu dano algum.

7.3.2. Recursos dotados de efeito suspensivo

A apelação é o único recurso, em regra, dotado de efeito suspensivo. O art. 1.012, § 1º, do CPC enumera os casos em que terá apenas o devolutivo, nos quais se permitirá a execução provisória do julgado. Além deles, há outros casos de apelação sem efeito suspensivo como o do art. 12, parágrafo único, da Lei n. 12.016/2009 (sentença concessiva do mandado de segurança), da Lei do Inquilinato (art. 58 da Lei n. 8.245/91) ou do art. 3º, § 5º, do Dec.-Lei n. 911/69, que trata das ações de busca e apreensão de bens dados em alienação fiduciária em garantia.

Em todas elas, o relator do recurso poderá atribuir-lhe efeito suspensivo, quando da execução do julgado puder resultar dano grave ou de difícil reparação (CPC, art. 1.012, § 4º).

O agravo de instrumento, em regra, não tem efeito suspensivo, mas é possível ao agravante postulá-lo ao relator, conforme o art. 1.019, I, do CPC.

Os embargos de declaração não têm efeito suspensivo, mas a sua eficácia também poderá ser suspensa, na hipótese do art. 1.026, § 1º.

O recurso ordinário, o especial, o extraordinário e os embargos de divergência não são dotados de efeito suspensivo, mas o recorrente poderá requerê-lo, na forma do art. 1.029, § 5º, do CPC.

7.3.3. Efeito suspensivo e ações conexas

Há casos em que o juiz decide dois ou mais processos com uma única sentença. Contra ela caberá uma só apelação. Nenhuma dificuldade haverá se, em ambos os processos, a apelação era dotada de efeito suspensivo, ou quando em ambos ela só tinha o devolutivo.

O problema surgirá quando, com uma sentença só, o juiz decidir dois processos, sendo que, em um deles, a apelação não era dotada de efeito suspensivo, e no outro era.

Embora haja julgados que entendam que a apelação deva ter efeito suspensivo em relação a ambas as demandas, parece-nos que não há razão para que assim seja. Embora a sentença seja única, e a apelação também, o juiz haverá de atribuir efeito suspensivo ao recurso apenas no que se refere à ação em relação à qual a apelação tinha esse efeito. Quanto à outra, ela será recebida somente no efeito devolutivo. Não há razão para que a parte interessada se veja impedida de executar provisoriamente uma das sentenças apenas porque o juiz, para sua comodidade, proferiu uma sentença única, em vez de duas.

Nesse sentido: "Causas conexas. Julgamento simultâneo. Efeitos. Se a apelação relativa a uma das causas deve ser recebida apenas no efeito devolutivo, não se há de emprestar-lhe duplo efeito, em virtude de ser esse o próprio para a outra causa, julgada na mesma sentença" (STJ, 3ª Turma, REsp 162.242-SP, rel. Min. Eduardo Ribeiro).

7.3.4. Efeito suspensivo e a cassação de liminares

Quando a sentença é de improcedência, ficam revogadas as liminares concedidas em favor do autor, no curso do processo. Elas são proferidas com base em juízos não exaurientes e têm natureza provisória. Por isso, não podem sobreviver a uma sentença que, em cognição exauriente, julga improcedente o pedido.

A revogação é automática e independe de declaração expressa do juiz. Desde que haja improcedência, a liminar estará imediatamente revogada. O mesmo ocorrerá no caso de extinção sem resolução de mérito.

Se houver apelação do autor, o efeito suspensivo a ela atribuído não revigorará a medida, pois se refere à execução do comando emergente da sentença.

Se o juiz concede a liminar e julga procedente o pedido, ela ficará mantida, mesmo que a apelação seja recebida no efeito suspensivo. Se a medida vigorava enquanto ainda não havia decisão, com mais razão se a sentença for de procedência.

7.3.5. A concessão de efeito suspensivo pelo relator

Os arts. 1.012, § 4º, 1.019, I, 1.026, § 1º, e 1.029, § 5º, do CPC, permitem ao relator a concessão de efeito suspensivo aos recursos de apelação, agravo de instrumento, embargos de declaração, recurso especial e recurso extraordinário, nos casos em que eles não forem dotados desse efeito. Para tanto, é preciso que o recorrente formule o pedido e que estejam presentes as hipóteses autorizadoras, todas elas relacionadas à urgência, decorrente de perigo de prejuízo irreparável. Como o agravo de instrumento é interposto diretamente no tribunal, o agravante poderá muito rapidamente obter o efeito suspensivo pretendido. Mas, se for apelação, a situação se complica, porque compete ao relator suspender a eficácia da decisão, e os autos só chegam a ele depois de um longo tempo, em que o recurso se processou. Para evitar esse inconveniente, o art. 1.012, § 3º, I, prevê que, se a apelação já tiver sido protocolada, mas não tiver sido ainda distribuída, o requerimento de efeito suspensivo poderá ser requerido diretamente ao tribunal. Nesse caso, o requerimento deverá ser instruído com as cópias necessárias do processo, para que o tribunal tenha condições de examinar o pedido. A petição em que é requerido o efeito suspensivo será distribuída ao tribunal (se ainda não houver câmara preventa) e o relator designado para apreciar o pedido de efeito suspensivo ficará prevento para examinar a apelação, no momento oportuno. Caso a apelação já tiver sido distribuída, bastará requerer ao relator a concessão do efeito suspensivo. Da decisão do relator a respeito do efeito suspensivo caberá agravo interno, no prazo de 15 dias, para o respectivo órgão colegiado (CPC, art. 1.021).

7.3.6. Efeito suspensivo ativo

Por efeito suspensivo entende-se a aptidão para suspender a eficácia do comando emergente da decisão. Há casos, porém, em que a decisão judicial é daquelas de que não emerge nenhum comando. Por exemplo, quando o juiz indefere a concessão de alguma medida postulada pelas partes, não há o que suspender, porque a decisão nada determina. É possível que a parte tenha urgência na concessão daquilo que foi negado, para não sofrer prejuízo irreparável. O interessado poderá agravar ao tribunal, postulando a concessão de efeito suspensivo ativo, isto é, que seja emitido em segunda instância aquele comando que foi negado pela primeira. Essa expressão é utilizada para designar a possibilidade de o relator, liminarmente, conceder a tutela antecipada da pretensão recursal, concedendo a medida que foi negada pela primeira instância.

Haverá efeito suspensivo quando a interposição do recurso suspender o cumprimento do comando emitido pela decisão; e ativo quando a interposição do recurso produzir a emissão da ordem que fora negada pela primeira instância. Em uma ação possessória, se concedida liminar, o réu poderá agravar, postulando ao relator a concessão de efeito suspensivo, para que ela não seja cumprida. Se negada, o autor poderá agravar, pedindo efeito ativo (ou concessão da tutela antecipada recursal), para que se emita o comando que em primeira instância foi negado.

7.4. Efeito translativo

Consiste na possibilidade de o tribunal conhecer de matérias de ordem pública, que não sejam objeto do recurso, nem tenham sido examinadas pela primeira instância. Não se confunde com o efeito devolutivo, que restitui ao tribunal o exame daquilo que foi objeto do recurso.

É possível que ele provoque a piora da situação do que recorreu, embora não haja aqui a vedada *reformatio in pejus*. Por exemplo, é possível que, ao julgar um recurso interposto pelo autor, com a finalidade de elevar a condenação imposta ao réu, o tribunal reconheça a falta de uma condição da ação – ainda que isso não tenha sido alegado, nem seja objeto do recurso – e extinga o processo sem resolução de mérito.

A apelação é dotada de efeito translativo. Mas não só ela. O agravo de instrumento também é. É possível que, ao examinar um agravo de instrumento interposto contra decisão interlocutória que indeferiu um requerimento de intervenção de terceiros, o tribunal verifique que falta uma das condições da ação, coisa que não havia sido suscitada nem discutida, e que tampouco é objeto do recurso. O tribunal, no agravo, reconhecerá a falta dessa condição da ação e julgará o processo extinto sem resolução de mérito.

Também são dotados de efeito translativo os embargos de declaração. Embora a extensão desse recurso seja limitada a omissão, contradição, obscuridade ou erro material da sentença, nem por isso fica o julgador privado de examinar, de ofício, as matérias de ordem pública.

Também o recurso ordinário constitucional é dotado de efeito translativo. Apenas os recursos excepcionais (recursos especial, extraordinário e embargos de divergência) não o são, porque a matéria a ser objeto de apreciação pelos Tribunais Superiores fica restrita àquilo que tenha sido prequestionado, discutido anteriormente.

7.5. Efeito expansivo

Por força do efeito devolutivo, o órgão *ad quem* deve apreciar o recurso nos limites de extensão em que ele foi interposto. Há casos, porém, em que o julgamento vai além. O objeto da decisão ultrapassa os limites da matéria impugnada. Isso ocorre em decorrência do efeito expansivo, que pode ser objetivo ou subjetivo.

Há o subjetivo quando, embora o recurso tenha sido interposto por apenas um dos litisconsortes, o outro acaba se beneficiando (ver item 7.3.1 deste capítulo). No litisconsórcio unitário, como a sentença há de ser igual para todos, não é possível que o recurso seja acolhido apenas para um. Todos se beneficiarão.

No simples, em princípio, o acolhimento do recurso favorece apenas aquele que o apresentou, não havendo efeito expansivo. Mas poderá haver quando a matéria alegada por um for comum aos demais, como no exemplo citado no item 7.3.1.

Existe efeito expansivo objetivo quando se recorre apenas de uma parte da decisão, mas o julgamento se estende para a outra parte, com ela vinculada. É o que ocorre quando há pedidos atrelados, como na ação de rescisão de contrato de compromisso de compra e venda cumulada com reintegração de posse. A restituição do bem está condicionada à rescisão. Julgados procedentes ambos os pedidos, se o réu recorrer apenas da rescisão e o recurso for provido, ele afetará também o possessório.

7.6. Efeito regressivo

Denomina-se *efeito regressivo* a faculdade que alguns recursos atribuem ao órgão *a quo* de reconsiderar a decisão atacada. Por excelência, os recursos dotados desse efeito são o agravo de instrumento, o agravo interno e o agravo no recurso extraordinário ou no recurso especial. Caso haja a reconsideração, o recurso fica prejudicado.

A apelação, em regra, não permite que o juiz se retrate. Há dois casos em que poderá fazê-lo: quando interposto contra a sentença de extinção sem resolução de mérito (art. 485), no prazo de cinco dias (art. 485, § 7º, do CPC); e contra sentença de improcedência liminar do pedido, também no prazo de cinco dias (art. 332, § 3º).

Capítulo IV
DOS RECURSOS EM ESPÉCIE

1. APELAÇÃO

1.1. Conceito

É o recurso que cabe contra sentença, isto é, contra o pronunciamento por meio do qual o juiz, com fundamento nos arts. 485 e 487 do CPC, põe fim à fase cognitiva do procedimento comum, bem como extingue a execução (art. 203, § 1º, do CPC). É possivelmente o mais importante do ordenamento jurídico e o utilizado com mais frequência.

Cabe contra todo tipo de sentença, seja ela de mérito ou meramente terminativa. Aquele que apela objetiva a reforma ou a anulação da sentença, por um órgão diferente e superior àquele que a proferiu. Serve para que se alegue tanto *error in procedendo* como *error in judicando*. Presta-se para impugnar as sentenças proferidas em todos os tipos de processo, tanto nos de conhecimento quanto nos de execução, seja o procedimento de jurisdição contenciosa, seja de jurisdição voluntária.

Há, no entanto, em legislação especial, algumas situações específicas, em que a apelação não é o recurso cabível contra sentença. Na Lei de Execução Fiscal (Lei n. 6.830/80), contra a proferida nos embargos de pequeno valor, cabem embargos infringentes (que não se confundem com os que eram previstos no CPC de 1973 e que não são mais previstos no atual). Contra a que decreta a falência não cabe apelação, mas agravo de instrumento.

1.2. O pedido de reapreciação das decisões interlocutórias não preclusas

No sistema do atual CPC, em que não há mais o agravo retido, as decisões interlocutórias contra as quais não cabe agravo de instrumento, isto é, as que não constam do rol do art. 1.015 e que, por isso, não estão sujeitas à preclusão, poderão ser reexaminadas pelo tribunal se suscitadas como preliminar de apelação ou nas contrarrazões.

Há dois tipos de decisões interlocutórias no processo: aquelas que constam do rol do art. 1.015 e seu parágrafo único, contra as quais pode ser interposto agravo de instrumento no prazo de 15 dias, sob pena de preclusão (são as interlocutórias recorríveis em separado); e aquelas, não constantes do rol, que não autorizam a interposição de agravo de instrumento (são as interlocutórias não recorríveis em separado) e que não se sujeitam à preclusão. A reapreciação dessas decisões pode ser postulada como preliminar de apelação ou nas contrarrazões. Só então, se não forem suscitadas nesse momento, é que se tornarão preclusas, não podendo mais ser rediscutidas.

A apelação é o recurso que cabe contra a sentença. Não é possível apelar apenas para impugnar as decisões interlocutórias proferidas no curso do processo. Mas, como preliminar nas razões ou nas contrarrazões, é possível ao prejudicado pedir a reapreciação das decisões interlocutórias não preclusas. A apelação pode ser apresentada pela parte que foi prejudicada pela decisão interlocutória anterior, ou por seu adversário.

Caso o apelante pretenda que o tribunal reexamine a questão agravada, deve suscitá-la como preliminar, nas razões de apelação; caso seja o apelado quem pretenda o reexame, deverá suscitá-la nas contrarrazões.

Imagine-se que, no curso do processo, o autor postulou ao juiz prova pericial, e ele a negou. Na sentença, o juiz pode julgar improcedente o pedido do autor, ou procedente, apesar de não realizada a perícia. No primeiro caso, ele apelará e, nas razões, pedirá que o tribunal, preliminarmente, reexamine a decisão que indeferiu a perícia.

Caberá ao tribunal, antes de julgar o mérito da apelação, reexaminar a decisão interlocutória impugnada: se a mantiver, examinará a impugnação à sentença; se a reformar, o processo retroagirá à fase de perícia, para que seja realizada, e todos os atos subsequentes, incluindo a sentença, ficarão prejudicados. O processo retornará à fase em que foi proferida a decisão agravada. Como a sentença fica prejudicada, o tribunal também considerará prejudicada a apelação.

Se o autor sair-se vencedor, o réu apelará, postulando a alteração da sentença; o autor apelado, por temer que, sem a perícia, o tribunal dê provimento ao recurso, poderá pedir, em contrarrazões, que examine preliminarmente a questão da prova pericial. Caso verifique que a sentença não se sustenta, por falta da prova requerida, o tribunal, em vez de reformá-la, reformará a decisão interlocutória e determinará a realização da perícia, ficando prejudicados os atos processuais subsequentes, incluindo a sentença e a apelação. Se isso for feito nas contrarrazões, o apelante será intimado para manifestar-se sobre a questão, no prazo de 15 dias (art. 1.009, § 2º).

1.3. Requisitos

A admissibilidade da apelação está condicionada ao preenchimento dos mesmos requisitos dos recursos em geral.

Não se exige que o apelante indique o tribunal competente para o julgamento, pois o processamento da apelação deve ser feito pelo órgão *a quo*, a quem cabe, de ofício, remeter os autos a quem de direito. A indicação errada não constituirá óbice para o conhecimento do recurso.

Em regra, o apelante apresenta uma petição de interposição, dirigida ao juiz da causa, acompanhada das razões do recurso, destinadas ao tribunal.

O recurso deve vir assinado por procurador com poderes para tanto. Se houver irregularidade na representação processual do apelante, o juiz concederá prazo para a regularização, na forma do art. 76 do CPC. A interposição do recurso pode ser feita por fax, devendo o original ser apresentado até cinco dias após a data da recepção do material, nos termos da Lei n. 9.800, de 26 de maio de 1999. Se o fax foi apresentado dentro do prazo, o de cinco dias para a apresentação do original, não pode ser considerado preclusivo, admitindo-se a juntada *a posteriori*, desde que disso não resulte prejuízo. O fax deve vir acompanhado do comprovante do recolhimento de preparo.

O recurso deve indicar o nome e a qualificação das partes. Porém, salvo a hipótese de recurso de terceiro prejudicado, a parte já estará qualificada nos autos, não havendo necessidade de nova qualificação.

É imprescindível que o apelante indique os fundamentos de fato e de direito do pedido de reforma ou de anulação da decisão. Ele deve descrever com clareza os *errores in procedendo* e *in judicando*.

A fundamentação é essencial, porque, junto com o pedido de nova decisão, vai fixar os limites do recurso. Não basta que o apelante postule uma nova decisão, ou manifeste inconformismo com o que ficou decidido. É preciso que exponha os fundamentos de sua insatisfação e formule com clareza o pedido de reforma ou anulação da sentença.

A fundamentação deve acompanhar o recurso. Não se admite posterior aditamento, ainda que dentro do prazo. Com a apresentação, há preclusão consumativa para apresentar as razões. A única exceção é a da alteração superveniente da sentença, decorrente do acolhimento de embargos de declaração.

1.4. Apelação de sentença de indeferimento da inicial

Há casos em que o juiz extingue o processo antes de determinar a citação do réu. Isso ocorre se a petição inicial tem um vício de forma ou de conteúdo que não pode ser ou não foi corrigido pela parte na oportunidade dada pelo juiz. Indeferida a inicial, o juiz pôs fim ao processo, por sentença, impugnável por apelação. Não há peculiaridades, exceto a de que ao juiz é dada a faculdade de, em cinco dias, retratar-se de sua decisão (CPC, art. 331). Nesse sentido, a sentença de indeferimento da inicial não difere das demais sentenças de extinção sem resolução de mérito, já que em todas haverá a possibilidade de retratação em cinco dias, nos termos do art. 485, § 7º, do CPC. Toda vez que houver sentença meramente extintiva, a apelação será dotada de efeito regressivo, com possibilidade de retratação. A peculiaridade das sentenças de indeferimento de inicial é que elas são proferidas sem que o réu tenha sido citado. Por isso, se, interposto o recurso, não houver retratação da decisão, o juiz mandará citar o réu para apresentar contrarrazões e, em seguida, enviará os autos ao tribunal competente. Caso a sentença de indeferimento seja reformada, o prazo de contestação para o réu começará a correr da data em que ele for intimado do retorno dos autos.

1.5. Apelação de sentença de improcedência liminar do pedido

No Livro VII, Capítulo V, item 1.4.4, fez-se alusão à possibilidade de o juiz, desde que preenchidos certos requisitos, julgar improcedente o pedido, proferindo sentença de mérito, antes mesmo de citar o réu (art. 332, *caput* e § 1º, do CPC). Não haverá indeferimento, mas recebimento da inicial e prolação imediata de sentença. Contra ela caberá também apelação, podendo o juiz reconsiderá-la no prazo de cinco dias, para determinar o prosseguimento do feito, tal como acontece nos casos de extinção sem resolução de mérito. Caso o juiz se retrate, será determinada a citação do réu para apresentar contestação; caso não se retrate, será determinada a citação do réu para as contrarrazões à apelação. Essa é a única hipótese de apelação interposta contra sentença de mérito, dotada de juízo de retratação. Sobre os possíveis resultados desse recurso, e sobre os requisitos dessa sentença, ver Livro VII, Capítulo V, item 1.4.4.

1.6. Efeitos da apelação

1.6.1. Suspensivo

Em regra, a apelação tem efeito suspensivo. Por isso, as sentenças, na maior parte das vezes, não produzem efeito logo que publicadas, senão depois de decorrido *in albis* o prazo para a interposição da apelação. Há casos, porém, em que a lei lhe atribui apenas o efeito devolutivo. São as hipóteses do art. 1.012, § 1º, do CPC:

a) a sentença que homologa divisão ou demarcação de terras, tratada nos arts. 597, § 2º, e 587 do CPC;

b) a que condena à prestação de alimentos, pois eles são destinados à subsistência de quem os postula. Mas só aqueles decorrentes de casamento, união estável ou parentesco. A indenização por ato ilícito, sob a forma de pensão mensal, não se confunde com alimentos, nem se enquadra na hipótese presente. Quando o pedido está cumulado com investigação de paternidade ou separação judicial, o efeito suspensivo não atinge a parte da sentença que concede os alimentos. Em contrapartida, contra a sentença que reduz ou exonera o devedor de os pagar, a apelação tem efeito suspensivo;

c) A sentença que extingue sem resolução de mérito ou julga improcedentes os embargos à execução. Em caso de parcial procedência dos embargos à execução, para reduzir o valor da execução, esta poderá prosseguir, ainda que pendente a apelação, pelo novo valor determinado na sentença dos embargos;

d) a que julgar procedente o pedido de instituição de arbitragem, observada a Lei n. 9.307, de 23 de setembro de 1996;

e) a que confirmar, conceder ou revogar a tutela provisória. Esta é concedida em cognição sumária. Se for confirmada por sentença, não há razão para que perca a eficácia, com a interposição do recurso. Mas a falta de suspensividade se referirá apenas àquela parte da sentença que confirmar a tutela provisória;

g) a que decretar a interdição, procedimento regulado nos arts. 747 e s. do CPC.

Mesmo nos casos acima mencionados, há possibilidade de o relator do recurso atribuir efeito suspensivo à apelação (art. 1.012, § 4º). Para tanto, é preciso que o apelante demonstre a probabilidade de provimento do recurso ou se, sendo relevante a fundamentação, houver risco de dano grave ou de difícil reparação. O requerimento de efeito suspensivo será dirigido ao tribunal, no período compreendido entre a interposição da apelação e sua distribuição, ficando o relator designado para seu exame prevento para julgá-la; ou ao relator, se já distribuída a apelação.

Em leis especiais, há outras hipóteses, nas quais a apelação não tem efeito suspensivo (ver item 7.3.2 do Capítulo III, *supra*).

Recebida a apelação só no efeito devolutivo, o juiz autorizará, a requerimento da parte, a formação de autos suplementares para que se dê início ao cumprimento provisório do julgado, observado o disposto no art. 520 do CPC.

1.6.2. Devolutivo

Como todos os demais recursos de nosso ordenamento jurídico, a apelação é dotada de efeito devolutivo (CPC, art. 1.013, *caput*), tratado no item 7.2 do Capítulo III, nos aspectos *extensão* e *profundidade*. O primeiro está relacionado à amplitude da matéria impugnada, e o segundo, à possibilidade de reexame, pelo tribunal, de todos os fundamentos e questões suscitados pelas partes, ainda que não decididos expressamente na sentença (CPC, art. 1.013, §§ 1º e 2º).

O art. 1.013, § 3º, atribuiu uma nova dimensão à devolutividade da apelação, permitindo que o tribunal aprecie o mérito, ainda que a primeira instância não o tenha feito, desde que o processo esteja em condições de imediato julgamento. No início da vigência do CPC de 1973, antes da edição da Lei n. 10.352, de 26 de dezembro de 2001, se a primeira instância não apreciava o mérito, o tribunal não o poderia fazer, ainda que todos os elementos já estivessem nos autos. Ele se limitava a anular a sentença, e baixar os autos, para que a primeira instância o fizesse, pois assim se preservava o duplo grau de jurisdição. Atualmente, em todas as hipóteses dos incisos do art. 1.013, § 3º, estando a causa já madura, o tribunal examinará o mérito, ainda que a primeira instância não o tenha feito. Esse dispositivo não pode ser qualificado como inconstitucional, porque não há exigência expressa de que o duplo grau de jurisdição seja respeitado sempre. Além disso, coaduna-se com o princípio da instrumentalidade, pois, se o processo está pronto para julgamento, não se justifica que seja baixado.

O mérito é a pretensão formulada pelo autor na petição inicial. Quando o juiz extingue o processo sem julgá-lo, não aprecia a pretensão. Com a apelação, o tribunal pode manter a sentença extintiva; verificar que não é caso de extinção, mas que não estão todos os elementos necessários para a resolução de mérito nos autos, caso em que deve anular a sentença, e baixá-los para a produção das provas necessárias, devendo a primeira instância apreciar agora o pedido; ou verificar que é caso de julgar o mérito e que estão todos os elementos necessários nos autos, caso em que deverá fazê-lo de imediato.

Questão de grande interesse é a da necessidade de haver pedido, no recurso, para que seja desde logo julgado o mérito. Isto é, da possibilidade de o tribunal apreciá-lo, se o apelante tiver requerido apenas a anulação da sentença. Em princípio, a resposta seria negativa, por força do princípio de que o tribunal fica adstrito aos limites do recurso interposto, e que a apelação devolve a seu conhecimento a apreciação do processo, nos limites da matéria impugnada. Pode ser do interesse do apelante que a instância superior não aprecie desde logo o pedido. Parece-nos acertada a opinião intermediária sugerida por Cândido Rangel Dinamarco, para quem a apreciação do mérito, em princípio, não é possível quando não foi postulada na apelação. "Mas, caso a caso, sentindo o tribunal que não há prova alguma a produzir e portanto não há qualquer direito à prova a ser preservado, ele estará autorizado a valer-se do que o novo parágrafo permite, sendo seu dever explicitar as razões desse entendimento (dever de motivação: Const., art. 93, inc. IX, e CPC, arts. 131 [atual art. 371] e 458, II [atual art. 489, II]. Essa situação é muito provável, quando a sentença terminativa houver sido proferida depois de cumprido todo o procedimento em primeiro grau jurisdicional e, portanto, depois de encerradas as oportunidades instrutórias, sem que as partes tivessem mais qualquer coisa a fazer no processo, seja em termos de provas, seja de alegações"[1].

Ao aplicar o art. 1.013, § 3º, do CPC, o tribunal pode concluir pela procedência ou pela improcedência do pedido. Nesse caso, não haverá *reformatio in pejus*, que só existiria se a sentença de primeiro grau também tivesse sido de mérito, e a situação do apelante fosse agravada pelo julgamento do recurso.

Embora o dispositivo esteja no capítulo da apelação, aplica-se também à remessa necessária. Se o tribunal verificar que não era caso de extinção sem resolução de mérito e que o mérito já está em condições de ser julgado, poderá fazê-lo.

O art. 1.013, § 3º, deixa expresso que, se a causa estiver em condições de imediato julgamento, o tribunal deve decidir desde logo o mérito quando reformar a sentença meramente extintiva; decretar a

1. Cândido Dinamarco, *A reforma da reforma*, p. 160.

nulidade de sentença por não ser ela congruente com os limites do pedido ou da causa de pedir; constatar a omissão no exame de um dos pedidos, hipótese em que poderá julgá-lo; e decretar a nulidade de sentença por falta de fundamentação.

1.6.3. Regressivo

Só existe a possibilidade de o juiz reconsiderar a sentença de extinção sem resolução de mérito (CPC, art. 485, § 7º) e de improcedência liminar (CPC, art. 332).

1.6.4. Translativo

É característico de todos os recursos (salvo os excepcionais), inclusive o de apelação, e permite ao tribunal apreciar de ofício as matérias de ordem pública, ainda que não suscitadas no recurso. Não há peculiaridades no efeito translativo da apelação.

1.6.5. Expansivo

Sobre ele já se discorreu no item 7.5 do Capítulo III. Não há também peculiaridades no efeito expansivo da apelação.

1.7. Possibilidade de inovar na apelação

Em princípio, no julgamento da apelação não se pode apreciar questão nova, que não havia sido suscitada no curso do processo de conhecimento. De acordo com o art. 1.013, § 1º, do CPC, serão objeto de apreciação e julgamento pelo tribunal todas as questões suscitadas e discutidas no processo, ainda que não tenham sido solucionadas, desde que relativas ao capítulo impugnado.

Mas a que não foi trazida para o processo antes da sentença não pode ser discutida na fase recursal. As exceções ficam por conta dos arts. 493 e 1.014 do CPC. O primeiro dispõe: "Se, depois da propositura da ação, algum fato constitutivo, modificativo ou extintivo do direito influir no julgamento do mérito, caberá ao juiz tomá-lo em consideração, de ofício ou a requerimento da parte, no momento de proferir decisão". Embora esse dispositivo pareça se referir apenas ao juiz de primeiro grau, sua aplicação estende-se ao tribunal, se o fato é superveniente à sentença. Como exemplo se pode citar o direito superveniente (*jus superveniens*): se, entre a sentença e o julgamento do recurso, modificar-se a lei, cabe ao tribunal aplicar o direito vigente à época em que proferir o julgamento. Nesse sentido: "As normas legais editadas após o ajuizamento da ação devem levar-se em conta para regular a situação exposta na inicial" (STJ, 3ª Turma, REsp 18.443-0-SP, rel. Min. Eduardo Ribeiro). Já o art. 1.014 estabelece que "as questões de fato não propostas no juízo inferior poderão ser suscitadas na apelação, se a parte provar que deixou de fazê-lo por motivo de força maior".

Uma outra matéria nova que pode ser alegada em apelação, ou em contrarrazões, é a prescrição. Estabelece o art. 193 do Código Civil que ela pode ser invocada em qualquer grau de jurisdição pela parte a quem aproveita, mesmo que não tenha sido alegada anteriormente, e desde que o juiz não a tenha reconhecido anteriormente. E, mesmo que não alegada no recurso, pode ser conhecida de ofício pelo tribunal.

1.8. Processamento da apelação

A apelação é interposta em primeiro grau, no prazo de 15 dias, e entranhada nos autos. Ela apenas será processada pelo juízo *a quo*, que não fará nenhum juízo de admissibilidade. Apresentada a apelação, o recorrido será intimado a, também no prazo de 15 dias, apresentar as contrarrazões. No prazo destas, poderá ser interposta apelação adesiva, desde que tenha havido sucumbência recíproca.

Depois das contrarrazões, o juiz determinará a remessa dos autos ao tribunal.

O processamento do recurso não poderá ser indeferido pelo juízo *a quo*, ainda que se verifique o não preenchimento de algum dos requisitos de admissibilidade. Como não cabe ao juiz receber ou indeferir a apelação, também não cabe a ele atribuir-lhe efeitos, já que eles decorrem de lei. Como regra, já foi visto, a apelação terá efeito suspensivo, salvo as hipóteses do art. 1.012, § 1º. Se a parte tentar promover o cumprimento provisório de sentença, pendente apelação provida de efeito suspensivo, o juiz o indeferirá. Apresentada a apelação, o juiz determinará a intimação do adversário para as contrarrazões, no prazo de 15 dias.

Caso nas contrarrazões o apelado postule ao tribunal o reexame de alguma decisão interlocutória proferida no curso do processo, e que não se tornou preclusa, porque não suscetível de agravo de instrumento (art. 1.009, § 1º), o juízo intimará o apelante para sobre ela se manifestar, no prazo de 15 dias, ficando assim assegurada, em relação a ele, a observância do contraditório.

Após o cumprimento dessas formalidades, os autos serão remetidos ao tribunal, a quem caberá receber ou não o recurso, verificando o preenchimento dos requisitos de admissibilidade.

No tribunal, os autos serão distribuídos de acordo com o respectivo regimento interno e encaminhados ao relator, que os estudará e os restituirá à Secretaria, no prazo de 30 dias, com o relatório (CPC, art. 931). Será, então, marcado o dia para o julgamento, do qual participarão três juízes. Qualquer um poderá, durante o julgamento, pedir vista dos autos, se ainda não se sentir habilitado a proferir imediatamente o seu voto, observando-se as regras e os prazos do art. 940 do CPC. Só será marcada data para o julgamento se o relator não tomar uma das providências do art. 932, III, IV e V, do CPC, não admitindo recurso, negando-lhe provimento ou dando-lhe provimento, preenchidos os requisitos indicados na lei, em decisão monocrática. Se ele o fizer, da sua decisão caberá agravo interno, no prazo de 15 dias, nos termos dos arts. 1.021 e s.

O art. 938, § 1º, do CPC autoriza o tribunal, em caso de vício sanável, a determinar a realização ou a renovação de ato processual, no próprio tribunal ou em primeiro grau de jurisdição, intimando-se as partes; depois que a diligência for cumprida, o julgamento prosseguirá. O relator também poderá determinar a conversão do julgamento em diligência, para produção de prova considerada necessária. A prova será realizada no tribunal ou em primeiro grau de jurisdição, decidindo-se o recurso após a conclusão da instrução (art. 938, § 2º).

Se houver apelação e agravo de instrumento pendentes, este será incluído anteriormente na pauta.

O julgamento é colhido por maioria de votos, e será lavrado um acórdão que conterá ementa. Se houver questões preliminares, referentes, por exemplo, ao juízo de admissibilidade, devem ser submetidas em primeiro lugar à votação, a ser feita, para cada qual, separadamente.

Se o apelado tiver postulado o não conhecimento do recurso por intempestividade e por falta de recolhimento do preparo, cada uma dessas questões deve, separadamente, ser submetida à apreciação da turma julgadora. Não é possível julgá-las conjuntamente, sob pena de mascarar-se o resultado verdadeiro. Imagine-se que um dos três juízes entenda que o recurso é intempestivo, enquanto os outros dois entendam que foi interposto no prazo. Porém, um deles entende que falta preparo, enquanto os demais entendem que não. Se se indagar de cada juiz simplesmente se eles conhecem ou não do recurso, dois deles dirão que não, e se terá a falsa impressão de que o recurso, por maioria de votos, não deve ser conhecido. Mas a conclusão é falsa, porque nenhuma das preliminares foi acolhida. Cada uma tem de ser votada separadamente. Submetida a tempestividade à apreciação da turma julgadora, por maioria ela a afastará; e afastará também a falta de preparo, de forma que o recurso será conhecido.

Nos termos do art. 939 do CPC, "Se a preliminar for rejeitada ou se a apreciação do mérito for com ela compatível, seguir-se-ão a discussão e o julgamento da matéria principal, sobre a qual deverão se pronunciar os juízes vencidos na preliminar".

Quanto ao mérito, cada uma das questões que, por si só, componha um fundamento de fato que embasa o pedido ou a defesa deve ser julgada separadamente, sob pena de se falsear o resultado. Imagine-se, por exemplo, que, em ação de cobrança, o réu se defenda alegando pagamento e transação. O juiz julgou procedente o pedido, afastando as duas teses, e o vencido apelou, reiterando o pedido de improcedência com aqueles dois fundamentos. Cada um dos juízes de segunda instância deverá ser ouvido sobre o pagamento e sobre a transação, separadamente, pois pode ocorrer que um entenda que houve o pagamento, e outro, a transação. Dois, portanto, acham que o débito está extinto, mas por razões diferentes. Se as duas defesas fossem votadas em conjunto, o resultado seria o provimento da apelação. No entanto, ela será improvida, porque tanto a tese do pagamento como a da transação não obtiveram a maioria de votos. Com a votação em separado, verificar-se-á que por dois votos a um a turma rejeitou a tese do pagamento e a da transação, e a sentença será mantida.

Questão complexa é a da obtenção da maioria de votos. Há casos em que não se consegue chegar a ela. Por exemplo: *A* ajuíza ação de cobrança em face de *B*, postulando a condenação deste ao pagamento de 100. O juiz de primeiro grau o condena em 80. Ambas as partes apelam. É possível que o primeiro juiz acolha o recurso do autor, elevando a condenação para 100; que o segundo acolha o do réu, reduzindo-a a zero; e que o terceiro juiz a mantenha em 80.

Em São Paulo, o Tribunal de Justiça editou o Assento Regimental n. 299, de 1992, que assim dispõe sobre o assunto em seu art. 2º, § 1º: "Tratando-se de determinação do valor ou quantidade, o resultado do julgamento será expresso pelo cociente da divisão dos diversos valores ou quantidades homogêneas, pelo número de juízes votantes". Trata-se da média dos votos. Somam-se as quantias atribuídas e se divide o total pelo número de votantes. No exemplo acima, chegar-se-ia ao valor de 60, resultado da soma dos três votos (100, 80 e zero), dividido por três. Com isso, curiosamente, chegar-se-á a um resultado – 60 – que não corresponde ao voto de nenhum dos julgadores.

Se os votos não forem dados em números ou quantidades, há de prevalecer o voto médio, isto é, aquele que não seja o mais favorável nem o mais desfavorável às partes.

Por exemplo: imagine-se que *A* ajuíza em face de *B* uma ação reivindicatória. O réu contesta, pedindo a improcedência do pedido, mas postula que, em caso de procedência, seja reconhecido a ele, ao menos, o direito de retenção por benfeitorias.

Um dos juízes vota pela procedência da reivindicatória, sem reconhecer ao réu o direito de retenção. Este é voto mais favorável ao autor; outro julga improcedente ao pedido, proferindo o voto mais favorável ao réu; e um terceiro concede o postulado, mas reconhece ao réu o direito de retenção. Este último será o voto médio, por não ser o melhor nem o pior para cada uma das partes.

1.9. A técnica de julgamento em caso de resultado não unânime

No regime do CPC de 1973, contra acórdão não unânime que reformava sentença de mérito, cabiam embargos infringentes, recurso extinto pelo CPC atual. O art. 942 introduziu, no entanto, uma nova técnica de julgamento, aplicável aos acórdãos proferidos no julgamento de apelação; agravo de instrumento contra decisão de mérito, proferida nos casos de julgamento antecipado parcial; e em ação rescisória. Esse mecanismo, conquanto não tenha natureza recursal, faz lembrar os embargos infringentes. Por não ser recurso, no entanto, não depende de interposição, constituindo apenas uma fase do julgamento da apelação, do agravo de instrumento contra decisão de mérito e da ação rescisória, não unânime. Estabelece o CPC, art. 942, *caput*, que, quando o resultado da apelação for não unânime, o julgamento terá prosseguimento em sessão a ser designada com a presença de outros julgadores, a serem convocados nos termos previamente definidos no regimento interno, em número suficiente para garantir a possibilidade de inversão do resultado inicial, assegurado às partes e a eventuais terceiros o direito de sustentar oralmente suas razões perante os novos julgadores. De acordo ainda com o art. 942, § 3º, a mesma técnica de julgamento aplica-se, igualmente, ao julgamento não unânime proferido em ação rescisória, quando o resultado for a rescisão da sentença, e no agravo de instrumento, quando houver reforma da decisão que julgar parcialmente o mérito. Como não se está diante de um recurso, como eram os embargos infringentes, que dependiam de interposição pelo interessado, a nova técnica de julgamento deve ser aplicada sempre, independentemente de qualquer requerimento dos interessados, todas as vezes que estiverem presentes as circunstâncias acima indicadas.

O cotejo entre a redação do *caput* e do § 3º, ambos do art. 942, pode gerar dúvidas. O *caput*, que trata da técnica do julgamento especificamente da apelação, estabelece, como condição da continuidade do julgamento com outros julgadores, que o resultado não seja unânime. Não se exige que tal julgamento reforme a sentença nem que diga respeito ao mérito. Bastaria, pois, no caso da apelação, que o acórdão não fosse unânime, independentemente de seu conteúdo. Já o art. 942, § 3º, aduz que a mesma técnica será aplicada no julgamento do agravo de instrumento, quando houver reforma da decisão que julgar parcialmente o mérito. Pressupõe, portanto, que haja reforma e julgamento de mérito.

Sendo caso de aplicar-se o art. 942, será necessário chamar outros julgadores, em número tal que possa alterar o resultado, assegurado às partes o direito de sustentação oral. Será preciso, então, que o julgamento continue em sessão a ser designada, a menos que seja possível o prosseguimento na mesma sessão. Os juízes que participaram da primeira votação participarão da nova e poderão manter ou rever os seus julgamentos.

O C. Superior Tribunal de Justiça, no julgamento do Recurso Especial n. 1.771.815, de 13 de novembro de 2018, rel. Min. Ricardo Villas Boas Cuêva, estabeleceu algumas regras, embora não de caráter vinculante, que devem ser observadas no julgamento estendido. Ficou consignado nesse V. Acordão que a técnica de julgamento da apelação deve ser observada, de ofício, sempre que o julgamento não for unânime e que o julgamento não se conclui até que seja estendido e sejam colhidos os votos daqueles que passam a integrar o julgamento. Os que já tinham votado poderão rever suas decisões. Ademais, os novos julgadores convocados não ficam restritos aos capítulos ou pontos sobre os quais houve inicialmente divergência, cabendo-lhes a apreciação da integralidade do recurso.

2. AGRAVO DE INSTRUMENTO

2.1. Conceito

O art. 496 do CPC de 1973 enumerava entre os recursos previstos em nosso ordenamento jurídico o agravo, e tratava dele como um recurso único, que poderia ser interposto de várias formas. Ele poderia ser retido, de instrumento ou interno. Havia ainda o agravo nos autos, contra decisão denegatória de RE ou REsp. O art. 994 do CPC atual, que enumera quais são os recursos cabíveis, não menciona genericamente o agravo, mas alude ao agravo de instrumento e ao agravo interno, que são considerados recursos distintos, tratados em capítulos diferentes. O agravo em recurso especial e em recurso extraordinário é tratado em seção específica do capítulo dedicado ao REsp e ao RE. O agravo retido deixou de existir. Pela nova sistemática, não há mais um recurso único, chamado "agravo", com várias formas de interposição, mas os recursos específicos de agravo de instrumento e de agravo interno, além do agravo em recurso especial e extraordinário. Neste capítulo será examinado o agravo de instrumento. Ele é o recurso que cabe contra as decisões interlocutórias proferidas em primeira instância, enumeradas no art. 1.015 do CPC. As decisões interlocutórias são os pronunciamentos judiciais que têm conteúdo decisório, mas não põem fim à fase de conhecimento nem à execução. Nem toda decisão interlocutória desafiará a interposição de agravo de instrumento. A maior parte delas não é recorrível em separado. Todas as que não integrarem o rol do art. 1.015 e de seu parágrafo único não admitirão recurso, mas também não estarão sujeitas a preclusão. O prejudicado poderá impugná-las se e quando houver recurso de apelação, devendo suscitá-las como preliminar em apelação ou nas contrarrazões. Se não o fizer, só então tais decisões precluirão. O art. 1.015 enumera as interlocutórias recorríveis em separado, contra as quais cabe o agravo de instrumento, sob pena de preclusão. As decisões que versarem sobre matéria indicada nesse artigo não poderão ser impugnadas como preliminar de apelação ou nas contrarrazões, mas deverão ser atacadas por agravo de instrumento, sob pena de preclusão.

2.2. Decisões interlocutórias agraváveis

A regra do CPC é que as decisões interlocutórias de maneira geral sejam irrecorríveis em separado. Excepcionalmente, nos casos previstos em lei, admitir-se-á o recurso de agravo de instrumento. A lei o admite contra decisões que, se não reexaminadas desde logo, poderiam causar prejuízo irreparável ao litigante, à marcha do processo ou ao provimento jurisdicional. São agraváveis, em princípio, somente aquelas decisões que versarem sobre as matérias constantes dos incisos I a XIII do art. 1.015 do CPC, aos quais o parágrafo único acrescenta algumas outras, proferidas na fase de liquidação ou de cumprimento de sentença, no processo de execução e no processo de inventário.. É requisito de admissibilidade do agravo de instrumento que a decisão interlocutória contra a qual ele foi interposto verse sobre matéria constante do rol legal, que indica, de forma objetiva, quais as decisões recorríveis, ressalvadas as hipóteses de taxatividade mitigada, que serão abordadas posteriormente. O agravo de instrumento caberá contra as decisões interlocutórias que versarem sobre:

I – tutelas provisórias: sejam elas de natureza cautelar ou antecipada, de urgência ou de evidência, antecedentes ou incidentais. São aquelas tratadas nos arts. 294 a 311 do CPC, deferidas em cognição superficial. Também as liminares previstas em procedimentos especiais, como o das ações possessórias e dos embargos de terceiro;

II – mérito do processo: são as decisões interlocutórias em que o juiz profere o julgamento antecipado parcial do mérito, previsto no art. 356 do CPC. O julgamento do mérito pode, no sistema atual, ser desmembrado. Se um ou algum dos pedidos ou parte deles estiver em condições de julgamento, o juiz proferirá o julgamento antecipado parcial, no qual, em cognição exauriente e definitiva, examinará uma ou algumas das pretensões, ou parte delas. A não interposição do agravo de instrumento, nessas situações, implicará não preclusão, mas coisa julgada material;

III – rejeição da alegação de convenção de arbitragem: a existência de convenção de arbitragem é matéria a ser alegada pelo réu como preliminar de contestação, nos termos do art. 337, X, do CPC. Trata-se de tema que não pode ser conhecido de ofício, devendo ser alegado pelo réu (art. 337, § 5º). Se o juiz acolher a alegação, proferirá sentença de extinção sem resolução de mérito (art. 485, VII), contra a qual caberá apelação; se a rejeitar, caberá agravo de instrumento, sob pena de preclusão;

IV – incidente de desconsideração da personalidade jurídica: é aquele previsto nos arts. 133 a 137. O incidente constitui forma de intervenção de terceiros provocada, em que o juiz verificará se estão preenchidos ou não os requisitos da desconsideração direta ou inversa. Da decisão que apreciar o incidente caberá o agravo de instrumento;

V – rejeição do pedido de gratuidade da justiça ou acolhimento do pedido de sua revogação: não caberá agravo de instrumento da decisão que deferir a gratuidade ou rejeitar o pedido de revogação, caso em que a decisão só poderá ser questionada como preliminar de apelação ou nas contrarrazões. O agravo caberá quando a gratuidade for indeferida ou revogada, já que, nesse caso, caberia à parte recolher de imediato as custas e as despesas processuais. Para evitar eventual prejuízo irreparável do litigante é que a lei admite o agravo de instrumento nesse caso;

VI – exibição ou posse de documento ou coisa: trata-se da decisão que aprecia o incidente de exibição de documento ou coisa, previsto nos arts. 396 e s. Não se justificaria que a questão só pudesse ser reexaminada na fase de apelação, já que o documento ou coisa se prestam a fazer prova dos fatos alegados;

VII – exclusão de litisconsorte: trata-se de decisão que precisa ser reexaminada de imediato, não podendo ser relegada para a fase de apelação, sob pena de irreparável prejuízo à marcha do processo. A redação do inciso, conjugada com a do inciso seguinte, leva à conclusão de que só caberá agravo de instrumento se a decisão excluir o litisconsorte. Se o mantiver, a impugnação deverá ser feita como preliminar na apelação ou nas contrarrazões;

VIII – rejeição do pedido de limitação do litisconsórcio: em caso de litisconsórcio multitudinário, o juiz, de ofício ou a requerimento do réu, poderá limitar o número de participantes, determinando o desmembramento do processo. Se ele rejeitar o pedido e indeferir o desmembramento do processo, todos os litisconsortes originários serão mantidos e caberá o agravo de instrumento, com fulcro nesse inciso. Já se o juiz acolher o pedido de limitação, ele excluirá parte dos litisconsortes originários, determinando o desmembramento do processo, e caberá também agravo de instrumento, mas com fulcro no inciso anterior;

IX – admissão ou inadmissão de intervenção de terceiros: o caráter amplo deste inciso torna despiciendo o inciso IV, já que o incidente de desconsideração da personalidade jurídica é uma das formas de intervenção de terceiro. Caberá agravo de instrumento tanto da decisão que deferir quanto da que indeferir a intervenção. A exceção é a admissão do *amicus curiae*, já que o art. 138, regra especial, estabelece que a decisão judicial é irrecorrível;

X – concessão, modificação ou revogação de efeito suspensivo aos embargos à execução: os embargos, em regra, não têm efeito suspensivo, mas o juiz, excepcionalmente, preenchidos os requisitos legais, poderá concedê-lo. Da decisão que defere, indefere, modifica ou revoga o efeito suspensivo, cabe agravo de instrumento;

XI – redistribuição do ônus da prova nos termos do art. 373, § 1º: é a hipótese de redistribuição do ônus fundada em lei ou em determinação judicial. A decisão do juiz que aprecia a redistribuição do ônus desafia agravo de instrumento. Parece-nos que o agravo será cabível tanto da decisão que defere a redistribuição quanto da que a indefere, já que, em ambos os casos, a decisão versará, positiva ou negativamente, sobre a redistribuição, podendo, em qualquer caso, trazer grave prejuízo a um dos litigantes, porque repercutirá sobre o comportamento deles na fase de instrução;

XII – conversão da ação individual em ação coletiva: esse inciso foi vetado, em consonância com o veto do art. 333 do CPC;

XIII – outros casos expressamente referidos em lei: a lei pode criar outros casos de cabimento de agravo de instrumento. São exemplos o que pode ser interposto contra sentença declaratória de falência e contra as decisões proferidas em execução penal.

O parágrafo único do art. 1.015 deixa ainda expresso o cabimento do agravo de instrumento contra as decisões interlocutórias proferidas na fase de liquidação de sentença ou de cumprimento de sentença, das proferidas em processo de execução e no processo de inventário.

A questão da natureza do rol do art. 1.015 do CPC provocou grande controvérsia. Se de um lado, a redação do dispositivo trazia a impressão de que o rol era taxativo, de outro havia certas situações não previstas pelo legislador em que, a despeito de haver urgência e risco ao provimento jurisdicional, inexistia previsão legal de interposição do agravo, o que vinha dando ensejo à utilização do mandado de segurança, como tentativa de reverter, de imediato, a decisão capaz de trazer prejuízo irreparável, e para a qual não havia previsão legal de recurso.

A questão foi afetada nos Recursos Especiais 1.696.396 e 1.704.520, pelo C. Superior Tribunal de Justiça, que optou por encontrar uma espécie de solução intermediária, reconhecendo a existência de taxatividade, mas que pode ser mitigada em casos de urgência. A decisão proferida no precedente vinculante foi modulada, aplicando-se tão somente às decisões interlocutórias proferidas a partir da sua publicação. A ementa do V. Acórdão ficou assim redigida:

"RECURSO ESPECIAL REPRESENTATIVO DE CONTROVÉRSIA. DIREITO PROCESSUAL CIVIL. NATUREZA JURÍDICA DO ROL DO ART. 1.015 DO CPC/2015. IMPUGNAÇÃO IMEDIATA DE DECISÕES INTERLOCUTÓRIAS NÃO PREVISTAS NOS INCISOS DO REFERIDO DISPOSITIVO LEGAL. POSSIBILIDADE. TAXATIVIDADE MITIGADA. EXCEPCIONALIDADE DA IMPUGNAÇÃO FORA DAS HIPÓTESES PREVISTAS EM LEI. REQUISITOS. 1. O propósito do presente recurso especial, processado e julgado sob o rito dos recursos repetitivos, é definir a natureza jurídica do rol do art. 1.015 do CPC/15 e verificar a possibilidade de sua interpretação extensiva, analógica ou exemplificativa, a fim de admitir a interposição de agravo de instrumento contra decisão interlocutória que verse sobre hipóteses não expressamente previstas nos incisos do referido dispositivo legal. 2. Ao restringir a recorribilidade das decisões interlocutórias proferidas na fase de conhecimento do procedimento comum e dos procedimentos especiais, exceção feita ao inventário, pretendeu o legislador salvaguardar apenas as "situações que, realmente, não podem aguardar rediscussão futura em eventual recurso de apelação". 3. A enunciação, em rol pretensamente exaustivo, das hipóteses em que o agravo de instrumento seria cabível revela-se, na esteira da majoritária doutrina e jurisprudência, insuficiente e em desconformidade com as normas fundamentais do processo civil, na medida em que sobrevivem questões urgentes fora da lista do art. 1.015 do CPC e que tornam inviável a interpretação de que o referido rol seria absolutamente taxativo e que deveria ser lido de modo restritivo. 4. A tese de que o rol do art. 1.015 do CPC seria taxativo, mas admitiria interpretações extensivas ou analógicas, mostra-se igualmente ineficaz para conferir ao referido dispositivo uma interpretação em sintonia com as normas fundamentais do processo civil, seja porque ainda remanescerão hipóteses em que não será possível extrair o cabimento do agravo das situações enunciadas no rol, seja porque o uso da interpretação extensiva ou da analogia pode desnaturar a essência de institutos jurídicos ontologicamente distintos. 5. A tese de que o rol do art. 1.015 do CPC seria meramente exemplificativo, por sua vez, resultaria na repristinação do regime recursal das interlocutórias que vigorava no CPC/73 e que fora conscientemente modificado pelo legislador do novo CPC, de modo que estaria o Poder Judiciário, nessa hipótese, substituindo a atividade e a vontade expressamente externada pelo Poder Legislativo. 6. Assim, nos termos do art. 1.036 e seguintes do CPC/2015, fixa-se a seguinte tese jurídica: O rol do art. 1.015 do CPC é de taxatividade mitigada, por isso admite a interposição de agravo de instrumento quando verificada a urgência decorrente da inutilidade do julgamento da questão no recurso de apelação. 7. Embora não haja risco de as partes que confiaram na absoluta taxatividade serem surpreendidas pela tese jurídica firmada neste recurso especial repetitivo, pois somente haverá preclusão quando o recurso eventualmente interposto pela parte venha a ser admitido pelo Tribunal, modulam-se os efeitos da presente decisão, a fim de que a tese jurídica apenas seja aplicável às decisões interlocutórias proferidas após a publicação do presente acórdão. 8. Na hipótese, dá-se provimento em parte ao recurso especial para determinar ao TJ/MT que, observados os demais pressupostos de admissibilidade, conheça e dê regular prosseguimento ao agravo de instrumento no que se refere à competência, reconhecendo-se, todavia, o acerto do acórdão recorrido em não examinar à questão do valor atribuído à causa que não se reveste, no particular, de urgência que justifique o seu reexame imediato. 9. Recurso especial conhecido e parcialmente provido" (Recurso Especial n. 1.696.396, de 5-12-2018, rel. Min. Nancy Andrighi).

A hipótese em que deu ensejo à adoção da regra da taxatividade mitigada foi relativa a questão da competência do juízo para o julgamento da causa, já que, não havendo cabimento do agravo de instrumento, correr-se-ia o risco de que ela corresse até o final perante o juízo incompetente, o que poderia trazer grave prejuízo aos litigantes.

2.3. Requisitos

Não há peculiaridades nos requisitos de admissibilidade do agravo de instrumento. Verificadas as hipóteses de cabimento, será necessário que o agravante tenha legitimidade e interesse.

O prazo para interposição é de 15 dias. O agravo de instrumento em princípio deve recolher preparo, a menos que haja dispensa pela Lei de Custas do estado em que o recurso é interposto (no Estado de São Paulo, a Lei Estadual de Custas – Lei n. 11.608, de 29 de dezembro de 2003 – o exige, em seu art. 4º, § 5º: "A petição inicial do agravo de instrumento deverá ser instruída com o comprovante do pagamento da taxa judiciária correspondente a 10 (dez) UFESPs e do porte de retorno, fixado na forma do parágrafo anterior, nos termos do § 1º do art. 525 do Código de Processo Civil [atual art. 1.017, § 1º].

O agravo deve vir acompanhado das razões, sob pena de preclusão consumativa.

2.4. Processamento

2.4.1. Interposição

É interposto diretamente no órgão *ad quem*, para ser apreciado desde logo. Por isso, exige que se forme um instrumento, contendo as peças necessárias para que a instância superior possa apreciar o que se passou na inferior.

Para evitar qualquer dificuldade na interposição, caso o processo não seja eletrônico, permite-se o uso, onde houver, do protocolo integrado, que pode ser utilizado na comarca de origem ("No Estado de São Paulo, a parte pode utilizar o Sistema de Protocolo Integrado para interpor agravo de instrumento dirigido a Tribunal Estadual" (STJ, 4ª Turma, REsp 175.225-SP, rel. Min. Ruy Rosado de Aguiar)). Há alternativas, previstas no art. 1.017, § 2º, III e V, do CPC: a petição de recurso pode ser postada no correio sob registro com aviso de recebimento, ou apresentada por outra forma prevista na lei. Em caso de utilização do correio, o aviso de recebimento serve como garantia do agravante, para demonstrar que encaminhou a petição. Mesmo que ele não poste com o aviso de recebimento, o agravo será conhecido se chegar a seu destino. Também se admite a interposição por fax, na forma da Lei n. 9.800/99, devendo ser juntado, em seguida, o original.

A vantagem da interposição diretamente no órgão julgador é a celeridade na apreciação do recurso, mormente quando a decisão pode trazer prejuízo irreparável ou de difícil reparação, e onde o efeito suspensivo deve ser postulado com urgência.

O agravo de instrumento é interposto por petição apresentada ao tribunal competente. O erro de encaminhamento não provoca o não conhecimento do recurso, que será remetido ao local adequado. Diante dos termos peremptórios do art. 1.016, *caput*, do CPC, que determina a interposição por petição, não se admitirá o agravo verbal.

A petição deve conter: "I – os nomes das partes; II – a exposição do fato e do direito; III – as razões do pedido de reforma ou de invalidação da decisão e o próprio pedido; e IV – o nome e o endereço completo dos advogados, constantes do processo".

A exposição dos fatos e do direito consiste na indicação das circunstâncias em que a decisão foi proferida. As razões da reforma são indispensáveis. Aplicável a Súmula 182 do STJ, embora se refira ao agravo interno: "É inviável o agravo do art. 545 do CPC [que corresponde ao atual agravo do art. 1.021] que deixa de atacar especificamente os fundamentos da decisão agravada". Tem-se dispensado a indicação do nome e do endereço dos advogados quando, nas procurações juntadas, eles já constem. Muito se discute sobre a necessidade de que a petição indique o nome de todos os advogados ou apenas daqueles que têm subscrito as petições. A lei dá a entender que deve ser de todos. No entanto, como a finalidade é permitir que haja a intimação das partes, parece-nos que basta a do advogado que venha atuando no processo e subscrevendo as petições. Nesse sentido, a opinião de Sergio Bermudes: "Se as partes forem assistidas por mais de um advogado, chegará a indicação do principal deles, assim reputado o que vier atuando no processo. Um nome basta, desde que, claro está, o agravante não escolha, dentre os mandatários constituídos pelas partes, exatamente aquele que não postula nos autos, ou só o faz esporadicamente"[2]. Mas, diante dos termos peremptórios do dispositivo, seria prudente que o agravante que não queira correr riscos indique o nome de todos os advogados constantes dos autos.

A petição do agravo deve estar instruída com peças que são obrigatórias, sob pena de ele não ser conhecido. São elas a cópia da petição inicial, da contestação, da petição que ensejou a decisão agravada, da própria decisão agravada, da certidão da respectiva intimação ou outro documento oficial que comprove a tempestividade e das procurações outorgadas aos advogados do agravante e do agravado. Caso algum dos documentos obrigatórios ainda não exista nos autos, a petição de agravo deve vir acompanhada de declaração de inexistência do documento, feita pelo advogado do agravante, sob pena de responsabilidade pessoal.

É possível que, só com a juntada delas, o órgão julgador não tenha condições de compreender as circunstâncias e o contexto em que a decisão foi proferida, nem as razões pelas quais deve ser modificada. Por isso, a lei faculta juntar ao instrumento todas as outras peças que o agravante entender úteis.

---

2. Sergio Bermudes, *A reforma do Código de Processo Civil*, apud Moraes Salles, *Recurso de agravo*, p. 89 e 90.

Não há necessidade de que as cópias sejam autenticadas, porque cabe à parte contrária verificar-lhes a autenticidade, como tem decidido o Superior Tribunal de Justiça. A cópia da decisão agravada é indispensável, porque sem ela o tribunal não saberá contra o que o recurso foi interposto; a da certidão de intimação tem por finalidade permitir a verificação da tempestividade. Há casos em que a decisão nem foi publicada, não sendo exigível a certidão. O STJ tem decidido que a juntada da publicação da decisão no *Diário Oficial* é bastante para comprovar a data em que ela ocorreu, e tem o mesmo valor probatório da certidão.

A falta de qualquer das peças obrigatórias ou facultativas no ato de interposição não acarretará o não conhecimento do recurso de imediato, pois o relator deve conceder ao agravante prazo de cinco dias para complementação (art. 932, parágrafo único).

Sendo eletrônicos os autos, é desnecessária a juntada das peças referidas no art. 1.017, I e II.

O agravante deve apresentar, ainda, o comprovante de recolhimento do preparo.

2.4.2. Processamento no tribunal

O agravo pode ser transmitido por via eletrônica, na forma da Lei n. 11.419, de 19 de dezembro de 2006, observado o art. 10, em caso de utilização de processo eletrônico.

Não sendo esse o caso, o protocolo do recurso no tribunal deve ser feito até o encerramento do expediente, no último dia do prazo. Os atos processuais devem ser praticados até as 20 horas. No entanto, é possível que as Leis de Organização Judiciária locais determinem o encerramento do expediente antes, o que deve ser respeitado pelo recorrente. Em São Paulo, o protocolo encerra-se às 19 horas. Casos o processo seja eletrônico, aplica-se o art. 213, que autoriza a prática do ato processual até a meia-noite do último dia do prazo.

Quando o agravo é remetido pelo correio, a postagem deve ser feita até as 20 horas do último dia (ou, se o expediente forense encerrar-se mais cedo, até a hora do encerramento). Não há necessidade de que o recurso chegue até o tribunal dentro dos 15 dias, bastando que seja postado no correio. Interposto o recurso, o agravante ainda tem, nos processos que não forem eletrônicos, uma tarefa que, não cumprida, pode levar ao não conhecimento. Trata-se de informar ao juízo *a quo* a interposição, no prazo de três dias, juntando cópia da petição de agravo, a comprovação de interposição e a relação dos documentos apresentados (art. 1.018, § 2º, do CPC).

A finalidade é permitir ao juízo *a quo* exercer o juízo de retratação. Se o agravante não cumprir a determinação, caberá ao agravado comunicá-lo e prová-lo ao tribunal que, então, não conhecerá do recurso (art. 1.018, § 3º, do CPC). O tribunal não poderá conhecer, de ofício, da falta de cumprimento da determinação do art. 1.018, § 2º. Se o processo for eletrônico, é apenas facultado ao agravante requerer a juntada, no processo, da cópia dos documentos acima mencionados, para permitir que o juiz possa exercer o juízo de retratação. Mas se ele não o fizer, isso não implicará a inadmissão do recurso.

Assim que recebido, o agravo de instrumento será distribuído, cabendo ao relator diversas providências:

a) Poderá, desde logo, em decisão monocrática, não conhecer do recurso inadmissível, prejudicado ou que não tenha impugnado especificamente os fundamentos da decisão recorrida (CPC, art. 932, III); poderá negar provimento ao recurso, quando presentes as hipóteses do art. 932, IV, do CPC, isto é, quando o agravo de instrumento for contrário a súmula do Supremo Tribunal Federal, do Superior Tribunal de Justiça ou do próprio tribunal, ou contrário a acórdão proferido pelo STF ou pelo STJ no julgamento de recursos repetitivos ou a entendimento firmado em incidente de resolução de demandas repetitivas ou de assunção de competência. E poderá ainda, depois de apresentadas as contrarrazões, dar provimento ao recurso, nas hipóteses do art. 932, V, quando a decisão recorrida for contrária a súmula do Supremo Tribunal Federal, do Superior Tribunal de Justiça ou do próprio tribunal, ou contrária a acórdão proferido pelo STF ou pelo STJ no julgamento de recursos repetitivos ou a entendimento firmado em incidente de resolução de demandas repetitivas ou de assunção de competência.

Das decisões monocráticas do relator caberá agravo interno, no prazo de 15 dias, para o órgão colegiado.

b) Cabe, ainda, ao relator "atribuir efeito suspensivo ao recurso ou deferir, em antecipação de tutela, total ou parcialmente, a pretensão recursal, comunicando ao juiz sua decisão" (CPC, art. 1.019, I e III).

O efeito suspensivo servirá para retirar a eficácia da decisão atacada. E o efeito ativo, para conceder aquilo que a primeira instância negou.

Contra a decisão monocrática do relator, caberá o agravo interno, no prazo de 15 dias. Os efeitos suspensivo e ativo não podem ser concedidos de ofício. Mas parece-nos que, apesar da expressão "poderá", no art. 1.019, I, não existe discricionariedade do relator entre concedê-los ou não. Se estiverem presentes os requisitos, ele os concederá; do contrário, não o poderá fazer. São dois os requisitos: que haja o risco de lesão grave ou de difícil reparação e que seja relevante a fundamentação.

c) O relator determinará a intimação do agravado, na pessoa de seu advogado, para que apresente resposta. Ela será feita, em regra, pelo *Diário Oficial*, com a publicação nesse órgão. Quando não, far-se-á por carta dirigida ao advogado, com aviso de recebimento. Se o agravado não tiver procurador, a sua intimação será pessoal, por carta com aviso de recebimento. O prazo para a apresentação da resposta é de 15 dias, a contar da intimação do advogado. Com ela, o agravado poderá juntar cópias das peças que entender convenientes. Se houver documentos novos, deles se dará ciência à parte contrária. Não nos parece que seja proibida a sua juntada (salvo se eram indispensáveis à propositura da ação, e deviam ser juntados com a petição inicial). O único cuidado que se deve tomar é cientificar a parte contrária para que não haja ofensa ao contraditório.

d) Por fim, o relator determinará a abertura de vista ao Ministério Público, nos processos em que haja sua participação, para que se manifeste no prazo de 15 dias.

Depois de tomadas essas providências, o relator, em prazo não superior a um mês da intimação do agravado, pedirá dia para o julgamento (CPC, art. 1.020).

O agravo de instrumento dispensa relatório. Nele, não se admite a sustentação oral, ressalvada a hipótese do art. 937, VIII, quando ele é interposto contra decisões interlocutórias que versem sobre tutelas provisórias de urgência ou de evidência. Se houver agravo e apelação pendentes, relacionados a um mesmo processo, o julgamento do agravo tem precedência, o que se justifica porque, com frequência, o resultado do agravo pode prejudicar a apelação.

2.4.3. O agravo contra decisão interlocutória de mérito e o art. 942

Especificamente na hipótese do art. 1.015, II, quando se tratar de agravo de instrumento contra decisão interlocutória de mérito, proferida em julgamento antecipado parcial de mérito, caso a decisão proferida pelos três julgadores não seja unânime e reforme a decisão interlocutória de mérito, deverá ser aplicada a técnica do art. 942, *caput* e § 3º, do CPC. A técnica consiste em dar prosseguimento ao julgamento em sessão em continuidade a ser designada, com a convocação de outros julgadores, em número suficiente para a inversão do resultado inicial. São três os requisitos para a aplicação dessa técnica, que não tem natureza de recurso: a) que a decisão interlocutória seja de mérito, proferida no julgamento antecipado parcial da lide; b) que o resultado inicial não seja unânime; c) que o resultado inicial reforme a decisão interlocutória, pois, se a mantiver ou a invalidar, não haverá necessidade de se chamar outros julgadores.

2.4.4. Juízo de retratação

Uma das qualidades dos agravos, sejam eles de instrumento ou internos, é que eles permitem ao órgão *a quo* retratar-se da decisão. Por isso, o art. 1.018, § 2º, do CPC determina que o agravante junte, em três dias, no órgão *a quo*, cópia da petição de interposição com a indicação dos documentos juntados. Se o órgão *a quo* reformar, por completo, a decisão, comunicará o fato ao relator, que considerará prejudicado o agravo.

Não há um prazo específico para que a retratação seja feita. Admite-se que ocorra até o julgamento do recurso. Mesmo que o juiz tenha, inicialmente, mantido a decisão anterior, enquanto o agravo ainda não estiver julgado, poderá voltar atrás.

A retratação poderá ser total ou parcial. Se total, prejudicará o agravo; se parcial, o agravo será processado, mas o conhecimento do tribunal ficará limitado àquela parte que não foi objeto de reconsideração.

Questão altamente controvertida é a da necessidade de ouvir o agravado antes de se fazer o juízo de retratação. As opiniões dividem-se, havendo aqueles que entendem que o juiz pode modificar sua decisão sem ouvir a parte contrária (Humberto Theodoro Junior e Cândido Rangel Dinamarco) e aqueles que entendem que, por força do princípio do contraditório, a ouvida do adversário é indispensável (Nelson Nery Junior, Theresa Alvim Wambier e José Carlos de Moraes Salles). O CPC nada menciona a respeito.

Parece-nos, porém, que se há de aplicar ao agravo de instrumento os princípios gerais do Processo Civil, nomeadamente o do contraditório. O juiz, verificando que é caso de modificar sua decisão anterior, deve ouvir o agravado, dando-lhe a oportunidade de apresentar as razões pelas quais entende que a decisão deva ser mantida. Se o agravado já tiver apresentado suas contrarrazões ao tribunal, e uma cópia vier aos autos, será dispensada nova manifestação. Se não, sua ouvida é necessária, para que haja respeito ao contraditório. Mas ela será dispensada se o juiz verificar que é caso de manter a decisão atacada.

3. AGRAVO INTERNO

É aquele que cabe contra as decisões monocráticas do relator. Nos termos do art. 932 do CPC, o relator de qualquer recurso tem uma série de incumbências, cabendo-lhe, entre outras coisas, dirigir e ordenar o processo no tribunal, apreciar o pedido de tutela provisória, não conhecer de recurso inadmissível e dar ou negar provimento ao recurso, nos casos previstos nos incisos III, IV e V. Das decisões monocráticas do relator, quaisquer que sejam elas, tanto as relativas ao processamento quanto ao julgamento do recurso, cabe agravo interno para o órgão colegiado.

Deve ser interposto no prazo de 15 dias, e o agravado será intimado para manifestar-se sobre o recurso no mesmo prazo. Em seguida, pode o relator exercer o juízo de retratação. Se não o fizer, o recurso será examinado pela mesma turma julgadora ou órgão colegiado a quem caberia o julgamento do recurso no qual foi proferida a decisão monocrática do relator, sendo vedado a ele limitar-se à reprodução dos fundamentos da decisão agravada para julgar improcedente o agravo interno.

Se for considerado manifestamente inadmissível ou improcedente em votação unânime, o tribunal condenará o agravante ao pagamento de multa, que pode variar de 1% a 5% do valor corrigido da causa, que reverterá em favor do agravado.

Há, ainda, previsão de agravo interno contra decisões do Presidente ou Vice-Presidente do Tribunal de origem que indeferir o processamento de RE ou REsp, nas hipóteses dos arts. 1.030, § 2º, 1.035, § 7º, e 1.036, § 2º, do CPC, que serão estudadas no capítulo dedicado ao RE e ao REsp.

4. EMBARGOS DE DECLARAÇÃO

4.1. Introdução

Os embargos de declaração foram incluídos entre os recursos previstos em nosso ordenamento jurídico, como demonstra a leitura do art. 994 do CPC. O critério para verificação do que é recurso é estritamente legal, devendo ser considerados tais aqueles previstos em lei.

No entanto, eles têm finalidade um tanto distinta dos demais. De maneira geral, os recursos servem para sujeitar a decisão a uma nova apreciação do Poder Judiciário, por aquele que esteja inconformado. Aquele que recorre pretende modificar a decisão.

A finalidade dos embargos de declaração é distinta. Servem não para modificar a decisão, mas para integrá-la, sanar os vícios de obscuridade, contradição ou omissão que ela contenha, ou ainda corrigir erro material. Sua função é complementar, esclarecer a decisão ou sanar erro material. Por isso, eles não são apreciados por um órgão diferente, mas pelo órgão que a prolatou.

4.2. Cabimento

Como estabelecem os arts. 203 e 204 do CPC, os pronunciamentos judiciais dividem-se em despachos, decisões interlocutórias, sentenças e acórdãos. De acordo com o art. 1.022, cabem embargos de declaração contra qualquer decisão judicial para esclarecer obscuridade ou eliminar contradição; para suprir omissão de ponto ou questão sobre o qual devia se pronunciar o juiz, de ofício ou a requerimento; ou para corrigir erro material. Só não cabem os embargos contra despacho, na medida em que essa espécie de pronunciamento judicial não tem nenhum conteúdo decisório, e não pode exigir nenhum tipo de integração. Se do pronunciamento judicial resultarem prejuízos, ou houver lesão ou ameaça de lesão a direito de alguma das partes, ele terá de ser considerado decisão interlocutória.

Os embargos de declaração podem dirigir-se exclusivamente contra a fundamentação da decisão, quando ela for omissa ou quando não for clara. Cabem, ainda, com a finalidade de prequestionar determinadas matérias que não tenham sido ventiladas na decisão (Súmula 98 do STJ). Como ensinam Nelson e Rosa Nery, "podem ser interpostos embargos de declaração quando a decisão for omissa quanto a ponto ou matéria que deveria ter decidido, ou porque a parte o requereu expressamente, ou porque é matéria de ordem pública que exigia o pronunciamento *ex officio* do órgão jurisdicional"[3].

Há certos vícios na sentença cuja correção independe de embargos de declaração. São as inexatidões materiais e os erros de cálculos, nos termos do art. 494, I, do CPC. No entanto, se a parte os opuser, nem por isso deve o juiz deixar de acolhê-los, sanando o vício.

4.3. Admissibilidade

Não há peculiaridades quanto à legitimidade para opor os embargos. Podem fazê-lo qualquer das partes, a vencedora ou a vencida, os intervenientes, o Ministério Público, parte ou fiscal da ordem jurídica e eventuais terceiros prejudicados. Nada obsta a que o advogado os interponha em nome próprio, desde que para sanar eventual obscuridade, contradição, omissão, ou para corrigir erro material que diga respeito a seus honorários.

Também não há peculiaridade quanto ao interesse e ao cabimento. Devem ser opostos no prazo de cinco dias, a contar da data em que as partes são intimadas da decisão. Sua interposição interrompe o prazo para a apresentação de outros recursos (no Juizado Especial Cível, os embargos de declaração tinham apenas eficácia suspensiva sobre o prazo para interposição de outros recursos, por força do art. 50 da Lei n. 9.099/95. Porém, o art. 1.065 do CPC atual alterou esse dispositivo, para

3. Nelson Nery Junior e Rosa Nery, *Código*, cit., p. 782.

que também no regime do Juizado Especial os embargos de declaração passem a ter eficácia interruptiva do prazo para interposição de outros recursos). Assim, interpostos por uma das partes, para ambas o prazo dos demais recursos será interrompido, e elas o receberão de volta, na íntegra, após a decisão dos embargos. Mesmo que eles não sejam admitidos, haverá interrupção. Se opostos de má-fé, com a intenção deliberada de ganhar prazo, será aplicada ao embargante uma multa não excedente a 2% do valor atualizado da causa, elevando-se a até 10% em caso de reiteração. Além disso, não serão admitidos novos embargos de declaração se os dois anteriores houverem sido considerados protelatórios. Somente na hipótese de eles não serem recebidos por intempestividade é que não haverá a interrupção do prazo.

Os embargos de declaração não recolhem preparo. Não preenchidos os requisitos de admissibilidade, eles não serão conhecidos. Se preenchidos, caberá ao julgador dar-lhes ou negar-lhes provimento.

4.4. Fundamentos dos embargos

De acordo com o art. 1.022 do CPC, são fundamentos dos embargos de declaração a existência de obscuridade, a contradição, a omissão ou o erro material na decisão. Os embargos devem indicar de forma precisa quais os vícios de que padece a decisão, permitindo que o julgador os verifique. Não há necessidade de qualificação precisa. Os embargos não deixaram de ser acolhidos se o embargante chamar de contradição algo que seria mais bem designado por *obscuridade*, ou qualificar como tal uma omissão, porque nem sempre é fácil estabelecer os lindes precisos entre elas. Uma sentença contraditória ou omissa é quase sempre também obscura.

Os fundamentos que ensejam a interposição dos embargos são:

a) Obscuridade: é a falta de clareza do ato. As decisões judiciais devem ser compreendidas por seus destinatários. Por isso, devem ser redigidas em linguagem clara, que expresse de forma inteligível o pensamento do autor.

Elas são obras humanas, passíveis de imperfeição. É possível que o juiz não tenha conseguido se expressar com clareza, ou o tenha feito de forma ambígua, capaz de despertar a dúvida no espírito do leitor.

Pode ainda ocorrer um vício de linguagem, ou uma deficiência nos meios de expressão, que impeçam o destinatário de compreender o teor ou o alcance da decisão. Sempre que ela não ficar suficientemente clara, cabem os embargos. Isso pode ocorrer pelo uso de expressões com duplo sentido, de ambiguidades ou de expressões equívocas.

b) Contradição: é a falta de coerência da decisão, que deve ser lógica. Por contradição se entende a afirmação contrária a algo que se disse anteriormente. A decisão contraditória é aquela que contém partes que conflitam entre si, ou afirmações que se rechaçam ou anulam. São contraditórias as sentenças em que o dispositivo não mantém coerência lógica com a fundamentação, ou que têm duas ou mais partes inconciliáveis, ou que se excluam.

Pode-se dizer que uma decisão que contenha contradições é também obscura, porque aquilo que não tem coerência não pode ser tido por claro.

Em relação a sentenças, ou acórdãos, a contradição pode ocorrer entre duas ou mais partes da fundamentação, entre a fundamentação e o dispositivo ou entre duas ou mais partes do dispositivo. Em se tratando de acórdão, pode ainda haver contradição entre a ementa e o conteúdo.

c) Omissão: será omissa a decisão se houver alguma lacuna, uma falta, algo relevante que deveria ter sido apreciado pelo juiz e não foi. E a sentença, se tiver deixado de apreciar algum ponto relevante, seja referente aos pedidos, seja aos fundamentos da pretensão ou da defesa. Sempre, pois, que deixar de mencionar algo que devia ter sido examinado.

Não há necessidade de que o juiz se pronuncie sobre todas as questões suscitadas pelas partes, mas apenas sobre as que tenham alguma relevância para o julgamento. Pode ocorrer que ele deixe de examinar algum fundamento do pedido ou da defesa, por ter admitido outro que, por si só, é suficiente para seu acolhimento ou sua rejeição.

Por exemplo, em ação de cobrança, se o réu se defender alegando prescrição e compensação, o acolhimento da primeira defesa tornará despicienda a apreciação da segunda. Da mesma forma, se o juiz acolher alguma preliminar, e extinguir o processo sem resolução de mérito, não haverá apreciação dos fundamentos do pedido e da defesa. Nesse sentido: "Não há omissão na decisão judicial se o fundamento nela acolhido prejudica a questão da qual não tratou" (*RTJ*, *160*:354). Também não haverá omissão se o julgador deixou de pronunciar-se sobre questão de somenos, ou que não teria influído no julgamento. Nesse sentido, vale lembrar o acórdão publicado em *JTACSP*, 47:106, e mencionado por Sonia Hase Baptista: "Não ocorre omissão quando o acórdão deixa de responder exaustivamente a todos os argumentos invocados pela parte, certo que a falha deve ser aferida em função do pedido, e não das razões invocadas pelo litigante. Não há confundir ponto do litígio com argumento trazido à colação pela parte, principalmente quando, para a solução da lide, bastou o exame de aspectos fáticos, dispensando o exame da tese, por mais sedutora que possa parecer. Se o acórdão contém suficiente fundamento para justificar a conclusão adotada, na análise do ponto do litígio, então objeto da pretensão recursal, não cabe falar em omissão, posto que a decisão está completa, ainda que diversos os motivos acolhidos seja em primeira, seja em segunda instância. Os embargos declaratórios devem referir-se a ponto omisso ou obscuro da decisão e não a fatos e argumentos mencionados pelas partes"[4].

A omissão da sentença, se não suprida pelos embargos, poderá ensejar sua nulidade. À parte que não embargou caberá apelar para anulá-la. Mas, se todos os elementos já estiverem nos autos, poderá o tribunal apreciar aquilo que foi omitido pela instância inferior (CPC, art. 1.013, § 3º), sem precisar anular o julgado.

d) Erro material: a correção de erro material pode ser feita de ofício pelo juiz, nos termos do art. 494, I, do CPC. Podem ser considerados como tais os erros de cálculo, os erros de expressão (indicação equivocada do nome das partes, do número do processo, do resultado) e os erros de fato, comprováveis de plano (são exemplos: o tribunal deixa de conhecer recurso de apelação, por intempestividade, sem observar que havia comprovação de um feriado forense, na cidade em que foi apresentado; a sentença extinguiu o processo sem resolução de mérito por inércia do autor, quando ele tinha peticionado, tomando as providências necessárias para dar-lhe andamento, mas o cartório, por equívoco, não havia juntado aos autos a petição). Já na vigência do CPC de 1973, havia forte corrente jurisprudencial no sentido de que se poderiam atribuir

---

4. Sonia Hase Baptista, *Dos embargos de declaração*, p. 123.

efeitos infringentes aos embargos de declaração, que são deles desprovidos, nos casos de haver erro material, comprovável de plano. O CPC atual acolheu esse entendimento e acrescentou às hipóteses de embargos de declaração a correção de erro material.

4.5. Processamento dos embargos

São opostos junto ao juízo que prolatou a decisão, cabendo a ele apreciá-los. Discute-se sobre a possibilidade de serem apreciados por juiz diverso, caso aquele tenha sido removido, promovido ou por qualquer outra razão não esteja atuando no mesmo juízo.

Em princípio, devem ser apreciados pelo mesmo juiz, porque, se acolhidos, implicam a integração da decisão, e não deixa de ser estranho que ela possa ser exarada por dois juízes distintos. No entanto, se o juiz prolator não estiver mais no mesmo juízo, nem tiver mais vinculação com o processo, os embargos de declaração serão examinados pelo juiz que o substituiu. Se ele foi convocado, licenciado, promovido, afastado por qualquer motivo ou aposentado, quem o suceder os apreciará.

O prazo para oposição é de cinco dias, a contar do momento em que as partes tomam conhecimento do pronunciamento. Ambas podem apresentá-los.

Discute-se se o julgador deve dar vista à parte contrária para que se pronuncie a respeito dos embargos. Em princípio, não se dá vista à parte contrária, porque eles, em regra, não trazem nada de novo. Limitam-se a pedir que o juiz preste esclarecimentos ou sane vícios da sentença.

Mas será indispensável que o juiz dê oportunidade de manifestação à parte contrária se nos embargos de declaração forem apresentados documentos novos, ou ainda se eles tiverem finalidade de modificar o julgado, isto é, se o embargante pedir que a eles seja dado efeito infringente. Nesse sentido: "Os pronunciamentos do STF são reiterados no sentido da exigência de intimação do embargado quando os declaratórios veiculem pedido de efeito modificativo" (*Informativo STF*, n. 188, de 17-5-2000, p. 4, 1ª col.). A exigência de contraditório nos embargos, quando houver risco de modificação da decisão embargada, vem expressamente prevista no art. 1.023, § 2º, do CPC.

Nos casos em que é desnecessária a intimação da parte contrária, os embargos serão juntados aos autos e conclusos ao juiz, que os julgará em cinco dias. Quando opostos contra acórdão, o relator os apresentará em mesa na sessão subsequente, proferindo voto.

Caso seja necessária a ouvida do embargado, o juiz o intimará para pronunciar-se em cinco dias. Depois, os autos serão conclusos ao juiz, que os examinará no mesmo prazo.

Eles serão sempre opostos por petição escrita, ainda que a decisão ou sentença sejam proferidas em audiência (art. 1.023).

Não há óbice a que se oponham novos embargos de declaração se no julgamento dos primeiros o juiz não tenha aclarado suficientemente a decisão, ou não tenha suprido todas as omissões. Ou, ainda, quando, ao apreciar os primeiros, o juiz o tenha feito de forma obscura, contraditória, omissa ou com erro material.

Tendo em vista que os embargos de declaração podem resultar em acréscimos à decisão, ou em modificações ou aclaramentos, admite-se que, se o embargado já tiver apelado, ele possa complementar *a posteriori* as razões de seu recurso. A complementação ficará adstrita ao que foi acrescido ou modificado, e deverá ser feita no prazo de 15 dias (art. 1.024, § 4º).

4.6. Embargos de declaração com efeito modificativo

A finalidade dos embargos é sanar a obscuridade, a contradição, a omissão ou corrigir eventuais erros materiais de que a decisão padeça.

Pode ocorrer que, ao acolhê-los, o julgador acabe modificando a decisão ou o resultado do julgamento. Imagine-se que, por um equívoco do juiz, o dispositivo de uma sentença esteja em manifesta contradição com sua fundamentação. Constatado o erro, o julgador modificará o dispositivo, e reverterá o julgamento. O mesmo pode ocorrer quando da apreciação de uma omissão. Pode ser que, por um descuido, o juiz tenha-se esquecido de examinar um dos fundamentos da defesa, e que, ao fazê-lo, acabe modificando por completo o julgamento anterior.

Os embargos de declaração, ainda que utilizados nos limites impostos pelo CPC, têm o potencial de modificar a decisão embargada, como consequência dos esclarecimentos ou dos complementos que advenham de seu julgamento. Se não fosse possível a modificação em hipótese nenhuma, haveria vícios incontornáveis.

O art. 494, II, do CPC, estabelece que o juiz, publicada a sentença, pode alterá-la por embargos de declaração, o que mostra o reconhecimento, pelo legislador, de seu potencial modificativo.

A solução do vício que macula a decisão pode ter como consequência indireta a alteração da decisão.

O que gera controvérsia é a possibilidade de o juiz valer-se dos embargos de declaração para alterar a decisão, sem que ela padeça de contradição, omissão, obscuridade ou erro. Isto é, de valer-se deles para modificar a sua convicção, seja reexaminando a prova, seja aplicando normas jurídicas diferentes daquelas utilizadas originariamente.

Prevalece amplamente o entendimento de que os embargos de declaração não têm essa função. Eles não podem ser utilizados para que o juiz reconsidere ou reforme a sua decisão. Podem, se acolhidos, implicar a alteração do julgado, desde que isso advenha do afastamento dos vícios apontados, mas não por mudança de convicção.

Excepcionalmente, na vigência do CPC de 1973, admitia-se que eles pudessem ter efeito modificativo (também chamado efeito infringente) exclusivamente quando a decisão contivesse erro material ou erro de fato, verificável de plano. Serviam, então, para corrigi-lo. O CPC atual parece ter acolhido esse entendimento, incluindo o erro material como um dos vícios sanáveis por embargos de declaração. Assim, havendo erro, será possível corrigi-lo por embargos, ainda que haja modificação do julgado.

Mas, inexistindo os vícios elencados no art. 1.022, os embargos não se prestarão à reforma ou à reconsideração da decisão.

Pode-se estabelecer a seguinte regra: o acolhimento dos embargos de declaração pode implicar a modificação daquilo que ficou decidido. Mas eles não podem ser utilizados para que o juiz modifique a sua convicção ou reexamine a prova.

Nesse sentido: "Embargos declaratórios não podem conduzir a novo julgamento, com reapreciação do que ficou decidido. Não há óbice, entretanto, a que o suprimento de omissão leve a modificar-se a conclusão do julgado" (*RSTJ*, *103*:187).

Ou: "Doutrina e jurisprudência têm admitido o uso de embargos declaratórios com efeitos infringentes do julgado, mas apenas em caráter excepcional, quando manifesto o equívoco e não existindo no sistema legal outro recurso para a correção do erro cometido" (STJ, 4ª Turma, REsp 1.757-SP, rel. Min. Sálvio de Figueiredo).

Ou ainda: "Inexistindo na decisão embargada omissão a ser suprida, nem dúvida, obscuridade ou contradição a serem aclaradas, rejeitam-se os embargos de declaração. Afiguram-se incabíveis os embargos de declaração à modificação da substância do julgado embargado. Admissível, excepcionalmente, a infringência do *decisum* quando se tratar de equívoco material e o ordenamento jurídico não contemplar outro recurso para correção do erro fático perpetrado, o que não é o caso. Impossível, via embargos declaratórios, o reexame de matéria de direito já decidida, ou estranha ao acórdão embargado" (Edcl 13.845, rel. Min. César Rocha).

Ou o julgado do STF: "Decisão que, incorrendo em erro de fato, julgou o recurso como se a matéria deste fosse outra" (RE 173.691-1, RJ, rel. Min. Carlos Velloso).

Em suma, os embargos de declaração, em caso de erro material, não se prestam para que o juiz mude sua convicção a respeito das alegações das partes, ou para que reexamine a prova, ou analise novamente o direito aplicável. Servem, isto sim, para corrigir equívocos materiais ou de fato, verificáveis de plano.

4.7. Efeitos dos embargos de declaração

Eles não têm efeito suspensivo, isto é, não impedem que a decisão seja eficaz desde logo, e que se dê início à execução provisória. Mas o § 1º do art. 1.026 autoriza que o juiz ou o relator o concedam, se demonstrada a probabilidade de provimento do recurso ou, sendo relevante a fundamentação, houver risco de dano grave ou de difícil reparação. Haverá casos em que a gravidade do vício, seja ele obscuridade, contradição, omissão ou erro, será tal que inviabilizará o cumprimento da decisão embargada, ou trará risco de dano, casos em que o efeito suspensivo deverá ser deferido.

Mas é preciso não confundir esse efeito suspensivo, que pode ser em caráter excepcional, e que recai sobre a executividade do julgado, com o interruptivo sobre o prazo dos demais recursos. Com sua oposição, as partes recebem de volta, após a intimação da decisão proferida nos embargos, o prazo na íntegra, para apresentar outros recursos. Mas essa eficácia interruptiva do prazo não se confunde com o efeito suspensivo que os embargos possam ter, e que impede a decisão de produzir efeitos desde logo.

São dotados de efeito devolutivo, porque devolvem ao conhecimento do julgador a apreciação daquilo que constitui seu objeto. Mas o reexame fica restrito a contradição, obscuridade, omissão ou erro material, que forem apontados nos embargos.

5. RECURSO ORDINÁRIO CONSTITUCIONAL

5.1. Introdução

É um dos quatro recursos para o STF ou o STJ. As hipóteses de cabimento do recurso junto ao primeiro são aquelas mencionadas na Constituição Federal, art. 102, II: "(...) o mandado de segurança, o *habeas data* e o mandado de injunção decididos em única instância pelos Tribunais Superiores, se denegatória a decisão". E, junto ao segundo, as mencionadas no art. 105, II: "b) os mandados de segurança decididos em única instância pelos Tribunais Regionais Federais ou pelos tribunais dos Estados, do Distrito Federal e Territórios, quando denegatória a decisão; c) as causas em que forem partes Estado estrangeiro ou organismo internacional, de um lado, e, de outro, Município ou pessoa residente ou domiciliada no País".

A finalidade do recurso ordinário constitucional é permitir a reapreciação de decisões proferidas naquelas ações de competência originária dos tribunais. Busca obter a reforma ou a anulação de acórdãos, nas hipóteses mencionadas na Constituição Federal e no art. 1.027 do CPC. É ordinário, pois, embora a CF preveja as hipóteses de cabimento, não enumera, em rol taxativo, quais fundamentos esse recurso poderá ter, diferentemente do que ocorre com o recurso especial e com o extraordinário, que só podem ter por fundamento as matérias elencadas nos arts. 102, III, e 105, III, da CF.

5.2. Processamento

O recurso ordinário constitucional deve ser interposto no prazo de 15 dias, e dirigido ao relator do acórdão recorrido. De acordo com o art.

1.028 do CPC, a ele se aplicam as regras de processamento da apelação. Apresentado o recurso, o recorrido será intimado para, no prazo de 15 dias, oferecer contrarrazões e, em seguida, o recurso será remetido ao respectivo tribunal superior, independentemente de prévio juízo de admissibilidade.

Ao contrário do que ocorre com o recurso especial e o extraordinário, o ordinário não exige prequestionamento (STF, *RT*, *712*:307).

6. RECURSO ESPECIAL E RECURSO EXTRAORDINÁRIO

6.1. Introdução

São excepcionais, em oposição aos ordinários, estudados anteriormente, porque cabem em hipóteses específicas e devem preencher requisitos de admissibilidade muito mais rigorosos. Além disso, têm por objetivo permitir o reexame apenas da matéria de direito, ao contrário dos recursos comuns, em que se admite o exame dos fatos e do direito. Ao contrário destes, que são dirigidos aos tribunais estaduais, ou aos tribunais regionais federais, os recursos excepcionais são sempre dirigidos aos órgãos de cúpula do Poder Judiciário, o STJ e o STF.

Para sua interposição, não basta que o interessado tenha sofrido sucumbência. É preciso que a situação se enquadre naquelas hipóteses específicas de admissibilidade, estabelecidas na Constituição Federal.

Até a entrada em vigor da Constituição Federal de 5 de outubro de 1988, só havia em nosso ordenamento jurídico um recurso excepcional, que era o extraordinário, dirigido ao STF. Com o surgimento do STJ, parte da competência que era antes outorgada ao Supremo foi por ele absorvida, passando-se a admitir a interposição de um novo recurso excepcional, que foi denominado *recurso especial*.

Há diversas particularidades de cada um dos recursos excepcionais, mas existem características comuns, que os tornam bastante assemelhados. Rodolfo de Camargo Mancuso enumera seis características, comuns aos recursos excepcionais: "a) exigem o prévio esgotamento das instâncias ordinárias; b) não são vocacionados à correção da injustiça do julgado recorrido; c) não servem para a mera revisão da matéria de fato;

d) apresentam sistema de admissibilidade desdobrado ou bipartido, com uma fase perante o Tribunal *a quo* e outra perante o *ad quem;* e) os fundamentos específicos de sua admissibilidade estão na CF e não no CPC; f) a execução que se faça na sua pendência é provisória"[5].

6.2. Características comuns

A primeira delas é que ambos exigem que primeiro se tenham esgotado as vias ordinárias. Não são admissíveis enquanto ainda for cabível algum recurso na via ordinária.

Nesse sentido, a Súmula 281 do STF: "É inadmissível o recurso extraordinário, quando couber, na Justiça de origem, recurso ordinário da decisão impugnada". Da mesma forma, a Súmula 207 do STJ: "É inadmissível recurso especial quando cabíveis embargos infringentes contra o acórdão proferido no tribunal de origem". Conquanto não existam mais embargos infringentes, o sentido da súmula permanece: só depois de esgotados os recursos ordinários, abrir-se-á a via dos extraordinários.

Se havia algum recurso ordinário, e ele não foi interposto, a decisão terá transitado em julgado, inviabilizando o uso do RE e do REsp.

A Constituição Federal, nos arts. 102, III, e 105, III, adverte que o recurso extraordinário e o recurso especial caberão contra decisões em única ou última instância. É preciso que tenham sido exauridas as vias ordinárias.

Há uma diferença importante entre o recurso especial e o extraordinário, no que se refere ao órgão onde tenha sido proferida a decisão atacada. Uma leitura atenta do art. 105, III, evidencia que o recurso especial só cabe contra decisões de única ou última instância proferida por tribunais. Já o art. 102, III, exige apenas que a causa tenha sido decidida em única ou última instância, sem necessidade de que isso tenha sido feito por um tribunal. Há casos em que a única ou última decisão não foi proferida por um tribunal, mas por um órgão ou por um julgador de primeira instância. Como exemplo podem ser citados os recursos no Juizado Especial Cível, apreciados pelo colégio recursal,

---

5. Rodolfo de Camargo Mancuso, *Recurso extraordinário e recurso especial*, p. 103.

composto por juízes de primeira instância. Como esse órgão não pode ser qualificado como tribunal, não se admite recurso especial contra suas decisões, mas sim recurso extraordinário. O mesmo vale para o recurso de embargos infringentes previsto na Lei de Execuções Fiscais (art. 34 da Lei n. 6.830/80). Trata-se de recurso contra a sentença nos embargos à execução de pequeno valor, e que é apreciada em primeira instância, não cabendo depois nenhum outro nas vias ordinárias. Contra ele não se pode admitir o recurso especial, mas apenas o extraordinário.

Com a Constituição Federal de 1988, ficou revogada a Súmula 527 do STF, que dizia: "Após a vigência do Ato Institucional n. 6, de 1º de fevereiro de 1969, que deu nova redação ao art. 114, III, da Constituição Federal de 1967, não cabe recurso extraordinário das decisões do juiz singular". Diante do que dispõe o art. 102, III, ele cabe mesmo contra decisões de primeira instância, da qual não caibam mais recursos na via ordinária.

Os recursos excepcionais cabem contra acórdãos proferidos no julgamento de apelação e também de agravo de instrumento. Estabelece a Súmula 86 do STJ: "Cabe recurso especial contra acórdão proferido no julgamento de agravo de instrumento", valendo o mesmo para o recurso extraordinário. Tanto o art. 102, III, como o art. 105, III, da Constituição Federal, estabelecem que os recursos excepcionais cabem contra causas decididas. Não há restrição quanto ao tipo, mas é preciso que se trate de procedimento jurisdicional, e não administrativo, como o de dúvida, que corre perante a Corregedoria do Registro Imobiliário.

São cabíveis contra decisões nos processos de conhecimento, de jurisdição contenciosa ou voluntária, e de execução. Não é preciso que o acórdão tenha apreciado o mérito, pois cabem mesmo contra as decisões extintivas. Nesse sentido, a lição de Barbosa Moreira: "Não obstante fale o texto constitucional em 'causas decididas', o melhor entendimento é o de que o acórdão não precisa versar sobre o mérito"[6].

Admitem-se mesmo contra acórdão proferido em remessa necessária, quando não tenha havido a apresentação de recursos voluntários das partes[7].

---

6. Barbosa Moreira, *Comentários ao Código de Processo Civil*, p. 579.
7. Rodolfo de Camargo Mancuso, *Recurso*, cit., p. 121.

Uma segunda característica comum aos recursos excepcionais é que eles não se prestam a corrigir a injustiça do julgado recorrido. Sua função é distinta, pois eles não constituem um novo meio de impugnação, mas recursos com uma finalidade específica. A do extraordinário é preservar e guardar a Constituição Federal de eventuais ofensas a ela perpetradas; e a do recurso especial, preservar a lei federal e uniformizar sua interpretação.

Disso pode advir uma modificação na decisão prolatada, em benefício de um dos litigantes. Mas não é essa a sua finalidade primordial, senão um efeito indireto.

Rodolfo de Camargo Mancuso vê no recurso especial e no extraordinário um caráter bifronte: "O recorrente, ao acenar com uma violação, pelo julgado recorrido, de um seu direito assegurado constitucionalmente, ou por Lei Federal, permite ao Tribunal que, em provendo o recurso, resolva a situação jurídica individual, ao tempo em que preserva a integridade da ordem jurídica; vistos sob o ângulo do Tribunal, tais recursos permitem à Corte que desempenhe aquela sua alta missão e o fazendo, acabe resolvendo a situação jurídica individual. Todavia, entre essas duas acepções, parece-nos primordial a que sobreleva o aspecto da preservação da inteireza positiva do direito federal – constitucional e comum – e a fixação de sua interpretação"[8].

A função prioritária dos recursos excepcionais não é permitir que os tribunais façam justiça, corrigindo eventuais erros de julgamento ou de procedimento, mas preservar a Constituição Federal e as leis federais, em sua inteireza, do que resultará, indiretamente, a possível correção de tais erros.

Por isso, não basta, para seu conhecimento, que a parte tenha sucumbido, e aponte uma injustiça na decisão. É preciso que ela enquadre sua situação entre aquelas típicas, dos arts. 102 e 105 da Constituição Federal, e que a questão constitucional, ou federal, tenha sido prequestionada.

Como corolário lógico dessa vocação dos recursos excepcionais, resulta que eles não se prestam a mera revisão de matéria de fato.

Ao contrário do que ocorre com outros recursos, em que não há restrição quanto ao âmbito de conhecimento dos tribunais, o recurso

---

8. Rodolfo de Camargo Mancuso, *Recurso*, cit., p. 125.

extraordinário e o especial ficam adstritos ao reexame de matéria jurídica. Já há muito o STF decidiu pelo não cabimento de RE para reexaminar matéria probatória, ao editar a Súmula 279: "Para simples reexame da prova não cabe recurso extraordinário"; e na Súmula 454: "A simples interpretação de cláusula contratual não enseja recurso extraordinário". O mesmo fez o STJ, em relação ao recurso especial, por meio das Súmulas 5 e 7. A primeira estabelece que "a simples interpretação de cláusula contratual não enseja recurso especial", e a segunda, que "A pretensão de simples reexame de prova não enseja recurso especial".

A interpretação contratual não permite os recursos excepcionais, porque diz respeito à verificação da vontade das partes no momento da contratação, e isso é matéria fática e não jurídica. É à convenção, não à ordem jurídica, cuja proteção é o objetivo daqueles recursos.

As Súmulas 279 do STF e 7 do STJ proíbem o reexame de provas, porque estas só podem dizer respeito a fatos. O direito prescinde de provas.

A aplicação dessas súmulas traz grande dificuldade para estabelecer os lindes que separam a matéria fática da jurídica. Por exemplo, a suficiência das provas para ensejar um julgamento favorável é matéria fática, que não comporta os recursos excepcionais. Já a valoração jurídica de determinada prova, para demonstração de um fato, pode constituir matéria de direito a ensejar sua interposição. Nesse sentido, decidiu o STF: "Não constitui matéria de fato, mas de direito, a valoração jurídica das provas, quando a decisão nega qualquer efeito à adequação, como a perícia contábil, para apurar-se a simulação disfarçada nos livros mercantis do simulador" (*RTJ*, *72*:472).

Não cabem, por exemplo, os recursos excepcionais para verificar se a perícia produzida nos autos é suficiente para demonstrar determinado fato; mas cabem contra a decisão que considerou uma prova pericial imprópria ou inadequada para, de maneira geral, apurar determinado tipo de fraude. No primeiro caso, o que está em jogo é a aptidão daquela prova para demonstrar determinado fato. No segundo caso, é a valoração jurídica de uma prova, em relação ao que com ela se pretende demonstrar.

Eles não são admitidos para discutir se uma gravação telefônica é bastante para comprovar um adultério, ou outro fato qualquer, mas para verificar a licitude da gravação telefônica e sua aptidão para ser utilizada como prova.

Enfim, não cabem sempre que tenham por objeto simples reexame de prova, isto é, a reanálise dos fatos para modificar o julgamento, porque isso não interessa à preservação do ordenamento jurídico federal. Servem apenas para a apreciação de questões jurídicas que, embora possam ter repercussão direta no julgamento, devem ser analisadas em tese, de acordo com sua potencialidade ofensiva ao ordenamento jurídico.

Mancuso fornece um exemplo esclarecedor: "O recurso extraordinário não seria admissível se interposto ao fundamento de que o acórdão recorrido fundou-se em prova falsa, porque a verificação dessa circunstância implicaria rever-se a matéria de fato; mas seria admitido se interposto ao argumento de que o acórdão recorrido fundou-se em prova obtida por meios ilícitos, porque isso é vedado pelo art. 5º, LVI, da CF e constitui-se numa *quaestio juris*"[9].

Também esclarecedor o acórdão do STJ: "A valoração da prova refere-se ao valor jurídico desta, sua admissão ou não em face da lei que a disciplina, podendo ser ainda a contrariedade a princípio ou regra jurídica do campo probatório, questão unicamente de direito, passível de exame nesta Corte. O reexame da prova implica a reapreciação dos elementos probatórios para concluir-se se eles foram ou não bem interpretados, constituindo matéria de fato, soberanamente decidida pelas instâncias ordinárias, insuscetível de revisão no recurso especial" (2ª Turma, AGREsp 420.217-SC, rel. Min. Eliana Calmon, 4-6-2002, v. u., *DJU*, 16-12-2002, p. 301).

Outra particularidade em comum do recurso extraordinário e do especial diz respeito a seu sistema de admissibilidade. Eles são interpostos no órgão de origem, a quem compete realizar prévio juízo de admissibilidade, mediante petição, na qual se devem apontar (CPC, art. 1.029): "I – a exposição do fato e do direito; II – a demonstração do cabimento do recurso interposto; III – as razões do pedido de reforma da decisão recorrida". Com a petição de interposição já devem ser oferecidas as razões do recurso. Caso se entenda que o acórdão recorrido viola a

9. Rodolfo de Camargo Mancuso, *Recurso*, cit., p. 135.

Constituição e a lei federal, deverão ser apresentados o recurso especial e o extraordinário simultaneamente. Se só um deles for interposto, haverá preclusão consumativa para a interposição do outro. Haverá, no entanto, duas petições diferentes, cada qual acompanhada das respectivas razões. Apresentado o recurso, a parte contrária será intimada para oferecer suas contrarrazões no prazo de 15 dias, findo o qual os autos serão conclusos ao presidente ou ao vice-presidente do tribunal recorrido, a quem competem numerosas providências elencadas no art. 1.030, *caput*. Compete a ele: "I – negar seguimento: a) a recurso extraordinário que discuta questão constitucional à qual o Supremo Tribunal Federal não tenha reconhecido a existência de repercussão geral ou a recurso extraordinário interposto contra acórdão que esteja em conformidade com o entendimento do Supremo Tribunal Federal exarado no regime de repercussão geral; b) a recurso extraordinário ou a recurso especial interposto contra acórdão que esteja em conformidade com o entendimento do Supremo Tribunal Federal ou do Superior Tribunal de Justiça, respectivamente, exarado no regime de julgamento de recursos repetitivos; II – encaminhar o processo ao órgão julgador para realização do juízo de retratação, se o acórdão recorrido divergir de entendimento do Supremo Tribunal Federal ou do Superior Tribunal de Justiça exarado, conforme o caso, no regime de repercussão geral ou de recursos repetitivos; III – sobrestar o recurso que versar sobre controvérsia de caráter repetitivo ainda não decidida pelo Supremo Tribunal Federal ou pelo Superior Tribunal de Justiça, conforme se trate de matéria constitucional ou infraconstitucional; IV – selecionar o recurso como representativo da controvérsia constitucional ou infraconstitucional, nos termos do § 6º do art. 1.036; V – realizar juízo de admissibilidade e, se positivo, remeter o feito ao Supremo Tribunal Federal ou Superior Tribunal de Justiça, desde que: a) o recurso ainda não tenha sido submetido ao regime da repercussão geral ou de julgamento de recursos repetitivos; b) o recurso tenha sido selecionado como representativo da controvérsia; ou c) o tribunal recorrido tenha refutado o juízo de retratação".

Como se vê do inciso V, em relação ao recurso extraordinário e especial manteve-se o sistema dúplice de admissibilidade, em que compete ao tribunal de origem realizar um prévio exame, não admitindo o recurso que não preenche os requisitos de admissão. Nisso, esses recursos distinguem-se dos ordinários, em que o juízo de admissibilidade é feito exclusivamente pelo órgão *ad quem*.

Da decisão do presidente ou do vice-presidente que não admitir o recurso, em prévio juízo de admissibilidade, caberá o agravo em recurso extraordinário ou especial, previsto no art. 1.042. Já das decisões indicadas nos incisos I e III do art. 1.030, caberá o agravo interno, previsto no art. 1.021. Por fim, não caberá recurso das decisões indicadas nos incisos II e IV do art. 1.030.

Há, ainda, em comum, entre o recurso extraordinário e o especial, que as hipóteses de cabimento de ambos estão indicadas na Constituição Federal, arts. 102, III, e 105, III, respectivamente, enquanto as dos demais recursos estão enumeradas na lei processual.

Como o cabimento dos recursos excepcionais depende do enquadramento nas hipóteses típicas previstas na CF, não se pode aplicar a eles o princípio da fungibilidade. Porém, os arts. 1.032 e 1.033 preveem uma espécie de conversibilidade entre o recurso especial e o extraordinário. O primeiro dispõe: "Se o relator, no Superior Tribunal de Justiça, entender que o recurso especial versa sobre questão constitucional, deverá conceder prazo de 15 dias para que o recorrente demonstre a existência de repercussão geral e se manifeste sobre a questão constitucional". O parágrafo único acrescenta "Cumprida a diligência de que trata o *caput*, o relator remeterá o recurso ao Supremo Tribunal Federal, que, em juízo de admissibilidade, poderá devolvê-lo ao Superior Tribunal de Justiça".

De forma simétrica, dispõe o art. 1.033 que "se o Supremo Tribunal Federal considerar como reflexa a ofensa à Constituição afirmada no recurso extraordinário, por pressupor a revisão da interpretação da lei federal ou de tratado, remetê-lo-á ao Superior Tribunal de Justiça para julgamento como recurso especial".

Além disso, o CPC determina que o recurso não seja indeferido de plano, quando contiver vício de menor relevância ou quando puder ser aproveitado. Estabelece o art. 1.029, § 3º, que "O Supremo Tribunal Federal ou o Superior Tribunal de Justiça poderá desconsiderar vício formal de recurso tempestivo ou determinar sua correção, desde que não o repute grave".

O acórdão proferido pelo STJ ou pelo STF, no julgamento do recurso especial ou extraordinário, substitui o da instância inferior, salvo se o fundamento do recurso for *error in procedendo*, caso em que haverá anulação da decisão recorrida, para que outra se profira.

Por último, há em comum o fato de eles serem desprovidos de efeito suspensivo, o que faz com que a decisão proferida pelas instâncias inferiores seja desde logo eficaz, admitindo execução provisória (CPC, art. 520). Quando a fundamentação do recurso for relevante, e houver situação da qual possa resultar prejuízo irreparável ou de difícil reparação, pode o relator, no STJ ou no STF, conceder ao recurso especial e ao recurso extraordinário o efeito suspensivo do qual eles são normalmente desprovidos. Nos termos do art. 1.029, § 5º, do CPC, o pedido de concessão de efeito suspensivo (ou ativo) no recurso extraordinário ou no especial será formulado ao tribunal superior respectivo, no período compreendido entre a publicação da decisão de admissão do recurso e a sua distribuição, ficando o relator designado para seu exame prevento para julgá-lo; ao relator, se já distribuído o recurso; ou ao presidente ou ao vice-presidente do tribunal recorrido no período compreendido entre a interposição do recurso e a publicação da decisão de admissão do recurso, assim como no caso de o recurso ter sido sobrestado, nos termos do art. 1.037. Esses são os principais aspectos comuns aos dois recursos excepcionais. Há outros que, dada sua importância, merecem tratamento específico, em capítulo próprio, como o prequestionamento da matéria constitucional ou federal.

6.3. Prequestionamento

Consiste na necessidade de a questão constitucional ou federal ter sido ventilada na decisão recorrida. É exigência que decorre da própria finalidade dos recursos extraordinários. Não se pode considerar que a decisão recorrida contraria a Constituição ou as leis federais se ela não aborda a questão constitucional ou legal.

A lei brasileira não regula o prequestionamento. Não há dispositivo constitucional ou legal que o exija expressamente, sendo ele corolário da exigência de causa decidida.

É a jurisprudência do STF e do STJ que o regulamenta. Para que determinada questão constitucional ou legal possa ser oportunamente objeto de RE ou REsp, a parte deve suscitá-la nas instâncias ordinárias, para que possa ser decidida.

Se as instâncias inferiores não examinarem a questão, apesar de ela ter sido suscitada pelo interessado, caber-lhe-á opor embargos de declaração, postulando que a omissão seja suprida. Por meio dos embargos, o interessado tentará fazer com que as instâncias inferiores examinem a questão suscitada. É a Súmula 98 do STJ que enuncia a possibilidade de utilização dos embargos de declaração para prequestionar a questão legal, permitindo o oportuno ajuizamento do recurso especial: "Embargos de declaração manifestados com notório propósito de prequestionamento não têm caráter protelatório". Conquanto a súmula diga respeito ao recurso especial, a mesma regra vale para o extraordinário.

Sem a oposição de embargos de declaração a respeito da questão omissa, não terá havido o prequestionamento, e o RE ou o REsp não será admitido.

Mas pode ocorrer que, sendo os embargos opostos, as instâncias ordinárias ainda assim não apreciem a questão constitucional ou federal suscitada, por entenderem que não houve omissão na decisão, ou que a questão não é relevante, ou não diz respeito ao caso *sub examine*. Sem o pronunciamento das instâncias ordinárias, a despeito da oposição dos embargos de declaração, caberá o RE ou REsp? O prequestionamento, nesse caso, contenta-se com o fato de a questão ter sido apenas suscitada, por meio dos embargos, ou há necessidade de efetivo pronunciamento das instâncias inferiores a respeito da questão constitucional ou legal? É nesse passo que surgiram diferenças entre o prequestionamento exigido pelo STF e pelo STJ, na vigência do CPC de 1973, divergência que se materializou nas Súmulas 356 do STF e 211 do STJ.

A Súmula 356 do STF estabelece que: "O ponto omisso da decisão, sobre o qual não foram opostos embargos declaratórios, não pode ser objeto de recurso extraordinário, por faltar o requisito do prequestionamento". Já a Súmula 211 do STJ dispõe: "Inadmissível recurso especial quanto à questão que, a despeito da oposição de embargos declaratórios, não foi apreciada pelo tribunal *a quo*".

Ambas deixam explícita a necessidade de prequestionamento, e a importância de serem opostos embargos de declaração, para suprir a omissão a respeito da questão constitucional ou federal. Mas há entre elas uma diferença considerável. A Súmula 356 deixa claro que basta a interposição dos embargos de declaração para que o requisito do prequestionamento esteja satisfeito, ainda que eles não sejam acolhidos e não seja suprida a omissão. Basta a oposição dos embargos.

Diferente era a posição do STJ. De acordo com o que dispunha a Súmula 211, não era possível interpor recurso especial para discutir questão federal que não tivesse sido ventilada no acórdão. Se houvesse oposição de embargos de declaração, e, a despeito deles, a questão permanecesse omissa, porque não tinham sido conhecidos ou a eles fora negado provimento, o recurso especial fundado na questão federal seria inadmissível. Restaria ao interessado interpô-lo com fulcro em ofensa ao art. 1.022 do CPC. Dizia-se que o tribunal ofendeu ou negou vigência a esse dispositivo ao deixar de suprir a omissão do acórdão recorrido.

Se ele fosse acolhido, o tribunal reconheceria a existência de *error in procedendo* no desacolhimento dos embargos, e determinaria que o tribunal suprisse a omissão, a respeito da questão federal suscitada. Só então é que caberia um novo recurso especial, versando sobre a questão federal embargada.

Cassio Scarpinella Bueno elucida a questão: "Mesmo tendo oposto os embargos de declaração o recorrente deverá atentar minudentemente ao enfrentamento da questão legal ou federal pelo e no acórdão recorrido. Na negativa, e em atenção ao comando da Súmula 211 do Superior Tribunal de Justiça, deverá interpor, em primeiro lugar, recurso especial com fundamento na contrariedade ao art. 535, I ou II, do Código de Processo Civil (atual art. 1.022, I ou II). Só depois, diante de eventual decisão favorável do Superior Tribunal de Justiça acerca da violação daquele dispositivo da lei processual civil – declaração, pois, do *error in procedendo* praticado no julgamento dos embargos declaratórios pela instância *a quo* –, é que terá cabida a interposição de recurso especial para tratar da 'verdadeira' questão legal ou federal sobre a qual a sua ação diz respeito ('questão de fundo' parece ser um título adequado para designá-la)"[10].

Não bastava que tivessem sido interpostos os embargos declaratórios. Para o STJ, era preciso que, ao apreciá-los, o tribunal suprisse a omissão e ventilasse a questão federal.

---

10. Cassio Scarpinella Bueno e outros, Prequestionamento – reflexões sobre a Súmula 211 do STJ, in *Aspectos polêmicos e atuais dos recursos*, vários autores, p. 58.

Essa era a diferença entre as orientações do STF e do STJ a respeito do prequestionamento. É ainda Cassio Scarpinella quem adverte: "A consequência disto, já escrevemos, é que o conceito de prequestionamento bifurcou-se: para o Supremo Tribunal Federal, em função da Súmula 356, prequestionamento é, rigorosamente, aquilo que nega o seja o Superior Tribunal de Justiça por intermédio de sua recente Súmula 211. O que para aquele Tribunal é chamado de prequestionamento (ficto), é, para este, a partir das considerações constantes no trabalho aqui enfocado em primeiro plano, chamado de 'ritual' e 'cerimonial'. Prequestionamento é coisa diversa, justamente o que falta na decisão recorrida e o que não pode ser suprido pela 'ficção' criada e implementada pela Súmula 356 do Supremo Tribunal Federal. Daí, ao contrário do que enuncia a Súmula 356 do Supremo Tribunal Federal, fazer diferença, para os fins da Súmula 211 do Superior Tribunal de Justiça, o resultado dos embargos declaratórios interpostos do acórdão a ser recorrido especialmente"[11].

O art. 1.025 do CPC atual estabelece que se consideram incluídos no acórdão os elementos que o embargante suscitou, para fins de prequestionamento, ainda que os embargos de declaração sejam inadmitidos ou rejeitados, caso o tribunal superior considere existente erro, omissão, contradição ou obscuridade. Diante dos termos expressos do dispositivo, a Súmula 211 do Superior Tribunal de Justiça não poderá mais ser aplicada, devendo prevalecer a solução dada pela Súmula 356 do Supremo Tribunal Federal.

Discute-se sobre o efeito translativo nos recursos excepcionais, isto é, sobre a possibilidade de os tribunais superiores decidirem a respeito de matérias de ordem pública que não tenham sido suscitadas, nem prequestionadas. Cumpre saber se o STF ou o STJ, no exame de um recurso extraordinário ou especial, ao verificar a falta de uma das condições da ação, ou de um pressuposto processual de existência ou validade do processo, poderão conhecê-la de ofício. A questão é controvertida. Como as matérias de ordem pública não estão sujeitas a preclusão, melhor seria que os tribunais superiores tivessem a possibilidade de decidi-las de ofício.

---

11. Cassio Scarpinella Bueno e outros, Prequestionamento, in *Aspectos*, cit., p. 77 e 78.

O entendimento predominante, porém, é o de que os recursos excepcionais não são dotados de efeito translativo, e seu âmbito de conhecimento é restrito àquilo que tenha sido prequestionado. Nesse sentido: "Na via estreita do recurso especial não se admite ao STJ conhecer de ofício (ou sem prequestionamento) nem mesmo das matérias a que alude o § 3º do art. 267 do CPC [atual art. 485, § 3º]" (*RSTJ*, *74*:277).

Discute-se ainda sobre a exigência do prequestionamento explícito, feito de forma expressa e induvidosa, que aponta o dispositivo constitucional ou legal vulnerado.

No STJ, após alguma hesitação, predominou o entendimento de que o prequestionamento possa ser implícito. Nesse sentido tem sido decidido pela Corte Especial: "O prequestionamento consiste na apreciação e na solução, pelo tribunal de origem, das questões jurídicas que envolvam a norma positiva tida por violada, inexistindo a exigência de sua expressa referência no acórdão impugnado" (STJ, Corte Especial, ED no REsp 162.608-SP, rel. Min. Sálvio de Figueiredo, j. 16-6-1999).

O STF, em princípio, vinha exigindo prequestionamento explícito. Como ensina Rodolfo de Camargo Mancuso: "Já no âmbito do STF tem sido exigido o prequestionamento explícito da matéria constitucional controvertida, salientando o Min. Sepúlveda Pertence que, sendo o RE um instrumento de revisão *in jure*, 'não investe o Supremo de competência para vasculhar o acórdão recorrido, à procura de uma norma que poderia ser pertinente ao caso, mas da qual não se cogitou. Daí a necessidade de pronunciamento explícito do Tribunal *a quo* sobre a questão suscitada no recurso extraordinário. Sendo o prequestionamento, por definição, necessariamente explícito, o chamado 'prequestionamento implícito' não é mais do que uma simples e inconcebível contradição em termos" (AgRg 253.566-6, *DJU*, 3-3-2000)[12].

No entanto, mais recentemente, o STF não tem exigido, como condição do prequestionamento, que o acórdão recorrido indique expressamente o dispositivo constitucional que teria sido violado, bastando que tenha sido examinada a tese jurídica suscitada, ofensiva ao texto constitucional.

---

12. Rodolfo de Camargo Mancuso, *Recurso*, cit., p. 235.

Diante do disposto no art. 941, § 3º, do CPC, haverá prequestionamento mesmo que a questão constitucional ou federal seja suscitada apenas no voto vencido, ficando prejudicada a Súmula 320 do STJ, que estabelecia de forma diversa.

6.4. Recurso especial

A finalidade do recurso especial é permitir o controle de legalidade das decisões dos tribunais estaduais e da Justiça Federal, bem como promover a uniformidade de interpretação do direito federal.

As hipóteses de cabimento do recurso especial são aquelas previstas no art. 105, III, *a*, *b* e *c*, da Constituição Federal.

Compete ao STJ "julgar, em recurso especial, as causas decididas, em única ou última instância, pelos Tribunais Regionais Federais ou pelos tribunais dos Estados, do Distrito Federal e Territórios, quando a decisão recorrida: a) contrariar tratado ou lei federal, ou negar-lhes vigência; b) julgar válido ato de governo local contestado em face de lei federal; c) der a lei federal interpretação divergente da que lhe haja atribuído outro tribunal".

É requisito indispensável que a causa tenha sido decidida em única ou última instância pelos TRFs ou tribunais estaduais. Não se admite recurso especial contra acórdãos prolatados no Juizado Especial Cível, que não provêm de um tribunal, mas do colégio recursal, integrado por juízes de primeira instância. Também não o comportam aqueles acórdãos contra os quais, ainda, cabe outro recurso.

Esse rol do art. 105, III, é taxativo. É condição de admissibilidade do recurso especial que o recorrente aponte, na decisão recorrida, qual dos vícios ficou caracterizado. Ao fazer o exame de admissibilidade, o julgador verificará se isso foi feito, e se ele pode ser enquadrado nas hipóteses dos permissivos constitucionais. Não se verificará ainda se os vícios existem, porque isso é o mérito do recurso, mas se foram apontados.

6.4.1. Hipóteses de cabimento

a) Contrariedade ou negativa de vigência de tratado ou lei federal: o dispositivo equivalente (art. 102, III, *a*, da CF) do recurso extraordinário permite sua interposição apenas em caso de contrariedade a dispositivo da Constituição, sem alusão à negativa de vigência. Cumpre distinguir entre contrariar e negar vigência e fixar a extensão dessas expressões.

Elas não são exatamente a mesma coisa. Aquele que nega vigência a uma lei inexoravelmente está a contrariá-la; mas o que a contraria, nem sempre estará negando-lhe vigência. O "contrariar" é mais abrangente, pois inclui não só afrontar a lei, mas interpretá-la de forma que não seja a mais adequada. Pressupõe uma ofensa ao texto da lei, seja de que natureza for, "quer deixando de aplicá-lo às hipóteses que a ele devem subsumir-se, quer aplicando-o de forma errônea ou, ainda, interpretando-o de modo não adequado e diferente da interpretação correta, no sentido do órgão responsável pelo controle ao respeito e pela uniformização do direito federal, que é o STJ"[13]. A negativa de vigência é mais restrita, e consiste em deixar de aplicar a lei quando deveria ser aplicada, ou afrontar seu texto ou seu espírito. Como já foi decidido pelo STF: "Nega vigência à lei federal não só a decisão que afirma não estar ela em vigor, porque já não vigora, ou ainda não vigora, mas também a que não a aplica, quando ela é aplicável, ou pretendendo ou fingindo aplicá-la, faz o frontalmente oposto do que diz, na letra e no espírito, o texto traído" (RE 42.255-GO). Uma decisão que dê à lei federal uma interpretação razoável, embora não a melhor, não estará negando vigência à lei, mas a contrariando.

Na Constituição Federal anterior, só cabia recurso extraordinário quando houvesse negativa de vigência da lei federal. Não se mencionava a contrariedade. Por essa razão foi editada a Súmula 400 do STF, que estabelecia não caber o recurso extraordinário se a decisão recorrida tivesse dado uma interpretação razoável à lei federal, ainda que não fosse a melhor, porque então não haveria negativa de vigência. Na Constituição Federal de 1988, o recurso extraordinário e o especial passaram a ser admitidos para a hipótese de contrariedade à Constituição e à lei federal. Hoje se admite a interposição do extraordinário e do especial mesmo quando a interpretação dada à Constituição ou à lei federal seja razoável, desde que não seja a melhor. Não se aplica mais, portanto, a Súmula 400 do STF, editada quando em vigor a Constituição anterior.

---

13. Nelson Luiz Pinto, *Manual dos recursos cíveis*, p. 196 e 197.

A contrariedade exigida pela alínea *a* dos arts. 102, III, e 105, III, pode ser à letra da lei ou ao espírito dela.

b) Validade de ato de governo local contestado em face da lei federal. A finalidade do recurso especial, dada sua excepcionalidade, é a preservação da lei federal, e não dos atos de governo local. O que justifica sua admissibilidade com fulcro nessa alínea é a validade do ato de governo local ter sido reconhecida, em detrimento da lei federal. Ele não cabe se a validade do ato de governo local contestado em face da lei federal foi negada, pois, nesse caso, esta terá prevalecido. O equivalente desse dispositivo para o recurso extraordinário é o art. 102, III, *c*, que estabelece seu cabimento quando se julgar válida lei ou ato de governo local contestado em face da Constituição Federal.

A conjugação desses dispositivos traz uma grave dificuldade. É que a decisão que julga válido ato de governo local perante lei federal sempre afronta, de certa forma, ainda que indireta ou reflexa, a Constituição Federal. Ela estabelece qual a competência do legislador federal e do estadual, e a hierarquia das normas, que não pode ser violada.

Nessa situação, entende-se que houve afronta direta à lei federal, e apenas reflexa ou indireta à Constituição Federal. Por isso, não é cabível o recurso extraordinário, que a pressupõe frontal e direta, mas apenas o recurso especial.

É diferente quando, no mesmo acórdão, houver parte da decisão que ofenda a Constituição, e parte que ofenda lei federal. Em casos assim, faz-se necessária a interposição simultânea de recurso especial e extraordinário, observada a Súmula 126 do STJ, que assim dispõe: "É inadmissível recurso especial, quando o acórdão recorrido assenta em fundamentos constitucional e infraconstitucional, qualquer deles suficiente, por si só, para mantê-lo, e a parte vencida não manifesta recurso extraordinário".

c) Interpretação de lei federal divergente da atribuída por outro tribunal. Trata-se de hipótese de cabimento de recurso especial fundada em divergência jurisprudencial. A finalidade é preservar a uniformidade do direito federal. Para o cabimento do REsp, a afronta há de ser de lei federal ou tratado, não bastando que haja alegação de violação a enunciado de súmula (Súmula 518 do STJ).

Para demonstrar a divergência, é preciso que o recorrente apresente um paradigma, isto é, uma decisão de outro tribunal, que interprete de forma diferente a lei federal. É necessário, ainda, que se demonstre que a melhor interpretação é a dada pelo acórdão-paradigma, isto é, que o acórdão recorrido não deu a melhor interpretação à lei federal. Como ensina Nelson Luiz Pinto: "Com efeito, quando se ingressa com recurso especial com fundamento na alínea *c* do art. 105, III, da CF, não basta afirmar que a decisão recorrida diverge de outra, proferida por outro tribunal. Há necessidade, também, de que a parte alegue e demonstre que a interpretação acertada da lei federal em questão é aquela constante da decisão apresentada como paradigma, e não a contida na decisão recorrida, razão pela qual se pede a reforma do acórdão, para que prevaleça a tese contrária"[14].

Nesse aspecto, há certa superposição das alíneas *c* e *a*, porque, se a decisão recorrida não deu à lei federal a melhor interpretação, sendo melhor a de outro tribunal, estará contrariando a lei federal.

Um dos requisitos para a interposição do recurso especial por divergência de julgados é que eles provenham de tribunais diferentes. Nesse sentido, a Súmula 13 do STJ: "A divergência de julgados do mesmo tribunal não enseja recurso especial". A alínea *c* fala em interpretação divergente dada por outro tribunal, o que afasta a possibilidade de que o paradigma venha do mesmo.

Não há necessidade de que o tribunal seja de estado diverso. Para recorrer de acórdão do tribunal de justiça, é possível utilizar como paradigma um de tribunal de alçada do mesmo Estado. O paradigma pode provir de tribunal estadual ou federal.

É preciso que a divergência seja atual. Nesse sentido, a Súmula 83 do STJ: "Não se conhece de recurso especial pela divergência, quando a orientação do Tribunal se firmou no mesmo sentido da decisão recorrida".

A decisão-paradigma deve provir de tribunal, nunca de primeira instância.

E, como mostra o art. 1.029, § 1º, do CPC: "Quando o recurso fundar-se em dissídio jurisprudencial, o recorrente fará a prova da divergência com a certidão, cópia ou citação do repositório de jurisprudência, oficial ou credenciado, inclusive em mídia eletrônica, em que

14. Nelson Luiz Pinto, *Manual*, cit., p. 202.

houver sido publicado o acórdão divergente, ou ainda com a reprodução de julgado disponível na rede mundial de computadores, com indicação da respectiva fonte, devendo-se, em qualquer caso, mencionar as circunstâncias que identifiquem ou assemelhem os casos confrontados".

Como ensinam Nelson e Rosa Nery: "O recorrente deve demonstrar em suas razões de recurso, de forma analítica, onde reside a divergência na interpretação da lei federal, transcrevendo o trecho do acórdão paradigma e o trecho do acórdão recorrido onde isto teria se verificado. Embora a exigência da transcrição do trecho em que se deu a divergência não decorra da lei, mas de norma regimental (*RISTJ* 255, § 2º), se o recorrente assim não agir o STJ não terá condições de avaliar a existência da divergência, motivo por que poderá deixar de conhecer o recurso por não estar presente o requisito da CF (art. 102, III, *c*)"[15].

Também na hipótese da alínea *c*, é preciso que tenha havido prequestionamento. Do contrário, se a questão nem tiver sido ventilada, não se poderá dizer que houve divergência com a decisão-paradigma.

6.5. Recurso extraordinário

Trata-se de recurso que tem por objetivo levar ao STF questões relacionadas à vulneração de dispositivos constitucionais. Compete a ele, órgão de cúpula do Poder Judiciário, guardar a Constituição Federal. O controle de constitucionalidade pode ser direto, por meio das ações diretas de inconstitucionalidade, ou declaratórias de constitucionalidade, de sua competência originária, ou difuso. O recurso extraordinário é o meio pelo qual as ofensas à Constituição Federal são levadas ao conhecimento do STF, em controle difuso. A Emenda Constitucional n. 45/2004 acrescentou um novo requisito de admissibilidade ao recurso extraordinário, incluindo um § 3º no art. 102. Esse dispositivo exige, para o recebimento do recurso, que o recorrente demonstre a repercussão geral das questões constitucionais discutidas no caso, nos termos da lei, a fim de que o Tribunal examine a admissão do recurso, só podendo recusá-lo pela manifestação de dois terços de seus membros.

---

15. Nelson Nery Junior e Rosa Nery, *Código*, cit., p. 789.

A repercussão geral foi regulamentada pela Lei n. 11.418, de 19 de dezembro de 2006, e vem tratada no art. 1.035 do CPC. Ela deve ser demonstrada preliminarmente, no recurso extraordinário, do qual constitui condição de admissibilidade. Deve considerar a existência, ou não, de questões relevantes do ponto de vista econômico, político, social ou jurídico, que ultrapassem os interesses subjetivos da causa. A lei valeu-se aqui de conceito vago, que deve ser integrado pelo julgador. A repercussão geral transmite a ideia de que a questão constitucional deva refletir não apenas o interesse das partes, mas também de um grande número de pessoas, que afete a vida de uma faixa substancial da sociedade, ou que diga respeito a valores cuja preservação interesse a toda ou a boa parte da coletividade. O acréscimo desse requisito ao recurso extraordinário visa a afastar o exame de questões de somenos, que digam respeito apenas às próprias partes e que correspondam a um valor cuja proteção interesse à comunidade social, de uma maneira geral. Haverá ainda repercussão geral sempre que o recurso impugnar acórdão contrário à súmula ou à jurisprudência dominante do tribunal ou que tenha reconhecido a inconstitucionalidade de tratado ou lei federal, nos termos do art. 97 da Constituição Federal.

Nos termos do art. 102, § 3º, da Constituição, a não admissão do recurso por falta de repercussão geral depende de 2/3 dos membros do Supremo Tribunal Federal, isto é, oito, dos onze ministros.

Cumpre ao recorrente, em preliminar formal e fundamentada de recurso extraordinário, apresentar a repercussão geral, sob pena de o recurso ser indeferido de plano. O relator se manifestará sobre a sua existência e submeterá, por meio eletrônico, uma cópia aos demais ministros, que se pronunciarão no prazo comum de 20 dias (art. 324 do Regimento Interno do STF).

Para a análise da repercussão geral, o relator poderá admitir a manifestação de terceiros, subscrita por procurador habilitado (art. 1.035, § 4º, do CPC).

De acordo com a Constituição Federal, a inexistência de repercussão geral terá de ser reconhecida por, pelo menos, oito ministros, para que o RE não seja admitido.

Isso demonstra a intenção do legislador de contentar-se com o reconhecimento desse requisito, ainda que por uma minoria de ministros.

Estabelece o art. 1.035, § 5º, do CPC, que, quando ela for reconhecida, o relator do RE determinará a suspensão do processamento de todos os processos pendentes, individuais ou coletivos, que versem sobre a questão e tramitem no território nacional. O interessado pode requerer ao Presidente ou Vice-Presidente do Tribunal de origem que exclua da decisão de sobrestamento e inadmita o recurso extraordinário que tenha sido interposto intempestivamente, cabendo agravo interno da decisão que indeferir esse requerimento. O recurso com repercussão geral reconhecida deve ser julgado dentro de um ano e terá preferência sobre os demais feitos, ressalvados os que envolvam réu preso e os pedidos de *habeas corpus*. O interessado poderá requerer ao presidente ou ao vice-presidente do tribunal de origem que exclua da decisão de sobrestamento e inadmita o recurso extraordinário que tenha sido interposto intempestivamente, tendo o recorrente o prazo de cinco dias para manifestar-se sobre o requerimento. Da decisão que indeferir o requerimento ou que aplicar precedente de repercussão geral ou de recurso especial repetitivo caberá apenas agravo interno, previsto no art. 1.021 do CPC.

Negada a existência da repercussão geral, "o presidente ou o vice-presidente do tribunal de origem negará seguimento aos recursos extraordinários sobrestados na origem que versem sobre matéria idêntica" (art. 1.035, § 8º), cabendo dessa decisão apenas o agravo interno.

6.5.1. Hipóteses de cabimento

Estão elencadas no art. 102, III, da Constituição Federal, que tem quatro alíneas. As hipóteses são taxativas. São elas:

a) Contrariedade a dispositivo da Constituição Federal. Quanto à extensão e à abrangência do conceito de contrariedade, vale o mesmo que se disse a respeito da hipótese da alínea *a* do art. 105, III, em relação ao recurso especial. Não se faz alusão, porém, à negativa de vigência, que está abrangida pela contrariedade.

Na Constituição anterior, o recurso extraordinário estava condicionado a que fosse negada vigência ao dispositivo constitucional, o que significa afrontá-lo ou deixar de aplicá-lo, apenas. Diante disso foi editada pelo STF a Súmula 400: "Decisão que deu razoável interpretação à lei que não seja a melhor, não autoriza recurso extraordinário pela letra *a* do art. 101, III, da CF" [atual art. 102, III].

Entendia-se só haver negativa de vigência se a lei fosse interpretada de forma não razoável. A razoável, mesmo que não fosse a melhor, afastava a possibilidade do recurso extraordinário. Essa súmula foi sempre fonte de inúmeras controvérsias, e pode ser atribuída a uma tentativa de reduzir o número de recursos. Ela não tem mais aplicação desde a CF/88, que substitui a expressão "negar vigência" pela mais abrangente, "contrariar".

Hoje, a decisão que não der à CF a melhor interpretação ensejará a interposição do recurso extraordinário, ainda que a dada seja razoável, porque haverá contrariedade.

Não se admite o recurso extraordinário com base nesta alínea se a ofensa à Constituição Federal for apenas indireta, isto é, se a decisão recorrida afrontar diretamente lei ordinária, e indiretamente a Constituição. É preciso que a contrariedade à Constituição seja direta e frontal. Se isso ocorrer, deve ser aplicado o disposto no art. 1.033 do CPC.

b) Inconstitucionalidade de tratado ou lei federal. Consiste em meio pelo qual o STF efetiva o controle difuso de constitucionalidade de lei federal ou tratado. Não cabe o recurso extraordinário se a decisão judicial reconheceu a constitucionalidade da lei ou do tratado, mas apenas se foi reconhecida a inconstitucionalidade. Mas não se for de direito local, como resulta da Súmula 280 do STF: "Por ofensa ao direito local não cabe recurso extraordinário".

c) Validade de lei ou ato de governo local contestado em face da Constituição Federal. Trata-se de hipótese correspondente à do art. 105, III, *b*, da CF, de recurso especial. Quando a decisão atribuir validade à lei ou ao ato de governo local contestado em face de lei federal, será cabível o recurso especial; quando em face da Constituição, o extraordinário.

d) Julgar válida lei local contestada em face de lei federal. A finalidade do recurso continua sendo a preservação da Constituição, pois a decisão que der pela validade da lei local em detrimento da federal viola o regime hierárquico estabelecido pela Constituição. Na redação original do Texto Constitucional, essa hipótese desafiava a interposição de recurso especial, porque se entendia que a Constituição era violada apenas indiretamente. No entanto, a Emenda n. 45/2004 tornou expresso o cabimento do recurso extraordinário nesse caso.

6.6. Recursos extraordinário e especial repetitivos

A proliferação de recursos especiais e extraordinários que ameaçava comprometer o bom funcionamento do Superior Tribunal de Justiça e do Supremo Tribunal Federal, atulhando-os de recursos repetitivos, preocupou o legislador, que editou a Lei n. 11.672/2008. Com ela, procurou solucionar a sobrecarga de serviços, formulando mecanismos que procuram dar maior agilidade ao julgamento dos recursos extraordinários.

Essa lei partiu da constatação de que havia uma multiplicidade de recursos especiais e extraordinários que os Tribunais Superiores eram obrigados a examinar individualmente, mas que versavam sobre a mesma questão de direito. A nova lei muniu esses Tribunais de poderes para julgar a questão uma única vez, com repercussão sobre os demais recursos interpostos, com o que é evitada a repetição inútil de julgamentos iguais.

Como se sabe, os recursos extraordinários *lato sensu* podem versar sobre matéria de direito. Caberá ao presidente ou ao vice-presidente do tribunal, quando verificar que há uma multiplicidade de recursos extraordinários ou especiais versando sobre idêntica questão de direito, selecionar dois ou mais, os mais representativos da controvérsia. Ele fará uma seleção de pelo menos dois recursos extraordinários ou especiais, que sejam admissíveis e em que a questão jurídica repetida seja abordada de maneira mais detalhada, pelos mais numerosos ângulos, para que o julgamento destes recursos seja afetado na forma do art. 1.036 e possa servir de paradigma, repercutindo sobre o julgamento dos demais.

Trata-se de providência que compete ao presidente do tribunal de origem; mas, se ele não a tomar porque, p. ex., não tem conhecimento de que matéria controvertida já está sendo objeto de apreciação no STJ, o relator do recurso a tomará. Além disso, a escolha feita pelo presidente ou pelo vice-presidente do tribunal de origem não vinculará o relator, que poderá, para fins de afetação, selecionar outros paradigmas.

Apenas os paradigmas serão admitidos e enviados ao Tribunal Superior. Os demais recursos que versam sobre a mesma questão jurídica ficarão suspensos no tribunal de origem. A suspensão, porém, não atingirá apenas os recursos extraordinários ou especiais que versem sobre a mesma questão jurídica. Ela terá uma extensão maior: o relator determinará a suspensão de todos os processos, individuais ou coletivos, mesmo os ainda não sentenciados, que versem sobre a questão, em todo o território nacional. É que o julgamento proferido no recurso repetitivo terá eficácia vinculante sobre todos os processos em curso no território nacional, cabendo reclamação contra a decisão que não a observar, desde que esgotadas as instâncias ordinárias (art. 988, § 5º, do CPC). A determinação de suspensão é obrigatória. Os recursos afetados deverão ser julgados no prazo de um ano e terão preferência sobre os demais julgados, exceto os processos que envolvam réu preso e os pedidos de *habeas corpus*.

Determinada a suspensão, o interessado pode requerer ao presidente ou vice-presidente que exclua do sobrestamento e inadmita o recurso especial ou o extraordinário que seja intempestivo, tendo o recorrente prazo de cinco dias para manifestar-se. Da decisão que indeferir o pedido de exclusão e que mantiver o processo sobrestado, caberá o agravo interno previsto no art. 1.021 do CPC. Findo esse prazo, cessa automaticamente a afetação, e os processos suspensos em todo o território nacional retomam o seu curso normal.

A afetação é a decisão proferida pelo relator que, feita a seleção dos recursos paradigmas e preenchidos os demais requisitos do art. 1.036, *caput*, do CPC, identificará com precisão a questão jurídica a ser submetida a julgamento, determinando a suspensão de todos os processos que versem sobre a mesma questão, coletivos ou individuais, que tramitem em território nacional. Nessa decisão, o relator ainda poderá solicitar aos presidentes ou aos vice-presidentes dos tribunais de justiça ou dos tribunais regionais federais a remessa de um recurso representativo da controvérsia. É, em síntese, a decisão por meio da qual se estabelece que o julgamento, nos paradigmas escolhidos, será feito em consonância com o procedimento do art. 1.036, isto é, com eficácia de recurso repetitivo e efeito vinculante sobre os demais julgamentos em território nacional, especificando-se a questão jurídica que será examinada.

Será conveniente que o relator do recurso especial ou extraordinário informe os presidentes dos demais tribunais estaduais ou federais do país sobre o julgamento da questão jurídica objeto dos recursos repetitivos, para que eles possam suspender, nos locais de origem, a remessa dos recursos especiais ou extraordinários que versem sobre questão idêntica. Os presidentes ou os vice-presidentes, por sua vez, informarão os relatores de recursos em trâmite no tribunal e os juízes das comarcas do Estado sobre a afetação da questão jurídica, para que eles promovam a suspensão dos recursos e dos processos em andamento que versem sobre idêntica questão jurídica, em todo o território nacional. Da decisão do relator ou juiz, as partes serão intimadas, podendo a parte requerer o prosseguimento do seu processo, caso demonstre a distinção entre a questão jurídica objeto do julgamento repetitivo e a que se discute em seu processo. O requerimento será dirigido ao juiz, se o processo estiver em primeiro grau; ao relator, se o processo sobrestado estiver no tribunal de origem; ao relator do acórdão recorrido, se for sobrestado recurso especial ou recurso extraordinário no tribunal de origem; ao relator no tribunal superior, de recurso especial ou extraordinário cujo processamento houver sido sobrestado. Sobre o requerimento, a parte contrária será ouvida no prazo de cinco dias. Da decisão sobre o requerimento cabe agravo de instrumento, se o processo estiver em primeiro grau, ou agravo interno, se a decisão for do relator.

Cumprirá ao relator dos recursos afetados uma série de providências. Ele poderá solicitar, antes do julgamento do recurso, informações aos tribunais estaduais ou federais a respeito da controvérsia.

Como a decisão dos recursos paradigmas poderá ter grande impacto, já que resolverá a questão jurídica, com possível repercussão sobre os demais, o relator poderá admitir a manifestação de pessoas, órgãos ou entidades com interesse na controvérsia, na condição de *amicus curiae*. Poderá, ainda, fixar data para audiência pública e ouvir depoimentos de pessoas com experiência e conhecimento na matéria, com a finalidade de instruir o procedimento.

Se houver intervenção do Ministério Público, o relator abrir-lhe-á vista, pelo prazo de 15 dias.

O julgamento do recurso especial paradigma preferirá a qualquer outro, exceto os que envolvam *habeas corpus* ou réu preso.

O Superior Tribunal de Justiça editou a Resolução n. 8, de 7 de agosto de 2008, regulamentando o procedimento relativo ao processamento e ao julgamento de recursos especiais repetitivos. O art. 2º da Resolução estabelece que, a critério do Relator, os recursos especiais paradigmas poderão ser submetidos a julgamento pela Seção ou pela Corte Especial, desde que, nesta última hipótese, exista questão de competência de mais de uma Seção.

Com a publicação do acórdão no julgamento do recurso especial pela Seção ou pela Corte Especial, ocorrerá o seguinte: aos recursos suspensos na origem será negado seguimento pelo presidente ou pelo vice-presidente do tribunal, quando o acórdão recorrido estiver em conformidade com o que foi decidido pelo STF ou pelo STJ, nos recursos afetados; ou, se o acórdão recorrido, proferido no recurso anteriormente julgado, em remessa necessária ou ação de competência originária, estiver em desconformidade com o paradigma, o tribunal de origem o reexaminará, podendo retratar-se, modificando-o para ajustá-lo à nova orientação do STF ou do STJ (art. 1.040, II). Caso seja mantido o acórdão divergente, o recurso especial ou extraordinário contra ele interposto será remetido ao tribunal superior. Caso haja retratação, será negado seguimento ao recurso; caso se trate de recurso extraordinário afetado, será necessário que o tribunal superior aprecie primeiro a repercussão geral. Caso seja negada a sua existência, serão considerados automaticamente inadmitidos todos os recursos extraordinários sobrestados; os processos e os recursos ordinários ainda não julgados retomarão o seu andamento, devendo ser aplicada a tese jurídica formulada no recurso afetado, sob pena de reclamação (art. 988, IV); se os recursos versarem sobre questão relativa a prestação de serviço público objeto de concessão, permissão ou autorização, o resultado do julgamento será comunicado ao órgão, ao ente ou à agência reguladora competente para fiscalização da efetiva aplicação, por parte dos entes sujeitos a regulação, da tese adotada.

6.7. Agravo em recurso especial e em recurso extraordinário

É um tipo de agravo que cabe contra a decisão do presidente ou do vice-presidente do tribunal de origem que, em prévio juízo de admissibilidade, não admitir o processamento do RE ou do REsp. Não há mais prévio juízo de admissibilidade nos recursos ordinários, e o CPC de 2015, na sua redação originária, não o previa também nos recursos extraordinário e especial. Mas, ainda durante a sua *vacatio legis*, o CPC foi alterado e reintroduziu-se o juízo de admissibilidade, apenas no recurso extraordinário e no especial. Cabe ao presidente ou ao vice-presidente do Tribunal de origem realizar o exame prévio de admissibilidade, inadmitindo o recurso quando não estiverem preenchidos os requisitos. Da decisão de inadmissão cabe agravo em recurso extraordinário ou especial, no prazo de 15 dias, salvo quando fundada na aplicação de entendimento firmado em regime de repercussão geral ou em julgamento de recursos repetitivos, caso em que o recurso adequado será o agravo interno do art. 1.021, nos termos do art. 1.030, § 2º. Afora essas duas hipóteses, caberá sempre o agravo do art. 1.042, da decisão que inadmitir o RE ou REsp. O prazo de interposição é de 15 dias e o agravo será dirigido ao presidente ou ao vice-presidente do tribunal, que intimará o agravado para contrarrazões em 15 dias. Depois, não havendo retratação, o agravo será remetido ao tribunal superior respectivo. Não cabe ao órgão *a quo* examinar a admissibilidade do agravo, mas tão somente remetê-lo. Aplica-se ao agravo do art. 1.042 o regime de repercussão geral e de recursos repetitivos.

Na hipótese de interposição conjunta de RE ou REsp, deverá ser interposto um agravo para cada recurso inadmitido. O relator, no Superior Tribunal de Justiça ou no Supremo Tribunal Federal, poderá, de plano, não conhecer, conhecer e dar provimento ou conhecer e negar provimento ao recurso, cabendo agravo interno de sua decisão, no prazo de 15 dias.

Nos termos do Enunciado 77 da I Jornada de Direito Processual Civil da Justiça Federal, "para impugnar decisão que obsta trânsito a recurso excepcional e que contenha simultaneamente fundamento relacionado à sistemática dos recursos repetitivos ou da repercussão geral (art. 1.030, I, do CPC) e fundamento relacionado à análise dos pressupostos de admissibilidade recursais (art. 1.030, V, do CPC), a parte sucumbente deve interpor, simultaneamente, agravo interno (art. 1.021 do CPC), caso queira impugnar a parte relativa aos recursos repetitivos ou repercussão geral e agravo em recurso especial/extraordinário (art. 1.042 do CPC), caso queira impugnar a parte relativa aos fundamentos de inadmissão por ausência dos pressupostos recursais".

7. EMBARGOS DE DIVERGÊNCIA

7.1. Introdução

Nos termos do art. 1.043 do CPC: "É embargável o acórdão de órgão fracionário que: I – em recurso extraordinário ou em recurso especial, divergir do julgamento de qualquer outro órgão do mesmo tribunal, sendo os acórdãos, embargado e paradigma, de mérito". Os incisos II e IV do art. 1.043 foram revogados ainda durante a *vacatio legis* do CPC de 2015. "III – em recurso extraordinário ou em recurso especial, divergir do julgamento de qualquer outro órgão do mesmo tribunal, sendo um acórdão de mérito e outro que não tenha conhecido do recurso, embora tenha apreciado a controvérsia".

Vale lembrar que o STF é composto de duas Turmas, cada qual com cinco ministros, totalizando, com o Presidente, 11 ministros; o STJ é composto de seis Turmas, cada qual com cinco ministros. Cada duas Turmas compõem uma Seção, num total de 33 ministros. A Corte Especial do STJ é composta dos 15 ministros mais antigos e presidida pelo Presidente do Tribunal.

A divergência que o enseja não é a que se verifica na turma julgadora, quando há votos vencidos, mas a que se constata entre a decisão de um órgão fracionário e outro, ou entre órgão fracionário e o plenário.

A função desse recurso é uniformizar a jurisprudência dos tribunais superiores.

Como lembra Nelson Luiz Pinto, "pode a divergência dizer respeito tanto ao mérito quanto à admissibilidade do especial ou do extraordinário"[16].

São cabíveis, porém, os embargos de divergência de decisão em agravo interno que decide recurso especial (Súmula 316 do STJ), tendo sido cancelada a Súmula 599 do STF.

Também "não se presta a justificar embargos de divergência o dissídio com acórdão de Turma ou Seção que não mais tenha competência para a matéria neles versada" (Súmula 158 do STJ).

---

16. Nelson Luiz Pinto, *Manual*, cit., p. 257.

É preciso que a divergência seja atual, não cabendo mais os embargos se a jurisprudência do Tribunal já se uniformizou em determinado sentido. É o que resulta da Súmula 168 do STJ: "Não cabem embargos de divergência, quando a jurisprudência do Tribunal se firmou no mesmo sentido do acórdão embargado".

7.2. Processamento

O prazo para oposição é de 15 dias da publicação da decisão embargada. De acordo com o art. 1.043 do CPC, o processamento deverá observar o que foi estabelecido no regimento interno do respectivo tribunal superior. A petição de interposição deve vir acompanhada com a prova da divergência (art. 1.043, § 4º).

O relator poderá valer-se dos poderes que lhe atribui o art. 932 do CPC, não conhecendo, negando ou dando provimento ao recurso em decisão monocrática. Contra essa decisão, caberá agravo interno para o órgão coletivo. O julgamento no STF será feito pelo Plenário. No STJ, se a divergência se der entre turmas da mesma Seção, o julgamento será feito pela Seção; se entre turmas de seções diferentes, ou entre uma Turma ou uma Seção com a Corte Especial, o julgamento será feito pela Corte Especial.

BIBLIOGRAFIA

ABREU SAMPAIO, Marcus Vinicius de. *O poder geral de cautela do juiz*. São Paulo: Revista dos Tribunais, 1993.

ALVARO DE OLIVEIRA, Carlos Alberto; LACERDA, Galeno. *Comentários ao Código de Processo Civil*. Rio de Janeiro: Forense, 2002. v. 8, t. 2.

________. *Alienação da coisa litigiosa*. Rio de Janeiro: Forense, 1984.

ALVIM WAMBIER, Teresa Arruda et al. *Aspectos polêmicos da nova execução de títulos judiciais*. São Paulo: Revista dos Tribunais, 2006.

________ et al. *Atualidades sobre liquidação de sentença*. São Paulo: Revista dos Tribunais, 1997.

________. *Mandado de segurança contra ato judicial*. São Paulo: Revista dos Tribunais, 1989.

ARMELIN, Donaldo. *Legitimidade para agir no direito processual civil brasileiro*. São Paulo: Revista dos Tribunais, 1979.

ARRUDA ALVIM, José Manuel. *Manual de direito processual civil*. 5. ed. São Paulo: Revista dos Tribunais, 1996.

ASSIS, Araken de. *Execução civil nos juizados especiais*. 2. ed. São Paulo: Revista dos Tribunais, 1998.

________. *Da execução de alimentos e prisão do devedor*. 4. ed. São Paulo: Revista dos Tribunais, 1998.

________. *Manual do processo de execução*. Porto Alegre: Lejur, 1987.

BAPTISTA DA SILVA, Ovídio Araújo. *A ação cautelar inominada no direito brasileiro*. 3. ed. Rio de Janeiro: Forense, 1991.

________. *As ações cautelares e o novo processo civil*. Rio de Janeiro: Forense, 1976.

BARBOSA MOREIRA, José Carlos. *Comentários ao Código de Processo Civil*. 6. ed. Rio de Janeiro: Forense, 1993. v. 5.

________. *O novo processo civil brasileiro*. 13. ed. Rio de Janeiro: Forense, 1992.

BEVILÁQUA, Clóvis. *Direito das coisas*. 5. ed. Rio de Janeiro: Forense, v. 1 e 2.

BRUSCHI, Gilberto Gomes et al. *Execução civil e cumprimento da sentença*. São Paulo: Método, 2006.

BUENO, Cassio Scarpinella. *A nova etapa da reforma do Código de Processo Civil*. São Paulo: Saraiva, 2006. v. 1.

_______. Variações sobre a multa do *caput* do art. 475-J do CPC na redação da Lei 11.232/2005. In: Wambier, Teresa Arruda Alvim (Coord.). *Aspectos polêmicos da nova execução de títulos judiciais*. São Paulo: Revista dos Tribunais, 2006.

CAHALI, Yussef Said. *Fraudes contra credores*. São Paulo: Revista dos Tribunais, 1989.

CAMPOS, Antonio Macedo de. *Medidas cautelares*. São Paulo: Sugestões Literárias, 1980.

CARREIRA ALVIM, J. E.; CARREIRA ALVIM, Luciana G. *Nova execução de título extrajudicial*. 2. tir. Curitiba: Juruá, 2007.

CASTRO, Amílcar de. *Comentários ao Código de Processo Civil*. 3. ed. São Paulo: Revista dos Tribunais, 1983. v. 8.

CASTRO, José Antonio. *Medidas cautelares*. São Paulo: LEUD, 1979.

COELHO, Fábio Ulhoa. *Desconsideração da personalidade jurídica*. São Paulo: Revista dos Tribunais, 1989.

CRUZ E TUCCI, José Rogério. *Tempo e processo*. São Paulo: Revista dos Tribunais, 1997.

DIDIER JR., Fredie; CUNHA, Leonardo Carneiro da. *Curso de direito processual civil*. Salvador: JusPodivm. 2016. v. 3.

DINAMARCO, Cândido Rangel. *Execução civil*. 3. ed. São Paulo: Malheiros, 1993.

_______. *Instituições de direito processual civil*. São Paulo: Malheiros, 2004. v. 4.

_______. *Fundamentos do processo civil moderno*. 3. ed. São Paulo: Malheiros, 2000. t. 1 e 2.

_______. *Instrumentalidade do processo*. São Paulo: Revista dos Tribunais, 1987.

GIANESINI, Rita. *Da revelia no processo civil brasileiro*. São Paulo: Revista dos Tribunais, 1977.

GONÇALVES, Carlos Roberto. *Direito civil brasileiro*: teoria geral das obrigações. 3. ed. São Paulo: Saraiva, 2007. v. 2.

GRECO FILHO, Vicente. *Direito processual civil brasileiro*. 15. ed. São Paulo: Saraiva, 2002.

GUERRA, Marcelo Lima. *Execução forçada*. São Paulo: Revista dos Tribunais, 1995.

HANADA, Nelson. *Da insolvência e sua prova na ação pauliana*. São Paulo: Revista dos Tribunais, 1982.

JORGE, Flávio Cheim. *Chamamento ao processo*. 2. ed. São Paulo: Revista dos Tribunais, 1999.

JORGE, Flávio Cheim; DIDIER JUNIOR, Fredie; RODRIGUES, Marcelo Abelha. *A terceira etapa da reforma processual civil*. São Paulo: Saraiva, 2006.

LARA, Betina Rizzato. *Liminares no processo civil*. 2. ed. São Paulo: Revista dos Tribunais, 1994.

LIEBMAN, Enrico Tullio. Il titulo esecutivo riguardo ai terzi. In: *Problemi del processo civile*. Napoli: Morano, 1962.

_______. *Processo de execução*. 4. ed. São Paulo: Saraiva, 1980.

LIMA, Alcides de Mendonça. *Comentários ao Código de Processo Civil*. Rio de Janeiro: Forense, 1974. v. 7, t. 2.

LOPES DA COSTA, Alfredo de Araújo. *Medidas preventivas*. 3. ed. São Paulo: Sugestões Literárias, 1966.

MALACHINI, Edson Ribas. *Questões sobre a execução e os embargos do devedor*. São Paulo: Revista dos Tribunais, 1980.

MANDRIOLI, Crisanto. *L'azione esecutiva*. Milano: Giuffrè, 1955.

MARINONI, Luiz Guilherme. *Tutela cautelar e tutela antecipatória*. 1. ed. 2. tir. São Paulo: Revista dos Tribunais, 1994.

_______. *A antecipação da tutela na reforma do processo civil*. 2. ed. São Paulo: Malheiros, 1996.

MARQUES, José Frederico. *Manual de direito processual civil*. São Paulo: Saraiva, 1974.

MARTINS, Sandro Gilberto. *A defesa do executado por meio de ações autônomas*. São Paulo: Revista dos Tribunais, 2002.

MATTEIS DE ARRUDA, Antonio Carlos. *Liquidação de sentença*. São Paulo: Revista dos Tribunais, 1981.

MAURÍCIO, Ubiratan de Couto. *Assistência simples no direito processual civil*. São Paulo: Revista dos Tribunais, 1983.

MURITIBA, Sérgio. *Ação executiva "lato sensu" e ação mandamental*. São Paulo: Revista dos Tribunais, 2005.

NEGRÃO, Theotonio. *Código de Processo Civil e legislação processual em vigor*. 34. ed. São Paulo: Saraiva, 2002.

NERY JUNIOR, Nelson; NERY, Rosa Maria de Andrade. *Código de Processo Civil comentado*. 3. ed. São Paulo: Revista dos Tribunais, 1997.

NEVES, Celso. *Comentários ao Código de Processo Civil*. Rio de Janeiro: Forense 1976, v. 7.

REQUIÃO, Rubens. *Curso de direito comercial*. 19. ed. São Paulo: Saraiva, 1993. 2 v.

RIOS GONÇALVES, Marcus Vinicius. *Processo de execução e cautelar*. 9. ed. São Paulo: Saraiva, 2007 (Col. Sinopses Jurídicas, v. 12).

ROCHA, José de Moura. *Sistemática do novo processo de execução*. São Paulo: Revista dos Tribunais, 1978.

SACCO NETO, Fernando e outros. *Nova execução de título extrajudicial*. São Paulo: Método, 2007.

SANCHES, Sidney. *Execução específica*. São Paulo: Revista dos Tribunais, 1978.

_______. *Poder geral de cautela*. São Paulo: Revista dos Tribunais, 1978.

SANTOS, Ernane Fidélis dos. *As reformas de 2005 e 2006 do Código de Processo Civil*. 2. ed. São Paulo: Saraiva, 2006.

SANTOS LUCON, Paulo Henrique. *Embargos à execução*. São Paulo: Saraiva, 1996.

_______. Nova execução de títulos judiciais e sua impugnação. In: WAMBIER, Teresa Arruda Alvim (coord.). *Aspectos polêmicos da nova execução de títulos judiciais*. São Paulo: Revista dos Tribunais, 2006.

SANTOS, Moacyr Amaral dos. *Primeiras linhas de direito processual civil*. 21. ed. São Paulo: Saraiva, 2003. v. 3.

SHIMURA, Sérgio Seiji et al. *Execução no processo civil*. São Paulo: Método, 2005.

_______. *Título executivo*. São Paulo: Saraiva, 1997.

_______. *Nova reforma processual civil*. 2. ed. São Paulo: Método, 2003.

_______. *Arresto cautelar*. São Paulo: Revista dos Tribunais, 1993.

SOUZA JUNIOR, Adugar Quirino do Nascimento. *Efetividade das decisões judiciais e meios de coerção*. São Paulo: Juarez de Oliveira, 2003.

TÁVORA NIESS, Pedro Henrique. *Da sentença substitutiva da declaração de vontade*. São Paulo: Sugestões Literárias, 1977.

TEIXEIRA, Sálvio de Figueiredo. *Código de Processo Civil anotado*. São Paulo: Saraiva, 1996.

THEODORO JÚNIOR, Humberto. *A reforma da execução do título extrajudicial*. Rio de Janeiro: Forense, 2007.

_______. *Processo de execução*. 11. ed. São Paulo: LEUD, 1986.

_______. *Processo cautelar*. São Paulo: LEUD, 1976.

VILAR, Willard de Castro. *Ação cautelar inominada*. Rio de Janeiro: Forense, 1986.

WATANABE, Kazuo. *Da cognição no processo civil*. São Paulo: Revista dos Tribunais, 1987.

ZAVASCKI, Teori Albino. *Processo de execução*. São Paulo: RT, 2004.